Die Arzthaftung

Karl Otto Bergmann • Carolin Wever

Die Arzthaftung

Ein Leitfaden für Ärzte und Juristen

4. Auflage

Karl Otto Bergmann
Bergmann und Partner Rechtsanwälte
Hamm
Deutschland

Carolin Wever
Bergmann und Partner Rechtsanwälte
Hamm
Deutschland

ISBN 978-3-642-36326-9   ISBN 978-3-642-36327-6 (eBook)
DOI 10.1007/978-3-642-36327-6
Springer Heidelberg Dordrecht London New York

Die Deutsche Nationalbibliothek verzeichnet diese Publikation in der Deutschen Nationalbibliografie; detaillierte bibliografische Daten sind im Internet über http://dnb.d-nb.de abrufbar.

© Springer-Verlag Berlin Heidelberg 1999, 2004, 2009, 2014
Das Werk einschließlich aller seiner Teile ist urheberrechtlich geschützt. Jede Verwertung, die nicht ausdrücklich vom Urheberrechtsgesetz zugelassen ist, bedarf der vorherigen Zustimmung des Verlags. Das gilt insbesondere für Vervielfältigungen, Bearbeitungen, Übersetzungen, Mikroverfilmungen und die Einspeicherung und Verarbeitung in elektronischen Systemen.

Die Wiedergabe von Gebrauchsnamen, Handelsnamen, Warenbezeichnungen usw. in diesem Werk berechtigt auch ohne besondere Kennzeichnung nicht zu der Annahme, dass solche Namen im Sinne der Warenzeichen- und Markenschutz-Gesetzgebung als frei zu betrachten wären und daher von jedermann benutzt werden dürften.

Gedruckt auf säurefreiem Papier

Springer ist Teil der Fachverlagsgruppe Springer Science+Business Media (www.springer.com)

Vorwort zur 4. Auflage

Die freundliche Aufnahme des vorliegenden Leitfadens zur Arzthaftung hat die Bereitschaft und Erkenntnis der Ärzteschaft gezeigt, sich mehr als bisher mit den rechtlichen Grundlagen des Heilauftrages sowie mit den wirtschaftlichen und rechtlichen Zusammenhängen zwischen der Berufsausübung und juristischen Implikationen wie z. B. Zivil- und Strafverfahren auseinanderzusetzen. Die Haftungsfragen der arbeitsteiligen Medizin, der Organisation der Patientenaufklärung und der ärztlichen Dokumentation sowie auch der Zusammenhänge zwischen Haftung und Versicherung sind in den letzten Jahren nicht nur in der Vorlesung der Verfasser an der medizinischen Fakultät der Westfälischen Wilhelms-Universität in Münster, sondern auch in Risikomanagementmaßnahmen von Versicherern und Risikoberatungsgesellschaften als Maßnahmen der externen Qualitätssicherung in das ärztliche Handeln eingeflossen.

In der Neuauflage wurde Wert darauf gelegt, die Kodifikation des Behandlungsvertrags durch das 2013 in Kraft getretene Patientenrechtegesetz so in die entsprechenden Erläuterungen einfließen zu lassen, dass der Mediziner einen klaren Gesamtüberblick erhält und der Jurist die Themen wiedererkennt und einzuordnen vermag. Die Verfasser haben das Werk bewusst als medizinisch-rechtliches Werk beibehalten und eine Kommentarstruktur entlang der neuen Normen vermieden.

Die neuen Vorschriften des Patientenrechtegesetzes (§§ 630a-h BGB) sind jedoch im Anhang abgedruckt.

In der vierten Auflage konnte nun auch die Rechtsprechung bis April 2013 aktualisiert werden. Die Anforderungen an ein persönliches Aufklärungsgespräch wurden in diesem Zusammenhang erweitert, sowie die Abgrenzung des Diagnoseirrtums vom Rechtsinstitut der unterlassenen Befunderhebung aufgenommen.

Auch den neuen ärztlichen Pflichten, wie der der Information des Patienten über Umstände, die einen Behandlungsfehler begründen können, widmet sich diese Neuauflage.

Beide Verfasser danken wiederum den wissenschaftlichen Mitarbeitern des Instituts für Rechtsmedizin der Universität Münster, allen voran der Direktorin Frau Prof. Pfeiffer und ihren Mitarbeitern Schulz, Schmidt und Varchmin-Schultheis.

Dank gilt auch Frau stud. iur. Wetzlar für die die Neuauflage vorbereitende redaktionelle Tätigkeit.

Auch die vierte Auflage des Leitfadens möge dazu beitragen, im Rahmen interdisziplinären Gedankenaustauschs zwischen Ärzten, Juristen und Betriebswissenschaftlern das Verständnis zwischen Medizin und Jurisprudenz unter Berücksichtigung der wirtschaftlichen Rahmenbedingungen zu vertiefen.

Hamm, im April 2013   Prof. Dr. Karl Otto Bergmann
Dr. Carolin Wever

Inhaltsverzeichnis

1 Grundlagen der zivilrechtlichen Haftung des Arztes und des Krankenhausträgers 1
    I. Einleitung 1
    II. Haftungsgrundlagen 6
        1. Vertragliche Haftung 8
        2. Deliktische Haftung 8
        3. Verjährung 10
        4. Rechtsfolge: Schmerzensgeld und Schadenersatz 10
    III. Organisationspflichten des Krankenhausträgers und der leitenden Ärzte 12

2 Arzt-Patient-Krankenhaus: Ärztlicher Standard und Beweislastverteilung 21
    Fall 1: Die missglückte Zwillingsgeburt 21
        Sachverhalt 21
        Lösung 22
    Fall 2: Das verweigerte Arzthonorar 25
        Sachverhalt 25
        Lösung 26
    Fall 3: Der verzögerte Medikamenteneinsatz (Aciclovir-Entscheidung) .. 29
        Sachverhalt 29
        Lösung 29
    Exkurs: Off Label Use 30
    Fall 4: Eine Hysterektomie mit schweren Folgen 32
        Sachverhalt 32
        Lösung 33
    Fall 5: Das unzureichende Notfallmanagement 39
        Sachverhalt 40
        Lösung 40
    Fall 6: Der verhängnisvolle Anfängerfehler 42
        Sachverhalt 42
        Lösung 44
    Exkurs: Rechtsfigur der „unterlassenen Befunderhebung" 45

3 Der Arzt im Team: Organisationsfehler bei vertikaler und horizontaler Arbeitsteilung 51
    I. Grundlagen der Haftung bei Arbeitsteilung 51
    II. Arbeitsteilung im Krankenhaus – vertikale Arbeitsteilung 56
        Fall 7: Die fehlerhafte Vertretung 56
    III. Arbeitsteilung zwischen Ärzten unterschiedlicher
        Fachrichtungen – Horizontale Arbeitsteilung 59
        Fall 8: Der unzuverlässige Pathologe 59
        Fall 9: Das verkannte Malignom 61

4 Selbstbestimmungsaufklärung und Patienteneinwilligung 67
    I. Grundlagen der Aufklärung 67
    II. Wer muss aufklären? 69
    III. Wen muss der Arzt aufklären? 71
        Fall 10: Der unaufgeklärte Vater 72
    IV. Wann ist aufzuklären? 74
        Fall 11: Die verspätete Aufklärung 75
        Fall 12: Aufklärung vor der Tür des Operationssaals 76
    V. Wie ist aufzuklären? 80
        Fall 13: Die zurückgezogene Einwilligung 83
        Fall 14: Die zweite Chance 88
    VI. Worüber ist aufzuklären? 90
        Fall 15: Die nervschädigende Infiltrationstherapie 91
        Fall 16: Die schmerzvolle Schultergelenksinjektion 94
        Fall 17: Die zementfreie Endoprothese 97
        Exkurs: Aufklärung bei Neulandverfahren „Robodoc" 99
        Fall 18: Die Bandscheibenoperation mit nicht aufklärungs-
            pflichtigem Risiko 100
        Fall 19: Freiheit bei der Methodenwahl 103
        Fall 20: Gehirnblutungen nach diagnostischem Eingriff 104
    VII. Wieweit ist aufzuklären? 107
        Fall 21: Die verschwiegene Tumorerkrankung 108
    VIII. Hypothetische Einwilligung und Entscheidungskonflikt 110
        Fall 22: Die hypothetische Einwilligung bei Tumoroperation 110

5 Selbstbestimmungsaufklärung und Informationspflichten 115
    I. Informationspflichten des Arztes: Abgrenzung zur Selbstbestim-
        mungsaufklärung 115
    II. Aufklärung bei der Medikamentengabe 116
        Fall 23: Schlaganfall nach Einnahme einer Antibaby-Pille
            (Cyklosa-Urteil) 118
    III. Therapeutische Information: Verhaltensregeln 121
        Fall 24: Die verspätete Einweisung 122
        Fall 25: Der unterlassene Hinweis auf eine erforderliche Unter-
            suchung 123

IV. Aufklärungsfragen und Information bei ambulanten Operationen 125
    Fall 26: Die verhängnisvolle Magenspiegelung 127
V. Information über Umstände, die einen Behandlungsfehler
    begründen können 129

6 Information über wirtschaftliche Fragen – Gesetzliche und private Krankenversicherung 131
I. Rechtliche und wirtschaftliche Rahmenbedingungen 131
II. Hinweispflicht auf versicherungstechnische Risiken 133
    Fall 27: Weniger wäre mehr gewesen 133
    Fall 28: Der vergebliche, aber kostenträchtige Krankenhausaufenthalt 138
III. Hinweispflichten bei der Anwendung von Außenseitermethoden 140
    Fall 29: Die Außenseitermethode 140
IV. Ausblick 145

7 Ärztliche Dokumentationspflicht – Wirkung, Umfang und Grenzen 147
I. Grundlagen 147
    1. Vorbemerkungen 147
    2. Anforderungen an die Dokumentation 151
    3. Organisationskompetenz 152
    4. Aufbewahrungspflichten 152
    5. Einsichtsrecht und Auskunftsanspruch des Patienten 153
    6. Bedeutung der Dokumentation für den Haftpflichtprozess 156
II. Fallbeispiele zur Bedeutung der Dokumentations- und
    Archivierungspflichten 158
    Fall 30: Die unterlassene Untersuchung 158
    Fall 31: Der geschädigte Nervus radialis 160
    Fall 32: Die verschwundenen Röntgenbilder 162
    Fall 33: Die verschwundene Wärmflasche 163
    Fall 34: Das verkannte Sudeck'sche Syndrom 164
III. Einzelfälle zu Dokumentationspflichten 166

8 Strafrechtliche und zivilrechtliche Haftung – Berufsrechtliche Folgen 169
I. Überblick über mögliche Verfahren 169
II. Verfahren vor den Gutachterkommissionen und
    Schlichtungsstellen 170
III. Zivilverfahren 175
    1. Allgemeines 175
    2. Selbständiges Beweisverfahren 176
    3. Verfahrensrechtliche Besonderheiten 177
IV. Strafverfahren 185
    1. Allgemeines 185
    2. Unterschiede zwischen Zivil- und Strafverfahren 186
    3. Prozesstaktische Erwägungen 188

V. Sonstige berufsspezifische Verfahren 195
  1. Allgemeines 195
  2. Berufsrechtliches Verfahren 197
  3. Widerruf der Approbation 199
  4. Beamtenrechtliches Disziplinarverfahren 201
  5. Entziehung der Vertragsarztzulassung 202

9 Risk-Management und Qualitätssicherung 203
  I. Qualitätsmanagement 203
    1. Ausgangslage 203
    2. Perspektive 204
    3. Grundlagen des Qualitätsmanagements 205
    4. Qualitätsdefinitionen 208
  II. Risk-Management 211
    1. Bestandteile eines funktionierenden Risk-Managements ... 211
    2. Kosten-Nutzen-Bilanz 212
  III. Stufen des Projektes 214
    Fall 38: Das befriedigende Aufklärungsmanagement 216
    Fall 39: Die mangelhafte Aufklärung bei Strumektomie 218
  IV. Bedeutung von Leitlinien für die Qualitätssicherung 219
    Fall 40: Die folgenschwere Zugfahrt 221
  V. Europarecht und WHO 223
  VI. Ausblick 224
    1. Externes Risikomanagement 224
    2. Risikomanagement auf der Makroebene 224
    3. Neue Entwicklungen 225
    4. Umsetzung im Klinikalltag 226

10 Die Arzthaftpflichtversicherung: Schadensstatistiken, Prämien und Markt, Probleme im Versicherungsverhältnis, Empfehlungen im Schadensfall 227
  I. Die Arzthaftpflichtversicherung 227
  II. Empfehlungen für das Verhalten im Schadensfall 233
    1. Bekanntwerden des Haftungsfalles 233
    2. Abstimmung mit dem Versicherer 233
    3. Kontakt zum Patienten 234
    4. Schlichtungsverfahren und Prozess 235
    5. Krankenunterlagen 235
    6. Mitwirkung des Arztes im Prozess 236
  III. Schlusswort 237

Zusammenfassungen 239
Das Patientenrechtegesetz, §§ 630a-h BGB (2013) 239

Glossar 243

Stichwortverzeichnis 255

Abkürzungsverzeichnis

a. A.	andere Auffassung
a. a. O.	am angegebenen Ort
a. F.	alte Fassung
AHRS	Arzthaftpflichtrecht (Entscheidungssammlung)
AMG	Arzneimittelgesetz
Anm.	Anmerkung
ArztR	Arztrecht (Zeitschrift)
Ärzte-ZV	Ärztezulassungsverordnung
BADK	Bundesarbeitsgemeinschaft Deutscher Kommunal-Versicherer
BÄO	Bundesärzteordnung
BBR	Besondere Bedingungen und Risikobeschreibungen für die Haftpflichtversicherung
BGB	Bürgerliches Gesetzbuch
BGH	Bundesgerichtshof
BGHZ	Entscheidungssammlung des Bundesgerichtshofs in Zivilsachen
BGHSt	Entscheidungssammlung des Bundesgerichtshofs in Strafsachen
BMV	Bundesmantelvertrag
BSG	Bundessozialgericht
BSGE	amtliche Entscheidungssammlung des Bundessozialgerichts
BVerfG	Bundesverfassungsgericht
BVerfGE	amtliche Entscheidungssammlung des Bundesverfassungsgerichts
BVerwG	Bundesverwaltungsgericht
DAV	Deutscher Anwaltverein
DGG	Deutsche Gesellschaft für Gynäkologie und Geburtshilfe
DRG	Diagnosis Related Groups
DRiZ	Deutsche Richterzeitung (Zeitschrift)
EuGH	Gerichtshof der Europäischen Gemeinschaften
ff.	folgende Seiten
GesR	Gesundheitsrecht (Zeitschrift)
GG	Grundgesetz
GVG	Gerichtsverfassungsgesetz
HeilBerG	Heilberufegesetz
KHG	Krankenhausgesetz

LBG	Landesbeamtengesetz
LG	Landgericht
MB/KK	Musterbedingungen in der privaten Krankheitskostenversicherung
MBO-Ä	Musterberufsordnung Ärzte
MedR	Medizinrecht (Zeitschrift)
MRK	Menschenrechtskonvention
m. w. N.	mit weiteren Nachweisen
n. F.	neue Fassung
NJW	Neue Juristische Wochenschrift (Zeitschrift)
NW	Nordrhein-Westfalen
OLG	Oberlandesgericht
OLGR	OLG-Report (Zeitschrift)
OVG	Oberverwaltungsgericht
Rn.	Randnummer
SGB	Sozialgesetzbuch
StGB	Strafgesetzbuch
StPO	Strafprozessordnung
VersR	Versicherungsrecht (Zeitschrift)
VVG	Versicherungsvertragsgesetz
z. B.	zum Beispiel
ZPO	Zivilprozessordnung

Grundlagen der zivilrechtlichen Haftung des Arztes und des Krankenhausträgers

I. Einleitung

▶ Rechtsmedizin wird zum Medizinrecht

Das Arzthaftungsrecht ist von der medizinischen Ausbildung her ein „Stiefkind der Rechtsmedizin". Rechtsmedizin wird zum Medizinrecht. Als Teil des Medizinrechts, zu dem beispielsweise auch das Vertragsarztrecht, das öffentliche Gesundheitsrecht, das Arztstrafrecht und Disziplinarrecht zählen, gehört es im engeren juristischen Sinne zum Vertragsrecht und zum Haftpflichtrecht. So wie jeder von uns für die Folgen eines schuldhaft herbeigeführten Verkehrsunfalles haften muss, so wie beispielsweise der Rechtsanwalt für eine Pflichtverletzung im Rahmen des Mandatsverhältnisses und einen dadurch verursachten Vermögensschaden des Mandanten zu haften hat, so haben auch der Arzt oder der Träger des Krankenhauses für eine fehlerhafte Behandlung des Patienten einzustehen. Dass daneben auch noch eine strafrechtliche Verantwortung oder berufsrechtliche Maßnahmen infrage kommen, soll an dieser Stelle nur erwähnt sein.

▶ Sonderstellung des Arzthaftungsrechts

Das Arzthaftungsrecht nimmt aber gegenüber dem allgemeinen Haftpflichtrecht eine Sonderstellung ein. Dies hat mehrere Gründe. Zum einen ist das Arzthaftungsrecht, wie es bezeichnet werden kann, außerordentlich „publikumswirksam". Die Medien nehmen sich der Kunstfehler, wie sie manchmal irreführend bezeichnet werden, gerne an, da die Schäden unsere höchsten Rechtsgüter, Leben und Gesundheit, betreffen. Zum anderen unterscheidet sich die Arzthaftung rechtsdogmatisch von der Haftung anderer Berufsgruppen durch den Tatbestand der eigenmächtigen Heilbehandlung und durch ein besonderes Beweisrecht mit erheblichen Beweislastverschiebungen zulasten der Behandlungsseite.[1]

---

[1] Zur Modifizierung des allgemeinen Prozessrechts eingehend: Katzenmeier, Arzthaftung, S. 378 ff.

▶ Schadensaufwendungen in der Arzthaftung

Haftungsfragen werden für die Tätigkeit von Ärzten immer bedeutsamer. Für Arzthaftpflichtschäden in deutschen Krankenhäusern haben die Betriebshaftpflicht-Versicherer der Krankenhäuser im Jahre 1991 „nur" etwa 80 Mio. € aufgewendet, im Jahre 1994 betrug die Summe der Aufwendungen für Arzthaftpflichtschäden ca. 210 Mio. €[2]. Bis zum Jahre 2003 hat sich der Schadensaufwand bereits verdoppelt, nämlich auf 400 Mio. €. Die Tendenz zu steigenden Aufwendungen hält an. Beispielsweise hat sich der Schadenaufwand im Bereich der Gynäkologie und Geburtshilfe während dieses Zeitraums mehr als versechsfacht.[3] Europaweit schätzt die Europäische Kommission die Kosten wegen fehlerhafter Behandlungen auf jährlich 5,5 Mrd. €.[4]

▶ Steigende Schmerzensgeldbeträge bei Geburtsschäden

Der „durchschnittliche Patient" wird immer aufgeklärter und klagefreudiger. Der Anstieg erklärt sich unter anderem aus den in der Tendenz immer höher werdenden Pflegeaufwendungen und Schmerzensgeldern. Zur Höhe des Schmerzensgeldes bei Geburtsschäden ist im Jahre 2008 nach den Urteilen des OLG Köln[5] und OLG Hamm[6], die jeweils einen Betrag von 500.000,00 € ohne Rente zugesprochen haben, eine weitere wegweisende Entscheidung ergangen. In seinem Urteil vom 22.4.2008 – 5 U 6/07 –[7] hat das OLG Zweibrücken die erstinstanzliche Entscheidung des LG Landau bestätigt, in der einem aufgrund eines Behandlungsfehlers schwerst hirngeschädigt geborenen Kind ein Schmerzensgeld von 500.000,00 € zuzüglich einer Schmerzensgeldrente von 500,00 € monatlich zugesprochen wurde. Diese Rente macht einen Kapitalwert von rund 119.000,00 € aus. Der Gesamtbetrag war bis dahin der höchste bislang ausgeurteilte Schmerzensgeldbetrag in Deutschland.[8] Mittlerweile ist ein weiterer Höhepunkt erreicht, indem das KG Berlin in seinem Urteil vom 16.2.2012 – 20 U 157/10 – einem 4½-jährigen Mädchen, das nach einem ärztlichen Fehler einen schweren Hirnschaden erlitten hat, einen Schmerzensgeldbetrag von 500.000 € nebst einer Schmerzensgeldrente von 650 € monatlich zuerkannt hat (bei Kapitalisierung 653.660 € insgesamt, s. Abb. 1.1).[9]

▶ Schadensaufwendungen in den einzelnen ärztlichen Fachdisziplinen

Innerhalb der einzelnen ärztlichen Fachdisziplinen sind die Schadenaufwendungen unterschiedlich verteilt. Überproportional ist die Höhe der Aufwendungen in der

---

[2] Bergmann/Kienzle, Rn. 732 ff.
[3] Vgl. Bergmann, Das Krankenhaus 2005, 683.
[4] GDV „positionen" Nr. 64/2009.
[5] OLG Köln, VersR 2007, 219.
[6] OLG Hamm, VersR 2003, 282.
[7] OLG Zweibrücken, MedR 2009, 88.
[8] Bislang: 614.000 €, LG Kiel, Urt. v. 11.7.2003 – 6 O 13/03 – VersR 2006, 279, vgl. zum ganzen: Jaeger, MedR 2009, 90 ff.
[9] KG Berlin, NJW-RR 2012, 920.

I. Einleitung

Gynäkologie und Geburtshilfe, während die Anzahl der Schadensfälle von Chirurgie und Orthopädie etwa die Hälfte aller Schadenfälle ausmacht. Dies zeigt sich anschaulich anhand der von der ECCLESIA-Gruppe vorgenommenen Auswertung von fast 100.000 Schadensfällen, zum einen die Aufstellung nach Stückzahl, zum anderen nach Schadensaufwand (Abb. 1.2 und 1.3).

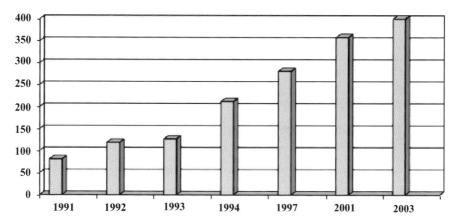

Abb. 1.1 Schadenaufwendungen bei Arzthaftpflichtschäden in total für alle deutschen Krankenhäuser (in Mio. €)

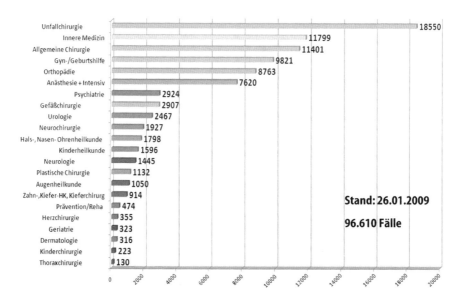

Abb. 1.2 Verteilung der Schadensfälle auf die Disziplinen. (Quelle: RA Petry, Ecclesia-Versicherungsdienste, Detmold)

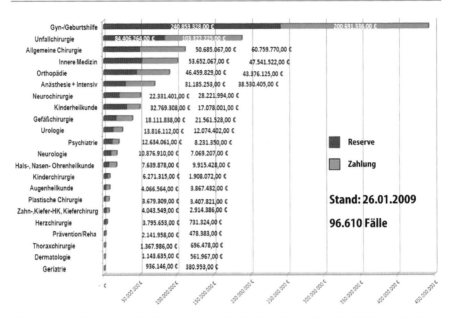

Abb. 1.3 Verteilung des Schadensaufwands auf die Disziplinen. (Quelle: RA Petry, Ecclesia-Versicherungsdienste, Detmold)

▶ Höheres Anspruchsdenken

Die Gründe für die Zunahme der Haftungsfälle sind vielschichtig. Patienten werden durch die Medien oder Patientenschutzbünde besser aufgeklärt. In der Gesellschaft herrscht heute ein immer höheres Anspruchsdenken vor. Selbst nach einfachen Unfällen im Bereich des Krankenhausgeländes wollen immer mehr Patienten den Krankenhausträger in Anspruch nehmen. Für eigene Fehler oder schicksalhafte Entwicklungen scheint allgemein weder Verständnis noch Akzeptanz zu bestehen.

▶ Versicherbarkeit der ärztlichen Tätigkeit

Andererseits hat die sich abzeichnende „Haftungsexplosion" im Heilwesenbereich in der Ärzteschaft Beunruhigung ausgelöst und die Versicherbarkeit ärztlicher Tätigkeit infrage gestellt.[10] Wegen des hohen, schlecht kalkulierbaren Schadenvolumens einerseits und des Spätschadenrisikos andererseits – oft werden die Schäden erst Jahre nach dem Schadenereignis angemeldet – haben sich Versicherer vom Krankenhausversicherungsmarkt zurückgezogen.[11] Man kann durchaus von einem Oligopol auf dem Versicherungsmarkt sprechen. Mit dem Rückzug des Marktführers in

---

[10] Ulsenheimer, in: Madea/Dettmeyer, S. 183.
[11] Bergmann/Wever, in: Van Bühren, Handbuch des Versicherungsrechts, § 11 Rn. 10.

I. Einleitung

der Sparte der Krankenhaushaftpflichtversicherung wurden die Versicherungsprämien durchweg drastisch erhöht, teils bis zum Mehrfachen der bisherigen Prämien.

▶ Einfluss der Rechtsprechung und Technik

Die heutige Arzthaftpflicht-Rechtsprechung erleichtert dem Patienten die Durchsetzung seiner Ansprüche, insbesondere durch Beweiserleichterungen bis hin zur Beweislastumkehr, z. B. bei groben Behandlungsfehlern, unterlassener Befunderhebung oder Dokumentationsmängeln. Für die ordnungsgemäße Patientenaufklärung ist grundsätzlich der Arzt beweisbelastet. So hat das Bundesverfassungsgericht bereits im Jahre 1979[12] unter dem Gesichtspunkt der sog. „Waffengleichheit" zwischen Arzt und Patient prozessuale Modifizierungen gefordert, durch die der Informations- und Argumentationsunterschied zwischen den Prozessparteien verringert werden soll.

Auch der technische Fortschritt der Medizin – beispielsweise mit einer erhöhten Überlebensquote bei Geburtsschäden – verbunden mit gestiegenen Pflegegeldern und schließlich auch die komplizierte Arbeitsteilung innerhalb der Medizin und insbesondere eines Krankenhauses mit entsprechend immer größer und unübersichtlicher werdenden Fehlerquellen beeinflusst das Ausmaß der Schadensaufwendungen[13].

▶ Vermeidbarkeit von Haftungsfällen

Ärzte und Krankenhausträger, Chefärzte, das nachgeordnete ärztliche Personal, das Pflegepersonal, andererseits aber auch die Verwaltung eines Krankenhauses müssen sich auf die Rechtsprechung zur Arzthaftung einstellen und damit den teils sehr hohen Sorgfaltsmaßstäben der Rechtsprechung des Bundesgerichtshofs und der Instanzgerichte Genüge leisten. Nach anwaltlicher Erfahrung handelt es sich bei sicherlich gut der Hälfte aller von der Rechtsprechung zu behandelnden Fälle nicht um Behandlungsfehlervorwürfe im engeren Sinne, bei denen die Frage zu beantworten ist, inwieweit der Arzt im konkreten Einzelfall den medizinischen Standard nicht eingehalten hat, sondern um – oft mit leichten Mitteln vermeidbare – Fehler im Organisationsbereich des Krankenhauses oder der Arztpraxis, von einfachen hygienischen Anforderungen über die Nichteinhaltung der erforderlichen Dokumentation oder Aufklärung bis zu Mängeln in der horizontalen oder vertikalen Arbeitsteilung.[14]

▶ Qualitäts- und Risk-Management

In Anbetracht der hohen öffentlichen Bedeutung des Arzthaftungsrechts, aber auch der wirtschaftlichen Bedeutung für den Arzt oder das Krankenhaus, erscheint es

---

[12] BVerfG, NJW 1979, 1925.
[13] Zu Schadensstatistiken: Jahn/Kümper, MedR 1993, 413.
[14] Bergmann/Kienzle, Rn. 471 ff.

notwendig, dass das Arzthaftungsrecht in der medizinischen Ausbildung eine größere Rolle als bisher einnimmt. Dem entspricht, dass Fragen der ärztlichen Qualitätssicherung und des Qualitätsmanagements auch in der Praxis immer bedeutsamer werden. Letztlich handelt es sich bei den auch im Krankenhaussektor immer wichtiger werdenden Maßnahmen des Total Quality Management/Umfassenden Qualitätsmanagements (TQM/UQM) oder bei den hieraus ausschnittsweise herausgegriffenen Maßnahmen des Risk-Managements nur um einen neuen Ansatz, mit modernen Methoden den ärztlichen Standard zu wahren und Organisationsmängel effektiv zu beherrschen. Zur Risikominimierung der ärztlichen Tätigkeit und zu mit Kostensenkungen verbundenen Qualitätsverbesserungen sind solche Managementmaßnahmen mit ihren neuen Ansätzen uneingeschränkt zu empfehlen.

Im Jahre 2003 hat der Sachverständigenrat zur Begutachtung der Entwicklung im Gesundheitswesen in seinem Jahresgutachten Vermeidungsstrategien bei Behandlungsfehlern und Organisationsverschulden erörtert. Als erste fachärztliche Gruppe haben die Allgemeinmediziner ein „Frankfurter Fehlermeldesystem" für hausärztliche Behandlungsfehler etabliert, welches unter www.jeder-fehler-zaehlt.de im Internet abrufbar ist. Der Chirurgentag 2005 und der 108. Deutsche Ärztetag 2005 haben Entschließungen zum Hauptthema „Ärztliches Fehlermanagement – Patientensicherheit" gefasst. Auf dieser Grundlage hat die Bundesärztekammer ein Curriculum „Ärztliches Qualitätsmanagement" eingerichtet. Jeder Arzt kann unter www.cirsmedical.ch/kbv Fehler und Beinahe-Fehler über das Internet anonym angeben. Ziel ist es, durch eine „positive Fehlerkultur" ärztlichen Standard zu sichern.

▶ Gegenstand des Einführungskapitels

Im Rahmen der Einleitung ist es geboten, zunächst auf die Darstellung der Haftungsgrundlagen und des Organisationsverschuldens des Krankenhausträgers und der verantwortlichen Ärzte einzugehen und die Fragen, wann im Einzelfall ein Behandlungsfehler vorliegt, unerörtert zu lassen.

II. Haftungsgrundlagen

▶ Neue gesetzliche Haftungsgrundlage

Die Grundlage der Arzthaftung bilden die Regelungen über den Behandlungsvertrag in den §§ 630a ff., 280 Abs. 1 BGB in Verbindung mit den von der Rechtsprechung über Jahre hinweg entwickelten Grundsätzen zur Haftung von Arzt und Krankenhausträger für Pflichtverletzungen gegenüber dem Patienten, soweit sie diesen neuen gesetzlichen Rahmen ausfüllen.

Die bis zum Jahre 2012 fehlende spezialgesetzliche Regelung zum Arzthaftungsrecht wurde vielfach beklagt. Das dazu bestehende Richterrecht wurde als zu undurchsichtig für Arzt und Patient angesehen. Zudem ist es der Gesetzgeber, der, originär mit der Rechtssetzung betraut, eine ausreichende Grundlage für die Arzthaftung schaffen musste. Die neuen Vorschriften zum Behandlungsvertrag sollen nun Rechtssicherheit und vor allem einen Überblick über eine für den Laien bisher kaum überschaubare Regelungsmaterie bieten und somit auch das Arzt-Patientenverhältnis entlasten.

Mit dem Gesetz zur Verbesserung der Rechte von Patientinnen und Patienten setzt die Bundesregierung die Verpflichtung aus ihrer Koalitionsvereinbarung vom 26.10.2009 um, die Rechte von Patienten zu kodifizieren. Zusätzlich soll die – verständlicherweise noch rudimentäre – Regelung von Risiko- und Fehlervermeidungssystemen dazu beitragen, die Behandlungsabläufe in immer komplexer werdenden medizinischen Prozessen zu optimieren und Haftungsrisiken zu verringern. Den Patientinnen und Patienten sollen insoweit ihre Rechte transparenter zugänglich gemacht werden. Es ist ein Grundsatz unseres Rechtsstaates, dass immer das parlamentarische förmliche Gesetz zentrale Rechtsquelle ist. Das kodifizierte Gesetz soll in rechtsstaatlicher Weise die Berechenbarkeit des Rechts sichern. Es muss klar und bestimmt sein und in für den Bürger einsehbarer Form vorliegen. Die einem Gesetz innewohnende Informationsfunktion kann dem Bürger das Recht der Arzthaftung näher bringen. Auch besteht die Hoffnung, dass die einem Gesetz zukommende Informationsfunktion die Akzeptanz anwaltlicher Beratung und auch die Akzeptanz gerichtlicher Entscheidungen erhöhen würde.[15]

Neben der Normierung der verfestigten Rechtsprechung findet sich nun eine der bedeutenderen Neuerungen im Arzthaftungsrecht in § 630c Abs. 2 S. 2 und 3 BGB. Danach hat der Arzt dem Patienten gegenüber eine Aufklärungspflicht über die tatsächlichen Umstände eines möglichen Behandlungsfehlers, sofern der Patient danach fragt oder wenn eine Aufklärung über den Fehler zur Abwendung von gesundheitlichen Gefahren erforderlich ist. Die neuen Regelungen sind zugunsten des Leseflusses im Anhang gesondert aufgeführt.

Die Meinungen zum Patientenrechtegesetz insgesamt und zu den Neuerungen speziell sind sehr kontrovers.[16]

Die Neuregelung verdient durchaus den Namen einer Reform mit maßvollem Neuerungswillen. Insbesondere die Frage der Deckungsbegrenzung und Finanzierung in der Heilwesen-Haftpflichtversicherung wird allerdings noch gelöst werden müssen. Schließlich wird es in Haftungsfällen mehr Transparenz geben. Die wichtigen Beweiserleichterungen berücksichtigen die Rechtsprechung und werden klar geregelt. Damit wird künftig jeder im Gesetz nachlesen können, wer im Prozess was beweisen muss.

Die gesetzliche Regelung der Arzthaftung lässt sich wie folgt zusammenfassen:

1. Vertragliche Haftung

▶ Vertragliche Haftung

Die vertragliche Haftungsverantwortung trifft denjenigen, der die Behandlungsaufgabe vertraglich übernommen hat. Die Haftung bestimmt sich nach § 280 BGB i. V. m. § 276 BGB.

---

[15] Schneider, Beziehung der Krankenunterlagen, in Jorzig/Uphoff a. a. O. S. 9.
[16] Aus der Literatur beispielsweise: Katzenmeier, MedR 2012, 576; Spickhoff, ZRP 2012, 65; Deutsch, NJW 2012, 2009; Wagner, VersR 2012, 789; Thurn, MedR 2013, 153; Hart, MedR 2013, 159.

▶ Haftung für eigenes Verschulden

§ 276 Abs. 1 S. 1 und 2 BGB:

Der Schuldner hat, sofern nicht ein anderes bestimmt ist, Vorsatz und Fahrlässigkeit zu vertreten. Fahrlässig handelt, wer die im Verkehr erforderliche Sorgfalt außer Acht lässt.

§ 280 BGB

Verletzt der Schuldner eine Pflicht aus dem Schuldverhältnis, so kann der Gläubiger Ersatz des hierdurch entstehenden Schadens verlangen. Dies gilt nicht, wenn der Schuldner die Pflichtverletzung nicht zu vertreten hat.

Regelmäßig trifft die vertragliche Haftung im Falle ambulanter Behandlung den niedergelassenen Arzt bzw. beim *totalen Krankenhausaufnahmevertrag* allein oder in erster Linie das Krankenhaus. Schließt der Patient zusätzlich zum Krankenhausaufnahmevertrag einen privaten Zusatzvertrag über die ärztlichen Leistungen des Chefarztes, einen sogenannten *Arztzusatzvertrag*, ab oder wird der Patient ausnahmsweise im Rahmen eines sogenannten *gespaltenen Arzt-Krankenhaus-Vertrages* in das Krankenhaus aufgenommen, bestehen vertragliche Ansprüche auch zwischen Patient und selbstliquidierendem Arzt.

Ein solch typischer Fall ist die Haftungskonstellation im Belegkrankenhaus. Der Patient steht in vertraglichen Beziehungen zu dem Belegarzt wegen der ärztlichen Leistungen, während das Krankenhaus als sogenanntes Belegkrankenhaus grundsätzlich nicht für Fehler des Belegarztes haftet. Zu den Vertragsaufgaben des Belegkrankenhauses gehört nicht die Erbringung der ärztlichen Leistung, wohl aber die „Hotelleistung" und die Gestellung und Überwachung des Pflegepersonals.

2. Deliktische Haftung

▶ Deliktische Haftung

Neben der vertraglichen Haftung steht die deliktische Haftung aus unerlaubter Handlung für eigenes Behandlungsverschulden des Arztes. Der Arzt haftet in diesem Fall als Handelnder persönlich bei schuldhaftem Behandlungsfehler wegen der Verletzung der Rechtsgüter Gesundheit oder Leben des Patienten.

▶ Haftung für eigenes Fehlverhalten

§ 823 Abs. 1 und 2 BGB:

1) Wer vorsätzlich oder fahrlässig das Leben, den Körper, die Gesundheit, die Freiheit, das Eigentum oder ein sonstiges Recht eines anderen widerrechtlich verletzt, ist dem anderen zum Ersatz des daraus entstehenden Schadens verpflichtet.

II. Haftungsgrundlagen

2) Die gleiche Verpflichtung trifft denjenigen, welcher gegen ein den Schutz eines anderen bezweckendes Gesetz verstößt. Ist nach dem Inhalt des Gesetzes ein Verstoß gegen dieses auch ohne Verschulden möglich, so tritt die Ersatzpflicht nur im Falle des Verschuldens ein.

Daneben haftet der Krankenhausträger einmal für die leitenden Organe, d. h. die Chefärzte ohne Entlastungsmöglichkeit und für das Pflegepersonal, die als Verrichtungsgehilfen bezeichnet werden, mit Entlastungsmöglichkeit.

▶ Haftung für den Verrichtungsgehilfen

§ 831 BGB:

1) Wer einen anderen zu einer Verrichtung bestellt, ist zum Ersatze des Schadens verpflichtet, den der andere in Ausführung der Verrichtung einem Dritten widerrechtlich zufügt. Die Ersatzpflicht tritt nicht ein, wenn der Geschäftsherr bei der Auswahl der bestellten Person und, sofern er Vorrichtungen oder Gerätschaften zu beschaffen oder die Ausführung der Verrichtung zu leiten hat, bei der Beschaffung oder der Leitung die im Verkehr erforderliche Sorgfalt beobachtet oder wenn der Schaden auch bei Anwendung dieser Sorgfalt entstanden sein würde.

2) Die gleiche Verantwortlichkeit trifft denjenigen, welcher für den Geschäftsherrn die Besorgung eines der im Absatz 1 Satz 2 bezeichneten Geschäfte durch Vertrag übernimmt.

▶ Haftung des Krankenhausträgers

Wegen der Verschärfung der Anforderungen an den Entlastungsbeweis, nämlich den Nachweis der sorgfältigen Auswahl und Kontrolle des Personals und wegen der Rechtsprechung zum Organisationsverschulden des Krankenhausträgers kommt der Haftung des Krankenhausträgers in Rechtsstreiten primäre Bedeutung zu. Deshalb wird in fast allen Arzthaftungsfällen mit Krankenhausbehandlung in erster Linie und regelmäßig der Krankenhausträger vom Patienten in Anspruch genommen, daneben aber schon aus prozessualen Gründen der Arzt, seltener das Pflegepersonal. Ist der Arzt mitverklagt, so ist er Prozesspartei und kann nicht mehr als Zeuge gehört werden, sondern nur als Partei vortragen. Dies ändert das Gewicht seiner Prozessbeiträge, denn die Partei hat naturgemäß ein starkes Interesse am Ausgang des Prozesses, als Zeuge ist er am Prozessausgang „weniger interessiert". Der Krankenhausträger haftet somit für den angestellten Chefarzt oder Abteilungsarzt in gleicher Weise wie für das Pflegepersonal. Das Krankenhaus haftet nicht für den Belegarzt, aber es kann in diesem Fall selbst haften, wenn es seine eigenen Organisationspflichten verletzt hat (vgl. im Einzelnen Kap. 2).

In der Praxis hat die Unterscheidung zwischen vertraglicher und deliktischer Haftung nur geringe Bedeutung. Die sich aus dem Behandlungsvertrag ergebenden Sorgfaltsanforderungen und die sogenannten deliktischen Sorgfaltspflichten der handelnden Personen sind grundsätzlich identisch.

3. Verjährung

▶ Einheitliche Verjährungsfrist

Die Verjährungsfristen liegen für vertragliche und deliktische Ansprüche gem. §§ 195, 199 BGB einheitlich bei 3 Jahren. Für den Lauf der Verjährungsfrist kommt es darauf an, wann der Anspruch entstanden ist und der Gläubiger von den den Anspruch begründenden Umständen und der Person des Schuldners Kenntnis erlangt hat oder ohne grobe Fahrlässigkeit hätte erlangen müssen (subjektives Verjährungssystem). Da die Rechtsprechung erst eine „Kenntnis" im Sinne des Verjährungsrechts annimmt, wenn sich für einen medizinischen Laien ergibt, dass der Arzt von dem üblichen Standard abgewichen ist[17], und dies in der Regel erst durch ein Sachverständigengutachten geklärt werden kann, hat die Einrede der Verjährung im Arzthaftungsrecht selten Erfolg. Die Rechtsprechung hat immer wieder sehr strenge Anforderungen selbst im Hinblick auf die grob fahrlässige Unkenntnis eines Patienten gestellt (vgl. BGH, Urteil vom 10.11.2009 VI ZR 247/08).[18] Ohne Rücksicht auf die Kenntnis des Patienten verjähren die Ansprüche in 30 Jahren.

4. Rechtsfolge: Schmerzensgeld und Schadenersatz

▶ Umfang des Schadenersatzes

Im Haftungsfall steht dem Patienten zum einen Schmerzensgeld zu, und zwar seit dem 2. Schadensersatzänderungsgesetz einheitlich aus Vertrag und Delikt gem. § 253 BGB. Zum anderen schuldet der Arzt Schadenersatz. Dieser kann z. B. umfassen:

- Verdienstausfall/entgangener Gewinn
- Haushaltsführungsschaden
- Vermehrte Bedürfnisse
- Kosten der Wiederherstellung
- Rehabilitation
- Anwaltskosten
- Fahrtkosten

▶ Anspruchsübergang nach § 116 SGB X/§ 86 Abs. 1 VVG

Soweit ein Sozialversicherungsträger, z. B. Krankenkasse, Pflegekasse, Berufsgenossenschaft, Leistungen für den Patienten erbracht hat, z. B. Kosten der Kranken- oder Medikamentenversorgung, Pflegeaufwendungen etc., geht der Schadenersatzanspruch des Patienten gem. § 116 SGB X auf den Sozialversicherungsträger über. Gleiches gilt für die private Kranken- oder Pflegeversicherung gem. § 86 Abs. 1 VVG. Einen Überblick über die möglichen Ansprüche von Patient und Sozialversicherungen liefern die Abb. 1.4.

---

[17] BGH, NJW 2001, 885.
[18] BGH, MedR 2010, 258 (m. Anm. Bergmann/Wever).

II. Haftungsgrundlagen

Abb. 1.4 Ansprüche des Patienten und des Sozialversicherungsträgers (SVT)

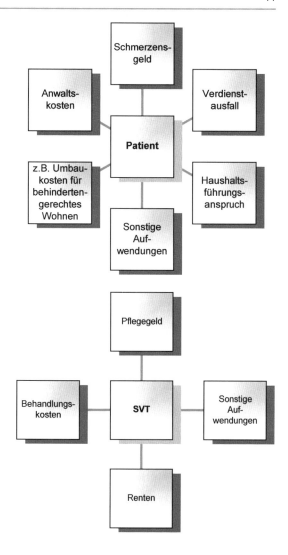

Die gesetzlichen Krankenkassen sind auch gem. § 66 SGB V berechtigt, die Versicherten bei der Verfolgung von Schadenersatzansprüchen aus Behandlungsfehlern zu unterstützen. Mit der Neuregelung durch das Patientenrechtegesetz ist sogar aus der bisherigen „kann"-Vorschrift eine „soll"-Vorschrift geworden, sodass mit einer noch intensiveren Unterstützung durch die Kassen zu rechnen ist. Häufig werden Gutachten durch den Medizinischen Dienst der Krankenkassen (MDK) eingeholt, um behauptete Behandlungsfehler zu klären. Der MDK hat – nach entsprechender Schweigepflichtentbindungserklärung des Patienten – ein Recht zur Einsichtnahme in die Behandlungsdokumentation, § 294 a SGB V, nicht aber die Krankenkasse selbst.[19]

---

[19] Vgl. Bergmann, Das Krankenhaus 2008, 825.

> **Merksätze**
> 1. Die neu geregelte vertragliche Haftung wegen Pflichtverletzung aus dem Behandlungsvertrag ergibt sich aus §§ 630a ff. i. V. m. § 280 Abs. 1 BGB.
> 2. Deliktische Haftung wegen Verletzung von Gesundheit oder Leben des Patienten setzt einen schuldhaften Behandlungsfehler oder eine nicht von der Einwilligung des Patienten gedeckte, sog. eigenmächtige Heilbehandlung voraus. Sie steht als eigenständige Anspruchsgrundlage neben der Haftung aus Vertrag.
> 3. Ansprüche auf Schmerzensgeld und Schadenersatz stehen dem Patienten und die kongruenten Schadensersatzansprüche kraft Forderungsübergang dem Sozialversicherungsträger zu.
> 4. Verletzung der Organisationspflichten ist eigenes Verschulden des Krankenhausträgers.
> 5. Pflichtwidrige Handlungen des ärztlichen und pflegerischen Dienstes werden dem Krankenhausträger zugerechnet.
> 6. Entlastung des Krankenhausträgers *ist* möglich, wenn Ärzte und Pflegedienst sorgfältig ausgewählt und kontrolliert wurden, aber in der Praxis selten.
> 7. Keine Entlastung bei Handlungen des Chefarztes, dieser ist nicht „Gehilfe", sondern „Organ" des Krankenhauses.

III. Organisationspflichten des Krankenhausträgers und der leitenden Ärzte

▸ Anforderungen der Rechtsprechung

Die Rechtsprechung stellt an die Organisationspflichten des Krankenhausträgers und der Ärzte hohe Anforderungen[20]. Zuständig für Fragen der Arzthaftung beim BGH ist der dortige VI. Zivilsenat. Der Bundesgerichtshof sah und sieht weiterhin seine Aufgabe darin, Qualitätsmängel in der Organisation haftungsrechtlich einzuordnen. Die Rechtsprechung nimmt bisher keine Rücksicht darauf, dass personelle oder sachliche Engpässe bisweilen eine ordnungsgemäße Organisation verhindern, fehlende Ausbildung und Erfahrung Fehler produzieren, Eil- und Notfälle den ärztlichen Standard oft wesentlich herabsetzen, sie berücksichtigt auch nicht, dass nicht nur dem besten Arzt, sondern auch dem besten Verwaltungsleiter Fehler passieren können. Da es für die zivilrechtliche Haftung nicht auf persönliche Schuld, sondern Qualitätsmängel ankommt, prüft die Rechtsprechung kritisch in jedem Einzelfall, welchen Sorgfaltsmaßstab der Patient im geltenden System der Krankenversorgung erwarten darf[21].

---

[20] Steffen/Pauge, Rn. 223 ff.; Bergmann/Kienzle, Rn. 471 ff.
[21] Steffen/Pauge, Rn. 157.

Merksätze

Die Rechtsprechung nimmt keine Rücksicht auf
- sachliche oder personelle Engpässe,
- fehlende Ausbildung oder Erfahrung,
- Eil- oder Notfälle,
- vermeidbare Fehler, die auch dem besten Arzt passieren können.

▶ Knappheit der Finanzmittel

Zwar hat die Rechtsprechung auch schon einmal angedeutet, dass sie einer allgemeinen Knappheit der Finanzmittel Rechnung tragen kann. Ob dies jedoch in Anbetracht der immer beschränkteren Ressourcen im Gesundheitswesen zu Haftungserleichterungen in der Zukunft führen wird, darf angezweifelt werden. Die Wahrscheinlichkeit eines Wandels in der Rechtsprechung ist eher zurückhaltend zu sehen. Ansatzpunkte für eine Haftungsmilderung könnten die fehlende Vorwerfbarkeit einer unzureichenden Behandlung oder aber die Absenkung des geforderten medizinischen Standards sein. Die Individualinteressen des Patienten und die Gemeinschaftsinteressen an einem sachgerechten Einsatz der Finanzmittel in der Krankenversorgung müssen in Einklang gebracht werden.[22]

▶ Ärztemangel

Die Verantwortlichen von Verwaltung, Ärzteschaft und Pflege in den deutschen Krankenhäusern bewegt aktuell vor allem die Frage, ob und in welchem Maße ärztliche Leistungen auch durch nicht ärztliches Personal wahrgenommen werden können. Der Ärztemangel, vor allem der Fachärztemangel in den deutschen Krankenhäusern, ist absehbar. In den nächsten 10 Jahren scheiden etwa 18.000 Klinikärzte aus dem Erwerbsleben aus, die Zahl der Studierenden in dem Fach Humanmedizin ist in den letzten 10 Jahren um etwa 15% zurückgegangen. Viele Krankenhäuser planen einen Stellenabbau im ärztlichen Dienst. Etwa die Hälfte aller Krankenhäuser will ärztliche Aufgaben deshalb verstärkt auf andere Berufsgruppen delegieren. Die Rechtslehre beschäftigt sich mit den sich daraus ergebenden Haftungsgefahren schon recht intensiv[23]. Die Rechtsprechung wird sich mit den Fragen von Delegation und Substitution in den nächsten Jahren sicherlich vermehrt auseinandersetzen müssen. Im Jahre 2008 hat das OLG Dresden (Urteil vom 24.07.2008 – 4 U 1857/07[24]) die Frage zu beurteilen gehabt, ob einer erfahrenen und fachgerecht ausgebildeten Medizinisch-Technischen Assistentin der Radiologie intravenöse Injektionen zur Vorbereitung von Diagnosemaßnahmen übertragen werden können,

---

[22] Vgl. Ulsenheimer, Anästhesie und Intensivmedizin 2009, 242 ff.
[23] Spickhoff/Seibl, MedR 2008, 463 ff.; Bergmann, MedR 2009, 1 ff.
[24] OLG Dresden, GesR 2008, 635.

sofern für eine regelmäßige Kontrolle und Überwachung durch den Arzt Sorge getragen wird, und hat diese Frage mit überzeugender Begründung bejaht. Das OLG Dresden hat darauf abgestellt, dass eine derartige Injektion zwar einen Eingriff darstellt, der zum Verantwortungsbereich des Arztes gehört, es sich aber nicht um eine Tätigkeit handelt, die aufgrund ihrer Schwierigkeit, Gefährlichkeit oder Unvorhersehbarkeit zwingend von einem Arzt erbracht werden muss. Vielmehr entspricht es dem gesetzgeberischen Leitbild, dass einfache und mit nur geringen Risiken verbundene Injektionen auch ausgebildetem Pflegepersonal übertragen werden können.[25]

▶ Unverzichtbare Basisschwelle für Qualität

Der Patient kann allerdings nicht stets die besten Behandlungsbedingungen und die neuesten Methoden oder die modernsten Geräte erwarten. Die Rechtsprechung erkennt unterschiedliche Standards für den Allgemeinarzt und den Facharzt, ebenso für die personellen, räumlichen und apparativen Behandlungsbedingungen der einzelnen Krankenhäuser, sei es Land- oder Stadtkrankenhaus, Spezialklinik oder Universitätsklinik an[26]. Allerdings gibt es nach der Rechtsprechung eine sogenannte unverzichtbare Basisschwelle, deren Qualität nicht unterschritten werden darf. So hat es die Rechtsprechung beispielsweise als Organisationsfehler angesehen, bei Unterversorgung einer Klinik mit Anästhesisten eine Parallelnarkose durchzuführen[27] oder einen Arzt zur Operation nach einem anstrengenden Nachtdienst einzuteilen[28] oder eine nicht hinreichend qualifizierte Pflegekraft allein zur Überwachung einer Aufwachphase abzustellen[29] oder statt der erforderlichen Überwachung durch einen Assistenzarzt einen Studierenden im praktischen Jahr einzusetzen[30].

▶ Qualitätssicherung durch Personalplanung

Es ist also gemeinsame Aufgabe von Krankenhausträger und Chefarzt, dafür zu sorgen, dass das nachgeordnete Personal, also ärztlicher Dienst und Pflegepersonal, die erforderliche fachliche Qualifikation ohne persönliche Mängel besitzt[31]. Ebenso liegt ein Organisationsverschulden des Krankenhausträgers vor, wenn das Krankenhaus personell unterbesetzt ist und der Krankenhausträger – insbesondere auch während des Nachtdienstes und an Sonn- und Feiertagen – nicht mehr den Standard eines erfahrenen Facharztes gewährleisten kann. Der Krankenhausträger hat dafür zu sorgen, dass jederzeit ein ausreichend qualifizierter Arzt für die indizierte Behandlung zur Verfügung steht. Der Krankenhausträger hat also durch Einsatzpläne

---

[25] Eingehend: Bergmann, MedR 2009, 6.
[26] BGH, VersR 1988, 495; 1989, 851.
[27] BGH, VersR 1985, 1043 ff.
[28] BGH, NJW 1986, 776.
[29] OLG Düsseldorf, VersR 1987, 489.
[30] OLG Köln, VersR 1992, 452.
[31] BGH, VersR 1985, 782 f.

und Vertreterregelungen die fachärztliche Bereitschaft im Bedarfsfalle, auch nachts und sonntags, zu sichern[32]. So muss z. B. in der Geburtshilfe eine Notsectio personell gewährleistet sein[33].

Merksätze

Standardunterschiede sind in Grenzen möglich:
1. Unterschiedliche Standards bei den personellen, räumlichen und apparativen Behandlungsbedingungen gelten für
   - Landkrankenhaus,
   - Stadtkrankenhaus,
   - Spezialklinik,
   - Universitätsklinik.
2. Ein unverzichtbarer Mindeststandard darf nicht unterschritten werden.
3. Patientensicherheit geht stets vor.

▶ Fachaufsicht

Auch zur Fachaufsicht stellt die Rechtsprechung hohe Anforderungen. So hat der Krankenhausträger jedenfalls im Organisationsbereich der stationären Behandlung auch den Chefarzt zu überwachen und dabei zu überprüfen, ob er die ihm übertragene Organisation fachgerecht wahrnimmt[34]. Der Chefarzt wiederum hat nicht nur die Assistenzärzte allgemein durch Visiten zu überwachen, sondern hat gezielte Kontrollen selbst und durch seinen Oberarzt durchzuführen. Dies gilt jedenfalls dann, wenn sich der Assistenzarzt nicht schon hinreichend bewährt hat[35]. Je besser sich ein Arzt bewährt hat, desto seltener ist er stichprobenartig zu kontrollieren. Wenn eine Intensivpflege erforderlich ist, hat wiederum der Arzt das Pflegepersonal fachgerecht anzuweisen und die Ausführung seiner Anordnungen zu überwachen[36].

▶ Organisation der medizinischen Geräte

Ähnlich hohe Anforderungen an die Organisationspflichten des Krankenhausträgers stellt die Rechtsprechung an die Organisation hinsichtlich der Krankenhausgeräte. Der Krankenhausträger hat dafür zu sorgen, dass die für Diagnose, Therapie und Operationen benötigten medizinischen Geräte bereitgestellt werden und durch regelmäßige Wartung funktionstüchtig bleiben[37]. Die Frage, welche medizinischen Geräte im Einzelnen vom Krankenhausträger vorgehalten werden müssen, lässt sich

---

[32] OLG Düsseldorf, VersR 1986, 659.
[33] OLG Hamm, GesR 2005, 462.
[34] BGH, VersR 1979, 844.
[35] BGH, VersR 1988, 1270.
[36] BGH, NJW 1986, 2365.
[37] BGH, NJW 1975, 2246.

nicht generell beantworten. Hier sind Differenzierungen sowohl nach der Größe der Klinik (Krankenhaus der Grundversorgung/Universitätsklinik) als auch nach Ausrichtung des Hauses (allgemeines Krankenhaus/Spezialklinik) vorzunehmen. Der Patient hat jedoch immer Anspruch darauf, dass diejenigen medizinischen Geräte in ausreichendem Umfang vorgehalten werden, die erforderlich sind, um den allgemeinen medizinischen Behandlungsstandard, wie er nach Größe und Ausbildung der Klinik vom Patienten erwartet werden kann, sicherzustellen. Beispielsweise hat das OLG München[38] einen Behandlungsfehler des Belegarztes bejaht, wenn vorhersehbar erforderliche medizinische Geräte oder Apparaturen nicht vorgehalten werden. Er müsse innerhalb des von ihm betreuten Fachgebietes durch geeignete Maßnahmen sicherstellen, dass entsprechende Geräte und Apparaturen beschafft werden und bereitstehen, auch wenn die Bereitstellung der erforderlichen apparativen Einrichtungen grundsätzlich zum originären Leistungsbereich des Klinikträgers gehöre.

Darüber hinaus gilt: Die ordnungsgemäße Handhabung und Funktionstüchtigkeit der vorhandenen Geräte muss der Krankenhausträger durch entsprechende Schulungen des Personals und regelmäßig vorzunehmende Wartung sicherstellen. Der Patient kann verlangen, dass der Arzt beim medizinischen Eingriff die modernsten vorhandenen Geräte einsetzt, deren Handhabung beherrscht und die Funktion des Gerätes ständig überwacht[39]. Der Arzt muss sich vor jeder Inbetriebnahme eines neuen Gerätes mit der Funktionsweise und der Bedienung vertraut machen und bei Schwierigkeiten über den Träger die Herstellerfirma um Hilfe bitten[40]. Es kann einen groben Behandlungsfehler darstellen, wenn vorhandene medizinische Geräte für die Therapie nicht eingesetzt werden[41].

▶ Vollbeherrschbares Risiko

Der technisch-apparative Bereich gehört – soweit es die Organisation und Koordination betrifft – zum sog. vollbeherrschbaren Risiko mit der Folge, dass der Arzt sich entlasten muss, wenn feststeht, dass die Schädigung aus diesem Bereich stammt, weil die Gefahren ärztlicherseits vollkommen ausgeschlossen werden müssen.[42] Diese Rechtsprechung wurde nunmehr auch im Rahmen des Patientenrechtegesetzes kodifiziert. § 630h Abs. 1 BGB statuiert diese Beweislastumkehr zulasten des Arztes für alle Formen vollbeherrschbarer Risiken.

---

[38] OLG München, MedR 2007, 349; VersR 2007, 797.
[39] BGHZ 102, 21; BGH, NJW 1989, 2322; NJW 1992, 754; NJW 1978, 584.
[40] BGH, NJW 1978, 584.
[41] BGH, VersR 1989, 851.
[42] So bei: Funktionsuntüchtigkeit des Narkosegerätes BGH, VersR 1978, 82; Verwendung von suprapubischen Kathetern mit abgelaufenem Verfallsdatum OLG Köln, VersR 2003, 1444; Sturz am Gehbarren während Physiotherapie OLG Düsseldorf, VersR 2006, 977; Verbrennungen durch Röntgenbestrahlung BGH, VersR 2007, 1416.

▶ Vorratshaltung von Medikamenten

Weiter sind Arzt und Krankenhaus zu einer bestimmten Vorratshaltung von Medikamenten verpflichtet. Gefährdungen eines Patienten können in keinem Fall allein aus der Unwirtschaftlichkeit einer Behandlung gerechtfertigt werden. So kann sich das Krankenhaus auch nicht bei Nichtanwendung eines teuren Medikaments auf die Unwirtschaftlichkeit der Vorratshaltung berufen, wenn das Medikament rechtzeitig angeschafft werden konnte[43]. Problematisch ist, worauf später eingegangen werden soll, ein Urteil des Oberlandesgerichts Köln[44], wonach in dem Nichteinsatz eines für eine bestimmte Indikation noch nicht zugelassenen Medikamentes ein grober Behandlungsfehler gesehen worden ist (Aciclovir bei Herpesenzephalitis).

▶ Hygiene und „vollbeherrschbarer Gefahrenbereich"

Zur Organisation des Qualitätsstandards gehört auch die Sicherstellung des hygienischen Standards. So haftet der Behandlungsträger beispielsweise bei der Verwendung unsteriler Infusionsflüssigkeit.[45] Mit der Anwendung der Grundsätze eines voll beherrschbaren Risikobereiches bei einem Spritzenabszess des Patienten sowie einer als Keimträgerin feststehenden Arzthelferin hatte sich der BGH in seinem Urteil vom 20.03.2007 (VI ZR 158/06)[46] zu befassen. Wenn feststehe, dass die Schädigung weder aus einer Sphäre stamme, die den Risiken aus dem eigenen menschlichen Organismus des Patienten zuzurechnen sei, noch dem Kernbereich des ärztlichen Handelns zuzurechnen sei, sondern das Risiko aus einem Bereich stamme, dessen Gefahren ärztlicherseits objektiv voll ausgeschlossen werden können und müssen, so liege ein „voll beherrschbares Risiko" vor. Im konkreten Fall bezog sich dies auf eine Arzthelferin, die sicher als Keimträgerin feststand. Die Darlegungs- und Beweislast für die Verschuldensfreiheit liegt dann bei der Behandlungsseite, wenn Risiken durch den Klinikbetrieb oder die Arztpraxis gesetzt und durch sachgerechte Organisation und Koordination des Behandlungsgeschehens objektiv voll beherrscht werden können. Anders ist dies dementgegen zu beurteilen, wenn bei einem mehrköpfigen Operationsteam nicht geklärt ist, ob und ggf. welche Person der Keimträger ist.[47]

Bedeutung erlangt in diesem Zusammenhang auch die mit der Reform des Infektionsschutzgesetzes im Jahre 2011 neu geschaffene

§ 23 Abs. 3 IfSG

Die Einhaltung des Standes der medizinischen Wissenschaft **wird vermutet**, wenn die jeweils veröffentlichten Empfehlungen der Kommission für Krankenhaushygiene und Infektionsprävention beim Robert-Koch-Institut und der Kommission Antiinfektiva, Resistenz und Therapie beim Robert-Koch-Institut beachtet worden sind.

---

[43] BGH, NJW 1991, 1541.
[44] OLG Köln, Urteil vom 30.05.1990 – 27 U 169/89 -, zitiert bei Madea/Staak, in: Festschrift für Erich Steffen, S. 314.
[45] BGH, NJW 1982, 699.
[46] BGH, NJW 2007, 1682; VersR 2007, 847; GesR 2007, 254.
[47] BGH, NJW 1991, 1541.

Ausgangspunkt sind also nach wie vor allgemeine Haftungsgrundsätze, nämlich, dass der Geschädigte Fehler und Ursächlichkeit für den Gesundheitsschaden zu beweisen hat. Durch die Regelung des § 23 Abs. 3 IfSG wird aber in Verknüpfung mit der Einhaltung der Vorgaben des Robert-Koch-Instituts eine **gesetzlichen Vermutung** zugunsten der Behandlerseite geschaffen (Tatsachenvermutung, § 272 ZPO). Der Rechtfertigungsdruck an einen Sachverständigen dürfte daher de facto steigen, wenn er trotz Einhaltung der Vorgaben des Robert-Koch-Instituts einen Hygieneverstoß bejahen möchte.

▶ Organisation und Bedeutung der Dokumentation

Die Organisationspflichten von Arzt und Krankenhausträger erstrecken sich insbesondere auch auf eine Überprüfung der ordnungsgemäßen Dokumentation hinsichtlich Patientenaufklärung und Behandlung. So haben der Krankenhausträger und die Chefärzte insbesondere darauf hinzuwirken, dass in Anbetracht des Vorbehalts des Bundesgerichtshofs gegen jede Art von Formularaufklärung[48] das Aufklärungsformular als Merkblatt zur Vorbereitung oder zur Ergänzung des eigentlichen Aufklärungsgespräches benutzt wird und ein patientenbezogenes Aufklärungsgespräch stattfindet. Das OLG Köln[49] stellt in seinem Urteil vom 25.04.2007 – 5 U 180/05 – hohe Anforderungen an die Aufklärungspflicht des Arztes: Der Arzt hat das Gespräch mit dem Patienten eigenverantwortlich zu gestalten und zu prüfen, über welche Risiken er aufzuklären hat. Die Aufklärung muss gegebenenfalls über die Schilderung der in dem Vordruck befindlichen Risiken hinausgehen. Dies schlägt sich auch in der Formulierung des neuen § 630e Abs. 2 Nr. 1 BGB nieder, wonach die umfassende Aufklärung „mündlich" zu erfolgen hat und lediglich „ergänzend (…) auf Unterlagen Bezug genommen werden" kann.

Weiterhin statuiert § 630 f. Abs. 2 BGB nunmehr auch die gesetzliche Pflicht des Arztes zur Dokumentation der entsprechend durchgeführten Aufklärung.

Aber auch aus forensischer Sicht ist die ausreichende Dokumentation des Aufklärungsgespräches unerlässlich. Mit den Einzelfragen zur Aufklärung und Dokumentation werden wir uns noch eingehend auseinandersetzen (Kap. 3, 4, 5 und 7). An dieser Stelle genügt der allgemeine Hinweis darauf, dass die Haftung aus Dokumentationsversäumnissen eine Besonderheit der ärztlichen Berufsgruppe gegenüber anderen Berufsgruppen ist. Die Nachvollziehbarkeit der ärztlichen Tätigkeit im Haftungsprozess, aber auch die Nachvollziehbarkeit für den auf Informationen angewiesenen Nachbehandler oder Konsiliarius muss nach Gesetz und ständiger Rechtsprechung durch eine ordnungsgemäße ärztliche Dokumentation gewährleistet sein. Zwar zielt die Dokumentation nicht *primär* auf eine allgemeine Beweissicherung für einen Haftungsprozess ab, aber Lücken in der Dokumentation, die nicht im Haftungsprozess durch die Beweisaufnahme unter Anhörung von Zeugen und anderen Beweismitteln geschlossen werden können, gehen beweismäßig zulasten der Ärzte mit dem Ergebnis, dass eine Haftung des Arztes auch dann in Betracht

---
[48] Steffen/Pauge, Rn. 475 f.
[49] OLG Köln, VersR 2008, 1072.

kommen kann, wenn die Behandlung in vollem Umfange den ärztlichen Regeln entspricht, die Einhaltung der ärztlichen Regeln aber aus der Dokumentation in den Krankenunterlagen nicht feststellbar ist (§ 630h Abs. 3 BGB).

▶ Dokumentation der Aufklärung

Gleiches gilt auch für die Dokumentation der ärztlichen Aufklärung, weil der Arzt bzw. der Krankenhausträger im Haftungsprozess die ordnungsgemäße Aufklärung beweisen müssen, der Arzt also auch dann haftet, wenn er den Patienten zwar in vollem Umfange aufgeklärt hat, die Aufklärung aber nicht durch die Dokumentation in den Krankenunterlagen oder durch andere Beweismittel nachweisen kann.

▶ Beweislast

Der Beweis eines Behandlungsfehlers im Prozess obliegt grundsätzlich dem Patienten, es sei denn, dass diesem eine Beweislastumkehr zugutekommt. Lässt sich aufgrund lückenhafter Dokumentation nicht nachvollziehen, ob die Behandlung regel- und standardgerecht erfolgte, und ob die Behandlung durch die Einwilligung des Patienten gerechtfertigt gewesen ist, geht dies zulasten des Arztes.

> **Merksätze**
>
> Grundregeln der Haftungsvermeidung:
> 1. Die Organisationspflichten des Krankenhausträgers und der Ärzte umfassen unter anderem die Fachaufsicht, Geräte, Medikamente, Hygiene und Dokumentation.
> 2. Haftungsträchtig ist der Bereich des „vollbeherrschbaren Risikos".
> 3. Besondere Bedeutung kommt der haftungsrechtlichen Organisation der Aufklärung zu. Aufklärungsfehler sind im Gegensatz zu Behandlungsfehlern nahezu immer vermeidbar. Vorhandene Informationsdefizite der Ärzte müssen durch Dienstanweisungen, Schulung und Überwachung ausgeglichen werden.
> 4. Ebenso kann der Arzt Umfang und Inhalt der Dokumentationspflicht beherrschen. Die Pflicht zur Dokumentation ist notwendige Grundlage für die Sicherheit des Patienten in der Behandlung.
> 5. Ein gezieltes Risk-Management hinsichtlich richtiger Patientenaufklärung, vollständiger Dokumentation und Organisation der Behandlungsabläufe ist entscheidendes Mittel ärztlicher Qualitätssicherung.

Arzt-Patient-Krankenhaus: Ärztlicher Standard und Beweislastverteilung

Schwerpunkt: Gynäkologie, Geburtshilfe und Pädiatrie

Fall 1: Die missglückte Zwillingsgeburt

BGH, Urteil vom 16.04.1996 – VI ZR 190/95 – NJW 1996, 2429

Sachverhalt

Die Eltern machen nach einer Zwillingsgeburt Schadensersatz- und Schmerzensgeldansprüche gegenüber drei Beklagten, zum einen dem Träger des Belegkrankenhauses, zum zweiten dem Belegarzt und zum dritten der Beleghebamme gegenüber geltend. Sie begehren wegen des Todes eines der beiden Zwillinge Schmerzensgeld in Höhe von mindestens 10.000 € mit der Begründung, Organisations- und Überwachungsfehler hätten zum Tode ihres Kindes geführt.

Neben den Eltern klagt der zweite Zwilling, der bei der Geburt einen Hirnschaden erlitten hat. Er begehrt Schmerzensgeld und die Feststellung der Ersatzpflicht für alle zukünftigen Aufwendungen, da er aufgrund des Hirnschadens schwer pflegebedürftig ist und in Zukunft schon wegen der vermehrten Bedürfnisse, der hohen Pflegekosten eine Rente beanspruchen könne. Das Mindestschmerzensgeld für den Hirnschaden wird mit ca. 125.000 € beziffert.

Ebenso klagt die Krankenkasse die ihr entstandenen und noch entstehenden Heilaufwendungen ein. Die Gesamtschadenssumme dürfte bei mehreren Millionen € angesiedelt sein, was für Geburtsschadensfälle heute nicht außergewöhnlich ist.

Die Mutter dieser Zwillinge wurde im Mai 1990 morgens in die Belegstation des Krankenhauses aufgenommen und mittels Wehentropf behandelt. Zeitweise fanden CTG-Aufzeichnungen statt. Während der folgenden Nacht waren auf der Belegabteilung weder ein Arzt noch eine Hebamme zugegen. Nachdem die Nachtschwester den Arzt mindestens zweimal – zunächst wegen Erbrechens der Mutter der Zwillinge und sodann wegen der von der Patientin gemeldeten Wehen – angerufen hatte, verständigte sie um 5.49 Uhr die Beleghebamme. Das CTG, welches hochpathologische Werte zeigte, konnte die Schwester nicht lesen. Auf Veranlassung der Beleghebamme bat sie um 5.51 Uhr den Belegarzt ins Krankenhaus zu kommen. Arzt und

Hebamme trafen kurz nach 6.00 Uhr ein. Die Geburt der Zwillinge erfolgte spontan um 6.50 Uhr und 6.53 Uhr. Das zweite Kind starb an den Folgen einer Hirnblutung mit Ausbildung eines Wasserkopfes. Beim ersten Kind verblieb ein Hirnschaden, der zur Pflegebedürftigkeit des Kindes geführt hat.

Lösung

▶ Haftungsgrundlagen

Im Dreiecksverhältnis Arzt-Patient-Krankenhaus bestimmt sich wie in der Einleitung festgestellt die Haftung aus Vertrag nach §§ 630a ff., 280 Abs. 1 BGB, und die Haftung aus sogenannter unerlaubter Handlung nach § 823 ff. BGB.

▶ Vertragstyp entscheidend

Die vertragliche Haftungsverantwortung trifft denjenigen, der die Behandlungsaufgabe vertraglich übernommen hat, regelmäßig also beim *totalen Krankenhausaufnahmevertrag* zwischen Kassenpatient und Krankenhaus allein oder in erster Linie den Krankenhausträger. Vereinbart der Patient zusätzlich einen privaten Zusatzvertrag über die ärztlichen Leistungen des Chefarztes, so spricht man von einem sogenannten *totalen Krankenhausaufnahmevertrag mit Arztzusatzvertrag*. Wird der Patient im Rahmen eines sogenannten *gespaltenen Arzt-Krankenhaus-Vertrages* in ein Belegkrankenhaus aufgenommen, bestehen vertragliche Ansprüche des Patienten sowohl gegenüber dem selbstliquidierenden Belegarzt als auch gegenüber dem Krankenhausträger. Um einen solchen Fall handelt es sich hier. Der Belegarzt haftet dem Patienten wegen der vertraglich übernommenen ärztlichen Leistungen. Dagegen ist das Belegkrankenhaus verantwortlich für das Pflege- und medizinisch-technische Personal sowie für die Krankenhausärzte, die nicht im Fachgebiet und auf Anweisung des Belegarztes tätig werden[1].

▶ Verantwortlichkeit der Beteiligten

Das OLG Hamm und der BGH haben in unserem Fall der beiden geschädigten Zwillinge eine vertragliche und deliktische Haftung des Belegarztes und eine deliktische Haftung des Krankenhausträgers aus Organisationsverschulden wegen unzureichender Beobachtung und Kontrolle der Risikoschwangerschaft bejaht. Beide wurden gesamtschuldnerisch zur Zahlung von Schmerzensgeld sowie von Behandlungs- und Pflegekosten verurteilt. Die Klage gegen die Hebamme war vom Landgericht abgewiesen worden, die Berufung der Kläger wurde insoweit zurückgewiesen. Die Verantwortlichkeit der Krankenschwester hatten die Gerichte nicht zu beurteilen, da diese nicht mitverklagt worden war. Eine vertragliche Haftung schied

---

[1] BGH, NJW 1986, 2365.

ohnehin mangels unmittelbarer vertraglicher Beziehungen zur Patientin aus. Jedoch wird man hier eine deliktische (Mit-)Haftung der Krankenschwester wegen der Übernahme der CTG-Überwachung trotz fehlender Qualifikation bejahen können.

▶ Überwachungsfehler

Keinesfalls durfte der Belegarzt CTG-Beurteilungen der Nachtschwester überlassen und das Krankenhaus verlassen, ohne für eine ausreichende Überwachung zu sorgen. Der BGH hat es dem Krankenhausträger angelastet, dass er nicht gegen die Handhabung des Belegarztes eingeschritten ist, CTG-Beurteilungen der Nachtschwester zu überlassen, die erst dann den Belegarzt oder die Beleghebamme verständigen sollte, wenn sie Auffälligkeiten festzustellen glaubte. Der Hinweis des Belegarztes, dies sei wegen der Überlastung von Ärzten und Hebammen auch in anderen Krankenhäusern üblich, könne den Krankenhausträger nicht entlasten. Die Verwaltung des Krankenhauses hat also nach der Auffassung des Bundesgerichtshofes die Handhabung des Nachtdienstes auf der Pflegestation zu überwachen. Wenn der Belegarzt dem Pflegepersonal Aufgaben außerhalb des pflegerischen Bereichs zugewiesen oder überlassen hat, die die pflegerische Kompetenz übersteigen, muss der Krankenhausträger, also die Verwaltung des Krankenhauses, einschreiten. Wörtlich heißt es in der Entscheidung:

> Deshalb hätte das Belegkrankenhaus durch organisatorische Maßnahmen sicherstellen müssen, dass sein Pflegepersonal nicht mit derartigen Aufgaben befasst wurde und jedenfalls in geeigneter Weise gegen einen solchen Missstand einschreiten müssen.

Und weiter heißt es:

> Selbst dann, wenn der Krankenhausträger keine konkrete Kenntnis von den Vorgängen in der betreffenden Belegstation gehabt haben sollte, hätte die Verwaltung sich im Rahmen der Kontroll- und Aufsichtspflichten über ihr Pflegepersonal vergewissern müssen, dass Schwestern nicht mit ärztlichen Aufgaben befasst würden.

▶ Organisationsmangel als grober Behandlungsfehler

Wegen der längeren Dauer dieses Missstandes liegt es auf der Hand, dass der Krankenhausträger bei pflichtgemäßer Überwachung seines Personals hiervon ohne weiteres Kenntnis erhalten konnte und gegen dessen kompetenzüberschreitenden Einsatz einschreiten musste. Der BGH hat diesen Organisationsmangel des Krankenhausträgers sogar wie einen groben Behandlungsfehler gewertet. Die Einordnung eines Fehlers als grob hat im Prozess erhebliche beweisrechtliche Folgen. Liegt ein grober Behandlungsfehler vor, nimmt die Rechtsprechung eine Beweislastumkehr vor, so dass nicht der Patient, sondern Arzt und Krankenhausträger die Beweislast dafür haben, dass der Schaden bei sachgerechter Überwachung in gleicher Weise eingetreten wäre[2]. Diese Vorgehensweise der Rechtsprechung wurde durch das Pa-

---

[2] Eingehend zur Beweislastumkehr mit Fallbeispielen: Martis/Winkhart, S. 511 ff, Steffen/Pauge, Rn. 590 ff, Geiß/Greiner, S. 188 ff; Giesen, Rn. 406.

tientenrechtegesetz nun auch gesetzlich festgeschrieben. § 630h Abs. 5 S. 1 BGB sieht explizit eine Beweislastumkehr vor für den Fall, dass ein grober Behandlungsfehler vorliegt und der Fehler generell geeignet ist, den Schaden zu verursachen. Dass die Ursächlichkeit im konkreten Fall nicht gegeben ist, hat danach der Behandler zu beweisen.

> **Merksätze**
> Grundsätzlich: Beweislast des Patienten bzgl. der anspruchsbegründenden Tatsachen, d. h. für
> - schuldhaften Behandlungsfehler oder Organisationsfehler,
> - Gesundheitsschaden und
> - Ursächlichkeit (haftungsbegründende Kausalität) zwischen Behandlungsfehler und Gesundheitsschaden
> - Ursächlichkeit (haftungsausfüllende Kausalität) zwischen Gesundheitsschaden und Schaden (z. B. Vermögensschaden)

▶ Beweislast bei grobem Behandlungsfehler

Bei einem groben Behandlungsfehler kommen dem Patienten Beweiserleichterungen für den oft schwierig zu führenden Kausalitätsbeweis zugute. Wenn nämlich durch grob fehlerhaftes Verhalten des Arztes bzw. des Krankenhauses das Spektrum der Schadensursachen der Art verbreitert oder verschoben worden ist, so dass dem Patienten billigerweise die Beweisführung nicht mehr zugemutet werden kann, hat sich der in Anspruch genommene Arzt bzw. das Krankenhaus hinsichtlich der fehlenden Ursächlichkeit zwischen Behandlungsfehler und Gesundheitsschaden zu entlasten.

> **Merksatz**
> Ausnahmsweise: Beweislastumkehr zugunsten des Patienten bei grobem Behandlungs- oder Organisationsfehler.

▶ Wirtschaftliche Konsequenzen

Dieser Fall ist ein Schulbeispiel dafür, wie weit im Rahmen der ärztlichen Behandlung die Organisations- und Überwachungspflichten des Krankenhausträgers gegenüber den Ärzten und dem Pflegepersonal von der Rechtsprechung gezogen werden. Wirtschaftlich kann es sowohl für den Patienten als für den Arzt von erheblicher Bedeutung sein, ob ein oder mehrere Haftungsschuldner – und damit auch Versicherer – den Schaden ausgleichen müssen. Dies gilt insbesondere für den Fall, dass der Arzt unzureichend haftpflichtversichert ist.

Anzumerken ist weiter, dass sich die Schmerzensgeld- und Schadenersatzsummen in diesem Fall aus den 1990er Jahren inzwischen mehr als verdoppelt haben. Beispielsweise hat – wie bereits im ersten Kapitel erwähnt – das KG Berlin[3] jüngst einem aufgrund eines Behandlungsfehlers schwerst hirngeschädigten Kind ein Schmerzensgeld von 500.000,00 € zuzüglich einer Schmerzensgeldrente von 650,00 € monatlich zugesprochen.

Merksätze
Haftung im Belegkrankenhaus:
1. Die vertragliche Haftung trifft nur den jeweiligen Vertragspartner.
2. Der Belegarzt haftet für Fehler der von ihm übernommenen ärztlichen Behandlung.
3. Der (Beleg-)Krankenhausträger haftet für die Verletzung von Organisationspflichten. Er muss sicherstellen, dass das Pflegepersonal nicht überfordert wird, und muss gegen bekannte Missstände einschreiten.

Fall 2: Das verweigerte Arzthonorar

OLG Düsseldorf, Urteil vom 05.02.1987 – 8 U 112/85 – VersR 1988, 91

Sachverhalt

Der klagende Chefarzt macht gegen die Eltern eines Kindes eine Honorarforderung geltend. Am 08.03.1983 wurde die Kindesmutter im Krankenhaus von ihrem Sohn entbunden. Sie ist die Beklagte zu 2), der Ehemann der Beklagte zu 1). An demselben Tage unterzeichnete sie für das neugeborene Kind einen an das Krankenhaus gerichteten Aufnahmeantrag und den Antrag auf persönliche Behandlung des Kindes durch den Kläger, den Kinderarzt dieses Krankenhauses, als Wahlleistung gemäß § 6 Bundespflegesatzverordnung.

Das in der 32. Schwangerschaftswoche mit 1.930 g geborene Kind wies Zeichen der Unreife auf. Es wurde auf die Intensivpflegestation der Kinderabteilung verlegt. Nach Behauptung der Beklagten kam es am Morgen des 21.03.1983 zu einem Atemstillstand beim Kind. Am 18.04.1983 wurde der Sohn aus stationärer Behandlung entlassen, jedoch am 28.04.1983 erneut in das Krankenhaus wegen eines Leistenbruchs eingeliefert. Wiederum wurde ein Krankenhausaufnahmevertrag mit Arztzusatzvertrag zugunsten des Klägers, des klagenden Kindes, abgeschlossen. Am 05.05.1983 machten sich beim Kind Ernährungs- und Verdauungsstörungen bemerkbar. Am 13.05.1983 wurde eine Colidyspepsie diagnostiziert. Am 01.06.1983 wurde das Kind entlassen.

---
[3] KG Berlin, NJW-RR 2012, 920.

Im Juli 1984, also 1 Jahr später, stellte man eine erhebliche Halbseitenlähmung und eine starke Verzögerung der motorischen Entwicklung fest. Die beklagten Eltern des Kindes haben von ihrer Krankenversicherung die gesamten Behandlungskosten des Kindes erstattet erhalten, dem Chefarzt jedoch nur rd. 1/3 der geltend gemachten Honorarforderung bezahlt. Das restliche Arzthonorar klagt der Chefarzt ein. Die Beklagten rechnen nun mit Schadensersatzansprüchen gegenüber der Honorarforderung auf und behaupten, die gesundheitliche Entwicklung ihres Kindes sei Folge von Fehlern, die während der Versorgung, Pflege und Behandlung in der Kinderstation unterlaufen seien und zu einer Hirnschädigung geführt hätten.

Die von den Beklagten angerufene Gutachterkommission bei der Ärztekammer Nordrhein stellte keinen Behandlungsfehler des Klägers fest. Dies hindert die Beklagten natürlich nicht, gegenüber der Honorarforderung an der Aufrechnung mit angeblichen Schadensersatzansprüchen festzuhalten.

Lösung

▶ Rechtsgrundlage für Honoraranspruch

Rechtsgrundlage des geltend gemachten Honoraranspruchs des Kinderarztes sind die Arztzusatzverträge[4], die die Beklagten als Eltern des Kindes mit dem Kläger zugunsten des Kindes abgeschlossen haben. Die Behandlung von stationär aufgenommenen Patienten durch zur Privatliquidation berechtigte leitende Ärzte gehört zu den Wahlleistungen, die das Krankenhaus anbieten darf. Bei der Wahlleistung „persönliche Behandlung durch leitende Ärzte" wird das Angebot zum Abschluss eines Behandlungsvertrages vom Krankenhaus zugleich im Namen und in Vollmacht der liquidationsberechtigten Ärzte unterbreitet. Macht ein Patient von dem Angebot Gebrauch, so kommt neben dem umfassenden Krankenhausvertrag ein sogenannter Arztzusatzvertrag mit den leitenden Ärzten oder mit einem von ihnen zustande[5]. Der Arzt wird durch den Zusatzvertrag selbst unmittelbar nach den Regeln des Behandlungsvertragsrechtes verpflichtet und honorarberechtigt. Ihm steht deshalb auch der Vergütungsanspruch aus eigenem Recht originär zu.

▶ Vertragsparteien

Vertragspartner des Arztes ist nicht nur die den Vertrag unterzeichnende Mutter des Kindes. Auch der Kindesvater, der Beklagte zu 1), ist durch die von der Kindesmutter, der Beklagten zu 2) gestellten Aufnahmeanträge und deren Erklärungen ebenfalls Vertragspartner und damit Honorarschuldner des Klägers geworden. Denn die Inanspruchnahme der Wahlleistung für den Sohn während der stationären Behandlung gehört jedenfalls im konkreten Fall zu den Geschäften, die der eine Ehegatte mit Bindungswirkung für den anderen Ehegatten abschließen konnte (§ 1357 Abs. 1 Satz 2 BGB).

---

[4] Zum Arztzusatzvertrag mit weiteren Fallbeispielen: Geiß/Greiner, Rn. 49 ff.
[5] Bergmann/Kienzle, Rn. 14.

▶ Schutzzweck des Behandlungsvertrages

Als Grundlage der zur Aufrechnung gestellten Gegenforderung der Eltern wegen Schlechterfüllung des Arztvertrages kommt allein der Arztzusatzvertrag in Betracht. Gegenstand des ärztlichen Behandlungsvertrages ist die Betreuung und Versorgung des Patienten nach den anerkannten Regeln der Medizin. Die Beschränkung des Schutzzwecks auf den Patienten hat zur Folge, dass sich die vertragliche Haftung auf die Schäden des Patienten selbst beschränkt. Für Vermögensschäden Dritter besteht, wenn dies nicht ausdrücklich vereinbart ist, keine Einstandspflicht des Arztes auf dem Behandlungsvertrag. Etwas anderes gilt, wenn der Dritte in den Schutzzweck des Vertrages einbezogen worden ist. Zugunsten der Eltern minderjähriger Kinder erkennt die Rechtsprechung an, dass sie, wenn sie den Vertrag für das Kind geschlossen haben, ausnahmsweise als Vertragspartner Ersatz der Mehraufwendungen verlangen können, die darauf zurückzuführen sind, dass sich der Unterhaltsbedarf des Kindes durch die vom Arzt verschuldete Gesundheitsgefährdung vermehrt hat.

▶ Zurechenbarer Schaden

Es muss aber in jedem Einzelfall geprüft werden, ob der Arzt für den hier geltend gemachten Schaden einzustehen hat. Als Anknüpfungspunkt für eine Haftung kommt der – möglicherweise verschuldete – Atemstillstand des Kindes vom 21.03. in Betracht. Für den im vorliegenden Fall geltend gemachten Schaden aus Unterhaltsmehraufwand hat der Kinderarzt jedoch nicht einzustehen. Denn es ist nicht ersichtlich und nicht bewiesen, dass der behauptete Gesundheitsschaden die Folge eines fehlerhaften ärztlichen Handelns des Klägers ist. Nach der eigenen, hier als wahr zu unterstellenden Schilderung der Beklagten war die Schädigung des Kindes die Folge eines Fehlers im pflegerischen Bereich des Krankenhauses. Denn der Eintritt des Atemstillstandes soll bei dem an einem Monitor angeschlossenen Kind nur deshalb nicht sofort entdeckt worden sein, weil sich niemand im Raum befand. Wäre das richtig, so wäre dem Grundsatz zuwider gehandelt worden, dass Frühgeborenenintensivstationen wegen der Möglichkeit, dass lebensbedrohende Zwischenfälle bei den Risikopatienten jederzeit auftreten können, immer mit mindestens einer gelernten Kinderkrankenschwester besetzt sein müssen. Diese Regel ist im Bereich der Kinderheilkunde jedermann bekannt und zu beachten, ohne dass insoweit eine ärztliche Weisung erforderlich wäre.

▶ Aufgabenverteilung Arzt-Krankenhaus

Die ordnungsgemäße Erfüllung der Grund- und Funktionspflege ist aber nicht Aufgabe des Kinderarztes, sondern Aufgabe des Krankenhauses und von diesem zu verantworten. Für Schäden aus dem pflegerischen Bereich ist der Arzt nur haftbar, wenn der Fehler und der dadurch ausgelöste Schaden gleichzeitig auf der Unterlassung spezieller ärztlicher Weisungen beruht, die im Einzelfall hätten erteilt werden müssen. Eine solche Situation hat hier aber nach dem Vortrag der Beklagten nicht bestanden. Das Zustandsbild des Kindes war nicht so, dass neben der üblichen apparativen Kontrolle und Überwachung ständig eine Pflegekraft neben dem Bett des Kindes hätte wachen und die Lebensfunktionen hätte kontrollieren müssen. Ein aufrechenbarer Schadensersatzanspruch der beklagten Eltern besteht somit wegen etwaiger Schäden durch Überwachung auf der Neugeborenenstation jedenfalls gegenüber dem klagenden Kinderarzt nicht.

▶ Haftung des Krankenhauses für Pflegemängel

Das Gericht musste sodann prüfen, ob eine Haftung des Kinderarztes für die Colidyspepsie in Betracht kommt. Auch insoweit hat das Oberlandesgericht Düsseldorf einen aufrechenbaren Schadensersatzanspruch der Eltern des klagenden Kindes verneint. Denn selbst wenn man von einer Keimübertragung in der Kinderabteilung ausgehen wollte, wäre der Kläger als ärztlicher Leiter und behandelnder Arzt nicht ohne weiteres haftbar. Die Einhaltung und Beachtung der allgemeinen und speziellen Regeln der Hygiene gehört zum pflegerischen Bereich. Die Überwachung und Kontrolle ist Aufgabe des Krankenhausträgers, der, wenn es zu Missständen kommt, das Notwendige durch die pflegerische Leitung veranlassen muss. Diese Stelle ist auch für die laufende Überwachung verantwortlich. Die ärztlichen Dienste, insbesondere die jeweiligen Stationsärzte haben Unzulänglichkeiten allenfalls in der üblichen Weise zu melden. Die Haftung und Verantwortlichkeit bleibt jedoch beim Krankenhausträger, der den pflegerischen Dienst zu organisieren hat.

▶ Keine Haftung des Chefarztes

Dem klagenden Chefarzt kann auch nicht angelastet werden, er hätte, weil im April 1983 bereits einige Patienten mit Colidyspepsie in der Kinderabteilung behandelt worden sind, die Aufnahme gefährdeter Kinder ablehnen und den Beklagten als Eltern entsprechende Hinweise geben müssen. Eine solche Verpflichtung ist zu verneinen, weil dies wegen der Häufigkeit der Colidyspepsie zur Schließung fast aller Kinderabteilungen führen müsste. Somit hat das Oberlandesgericht Düsseldorf im Ergebnis dem Honoraranspruch des klagenden Chefarztes ohne weitere Beweisaufnahme stattgegeben.

Merksätze
Grenzen der vertraglichen Haftung des Arztes:
1. Die vertragliche Haftung des Arztes beschränkt sich grundsätzlich auf die Schäden des Patienten. Aber auch Dritte können in den Schutzzweck des Behandlungsvertrages einbezogen werden, insbesondere die Eltern des zu behandelnden Kindes.
2. Die ordnungsgemäße Erfüllung der Grund- und Funktionspflege ist Aufgabe des Krankenhauses. Für Schäden aus dem pflegerischen Bereich haftet der Arzt nur bei fehlerhafter Anweisung oder Verletzung von Überwachungspflichten.

Fall 3: Der verzögerte Medikamenteneinsatz (Aciclovir-Entscheidung)

OLG Köln, Urteil vom 30.05.1990 – 27 U 169/89 – VersR 1991, 186

Sachverhalt

Hoch interessant ist ein Urteil des OLG Köln, wonach in dem Nichteinsatz eines für eine bestimmte Indikation noch nicht zugelassenen Medikamentes ein grober Behandlungsfehler gesehen worden ist (Aciclovir bei Herpesencephalitis). Bei Aciclovir (Zovirax) handelt es sich um ein Medikament, welches zum Zeitpunkt der Behandlung des Klägers, eines 1½-jährigen Encephalitis-Patienten, im Frühjahr 1987 noch im Stadium der klinischen Prüfung stand. Die Phase 3 der klinischen Prüfung dürfte erreicht gewesen sein. Aciclovir war in einem anderen Indikationsbereich für virale Erkrankungen bereits zugelassen und wurde zu diesem Zeitpunkt für den neuen Indikationsbereich Encephalitis geprüft. Ein Zulassungsantrag war noch nicht gestellt. Klinische Prüfungen und Studien im Ausland hatten positive Ergebnisse über die Wirksamkeit von Aciclovir im Falle von Encephalitis bei geringer Risikospezifikation ergeben.

Das 1½-jährige Kind wurde in einem generalisiert tonisch-clonisch-krampfenden Zustand in die Kinderklinik eingeliefert. Die Enzephalitis wurde zunächst nicht erkannt. Der Krampfanfall wurde mit Diacepam und Luminal therapiert, das Fieber wurde mit Wadenwickel und Paracetamol behandelt. Nach einer ruhigen Nacht erlitt der Kläger am nächsten Morgen einen erneuten Krampfanfall. Die Temperatur stieg wieder. Die Untersuchung ergab, dass eine bakterielle Meningitis auszuschließen war. Da sich der Zustand des kleinen Kindes nicht besserte, wurde eine antibiotische Behandlung mit Fortum begonnen. Nach einer Computertomografie schloss der Radiologe am nächsten, also am 3. Tage mit hoher Wahrscheinlichkeit auf eine herdförmige Encephalitis. Erst jetzt wurde dem Kläger zur Bekämpfung der Hirnentzündung Aciclovir verabreicht, und zwar 3 × 60 mg/täglich.

Der Kläger leidet seither an einer Hemiparese rechts und führt diese auf den zu späten Einsatz von Aciclovir zur Bekämpfung der Herpesencephalitis zurück.

Lösung

- „off label use"

Die Entscheidung betrifft einen in der Praxis häufigen Fall der Nutzung eines für die bestimmte Indikation noch nicht zugelassenen Medikaments (sog. off label use).

Exkurs: Off Label Use

Mit „off label use" beschreibt man die Anwendung eines bereits arzneimittelrechtlich zugelassenen Fertigarzneimittels außerhalb des behördlich genehmigten Gebrauchs. In bestimmten medizinischen Fachgebieten, wie z. B. Pädiatrie, Onkologie und Psychiatrie kommt dem „off label use" erhebliche praktische Bedeutung zu.[6] In der Pädiatrie werden bis zu 80% der Arzneimittel außerhalb ihrer arzneimittelrechtlichen Zulassung eingesetzt.[7] Das arzneimittelrechtliche Zulassungsverfahren ist in den §§ 22 ff. AMG geregelt. Der Antragsteller bestimmt gem. § 22 Abs. 1 Nr. 6 AMG durch die Angabe der Anwendungsgebiete die angestrebte Zulassung und begrenzt damit die Notwendigkeit der Arzneimittelstudien sowie Sachverständigengutachten, § 22 Abs. 2, 24 AMG. So kann sich der Antragsteller darauf beschränken, durch Angabe bestimmter Indikationen den Kostenaufwand des Zulassungsverfahrens aus betriebswirtschaftlichen Gründen zu begrenzen. Daraus folgt gleichzeitig, dass das Spektrum der arzneimittelrechtlich zugelassenen Präparate im Arzneimittelsektor den „Stand der allgemein anerkannten medizinischen Wissenschaft" (§ 1 Abs. 3 S. 1 SGB V) und damit auch den medizinischen Standard nicht vollständig abdecken kann.[8] Somit kann die Beurteilung, ob eine ärztliche Behandlung dem medizinischen Standard entspricht, nur unter Einbeziehung der Möglichkeit des „off label use" erfolgen. Neben dem Haftungsrecht ist der „off label use" auch von vergütungsrechtlicher Relevanz. Die bundessozialgerichtliche Rechtsprechung hatte sich mit der Frage zu befassen, inwieweit zu Lasten der gesetzlichen Krankenversicherung ausnahmsweise eine Erstattungsfähigkeit nicht zugelassener Medikamente anzunehmen ist (Sandoglobulin-Urteil vom 19.3.2002, Immucothel-Urteil vom 18.5.2004, Visudyne-Urteil vom 19.10.2004, Tomudex-Urteil vom 4.4.2006, NJW 2007, 1380 ff.). Das Bundessozialgericht hält klar fest, dass ein zugelassenes Arzneimittel grundsätzlich nicht zu Lasten der gesetzlichen Krankenversicherung in einem Anwendungsgebiet, auf das sich die Zulassung nicht erstreckt, verordnet werden darf. Eine ausnahmsweise Erstattungsfähigkeit ist nur dann anzunehmen, wenn das Medikament für die Behandlung einer schwerwiegenden Krankheit eingesetzt wird und keine andere Therapie/Behandlungsalternative vorhanden ist (notstandsähnliche Situation). Zusätzlich muss bei einer abstrakten und konkret auf den Versicherten bezogenen Analyse von Chancen und Risiken unter Berücksichtigung des gebotenen Wahrscheinlichkeitsmaßstabes der voraussichtliche Nutzen überwiegen.

Das Bundessozialgericht hat darüber hinaus festgestellt[9], dass der einzelne Arzt weder arzneimittelrechtlich noch berufsrechtlich gehindert ist, bei seinen Patienten auf eigene Verantwortung ein auf dem Markt verfügbares Arzneimittel für eine Therapie einzusetzen, für die es nicht zugelassen ist.

---

[6] Schimmelpfeng-Schütte, GesR 2004, 361 ff.
[7] Bausch, Hessisches Ärzteblatt 6/2002, 328.
[8] Pollandt, ArztR 2005, 315.
[9] Urt. vom 19.3.2002, ArztR 2002, 319.

Wie das Haftungsrecht einen „off label use" einordnet, wird nach diesem Exkurs die Lösung des Falles zeigen.

Das Oberlandesgericht Köln hat, sachverständig beraten, der Behandlungsseite in therapeutischer Hinsicht einen zu späten Einsatz von Aciclovir vorgeworfen, was wesentlich auf der ungenügenden und fehlerhaften Diagnostik beruhe.

Wörtlich heißt es:

> Eine Pflicht zum off label use besteht, wenn dies medizinisch geboten ist, wenn der Einsatz des Mittels hierfür bereits eine gängige Praxis ist, wenn die Wirksamkeit des Mittels bereits von Studien an großen Patientenzahlen belegt ist, der Einsatz des Mittels keine wesentlichen Gefahren in sich birgt und die Nebenwirkungen bekannt sind.

Das Gutachten des Sachverständigen hatte darauf abgestellt, dass bereits im Behandlungszeitraum April 1987 der Einsatz von Aciclovir gegen Herpesencephalitis eine klinisch gängige Praxis gewesen sei. Der Senat des Oberlandesgerichts, ein Fachsenat, hat außerdem deutlich gemacht, dass es nicht darauf ankomme, dass Aciclovir im Sinne der Vorschriften des Arzneimittelgesetzes (AMG) noch nicht als Medikament gegen die Erkrankung zugelassen gewesen sei. Das AMG, so das Gericht, schränke nicht die therapeutische Freiheit des Arztes ein, es verbiete ihm nicht, ein Medikament, das gegen bestimmte Erkrankungen „auf dem Markt" sei, auch gegen eine andere Krankheit einzusetzen, wenn dies medizinisch geboten sei. Medizinisch ist der Einsatz geboten, wenn das Medikament medizinisch-wissenschaftlich erprobt ist.

▶ Verantwortung des Arztes Kehrseite der Therapiefreiheit

Der Nichteinsatz ist nach Auffassung des Oberlandesgerichts sogar ein grober Behandlungsfehler mit der Folge der Beweislastumkehr, so dass die Behandlungsseite beweisen muss, dass der verspätete Einsatz von Aciclovir nicht für den jetzigen Gesundheitsschaden ursächlich geworden ist. Nach Auffassung des Gerichts ist der verzögerte Einsatz von Aciclovir nicht verständlich. Die Therapie mit diesem Mittel muss nach den Ausführungen des Sachverständigen als Standardmethode zur Bekämpfung von Herpesencephalitis angewandt werden, weil sich das Mittel als einzig nachhaltig erfolgversprechendes Mittel herausgestellt hat. Diese Erkenntnis hätte auch von den behandelnden Ärzten erwartet werden müssen.

▶ Haftung trotz fehlender Medikamentenzulassung

Die Verteidigung der Ärzte, das Mittel sei noch nicht zugelassen, ist nach Auffassung des Gerichts nicht durchgreifend. Dieser Umstand kann allenfalls Veranlassung gegeben haben, vor Anwendung des Mittels bei den spezialisierten Fachkliniken der Universitäten telefonische Auskünfte über den Zeitpunkt des Einsatzes und etwa zu befürchtende Nebenwirkungen einzuholen, um Gewissheit über das therapeutische Vorgehen zu erlangen. Im Übrigen, so das Gericht, zeigt auch die Tatsache, dass Aciclovir schließlich gegeben worden sei, dass die fehlende Zulassung nach dem AMG von den Ärzten nicht als Hindernis für den Einsatz des Medikamentes bewertet worden sei. Das Gericht kommt zu dem Ergebnis, dass es außer Zweifel stehe, dass der um mindestens 24 h verzögerte Einsatz von Aciclovir generell geeignet war, die Heilungschancen zu verringern oder umgekehrt durch einen entsprechend früheren Einsatz des Mittels sich die Chancen des Klägers gebessert hätten. Im Ergebnis bejaht das Oberlandesgericht Köln daher eine Haftung der Ärzte wegen eines groben Behandlungsfehlers bei Beweislastumkehr.

▶ Anwendungspflicht vor Medikamentenzulassung?

Die Entscheidung ist zu bedenken. Der Senat hätte nach den sonstigen in diesem Fall anzutreffenden schwerwiegenden Fehlern der Ärzte hinsichtlich der Verspätung der Diagnose und der unzureichenden Therapie schon einen schwerwiegenden Verstoß gegen den ärztlichen Standard und damit eine Haftung aufgrund von Beweislastumkehr feststellen können. Gleichwohl hat der Senat auch die grundlegende Frage des off label use entschieden, und zwar letztlich dahingehend, dass trotz der Nichtzulassung eine Anwendung standardgerecht, ja sogar eine Nichtanwendung grob standardwidrig ist.

Wie hätte aber das Gericht entschieden, wenn der Kläger durch die Anwendung des Aciclovir eine im Rahmen der Studien noch nicht bekannte Komplikation erlitten hätte und darauf seine Ansprüche stützt? Das Argument der Therapiefreiheit darf nicht zu Lasten des Arztes verwandt werden, um eine Anwendungspflicht vor Zulassung zu konstruieren.

> **Merksätze**
> Definition des ärztlichen Standards:
> 1. Die Rechtsprechung stellt hohe Anforderungen an den ärztlichen Standard und verlangt unter Umständen sogar den Einsatz eines noch nicht für eine bestimmte Behandlung zugelassenen Medikaments.
> 2. Der Behandlungsfehler kann nicht nur in einer falschen oder unzureichenden Diagnose, sondern auch einer verspäteten Therapie liegen.
> 3. Letztlich ist das Gericht für die Feststellung eines Diagnose- oder Therapiefehlers entscheidend auf die Sachkunde und konkrete Bewertung des Gutachters angewiesen. Dies gilt auch für die oft prozessentscheidende Einordnung eines Behandlungsfehlers als leicht, mittel oder „grob".

Fall 4: Eine Hysterektomie mit schweren Folgen

OLG Düsseldorf, Urteil vom 12.07.1985 – 8 U 222/84 – AHRS 2485/8

Sachverhalt

Die Klägerin wurde im Jahr 1978 im Krankenhaus vom beklagten Oberarzt und Facharzt für Gynäkologie unter der Diagnose eines Gebärmuttermyoms operiert.

Der Beklagte nahm eine abdominale Hysterektomie vor. Im Operationsbericht heißt es unter anderem:

> Es wird eine abdominale Uterusexstirpation unter Belassen beider Adnexe vorgenommen. Das Scheidenrohr wird mit einzelnen Catgut-Knopfnähten versorgt. Nach sorgfältiger Blutstillung werden die Rotundastümpfe mit dem Scheidenstumpf zusammen fixiert. Im Bereich des rechten Ligamentum rotundum hat sich ein kleines Hämatom gebildet. Das Rotundum wurde zweimal unterbunden. Es ist zu erwähnen, dass die Patientin während des gesamten operativen Eingriffs etwas stärker geblutet hat. Nach sorgfältiger Blutstillung Peritonealisierung des Wundgebietes durch einzelne Catgut-Knopfnähte. Revision der Bauchhöhle....

An der postoperativen Behandlung der Klägerin beteiligte sich auch der mitverklagte Stationsarzt. Die Klägerin äußerte hierbei Beschwerden, über deren Art und Ursache zwischen den Parteien Streit besteht.

Nachdem die Klägerin nach ca. drei Wochen auf eigenen Wunsch aus der stationären Behandlung entlassen worden war, wurde sie weitere drei Wochen später von ihrem Hausarzt erneut an den Stationsarzt wegen eines unwillkürlichen Urinabgangs überwiesen. Dieser stellte aufgrund einer urografischen Untersuchung eine Verengung des rechten Harnleiters sowie eine Fistel fest, von der Urin über die Scheide abfloss. Daraufhin wurde die Klägerin in die urologische Abteilung eines anderen Krankenhauses verlegt. Die Fistel, die sich in einer Schwiele befand, wurde beseitigt. An dieser Stelle wurde der Harnleiter durchtrennt und neu in die Blase eingepflanzt.

Die Klägerin hat vorgetragen, der operierende Gynäkologe habe den rechten Harnleiter schuldhaft verletzt. Hierfür hätten alle Beklagten (einschließlich des Krankenhausträgers) einzustehen. Der beklagte Stationsarzt habe zudem die Harnleiterverletzung nicht sofort erkannt, so dass eine sachgemäße Behandlung verzögert worden sei. Es sei u. a. zu einem Schwund der rechten Nierenfettkapsel gekommen. Dies habe zur Ausbildung einer Senk- oder Wanderniere geführt. Außerdem bestehe eine Störung des Ventilmechanismus im rechten Harnleiter, so dass es zu einem vesico-ureteralen Reflux komme. Sie habe dauerhafte Beschwerden im Nieren-, Harnleiter- und Blasenbereich. Die Klägerin errechnet einen Schaden durch Ausfall ihrer Arbeitskraft im Haushalt und im Familienbetrieb von über 50.000 €. Ferner verlangt sie ein Schmerzensgeld von mindestens 20.000 € und die Feststellung der Ersatzpflicht der Beklagten für allen zukünftigen Schaden.

Lösung

▶ Behandlungsmisserfolg indiziert nicht Haftung

Bei der Operation kam es zu einer Läsion des rechten Harnleiters. Eine Ureterverletzung beim Fehlen von Anomalien im Urogenitalsystem oder von Verwachsungen in der Umgebung der Gebärmutter ist in der Regel vermeidbar. Ob dem Arzt im konkreten Fall ein Schuldvorwurf zu machen ist und wie das Verschulden zu bewerten ist, hängt jedoch immer vom Einzelfall ab. Ein Verschulden kann unter Umständen sogar ganz zu verneinen sein. Keinesfalls darf die verhältnismäßig geringe Häufigkeit von Ureterkomplikationen bei abdominalen und vaginalen Hysterektomien, die von großen operativen Kliniken angegeben wird, als repräsentativ für die Komplikationshäufigkeit in der operativen Gynäkologie im allgemeinen angesehen werden und zu dem Schluss verleiten, eine Ureterläsion beruhe, falls nicht anatomische Abweichungen oder Verwachsungen vorlägen – immer oder auch nur regelmäßig auf einem groben Verstoß gegen anerkannte Behandlungsmethoden. Eine verhältnismäßig hohe Zahl urologischer Komplikationen wird anschließend in urologischen Kliniken behandelt. Immer ist der konkrete Einzelfall zu prüfen.

Die Vorschrift des § 630a Abs. 2 BGB legt fest, dass die Behandlung grundsätzlich „nach den zum Zeitpunkt der Behandlung bestehenden, allgemein anerkannten fachlichen Standards" durchzuführen ist – soweit nichts anderes vereinbart ist. Dazu gehört nach der Gesetzesbegründung auch die Pflicht zur allgemeinen ordnungsgemäßen Organisation sowohl in personeller als auch in struktureller Hinsicht. Die Befürchtung der Wissenschaft, dass die Festlegung auf den anerkannten fachlichen Standard eine Einschränkung der ärztlichen Therapiefreiheit implizieren könne[10], erscheint unbegründet. Auch die Rechtsprechung stellt grundsätzlich für die Bemessung des Sorgfaltsmaßstabs auf den allgemein anerkannten Standard, bei Ärzten auf den Facharztstandard ab, ohne die Therapiefreiheit oder die Methodenwahlen in Zweifel zu ziehen oder zu begrenzen. Auch die Therapiefreiheit ist letztlich ein Privileg des Patienten als fremdnütziges Recht. Bei sachgerechter Auslegung wird man nicht die von Kritikern befürchtete „Verkürzung der Privatautonomie"[11] als Gefahr sehen. Dementsprechend ist es Aufgabe des gerichtlichen Sachverständigen, im zu entscheidenden Fall eine Abweichung vom Facharztstandard festzustellen.

▶ Aufgabe des Sachverständigen

Auf welche Weise es im vorliegenden Fall zu der Ureterläsion gekommen war, konnte nur durch ein Sachverständigengutachten geklärt werden. Der Operationsbericht nannte keine Ursache der Läsion. Der medizinische Sachverständige hat dem Gericht Entscheidungsgrundlagen über die Indikation zur Operation zu verschaffen, alternative Behandlungsmethoden zu erläutern, Diagnose- und Behandlungsfehler zu ermitteln und die Fragen des ärztlichen Standards in die zivilrechtlichen Schuldbegriffe Fahrlässigkeit und grobe Fahrlässigkeit einzuordnen. Erfahrungsgemäß liegen die größten Schwierigkeiten für den Sachverständigen bei der Ermittlung des Kausalzusammenhanges zwischen behauptetem Behandlungsfehler und Gesundheitsschaden. Der Grad der Wahrscheinlichkeit der Kausalität zwischen Handlung oder Unterlassen und Schaden ist oft vom Sachverständigen nur annäherungsweise festzustellen, so dass die Frage der Beweislast – Hat der Patient oder der Arzt die Kausalität mit welcher Gewissheit zu beweisen? – zur Kernfrage des Arzthaftungsprozesses wird[12].

---

[10] Katzenmeier, MedR 2012, 576, 579; Spickhoff, ZRP 2012, 65.
[11] Katzenmeier, MedR 2012, 576, 579.
[12] Müller, NJW 1997, 3049 ff.; Bergmann/Kienzle, Rn. 748–751.

▶ Grenzen für Sachverständigen

Der Sachverständige muss bei seiner Gutachtertätigkeit allerdings die Grenzen seiner prozessualen Rolle als Gehilfe des Gerichtes beachten. Nach § 404a ZPO hat das Gericht die Tätigkeit des Sachverständigen zu leiten und kann ihm für Art und Umfang seiner Tätigkeit Weisungen erteilen. Der Sachverständige muss den Gutachtenauftrag des Beweisbeschlusses einhalten. Das Gutachten kann deshalb auch nur so gut und richtig sein wie der ihm zugrunde liegende Beweisbeschluss. Während der Sachverständige den berufsspezifischen Standard formuliert, ist die Beurteilung der Abweichung von diesem Standard als grober oder einfacher Behandlungsfehler eine juristische Wertung und damit Aufgabe des Gerichtes[13]. So hat der BGH in seinem Urteil vom 3.12.2008 – IV ZR 20/06 – seine Anforderungen an die Prüfungspflicht des Tatrichters hinsichtlich der Äußerungen des medizinischen Sachverständigen präzisiert. Danach hat der Tatrichter die Aussagen kritisch auf ihre Vollständigkeit und Widerspruchsfreiheit zu prüfen sowie insbesondere auf die Aufklärung von Widersprüchen hinzuwirken. Dies gilt für die Begutachtung des Falles durch einen wie durch mehrere Sachverständige. Gerade in schwierigen wissenschaftlichen Fragen müssen weitere Aufklärungsmöglichkeiten genutzt werden, wenn diese Erfolg versprechen und verfügbar seien, betont der Senat. Erst wenn derartige Klärungsversuche erfolglos geblieben sind, dürfe der Tatrichter die Diskrepanzen frei würdigen. Allerdings müsse in diesem Fall in der Beweiswürdigung dargelegt werden, dass eine Abwägung zwischen den widerstreitenden Ansichten der Gutachter stattgefunden hat und keine weiteren Aufklärungsmöglichkeiten bestehen.

▶ Haftung des gerichtlichen Sachverständigen

Die Haftung des gerichtlichen Sachverständigen ist in § 839a BGB geregelt. Erstattet danach ein vom Gericht ernannter Sachverständiger vorsätzlich oder grob fahrlässig ein unrichtiges Gutachten, so ist er zum Ersatz des Schadens verpflichtet, der einem der Verfahrensbeteiligten durch eine gerichtliche Entscheidung entsteht, die auf diesem Gutachten beruht. Der Sachverständige kann in diesem Zusammenhang auch seinen Honoraranspruch verwirken. Das OLG Köln hielt dies insoweit in seinem Beschluss vom 02.06.2008 – 4 W 198/08 –[14] für möglich, wenn die von dem Sachverständigen erbrachte Leistung unverwertbar ist und er die Unverwertbarkeit bewusst oder mindestens grob fahrlässig verschuldet hat. Der Sachverständige hatte sich in einem von dem OLG Köln entschiedenen Fall nicht nur zum Behandlungsgeschehen, sondern ungefragt auch zur Aufklärung geäußert. Wenn der Sachverständige in seinem Gutachten über die gestellten Beweisfragen hinausgehe, sei die Frage, ob der Sachverständige dies grob fahrlässig getan habe, in Arzthaftungsfällen besonders sorgfältig zu prüfen, da die Bereiche der Behandlungsfehler und Aufklärungsfehler nicht immer scharf abgrenzbar seien, insbesondere, wenn dem Sachverständigen zur Beantwortung der Beweisfragen auch die Auswertung der gesamten Krankenunterlagen überlassen worden sei.

---

[13] Bergmann/Pauge/Steinmeyer-Glanzmann, 13, § 287 Rn. 86; Bürger, MedR 1999, 106 f.
[14] MedR 2008, 555; OLGR Jena 2008, 760.

▶ Feststellung der Schadensursache

In unserem Fall 4 lag dem gerichtlichen Sachverständigen zufolge die Annahme am nächsten, dass bei der Einbeziehung des Harnleiters in eine Umstechung die längs verlaufenden Ureterwandgefäße verletzt wurden. Dann zeigt sich die unmittelbare Umgebung der Unterbindung häufig ernährungsgestört. Hieraus kann sich eine Nekrose entwickeln. So kann es vorkommen, dass der Operateur, wenn zum Beispiel eine Unterbindung aufgeht, mit einer Klemme nachfasst und dabei versehentlich auch den Harnleiter erfasst. Ein derartiger Vorgang, der immer einmal geschehen kann und auch nicht immer so dramatisch sein muss, dass er im Operationsbericht seinen Niederschlag findet, kann ebenfalls zu einer Ernährungsstörung und schließlich zur Ausbildung einer Harnleiterfistel führen. Auch ein Abquetschen des Harnleiters darf dem Operateur zwar ebenso wenig unterlaufen wie die Einbeziehung in eine Umstechung. Ein krasses Versagen und damit ein grober Behandlungsfehler kann ihm aber nur vorgeworfen werden, wenn er hierbei elementare Regeln operativen Vorgehens außer acht gelassen hat.

▶ Anforderungen an Assistenz- und Fachärzte

Im vorliegenden Fall verneinte das OLG einen groben Behandlungsfehler des Operateurs. Die unterbliebene Darstellung der Ureter im Operationsbereich könne nicht von vornherein als eine aus gynäkologischer Sicht unverständliche Unterlassung angesehen werden. Nach den gutachterlichen Feststellungen sei eine gesonderte Darlegung bzw. Freilegung der Ureter bei der abdominalen Hysterektomie nur bei unklaren anatomischen Verhältnissen bzw. stärkeren Verwachsungen zu verlangen. Im Übrigen wird teilweise – insbesondere für den angehenden Operateur im Rahmen der Facharztausbildung – die didaktische Ureterpräparation im Operationsbereich empfohlen, um etwaige ureternahe Komplikationen, wie zum Beispiel Blutungen, sicher und ohne Verletzungsgefahr für die Harnleiter beherrschen zu können. Das ist aber nicht unbedingt erforderlich. Der Beklagte zu 3) hatte seine Facharztausbildung bereits beendet und war als Oberarzt tätig, so dass die Darstellung des Ureters von ihm nicht zu verlangen war. Auch der erfahrene Gynäkologe kann von einer plötzlich und unerwartet auftretenden Blutung überrascht werden und im Einzelfall einmal nicht so sachgerecht reagieren, wie dies von ihm erwartet werden muss. Gerade wenn stärkere Blutungen unterbunden werden sollen, die auch die gute Übersicht im Operationsgebiet gefährden, ist oft rasches Handeln angezeigt. Hierbei kann es versehentlich zu einer Läsion des Harnleiters insbesondere durch Abklemmen kommen, obwohl der Operateur der Überzeugung ist, der Harnleiter befinde sich außerhalb des Gefahrenbereichs und eine Darstellung dieses Organs sei daher nicht unbedingt erforderlich.

▶ Keine Zurechnung der Folgeschäden

Unter diesen Umständen hat das Gericht einen groben Behandlungsfehler verneint. Dann bleibt es bei den allgemeinen Beweisregeln, wonach dem Patienten grundsätzlich der Beweis dafür obliegt, dass die aufgetretene Schädigung eine Folge des Behandlungsfehlers ist. Es lässt sich also nicht feststellen, dass die bei der Klägerin nunmehr festgestellte Senkniere Folge des begangenen Operationsfehlers ist. Im Ergebnis ist der Klägerin somit ein Schmerzensgeld für die Harnleiterverletzung und die damit erforderlich gewordene Folgeoperation zuzusprechen. Ebenso ist der Klägerin ein materieller Schaden dafür zuzusprechen, dass sie nach der Harnleiterverletzung bis zur Ausheilung der Folgeoperation erwerbsgemindert gewesen ist. Der Operateur und Krankenhausträger haften für Schmerzensgeld und Schadensersatz in dieser Höhe, nicht aber für die auch später bei der Klägerin vorhandene Erwerbsminderung, die auf der Senkniere beruht. Der Beklagte zu 2) als Stationsarzt haftet nicht, da er an der Harnleiterverletzung nicht beteiligt gewesen ist und auch nicht festgestellt werden kann, dass er während des stationären Aufenthaltes die Harnleiterverletzung hätte erkennen können.

Merksätze

Einfacher und grober Behandlungsfehler:
1. Der Sachverständige hat dem Gericht den gebotenen ärztlichen Standard zu beschreiben.
2. Das Gericht hat durch sorgfältige Differenzierung zu ermitteln, ob ein Behandlungsfehler vorliegt und, wenn ja, dieser Behandlungsfehler als grob einzustufen ist.
3. Die Unterscheidung zwischen einfachem und grobem Behandlungsfehler hat erhebliche Folgen für die Beweislast im Prozess. Liegt nur ein einfacher Behandlungsfehler vor, hat der Patient auch zu beweisen, dass dieser Behandlungsfehler nicht nur zu einer Gesundheitsbeschädigung, sondern auch zu dem geltend gemachten Vermögensschaden geführt hat. Nur bei einem groben Behandlungsfehler obliegt es dem Arzt zu beweisen, dass der Schaden auch bei Wahrung der ärztlichen Sorgfalt eingetreten wäre.

▶ Rechtsprechung zum ärztlichen Standard

Die nachfolgenden Leitsätze gerichtlicher Entscheidungen sind Beispiele dafür, wie intensiv die Gerichte sich mit den Fragen des ärztlichen Standards auseinandersetzen müssen und wie wichtig es ist, dass der medizinische Sachverständige dem Gericht ausreichende Entscheidungsgrundlagen schafft:

- Es stellt einen groben Behandlungsfehler dar, wenn der Geburtshelfer trotz deutlicher Warnzeichen, die eine sofortige Schnittentbindung geboten erscheinen lassen, den Kreißsaal verlässt und sich zur Mittagspause nach Hause begibt. (OLG Hamm, Urteil vom 01.02.1993 – 3 U 65/92, VersR 1994, 730)
- Es kann einen groben Behandlungsfehler darstellen, wenn die Temperatur eines frühgeborenen Kindes nicht ausreichend überwacht wird und es deshalb zu einer

andauernden Unterkühlung kommt, die möglicherweise eine Hirnblutung ausgelöst hat. (OLG Hamm, Urteil vom 29.11.1993 – 3 U 228/92, VersR 1995, 341)
- Ein grober Behandlungsfehler des die Schwangere betreuenden Arztes liegt für den Fall einer Nichtverlegung der Schwangeren in ein Zentrum der Maximalversorgung (Perinatalzentrum) vor, wenn mit der Geburt des Kindes vor der 28. Schwangerschaftswoche und/oder mit einem Geburtsgewicht von unter 1.000 g gerechnet werden musste und somit die rechtzeitige Verlegung der Schwangeren in ein Perinatalzentrum geboten gewesen wäre (OLG Oldenburg, Urteil vom 06.02.2008 – 5 U 30/07, VersR 2008, 924)
- Bei einer ersten CTG-Aufzeichnung einer Bradykardie sind in der Regel die in derartigen Fällen üblichen Maßnahmen wie eine Nachjustierung des Aufnahmekopfes, ein Lagewechsel der Mutter oder ein Anschluss an ein zweites CTG-Gerät zur Kontrolle durchzuführen. Erst, wenn nach Durchführung dieser Maßnahmen das Fortbestehen einer Herzfrequenz von unter 100 spm zu verzeichnen ist, ist es dringend geboten, einen Arzt zu rufen. Zwischen der Feststellung eines Entscheidungsbedarfs durch eine Hebamme bis zur Anwesenheit des Facharztes darf in geburtshilflichen Abteilungen – entsprechend den Empfehlungen der DGGG – aber maximal ein Zeitraum von 10 min vergehen (OLG Brandenburg, Urteil vom 28.02.2008 – 12 U 12/06 – PflegeR 2008, 446)
- Die Verkennung einer Schwangerschaft ist einem Frauenarzt nicht als Behandlungsfehler vorzuwerfen, wenn seine minderjährige Patientin ihn nur wegen anderer Beschwerden aufsucht und dabei weder von dem Ausbleiben der Regelblutung noch von der Aufnahme sexueller Aktivitäten berichtet. (OLG Düsseldorf, Urteil vom 16.02.1995 – 8 U 40/94, NJW 1995, 1620)
- Kommt es im Rahmen einer Entbindung unvermutet zu einer Schulterdystokie, ist es nicht angebracht, den Geburtsvorgang durch den Kristeller-Handgriff zu beschleunigen; verstärkter Druck auf den Oberbauch führt nämlich notgedrungen zu einer weiteren Verkeilung der kindlichen Schultern im mütterlichen Becken. (OLG Düsseldorf, Urteil vom 25.11.1999 – 8 U 126/98, VersR 2001, 460)
- Es ist grob behandlungsfehlerhaft, wenn in einer Geburtsklinik ein zwar nach dem äußeren Erscheinungsbild gesund zur Welt gekommenes, aber durch den Ablauf der Geburt gefährdetes Kind mit Zeichen dieser Gefährdung über einen Zeitraum von mehr als einer Stunde ohne ärztliche Betreuung bleibt. (OLG Stuttgart, Urteil vom 04.01.2000 – 14 U 31/98, VersR 2001, 1560)
- Bleibt das Kind bei der Geburt durch eine Schulterdystokie mit der Schulter im Geburtskanal stecken, ist es medizinisch kontraindiziert, am Kopf des Kindes zu ziehen. (BGH, Urteil vom 13.02.2001 – VI ZR 34/00, NJW 2001, 1786)
- Es liegt ein grober Behandlungsfehler vor, wenn die notfallmäßige Verlegung eines Neugeborenen mit einer Streptokokken-Infektion in eine spezialisierte Kinderklinik um 45 min verzögert wurde, obwohl ein signifikantes Leitsymptom für eine schwere Infektion vorlag. Darüber hinaus ist eine Beweislastumkehr zu Gunsten des klagenden Patienten gerechtfertigt, wenn eine Nachtschwester es trotz auffälliger Unruhe und Schreckhaftigkeit des Neugeborenen unterlässt, einen Arzt hinzuzuziehen und dieser mit Wahrscheinlichkeit einen Befund festgestellt hätte. Dies kann auch für den Fall gelten, dass kein grober Behandlungs-

fehler gegeben ist (unter Berufung auf: BGHZ 132, 47, 52 ff.). Im Hinblick auf den Vertrauensgrundsatz ist es ausreichend, wenn bei der Übergabe der Station mündlich über Auffälligkeiten berichtet wird. Es kann nicht verlangt werden, dass die übernehmenden Pflegekräfte die jeweilige Pflegedokumentation der Kollegen überprüfen müssen (OLG Koblenz, Urteil vom 30.10.2008 – 5 U 576/07 – GesR 2009, 34)
- Die Volumensubstitution nur mit Glukoselösung ist bei dem Transport eines Neugeborenen mit einem Schockzustand infolge einer schweren Sepsis nicht ausreichend. (BGH, Urteil vom 27.03.2001 – VI ZR 18/00, NJW 2001, 2791)
- Bei einem ph-Wert von unter 7,20 ist die Durchführung einer Sectio zwingend geboten. Das Unterlassen stellt einen Behandlungsfehler dar, der einem Facharzt nicht unterlaufen darf und schlechthin unverständlich ist (OLG Celle, Urteil vom 27.02.2006 – 1 U 68/05, MedR 2007, 42).
- In seinem Urteil v. 20.09.2012[15] hat der BGH klargestellt, dass gesicherte medizinische Erkenntnisse, deren Missachtung einen Behandlungsfehler als grob erscheinen lassen, nicht nur die Erkenntnisse sind, die Eingang in Leitlinien, Richtlinien oder anderweitige ausdrückliche Handlungsanweisungen gefunden haben, sondern auch die elementaren medizinischen Grundregeln sind, die in jedem Fachgebiet vorauszusetzen sind.[16] Im vorliegenden Fall ist nach Ansicht der Bundesrichter gegen den Grundsatz verstoßen worden, dass ein Anästhesist bei jeder seiner Handlungen sicherzustellen hat, dass das Sauerstoffangebot den Sauerstoffbedarf des Patienten deckt, da die oberste Richtschnur bei Durchführung einer Anästhesie stets die optimale Sauerstoffversorgung des Patienten ist. Vor diesem Hintergrund hätte ein Wechsel auf einen größeren Tubus und eine Bronchoskopie deutlich früher erfolgen müssen.
- Das OLG Köln hat am 27.06.2012 zur Reichweite der Beweislastumkehr bei einem groben Behandlungsfehler Stellung bezogen und betont, dass die Beweislastumkehr sich auf Sekundärschäden erstreckt, wenn diese sich typischerweise aus der Primärverletzung ergeben können.[17] Hinsichtlich sonstiger Sekundärschäden hat der Verletzte den haftungsausfüllenden Kausalzusammenhang zwischen der Primärverletzung und dem Sekundärschaden, wenn auch unter Berücksichtigung der sich aus § 287 Abs. 1 ZPO ergebenden Beweiserleichterungen, zu beweisen. Nach dem OLG Köln nimmt gemessen an diesen Grundsätzen die Verzögerung des Heilungsverlaufs als typische Folge einer versehentlichen Wundspülung mit einem propanolhaltigen Flächendesinfektionsmittel und einer Verätzung des Gewebes an der Beweislastumkehr teil.

Fall 5: Das unzureichende Notfallmanagement

OLG Stuttgart, Urteil vom 04.01.2000 – 14 U 31/98 – VersR 2001, 1560

---

[15] BGH NJW 2011, 3442.
[16] Vgl. BGH VersR 1986, 366, 367; VersR 2009, 1406.
[17] Vgl. OLG Köln, Urt. v. 27.06.2012 (5 U 38/10).

Sachverhalt

Der Kläger wurde 1993 in der 37. Schwangerschaftswoche nach einem zwei Tage zuvor erfolgten Blasensprung gegen 6.30 Uhr in einem Kreiskrankenhaus geboren. Er war bei der Geburt lebensfrisch und zeigte keine Auffälligkeiten. Nach Verlegung des Klägers in die Kinderstation gegen 8.15 Uhr war der Kläger über eine Stunde lang unbeobachtet geblieben. Ca. zwei Stunden später wies er eine leicht stöhnende Atmung auf und wurde von der Kinderkrankenschwester abgesaugt. Die Atembeschwerden bestanden fort, so dass die Schwester die diensthabende Hebamme verständigte. Diese veranlasste eine Blutentnahme und verständigte die Stationsärztin und den niedergelassenen Kinderarzt. Das Krankenhaus verfügte nicht über eine neonatologische Abteilung.

Die Stationsärztin – eine Ärztin im Praktikum – saugte den Kläger nochmals ab. Um 11.06 lagen die Blutwerte vor, die den bedrohlichen Zustand einer respiratorischen Insuffizienz zeigten. Der Kinderarzt wurde nochmals eilig gerufen und traf um 11.12 Uhr ein. Er dokumentierte folgenden Befund: „noch rosig, kaum Atemgeräusche, Herzfrequenz 140/min, apathisch". Der Kinderarzt führte eine intermittierende Sauerstoffbeatmung mit Maske durch. Um 11.30 Uhr wurde die Kinderklinik gerufen zwecks notfallmäßiger Verlegung des Klägers. Der Kindernotarzt traf um 11.51 Uhr ein.

Der Kläger leidet seitdem an einer Hirnschädigung mit schwerer Zerebralparese. Er ist in seiner psychomotorischen Entwicklung erheblich verzögert und praktisch taub. Der Kläger wird immer auf fremde Hilfe angewiesen sein. Verklagt wurden u. a. der Krankenhausträger, die Stationsärztin und der Kinderarzt, nicht aber die Kinderkrankenschwester.

Lösung

▶ Vertragliche und deliktische Haftung von Kinderarzt und Krankenhausträger

Das Oberlandesgericht Stuttgart verurteilte den Krankenhausträger und den Kinderarzt zum Ersatz des eingetretenen und zukünftigen materiellen Schadens sowie zur Zahlung von rund 100.000 € Schmerzensgeld und einer monatlichen Schmerzensgeldrente von rund 350 €. Das Gesamtschmerzensgeld entsprach einem Kapitalbetrag von rund 180.000 €. Beide Beklagten hafteten sowohl deliktisch als auch aus Vertrag. Dem Krankenhausträger seien die Versäumnisse bei der Behandlung des Klägers teilweise als Verschulden seines Personals, teilweise als eigenes Verschulden infolge ungenügender organisatorischer Vorkehrungen zuzurechnen. Dem Kinderarzt sei ein Übernahmeverschulden anzulasten, da er nicht umgehend einen Krankenhausarzt zur Durchführung einer Intubation verständigt habe.

▶ Organisationsmängel des Krankenhausträgers

Das OLG Stuttgart stellte fest, dass es in dem Kreiskrankenhaus keine klaren Regelungen zur Bewältigung eines neonatologischen Notfalls gab. Zunächst einmal war die Kinderkrankenschwester nicht darüber instruiert worden, dass sie das Kind regelmäßig zu kontrollieren und beim Auftreten von Auffälligkeiten einen Arzt und nicht allein die Hebamme zu verständigen hatte. Weiterhin verfügte die Stationsärztin als AiP selbst nicht über die erforderliche Erfahrung. Sie war zudem weder angewiesen worden, in einem neonatologischen Notfall stets den Oberarzt zu rufen, noch war sie berechtigt, selbst einen Kindernotarzt zu benachrichtigen. Schließlich gab es auch zwischen Krankenhaus und Kinderarzt keine besondere Absprache im Sinne einer Klarstellung der Aufgaben. Es war mehr oder weniger dem Zufall überlassen, ob der Ruf bei einem neonatologischen Notfall an die die für die neonatologische Intubation ausgebildeten Krankenhausärzte oder an den Kinderarzt ging.

▶ Grober Behandlungsfehler durch Organisationsmängel

Die zahlreichen Organisationsmängel rechtfertigten nach Überzeugung des OLG Stuttgart jedenfalls in der Gesamtbetrachtung den Schluss auf einen groben Behandlungsfehler. Das Gericht sah sich in seinem Urteil bestätigt durch einen ganze Reihe ähnlicher Entscheidungen verschiedener Oberlandesgerichte in den 90-er Jahren zu Organisationsmängeln bei der Versorgung Neugeborener oder frisch operierter Patienten[18]. Im vorliegenden Fall hatte der gerichtliche Sachverständige es als nicht nachvollziehbar bezeichnet, weshalb zwei Zwischeninstanzen eingeschaltet werden mussten, bis endlich ein Facharzt gerufen wurde. Damit waren die tatsächlichen medizinischen Feststellungen zur juristischen Annahme eines groben Behandlungsfehlers getroffen. Als Folge kamen dem Kläger beim Nachweis der Kausalität Beweiserleichterungen bis hin zur Umkehr der Beweislast zugute. Es blieben zwar Restzweifel, ob die Schädigung des Klägers überhaupt hätte vermieden werden können. Diese gingen aber wegen des groben Behandlungsfehlers zu Lasten des beklagten Krankenhausträgers.

▶ Grober Behandlungsfehler durch Übernahmeverschulden

Auch der hinzu gerufene Kinderarzt haftete aufgrund der konsiliarisch übernommenen Behandlung voll für die dem Kläger entstandenen Schäden. Nach der orientierenden Untersuchung und angesichts des klinischen Befundes und der vorliegenden Blutgaswerte hätte er sofort die Intubation des Klägers veranlassen müssen. Zwar hätte der Kinderarzt die Intubation nicht selbst vornehmen müssen. Er hätte die Intubation vielleicht sogar nicht vornehmen dürfen, da diese neben den erforderlichen Kenntnissen auch Erfahrung voraussetzt. Über diese Erfahrung verfügte der Kinderarzt offensichtlich nicht, da in dem Kreiskrankenhaus die niedergelassenen Kinderärzte üblicherweise für die routinemäßige Behandlung gesund geborener Säuglinge herbeigerufen wurden. Der Kinderarzt hätte jedoch nach Übernahme der Behandlung darauf bestehen müssen, dass ein kompetenter Krankenhausarzt die Intubation übernahm. Die Fortführung der Maskenbeatmung bis zum Eintreffen des

---

[18] OLG Köln, VersR 1997, 1404; OLG München, VersR 1997, 977; 1991, 586; OLG Oldenburg, VersR 1997, 749; OLG Stuttgart, VersR 1997, 1358.

Kindernotarztes war nicht ausreichend. Um die Zeit bis zu dessen Eintreffen zu überbrücken, hätte der Kinderarzt umgehend den Oberarzt oder den Chefarzt der geburtshilflichen Abteilung zur Durchführung der Intubation verständigen müssen.

▶ Grober Behandlungsfehler prozessentscheidend

Auch im vorliegenden Fall war die Bejahung eines groben Behandlungsfehlers wieder einmal entscheidend für die Beantwortung der Haftungsfrage. Sowohl beim Krankenhausträger als auch beim niedergelassenen Kinderarzt bejahte das OLG Stuttgart, sachverständig beraten, mit ganz unterschiedlicher Begründung jeweils einen groben Behandlungsfehler und damit die volle Haftung. Auch bei der mitverklagten Stationsärztin sah das Gericht vorwerfbare Versäumnisse. Diese beurteilte es aber nicht als so schwerwiegend, dass dadurch die Umkehr der Beweislast bei der Kausalität gerechtfertigt sei. Im Ergebnis hatte diese Ärztin (damals noch im Praktikum) deshalb nicht für die Schädigung des Klägers einzustehen[19].

> **Merksätze**
> Organisations- und Übernahmeverschulden:
> 1. Der Krankenhausträger muss für Notfallbehandlungen eindeutige und ausreichende organisatorische Vorkehrungen für eine rechtzeitige fachärztliche Behandlung treffen. Unklarheiten und vermeidbare Verzögerungen gehen zu Lasten des Krankenhausträgers.
> 2. Der Arzt, der eine Behandlung übernimmt, übernimmt auch die Verantwortung dafür, dass er diese Behandlung ordnungsgemäß leisten kann. Unterlässt er die gebotene und mögliche Hinzuziehung eines fachlich besser qualifizierten Kollegen, so haftet er aus Übernahmeverschulden.
> 3. Organisations- und Übernahmeverschulden können einen groben Behandlungsfehler darstellen mit der Folge einer Beweislastumkehr

Fall 6: Der verhängnisvolle Anfängerfehler

OLG Schleswig, Urteil vom 09.07.1993 – 4 U 249/88 – AHRS 2500/112

Sachverhalt

Der am 16.07.1981 im Kreiskrankenhaus H. geborene Kläger nimmt den beklagten Kreis als Träger des Krankenhauses und den Beklagten zu 2) als geburtsbetreuenden Arzt auf Zahlung eines Schmerzensgeldes und einer Schmerzensgeldrente

---
[19] OLG Stuttgart, VersR 2001, 1563.

sowie auf Feststellung der gesamten Schadensersatzpflicht in Anspruch für Schäden aufgrund fehlerhaften Geburtsmanagements und darauf beruhender Hirnschädigung des Klägers.

Der berechnete Geburtstermin des Klägers sollte der 20.07.1981, +4 bis 8 Tage sein. In der 14. Schwangerschaftswoche hatte die Mutter des Klägers über Bauchschmerzen und leichte Blutungen geklagt, worauf sie das Kreiskrankenhaus aufgesucht hatte und dort vom 01.01. bis 09.01.1981 stationär betreut worden war. Die Entlassung erfolgte damals mit intakter Schwangerschaft. Bis zur 38. Schwangerschaftswoche zeigten sich bei ambulanter Betreuung durch niedergelassene Gynäkologen keine Auffälligkeiten. Eine erhöhte Eiweißausscheidung sowie Beinödeme wurden medikamentös behandelt. Die behandelnden Gynäkologen führten regelmäßig Untersuchung mit dem Cardiotokografen (CTG) durch, seit dem 10.07.1981 ferner Amnioskopien.

Am 16.07.1981 suchte die Mutter des Klägers mit leichter Wehentätigkeit morgens gegen 6.30 Uhr die gynäkologisch-geburtshilfliche Abteilung des Kreiskrankenhauses auf. Der diensthabende Arzt war an jenem Tage der Beklagte zu 2). Er hatte im April 1981 die ärztliche Approbation erhalten und arbeitete seit dem 01.05.1981 auf der Station.

Bei der Aufnahme lag folgender Befund vor: „Portio verstrichen, Muttermund 2 Finger durchgängig, Fruchtblase steht, Kopf beweglich auf Beckeneingang, KHT positiv".

Um 13.30 Uhr kam es zu einem hohen Blasensprung und zu einem Abgang von grünem Fruchtwasser. Daraufhin wurde in der Zeit von 13.30 Uhr bis 14.30 Uhr ein CTG angelegt. Dieses wurde im Geburtsbericht als unauffällig beschrieben. Wehen wurden nicht aufgezeichnet. Die kindliche Herzfrequenz zeigte neben Akzelerationen und physiologischen Frequenzschwankungen einzelne Dezelerationen unter 120 Schlägen pro Minute. Die Herztöne wurden auch in der Folgezeit als gut bezeichnet.

Ab 17.00 Uhr erfolgte die Lagerung der Mutter des Klägers im Entbindungszimmer. Der Beklagte zu 2) leitete die Geburt mittels einer intravenösen Dauertropfinfusion mit einem wehenfördernden Medikament ein. Um 17.10 Uhr eröffnete er die Fruchtblase am unteren Pol, wobei ein wenig weiteres grünes Fruchtwasser abging. Die Weite des Muttermundes betrug noch 3 bis 4 cm. Der Beklagte zu 2) erhöhte um 17.30 Uhr die Frequenz der Dauertropfinfusion auf 18 Tropfen pro Minute. Um 18.37 Uhr erfolgte die spontane Geburt des lebensfrischen Klägers.

Nach der Geburt zeigte sich eine auffällige Zittrigkeit des Klägers. Im August 1981 auf der Kinderstation des Kreiskrankenhauses durchgeführte Untersuchungen führten zu keinem Ergebnis. Anfang Januar 1982 kam es beim Kläger erstmals zu sogenannten Blitz-Nick-Saalam-Krämpfen (BNS-Krämpfen) mit Verdrehungen der Augen und Beugebewegungen des Kopfes sowie der Arme und Beine. Die Ärzte diagnostizierten ein BNS-Leiden und eine statomotorische Retardierung.

Der Kläger rügt, bei seiner Geburt seien nahezu sämtliche erforderlichen Kontroll- und Überwachungsmaßnahmen unterblieben. Nach Abgang des grünen Fruchtwassers hätte die Geburt als eine Risikogeburt gewertet werden müssen. Das CTG sei kontrollbedürftig gewesen. Die zwei veranlassten CTG-Überwachungen seien nicht ausreichend gewesen. Für das Anlegen des Wehentropfes habe keine Veranlassung bestanden. Im Übrigen sei der Geburtsverlauf nur mangelhaft dokumentiert worden. Außer den beiden CTG seien keine weiteren Messergebnisse niedergelegt worden. Auch sei es fehlerhaft gewesen, eine Blutgasanalyse des Nabelschnurblutes zu unterlassen. Eine PH-Wert-Bestimmung sei zum damaligen Zeitpunkt an allen Kliniken obligat gewesen.

Lösung

▶ Behandlungsfehler durch unterlassene Kontrollen

Das Landgericht hat die Klage dem Grunde nach für gerechtfertigt erklärt, das Oberlandesgericht hat die Klage gegen beide Beklagte abgewiesen. Nach den gutachterlichen Feststellungen sind dem Beklagten zu 2) bei der Geburt des Klägers mehrere Behandlungsfehler unterlaufen. Es stellt ein Fehlverhalten dar, dass nach dem hohen Blasensprung (bei noch intakter Fruchtblase am unteren Pol) trotz des Abgangs von grünem Fruchtwasser ein übergeordneter erfahrener Arzt oder der Chefarzt nicht benachrichtigt wurde. Es lag nämlich eine kontrollbedürftige, besondere Situation vor, die das Herbeirufen eines übergeordneten Arztes erfordert hätte. Demgegenüber bestand zur Blutuntersuchung aus der Kopfhaut bei regelmäßigem und unauffälligem Verlauf unter der Geburt kein Grund. Die Nabelschnuruntersuchungen sind bei normalen APGAR-Werten entbehrlich.

▶ Fehlerhaftes Unterlassen eines weiteren CTG

Es stellte weiterhin ein Fehlverhalten dar, dass lediglich von 13.30 bis 14.30 Uhr ein CTG geschrieben wurde. Ein erneutes CTG nach Ablauf einer Stunde sowie ein weiteres CTG bei Anlegen des Wehentropfes und sodann – zumindest im Intervall – bis zur Beendigung der Geburt wären erforderlich gewesen. Grünlich verfärbtes Fruchtwasser stellt eines der klassischen Asphyxiezeichen dar. Es kann – in 20 % aller Fälle – die Folge einer Sauerstoffversorgungsstörung sein. Der Zeitpunkt der möglichen Sauerstoffversorgungsstörung kann nicht festgestellt werden. Sie kann sich bis zur Geburt wiederholt haben. Das CTG konnte nicht beruhigen. Erneut wäre eine kardiotokografische Beobachtung erforderlich gewesen, als die Geburt medikamentös eingeleitet wurde. Denn die Geburtseinleitung ist verhältnismäßig gefährlich, weil durch sie pathologische Wehen ausgelöst werden können. Das Abhören mit dem Hörrohr reicht nicht aus, zumal es nicht ständig erfolgte. Eine kontinuierliche Langzeitbeobachtung ist zwingend erforderlich. Dieser Standard galt in der Geburtshilfe allgemein und entsprach nicht nur dem Standard einer Universitätsklinik. Dies hat der Sachverständige in Kenntnis der Unterschiede in der apparativen Versorgung der verschiedenen Krankenhäuser dargelegt.

▶ Grober Behandlungsfehler durch Unterlassen

Nach den gutachterlichen Feststellungen war das Unterlassen weiterer CTG-Überwachungen als grober Behandlungsfehler zu qualifizieren. Bei diesem „bildlichen" Ausdruck hat der Sachverständige erklärt, er würde seinen Leuten „die Ohren lang ziehen". Hierbei handelt es sich um eine für die Annahme eines groben Behandlungsfehlers, nämlich eines Fehlers, der bei objektiver Betrachtung schlechterdings nicht unterlaufen darf, geradezu klassische Formulierung, die oft schon vom Gericht in der Fragestellung an den Sachverständigen vorgegeben wird. Ebenso war es unverständlich, dass ein übergeordneter Arzt nicht hinzugezogen worden ist.

▶ Keine Haftung wegen äußerst unwahrscheinlicher Kausalität

Trotz Vorliegens eines groben Behandlungsfehlers kommt aber wegen der besonderen Umstände dieses Falles eine Beweislastumkehr nicht in Betracht. Bei der Frage, ob dem Patienten wegen eines groben Behandlungsfehlers Beweiserleichterungen zugute kommen, ist auch zu berücksichtigen, ob ein ursächlicher Zusammenhang zwischen dem Schaden und dem groben Behandlungsfehler in hohem Maße unwahrscheinlich ist. Es muss jedenfalls festgestellt werden, ob durch die Nichterhebung der Befunde oder den groben Behandlungsfehler die Aufklärung eines immerhin wahrscheinlichen Ursachenzusammenhanges zwischen dem ärztlichen Behandlungsfehler und dem Gesundheitsschaden erschwert oder vereitelt wird und die Befunderhebung gerade wegen des erhöhten Risikos des in Frage stehenden Verlaufs geschuldet wird. Der Sachverständige hat hierzu überzeugend ausgeführt, dass ein unter der Geburt eingetretener hypoxisch/ischämischer Hirnschaden des Klägers zwar nicht mit letzter Sicherheit auszuschließen, aber in hohem Maße unwahrscheinlich ist. Das Auftreten der BNS-Krämpfe beruht nach der Beurteilung des Sachverständigen „am allerunwahrscheinlichsten" auf der fehlenden CTG-Überwachung oder insuffizienten Anfängerbetreuung. Deshalb war die Klage abzuweisen.

Exkurs: Rechtsfigur der „unterlassenen Befunderhebung"

▶ „Unterlassene Befunderhebung"

Zum Zeitpunkt der Entscheidung im Jahre 1993 hatte die Rechtsprechung noch nicht eine weitere Beweiserleichterung für den Patienten entwickelt, nämlich die „unterlassene Befunderhebung" (vgl. grundlegendes Urteil des BGH vom 23.3.2004 – VI ZR 428/02 – NJW 2004, 1871; MedR 2004, 559).[20]

---

[20] Zur Rechtsfigur der unterlassenen Befunderhebung ausführlich und mit Fallbeispielen: Martis/Winkhart, S. 1050 ff, 804 ff Steffen/Pauge, Rn. 646 ff, Geiß/Greiner, S. 88 ff.

Auch eine einfach fehlerhafte Unterlassung führt zur Umkehr der Beweislast hinsichtlich der Kausalität des Behandlungsfehlers für den eingetretenen Schaden, wenn

1. eine Untersuchung oder Befundung versäumt ist,
2. sich bei Durchführung der versäumten Untersuchung mit hinreichender Wahrscheinlichkeit ein so deutlicher und gravierender Befund ergeben hätte, dass sich
3. die Verkennung dieses Befundes als fundamental und die Nichtreaktion auf ihn als grob fehlerhaft darstellen müsste.

Im vorliegenden Fall hätte sich das Ergebnis auch bei Anwendung dieser Grundsätze nicht geändert, weil ein haftungsbegründender Ursachenzusammenhang zwischen der unterlassenen Befunderhebung, nämlich des nicht durchgeführten CTG, und dem Gesundheitsschaden, nämlich des BNS-Leidens, „äußerst unwahrscheinlich" ist.

Auch diese von der Rechtsprechung entwickelte Beweislastregel zugunsten des Patienten, dem die für einen Beweis ausreichende Aufarbeitung eines derart fehlerhaften Geschehens regelmäßig schwer fällt, hat der Gesetzgeber aufgegriffen und in das BGB aufgenommen. Sie findet sich in § 630h Abs. 5 S. 2 BGB.

▶ Diagnosefehler

Von der unterlassenen Befunderhebung ist der Diagnoseirrtum zu unterscheiden. Ein solcher liegt dann vor, wenn bereits vorliegende Befunde fehlinterpretiert werden und darauf aufbauend die aus berufsfachlicher Sicht erforderlichen – diagnostischen oder therapeutischen – Maßnahmen nicht ergriffen werden. Die Unterscheidung ist vor allem relevant, weil ärztliche Irrtümer bei der Diagnosestellung nur mit Zurückhaltung als Behandlungsfehler bewertet werden.[21] Dies wird damit begründet, dass der menschliche Organismus individuell ist und bestehende Symptome auf unterschiedliche Krankheitsursachen hinweisen können. Die Diagnosestellung ist mit die schwierigste ärztliche Pflicht und ein Irrtum dabei dem Arzt nicht ohne weiteres vorwerfbar. Daher sind die meisten Fehldiagnosen lediglich auf rechtlich unbeachtliche Diagnoseirrtümer zurückzuführen. Ein echter Diagnosefehler, der als Behandlungsfehler gewertet wird, liegt allerdings dann vor, wenn es keine fachlich vernünftige Grundlage für die gestellte Diagnose gibt und sie sich als Fehldiagnose herausstellt.

▶ Abgrenzung Diagnosefehler/unterlassene Befunderhebung

Im Jahre 2010 hat der BGH[22] Stellung genommen zu den Kriterien der Abgrenzung des Diagnosefehlers von dem oben behandelten Befunderhebungsfehler. Im

---

[21] Bergmann/Pauge/Steinmeyer-Kahlert, 3, § 276, Rn. 33.
[22] BGH, NJW 2011, 1672.

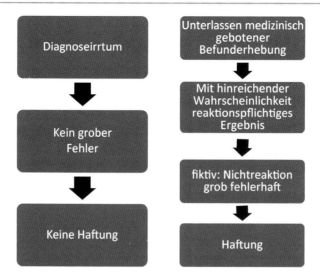

Abb. 2.1 Diagnose- und Befunderhebungsfehler

konkreten Fall wurde in Vorbereitung auf eine Meniskusoperation der verstorbenen Ehefrau des Klägers eine Röntgenaufnahme von deren Lunge angefertigt. Die Aufnahme wurde durch den beklagten Anästhesisten zur Absicherung der Anästhesie ausgewertet. Dieser stellte keine der Anästhesie entgegenstehenden Umstände fest, übersah jedoch eine ca. 2 Bildzentimeter durchmessende Verdichtungszone rechts supradiaphragmal (Rundherd). Ein Jahr später wurde bei der Ehefrau des Klägers ein Adenokarzinom im Bereich des rechten Lungenflügels festgestellt, infolge dessen sie zwei weitere Jahre später verstarb. Der BGH hatte zu beurteilen, ob der Anästhesist den Rundherd hätte erkennen und weitere Untersuchungen einleiten müssen und welcher Fehler ihm gegebenenfalls zur Last fällt. Im Ergebnis hätte auch der Anästhesist aus berufsfachlicher Sicht seines Fachbereichs unter Berücksichtigung der in seinem Fachbereich vorausgesetzten Kenntnisse und Fähigkeiten diesen Rundherd bemerken müssen. Obgleich die Untersuchung dem Zweck der Sicherung der Anästhesie diente, dürfe, so der BGH, der Arzt seine Augen vor solchen für ihn erkennbaren „Zufallsbefunden" nicht verschließen. Der Fehler wurde durch den BGH als Diagnosefehler gewertet. Aus dem Urteil ist die generelle Feststellung zu entnehmen, dass ein Diagnosefehler nicht dadurch zum Befunderhebungsfehler werde, dass bei objektiv zutreffender Diagnose weitere Befunde zu erheben gewesen wären. Insoweit ist der Fehlerursprung das Differenzierungskriterium (s. Abb. 2.1).

Der BGH hat weiterhin seine Rechtsprechung zur Beweislastverteilung bei einfachen Befunderhebungsfehlern bestätigt: Das Urteil v. 13.09.2011[23] betrifft den Fall, in dem ein akuter Vorderwandinfarkt verkannt und die Behandlung zunächst auf die Verdachtsdiagnose eines Virusinfekts und einer Angina Pectoris gestützt wurde. Die Bundesrichter führen aus, dass nach der entwickelten Rechtsprechung bei der Unterlassung der gebotenen Befunderhebung eine Beweislastumkehr hinsichtlich der haftungsbegründenden Kausalität dann erfolgt, wenn bereits die Unterlassung selbst aus medizinischer Sicht einen groben Behandlungsfehler darstellt.[24] Zudem kann auch eine nicht grob fehlerhafte Unterlassung der Befunderhebung dann zu einer Umkehr der Beweislast hinsichtlich der Kausalität des Behandlungsfehlers für den eingetretenen Gesundheitsschaden führen, wenn sich bei der gebotenen Abklärung der Symptome mit hinreichender Wahrscheinlichkeit ein so deutlicher und gravierender Befund in Form eines reaktionspflichtigen positiven Ergebnisses ergeben hätte, dass sich die Verkennung dieses Befundes als fundamental oder die Nichtreaktion auf ihn als grob fehlerhaft darstellen würde.[25] Es ist nicht erforderlich, dass der grobe Behandlungsfehler die einzige Ursache des Schadens ist. Vielmehr ist ausreichend, dass der grobe Verstoß generell geeignet ist, den konkreten Gesundheitsschaden hervorzurufen, wahrscheinlich braucht der Schadenseintritt indes nicht zu sein. Eine Umkehr der Beweislast ist nur dann ausgeschlossen, wenn jeglicher haftungsbegründender Ursachenzusammenhang äußerst unwahrscheinlich ist.[26]

▶ Haftungsrisiko Geburtsleitung durch Berufsanfänger

Sogenannte Anfängeroperationen beschäftigen regelmäßig die Gerichte in Arzthaftungsverfahren. Das gilt insbesondere für Haftungsfälle im Zusammenhang mit der Geburtsleitung durch Ärzte am Beginn ihrer Berufslaufbahn. Kommt es bei der Geburt zu Komplikationen, ist der Assistenzarzt in Weiterbildung einem besonders hohen Haftungsrisiko ausgesetzt. So darf einer Ärztin in Weiterbildung die eigenverantwortliche Beaufsichtigung einer geburtshilflichen Abteilung jedenfalls dann nicht übertragen werden, wenn ihr die Maßnahmen zur Beseitigung einer Schulterdystokie weder theoretisch noch praktisch vertraut sind[27]. Selbst wenn bei einem noch nicht berufserfahrenen Arzt eine Fehlreaktion in einer Notsituation subjektiv entschuldbar sein sollte, so hat der behandelnde Arzt grundsätzlich selbst dann für sein dem medizinischen Standard zuwiderlaufendes Verhalten einzustehen. Angesichts des im Arzthaftungsrecht maßgeblichen objektivierten zivilrechtlichen Fahrlässigkeitsbegriffs sind die Anforderungen z. B. an den mit der Geburtsleitung befassten Arzt objektiv zu bestimmen[28].

---

[23] BGH NJW 2011, 3441.
[24] Vgl. BGH NJW-RR 2010, 833.
[25] BGH NJW 1996, 1589; 2004, 1871; 2011, 2508.
[26] BGH NJW 2011, 2508.
[27] OLG Düsseldorf, VersR 2001, 460.
[28] BGH, NJW 2001, 1786.

Merksätze

Haftung bei Anfängeroperationen:
1. Besondere Beweiserleichterungen kommen dem Patienten bei einer Anfängerbehandlung zugute. Der Assistenzarzt darf Operationen mit einem höheren Schwierigkeitsgrad auch unter Kontrolle erst dann durchführen, wenn er bereits einfachere Operationen durchgeführt hat.
2. Der Krankenhausträger und der aufsichtsführende Arzt tragen die Darlegungs- und Beweislast dafür, dass die eingetretene Komplikation nicht auf der geringen Erfahrung und Übung des noch nicht ausreichend qualifizierten Operateurs bzw. nicht auf der mangelnden Erfahrung des Aufsichtsführenden beruht.[29]
3. Der übertragende Facharzt haftet unter dem Gesichtspunkt des Aufsichtsverschuldens und der Krankenhausträger unter dem Gesichtspunkt des Organisationsverschuldens, wenn er dem Assistenzarzt einen Eingriff oder ärztliche Betreuung überträgt, obwohl dieser noch nicht dazu qualifiziert ist.
4. Der Assistenzarzt kann unter dem Gesichtspunkt des Übernahmeverschuldens auch dann haften, wenn ihn ein weisungsberechtigter Facharzt eingewiesen und belehrt hat, aber er selbst hätte erkennen müssen, dass er nach seinen Fähigkeiten den Eingriff noch nicht durchführen kann. Ihm ist zuzumuten, gegen die Weisungen des Facharztes seine Bedenken zu äußern und notfalls die Behandlung oder den Eingriff abzulehnen.[30]

---

[29] Vgl. Katzenmeier, MedR 2004, 39.
[30] BGH, NJW 1984, 655.

Der Arzt im Team: Organisationsfehler bei vertikaler und horizontaler Arbeitsteilung

3

Schwerpunkt: Gynäkologie, Geburtshilfe und Pädiatrie

I. Grundlagen der Haftung bei Arbeitsteilung

▶ Arbeitsteilung: Delegation und Substitution

In der modernen Medizin ist ein erfolgreiches Wirken ohne Arbeitsteilung heute nicht mehr denkbar. Der ständige Fortschritt und die Technisierung haben zu einer wachsenden Spezialisierung nicht nur bei den Ärzten geführt. Viele Aufgaben werden an nichtärztliche Mitarbeiter wie z. B. Krankenschwestern, Pfleger oder medizinisch technische Assistenten delegiert.[1] Eine Delegation – sogar auf nichtärztliches Personal – kommt auch bei Eingriffen in Betracht, die zum Verantwortungsbereich des Arztes gehören, und zwar, wenn es sich nicht um eine Tätigkeit handelt, die aufgrund ihrer Schwierigkeit, Gefährlichkeit oder Unvorhersehbarkeit zwingend von einem Arzt erbracht werden muss.[2]

Das deutsche Krankenhausinstitut (DKI) hat im Mai 2008 Vorschläge für die Neuordnung von Aufgaben des ärztlichen Dienstes veröffentlicht[3] und die rechtlichen Rahmenbedingungen aufgezeigt. So wird beispielsweise vorgeschlagen, z. B. umfassend intramuskuläre Injektionen, Anlage eines transuretralen Katheters, Durchführung einer Blutgasanalyse, Entfernen einer Portnadel oder Wechsel von Blutkonserven von Pflegepersonal durchzuführen. Darüber hinaus kommen nach entsprechender Schulung auch intravenöse Injektionen, die Anlage einer Verweilkanüle oder Gipsverbandes, Entfernen eines zentralen Venenkatheters oder die Anlage einer transnasalen Sonde in Betracht. Seltener als eine Delegation wird eine Substitution ärztlicher Leistungen in Betracht kommen, da regelmäßig eine Anordnungsverantwortung und Kontrollverantwortung bei dem ärztlichen Dienst verbleiben muss, um der verkehrsüblichen Sorgfaltspflicht nach § 276 Abs. 2 BGB zu genügen und die Risiken für den Patienten sicher zu begrenzen. Ziel muss sein,

---

[1] Eingehend zu Delegation und Substitution ärztlicher Leistungen: Bergmann, MedR 2009, 1 ff.

[2] Vgl. hierzu beispielsweise die im 1. Kapitel erwähnte Entscheidung des OLG Dresden vom 24.07.2008 – 4 U 1857/07 – GesR 2008, 635.

[3] Neiheiser/Offermanns, Das Krankenhaus 2008, 463.

die Behandlungsprozesse zu optimieren und den Ärzten die Konzentration auf ihre Kernkompetenzen zu ermöglichen.

Es darf dabei nicht übersehen werden, dass Arbeitsteilung und Delegation auch Risiken für den Patienten mit sich bringen. Gefahren erwachsen insbesondere aus mangelnder Qualifikation der beteiligten Mitarbeiter, unzulänglicher Kommunikation und Koordination oder auch einer unzureichenden Organisation.

▶ Klare Kompetenzverteilung

Voraussetzung für eine erfolgreiche ärztliche Zusammenarbeit ist die klare Abgrenzung der Zuständigkeiten. Ein Arzt muss nicht alles wissen, aber er muss wissen, wo seine Grenzen liegen, und er muss wissen, welche Bereiche besser einem anderen Spezialisten überlassen werden. Die Übertragung ärztlicher Aufgaben an nichtärztliches Personal erfordert ein besonderes Maß an Sorgfalt bei der Auswahl und Überwachung. Bestimmte Aufgaben dürfen keineswegs, andere nur unter gewissen Voraussetzungen an nichtärztliche Mitarbeiter delegiert werden.

▶ Definitionen

Damit sind wir schon bei der Unterscheidung zwischen der horizontalen und vertikalen Arbeitsteilung.

- *Horizontale Arbeitsteilung* ist gekennzeichnet durch Gleichordnung und Weisungsfreiheit.
- *Vertikale Arbeitsteilung* meint dagegen die durch ein Über-/Unterordnungsverhältnis charakterisierte Tätigkeit.

Die horizontale Arbeitsteilung ist durch das Prinzip der prinzipiellen Gleichordnung der Behandler und damit grundsätzlicher Weisungsfreiheit untereinander geprägt, während die vertikale Arbeitsteilung hierarchische Strukturen aufweist[4]:

▶ Horizontale Arbeitsteilung

Bei der horizontalen Arbeitsteilung lassen sich wiederum verschiedene Fallgruppen unterscheiden.

Zum einen geht es um das Zusammenwirken der einzelnen Fachabteilungen eines Krankenhauses. Klassisches Beispiel ist die Arbeitsteilung zwischen Anästhesist und Operateur. In den Bereich der horizontalen Arbeitsteilung fällt jedoch auch die Zusammenarbeit zwischen dem niedergelassenen Arzt und dem Krankenhaus oder dem Allgemeinmediziner und dem Spezialisten. Dabei kann der überweisende Arzt dem Spezialisten in der Regel keine Weisungen erteilen. Ihn trifft auch regelmäßig keine Überwachungspflicht. Der nunmehr für Diagnose und Therapie

---

[4] Laufs/Uhlenbruck-Laufs, § 100 Rn. 1 ff.; Bergmann/Pauge/Steinmeyer-Alberts/Human, 3, § 420–426, Rn. 26 ff.

zuständige Facharzt darf den Mitteilungen des überweisenden Arztes nur insoweit vertrauen, wie sie in dessen Kompetenz liegen. Gerade in der Zusammenarbeit zwischen niedergelassenen und Krankenhausärzten stellt sich häufig die Frage, ob und inwieweit der nachbehandelnde Arzt die von dem niedergelassenen Kollegen erhobenen Befunde übernehmen darf. Im Interesse eines schonenden Umgangs mit dem Patienten und auch unter dem Aspekt der Kostenersparnis ist dies grundsätzlich zu bejahen. Ergeben sich jedoch bezüglich der erhobenen Befunde Zweifel, passen diese z. B. nicht zum Krankheitsbild des Patienten oder verfügt die Klinik über bessere technisch apparative Möglichkeiten mit der Aussicht auf zuverlässigere Ergebnisse, so hat der Krankenhausarzt zusätzliche eigene Befunde zu erheben.

▶ Vertikale Arbeitsteilung

Im Gegensatz zu der horizontalen Arbeitsteilung, die das Zusammenwirken von Ärzten verschiedener Fachrichtungen oder auch von vor- und nachbehandelnden Ärzten betrifft, ist die vertikale Arbeitsteilung durch das hierarchische Prinzip gekennzeichnet. Dies meint die Rangfolge vom ärztlichen Direktor und Chefarzt über den Assistenten bis hin bis zum nichtärztlichen Personal. Gegenstand von Gerichtsentscheidungen ist in diesem Bereich immer wieder die Delegation von Aufgaben an nichtärztliche Mitarbeiter[5]. Grundsätzlich darf eine solche Delegation nur erfolgen, wenn die Aufgabe nicht dem Arzt vorbehalten ist, wie dies z. B. für die intravenöse Injektion von Röntgenkontrastmitteln wegen der Gefahr allergischer Reaktionen der Fall ist. Die Übertragung der Vornahme einer ärztlich angeordneten Injektion oder Infusion setzt in jedem Fall auch die fachliche Qualifikation, also ausreichendes Wissen und hinlängliche Erfahrung des Mitarbeiters voraus. Hiervon muss sich der betreffende Arzt persönlich überzeugen. Ihn trifft weiter die Pflicht, die Mitarbeiter auf geeignete Weise und entsprechend dem Grad ihrer erwiesenen Zuverlässigkeit zu überwachen und anwesend oder zumindest schnell erreichbar zu bleiben. Abbildung 3.1 zeigt einen Überblick über die Thematik der Arbeitsteilung in der Medizin.

▶ Vertrauensgrundsatz

Die Rechtsprechung hat schon vor Jahrzehnten den Grundsatz aufgestellt, dass der einzelne an der Behandlung beteiligte Arzt aufgrund der unterschiedlichen Spezialisierung auf die Qualifikation seiner Kollegen vertrauen muss. Der BGH wendet den Vertrauensgrundsatz bei strafrechtlicher und zivilrechtlicher Verantwortung unterschiedslos an. Die Zivilsenate beziehen sich auf strafrechtliche Entscheidungen[6] und umgekehrt[7]. Eine Entscheidung des BGH[8] aus dem Jahre 1991 definiert den Vertrauensgrundsatz zutreffend wie folgt:

---

[5] Bergmann/Kienzle, Rn. 771.
[6] BGH, NJW 1991, 1539.
[7] BGH, NJW 1998, 1803.
[8] BGH, NJW 1991, 1539.

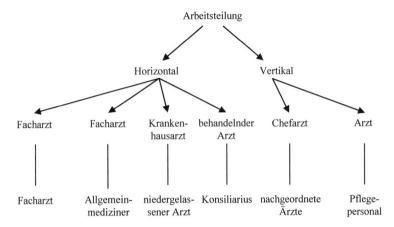

Abb. 3.1 Übersicht über horizontale und vertikale Arbeitsteilung

Hiernach hat jeder Arzt denjenigen Aufgaben zu begegnen, die in seinem Aufgabenbereich entstehen; er muss sich aber, jedenfalls solange keine offensichtlichen Qualifikationsmängel oder Fehlleistungen erkennbar werden, darauf verlassen können, dass auch der Kollege des anderen Fachgebiets seine Aufgaben mit der gebotenen Sorgfalt erfüllt. Eine gegenseitige Überwachungspflicht besteht insoweit nicht.

▶ Chirurg und Anästhesist

Wie der Definition des BGH zu entnehmen ist, gilt der Vertrauensgrundsatz nur, solange keine offensichtlichen Qualifikationsmängel oder Fehlleistungen des Kollegen erkennbar werden. Auch in einer Entscheidung zur Kompetenzverteilung zwischen Hausarzt und Radiologe schränkt der BGH ein, der Radiologe könne nicht immer die hausärztliche Diagnose ungeprüft als zutreffend übernehmen; etwaigen Zweifeln hätte er ebenso nachzugehen wie Bedenken zum Stellenwert der von ihm erbetenen Untersuchung[9]. Umgekehrt darf natürlich auch der überweisende Arzt solange auf die ordnungsgemäße Erbringung der Teilleistung durch den Spezialisten vertrauen, wie ihm keine besonderen Gefahrenumstände bekannt werden (s. Abb. 3.2 bezüglich des Vertrauensprinzips in der arbeitsteiligen Medizin).[10] Dieser Grundsatz gilt für das Verhältnis aller Fachärzte untereinander. So entspricht es beispielsweise dem Grundsatz der Arbeitsteilung, dass der Chirurg ohne Kenntnis gegenteiliger konkreter Umstände vor Beginn des operativen Eingriffs von einer sorgfältigen Prämedikation des Patienten durch den Anästhesisten ausgehen kann[11].

---

[9] BGH, VersR 2002, 100.
[10] OLG Hamm, MedR 1999, 35.
[11] BGH, NJW 1991, 1540.

I. Grundlagen der Haftung bei Arbeitsteilung

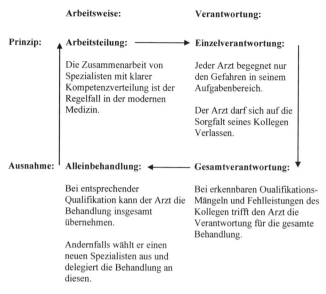

Abb. 3.2 Arbeitsteilung und Vertrauensgrundsatz

▶ Kein Vertrauensschutz bei Organisationsverschulden

Vertrauen setzt Kompetenzabgrenzung voraus, sei es durch Vereinbarung der Berufsverbände[12], sei es durch konkrete Abmachungen der beteiligten Ärzte oder Anordnungen des Krankenhausträgers; mit anderen Worten: Kompetenzkonflikte und Kompetenzlücken begrenzen wechselseitiges Vertrauen je nach Intensität. Noch strenger gilt der Vertrauensgrundsatz bei vertikaler Arbeitsteilung. Instruktions-, Überwachungs-, Delegations- und Auswahlmängel schließen schon begrifflich als Fälle eigener Schuldzuweisung die Berufung auf den Vertrauensgrundsatz aus. Der Vertrauensschutz ist nicht mehr gerechtfertigt bei nicht überwachtem, unqualifiziertem und unzuverlässigem Personal.

Angesichts der Arbeitsteilung im ärztlichen Bereich muss jeder mit- und nachbehandelnde Arzt jederzeit imstande sein, sich über durchgeführte Maßnahmen, die angewandte Therapie und die daraus folgenden Konsequenzen zu informieren[13]. Dokumentationszwecke sind also Therapiesicherung, Beweissicherung, Qualitätssicherung und Rechenschaftslegung. Daraus folgt gleichzeitig, dass der mit- oder nachbehandelnde Arzt auf die Richtigkeit der Drittdokumentation vertrauen darf, andernfalls wäre die Arbeitsteilung nicht durchführbar[14]. So darf der Chirurg bei seiner Indikationsstellung für die vorgesehene Operation ebenso auf die Befundung durch den Radiologen vertrauen, wie der Arzt für Allgemeinmedizin auf die Befundung durch das Krankenhaus oder den anderen Facharzt.

---

[12] Z. B. Vereinbarungen Anästhesisten/Chirurgen, MedR 1983, 21 und Anästhesisten/Frauenärzte, Der Frauenarzt 1996, 1172 ff.
[13] Bergmann/Kienzle, Rn. 200.
[14] OLG Düsseldorf, VersR 1989, 191.

Das Oberlandesgericht des Landes Sachsen-Anhalt hat in seinem Urteil vom 29.04.2008 – 1 U 19/07 – [15] für den Fall einer Überweisung in eine Spezialklinik herausgearbeitet, dass der Arzt einer Spezialklinik, an die der Patient von einem Krankenhaus zur Durchführung einer Operation überwiesen werde, in eigener Verantwortung die Art und Weise der Leistungserbringung, d. h. der Operation, bestimme. Aus diesem Grunde obliege ihm selbstständig die Prüfung, ob die von ihm erbetene Leistung den Regeln der ärztlichen Kunst entspricht und nicht etwa kontraindiziert ist, sowie, ob die von ihm erbetene Leistung ärztlich sinnvoll ist, d. h. der Auftrag von dem überweisenden Arzt richtiggestellt ist und dem Krankheitsbild entspricht.

II. Arbeitsteilung im Krankenhaus – vertikale Arbeitsteilung

Fall 7: Die fehlerhafte Vertretung

OLG Stuttgart, Urteil vom 19.09.2000 – 14 U 65/99 – VersR 2002, 235

Sachverhalt
Die Klägerin macht Schadensersatzansprüche wegen fehlerhafter ärztlicher Behandlung während ihrer Geburt geltend. Die Beklagten, beide Belegärzte im X-Krankenhaus, betreiben eine gynäkologische Gemeinschaftspraxis und waren an der Geburt beteiligt. Die Mutter der Klägerin befand sich wegen ihrer vierten Schwangerschaft in ärztlicher Behandlung bei den Beklagten. Am 15. und 20.4.1993 klagte sie in der Sprechstunde jeweils über Kopfschmerzen. Bei deutlich überhöhten Blutdruckwerten ordnete der Bekl. zu (2) unter Annahme einer Gestose die Vorstellung im Krankenhaus an, um über die stationäre Aufnahme zur Einleitung der Geburt zu entscheiden.

Die Aufnahme erfolgte am Mittwoch den 21.4.1993 um 9.30 Uhr wegen „E-H-Gestose". Der Bekl. zu (2) befand sich an diesem Tag auf einer Fortbildungsveranstaltung und wurde durch die Bekl. zu (1) vertreten. Unter dem Hinweis, dass die Behandlung nunmehr Dr. F übernehme, verließ die Bekl. zu (1) gegen 12.30 Uhr das Krankenhaus. Dr. F. war der Mutter der Klägerin von der Geburt ihres dritten Kindes bekannt. Die Vertretung beruhte auf einer seit Langem bestehenden Vereinbarung, dass Dr. F. am Mittwochnachmittag die Patienten der Beklagten und dieser am Donnerstagnachmittag die Patienten des Dr. F. mitbetreute. Diese Dienstaufteilung wurde den Patientinnen regelmäßig im Lauf der Schwangerschaftsberatung bekannt gemacht.

Die Mutter der Klägerin befand sich am Nachmittag zunächst weiter in der Obhut der diensthabenden Hebamme S. Um 14.08 Uhr stellte S wegen „Neigung zu Dauerkontraktionen" den Wehentropf ab. Dr. F. untersuchte die Mutter der Klägerin um 15.00 Uhr und entfernte sich dann wieder. Die Hebamme kontrollierte weiter den Blutdruck und bewertete das CTG, das um 15.00 Uhr als „eingeengt, undulatorisch" eingestuft wurde. Dieser Befund verschlechterte sich weiter. Um 18.10 Uhr

---
[15] OLGR Naumburg 2008, 649.

kamen „Wehen jede Minute". Um 18.35 Uhr sprang die Fruchtblase spontan unter Abgang von grünem Fruchtwasser. Zu diesem Zeitpunkt hatte eine andere Hebamme, T., den Dienst angetreten. Bei starken Wehen wurden ab 18.50 Uhr Dezelerationen vom Typ Dip I vermerkt, ab 19.00 Uhr anhaltende Dezelerationen.

Das Bewusstsein der Mutter trübte sich ein. Die Hebamme rief deshalb Dr. F., der wenig später eintraf. Um 19.05 Uhr vermerkte die Hebamme „eklamptischer Anfall?" Auf Anordnung des Dr. F. wurde die sofortige Entbindung durch Kaiserschnitt durchgeführt und mit der Geburt um 19.25 Uhr beendet. Dabei stellte sich eine mehrfache Nabelschnurumschlingung heraus. Die Klägerin war asphyktisch; der pH-Wert im Nabelschnurarterienblut lag bei 6,69. Die Weiterbehandlung der Klägerin erfolgte in der Kinderklinik des Kreiskrankenhauses A. Die Klägerin wurde am 14.5.1993 entlassen.

Bei der Klägerin wurde eine frühkindliche Gehirnschädigung infolge Sauerstoffmangels diagnostiziert. Sie ist auf Dauer geistig und körperlich behindert.

Lösung

▶ Erfüllungs- und Verrichtungsgehilfe

Landgericht und OLG Stuttgart gaben der Klage statt und verurteilten die Beklagten zur Zahlung von rund 125.000 € Schmerzensgeld. Das OLG führt aus, dass die Ärzte der Gemeinschaftspraxis sich die Versäumnisse des Dr. F. und der Hebamme zurechnen lassen müssen, da sie für die Beklagten Belegärzte tätig geworden sind und damit Erfüllungs- und Verrichtungsgehilfen waren. Aufgrund des mit den Beklagten geschlossenen Behandlungsvertrages haben diese für die unterlaufenen Behandlungsfehler gem. §§ 630a, 278, 831 BGB einzustehen.

▶ Organisationsfehler des vertretenden Arztes

Der tatsächliche Verlauf der Geburt lässt vermuten, dass Dr. F wegen der Risikoschwangerschaft und der heftigen Wehentätigkeit bei pathologischer Veränderung des CTG sofort gerufen werden musste. Er war nach Auffassung des Senats verpflichtet, der Hebamme klare Anweisungen zu geben, ihn bei Auffälligkeiten sofort zu verständigen.

▶ Behandlungsfehler der Hebammen

Die zunächst tätige Hebamme S hat es versäumt, aufgrund der Veränderungen im CTG, jedenfalls nach der weiteren Verschlechterung ab 17.20 Uhr, umgehend Dr. F. zu rufen. Es ist aber Aufgabe der Hebamme, das CTG zu beobachten und, wenn es kritisch wird, den Arzt zu rufen. Dieser hätte alsbald eine Kaiserschnittentbindung vornehmen müssen, noch bevor es zur anhaltenden Dezeleration gekommen ist. Spätestens nach Abgang des grünlich verfärbten Fruchtwassers hätte der Arzt gerufen werden müssen, da dieses ein deutliches Signal für einen möglichen Sauerstoffmangel des Feten darstellt.

▶ Umkehr der Beweislast

Das OLG ist von der Schadensursächlichkeit des Fehlers ausgegangen. Es hat das Verhalten der Hebamme als bei objektiver Betrachtung und Auslegung des für eine Hebamme maßgeblichen Kenntnis- und Erfahrungsstands nicht mehr hinnehmbar erachtet. Die unterlassene Alarmierung des Dr. F trotz anhaltender und eindeutiger fetaler Notfalllage dürfe schlechterdings nicht unterlaufen. Es hat daher den Behandlungsfehler der Hebamme als grob eingestuft. Hieraus resultierte eine Beweislastumkehr, da auch schwere Fehler einer Hebamme nach der ständigen Rechtsprechung grundsätzlich zu Beweiserleichterungen für den Patienten führen können.

▶ Vertragliche Haftung

Die Beklagten müssen sich die Fehler und Versäumnisse der Hebammen und ein mögliches Eigen- und Koordinierungsverschulden des für sie tätigen Belegarztes als Fremdverschulden zurechnen lassen. Beide Beklagten sind als Partner der Gemeinschaftspraxis auch Partner des ambulanten sowie stationären Behandlungsvertrages und haften für Versäumnisse des behandelnden Arztes gemeinschaftlich. Dieser Vertrag ist mit der Übernahme der Geburt durch einen anderen Belegarzt, der nicht Mitglied der Gemeinschaftspraxis war, aufgrund der allgemeinen Vertretungsabsprache nicht beendet worden und wurde nicht durch einen neuen Behandlungsvertrag mit dem übernehmenden Belegarzt ersetzt.

▶ Deliktische Haftung

Neben der vertraglichen besteht ebenso eine deliktische Haftung gem. § 831 BGB. Die Hebammen – und für ein Eigen- und/oder Koordinierungsverschulden gegebenenfalls auch Dr. F – sind Verrichtungsgehilfen der Beklagten. Die Hebammen sind dem Weisungs- und Direktionsrecht des Belegarztes unterworfen, soweit sie die Geburt nach Übernahme der Behandlung durch den Belegarzt betreuen, folglich nicht nur Erfüllungs- sondern auch Verrichtungsgehilfen des Belegarztes. Aber auch der als Vertreter tätige Arzt ist, trotz grundsätzlicher ärztlicher Unabhängigkeit, als Verrichtungsgehilfe anzusehen. Für das Merkmal der Weisungsunterworfenheit genügt es, dass sich der Vertreter im Allgemeinen nach den Wünschen des auftraggebenden Arztes zu richten hat, auch wenn er in der Behandlung sein ärztliches Ermessen obwalten lässt. Einen Entlastungsbeweis nach § 831 BGB haben die Beklagten nicht geführt. Die verantwortungsvolle Tätigkeit bei der Geburtshilfe ist dabei nicht nur auf die besonders sorgfältige Auswahl, sondern auch auf die fortgesetzte Prüfung und Kontrolle der Verrichtungsgehilfen zu erstrecken.

Merksätze
Verantwortung von Belegarzt und Vertreter:
1. Der Vertreter eines Arztes tritt nicht in ein eigenes vertragliches Behandlungsverhältnis zum Patienten, sondern ist als Erfüllungsgehilfe bzw. Verrichtungsgehilfe tätig.
2. Fehler einer Hebamme, nicht nur eines Arztes, können im Haftungsprozess eine Umkehr der Beweislast rechtfertigen.
3. Die Hebamme ist nach der Übernahme der Geburtsleitung durch den Arzt Erfüllungs- und Verrichtungsgehilfin des Belegarztes, zu dem die Patientin in vertraglicher Beziehung steht. Sie ist den Weisungen des Arztes unterworfen und darf auf deren Richtigkeit vertrauen (vertikale Arbeitsteilung).

Die vertikale Arbeitsteilung im Krankenhaus ist äußerst praxisrelevant und daher auch im Arzthaftungsprozess von großer Bedeutung. In zahlreichen, auch in diesem Lehrbuch besprochenen Fällen, wirken Ärzte und ihr Team zusammen. Vertrauensschutzgesichtspunkte wirken für die untergeordneten Ärzte und das Pflegepersonal haftungsbegrenzend.

III. Arbeitsteilung zwischen Ärzten unterschiedlicher Fachrichtungen – Horizontale Arbeitsteilung

Vertrauensschutz gibt es nicht nur im vertikalen Bereich, sondern auch beim Zusammenwirken verschiedener Ärzte, also bei horizontaler Arbeitsteilung.

Fall 8: Der unzuverlässige Pathologe

OLG Hamm, Urteil vom 06.05.1998 – 3 U 222/97 – MedR 1999, 35

Sachverhalt
Die Klägerin unterzog sich im Juni 1994 einer Mammografie, bei der eine „kleine gewebedichte Zone ohne eindeutigen Malignombeweis" festgestellt wurde. Der Beklagte zu (2), Leitender Arzt der Abteilung für Geburtshilfe und Gynäkologie im beklagten Krankenhaus der Beklagten zu (3), nahm deshalb eine Probeexzision vor und übersandte das entnommene Gewebe zur Schnellschnittuntersuchung in das vom früheren Bekl. zu (1), dem verstorbenen Prof. Dr. K., geführte Institut für Pathologie. Prof. Dr. K. diagnostizierte ein nicht-invasives ductales Mammakarzinom und bestätigte diese Diagnose nach Untersuchung der Paraffinschnitte des probeweise entnommenen Materials. Bereits zu diesem Zeitpunkt wurde im Zusammenhang mit seinen Diagnose über Prof. Dr. K. in den Medien berichtet. Daraufhin entfernte der Bekl. zu (2) weiteres Gewebe aus der Brust und 31 Lymphknoten aus der Achselhöhle. Prof. Dr. K. untersuchte auch dieses Material, änderte

seine Diagnose in die eines invasiven ductalen Mammakarzinoms und behauptete, in einem der Lymphknoten eine Metastase entdeckt zu haben. Die Klägerin unterzog sich daraufhin anderweitig einer Chemotherapie und einer Strahlenbehandlung. Die von Prof. Dr. K. gestellten Diagnosen waren falsch. Bei der Klägerin lag kein Mammakarzinom vor.

Die Klägerin nimmt die Beklagten auf Zahlung eines Mindestschmerzensgeldes von 25.000 € sowie auf Feststellung der Ersatzpflicht aller Zukunftsschäden in Anspruch. Sie behauptet, schon zum Zeitpunkt ihrer Behandlung habe es über Prof. Dr. K. und dessen Diagnosen Gerüchte gegeben und der Bekl. zu (2) habe den Verdacht einer Falschdiagnose gehabt. Nach ihrer Auffassung hätte dies den Beklagten zu (2) und (3) Anlass zu Erkundigungen und Überprüfungen geben müssen. Der Beklagte zu (2) räumte für die Zeit der Zusammenarbeit eine Steigerung der positiven Karzinombefunde ein.

Das Landgericht hat die Klage abgewiesen. Die Berufung der Klägerin, in der sie nur noch die Ansprüche aus I. Instanz gegen den Bekl. zu (2) verfolgte, hatte keinen Erfolg.

Lösung

▶ Keine Haftung des Arztes

Das OLG verneinte Schadensersatzansprüche der Klägerin aus §§ 847, 823 BGB sowie aus einer schuldhaften Verletzung der Sorgfaltspflichten aus dem Behandlungsvertrag. Die Klägerin konnte keine Behandlungsfehler des Bekl. zu (2) aufzeigen.

▶ Horizontale Arbeitsteilung Vertrauensgrundsatz

Der von der Klägerin behauptete fehlende Einklang zwischen Mammografie und pathologischem Befund war nicht feststellbar. Der Radiologe hatte eine suspekte Zone festgestellt, der Beklagte zu (2) eine Probeexzision vorgenommen und der Pathologe das entnommene Material untersucht und – falsch – befundet. Hieraus ergaben sich keine Anhaltspunkte für eine Fehlbefundung für den Beklagten, der weder Radiologe noch Pathologe ist. Der behandelnde Arzt darf grundsätzlich auf die Fachkunde und Sorgfalt der nicht in seinem Fachgebiet arbeitenden Spezialisten vertrauen.

▶ Keine Anhaltspunkte für Diagnosefehler

Das Gericht sah keinen Behandlungsfehler des Beklagten darin, dass dieser sich auf die Diagnose des Pathologen verlassen hatte. Es sei nichts dafür ersichtlich, dass der Beklagte den Fehler des Pathologen kannte oder hätte kennen müssen. Ein einzelnes Zitat aus einem Fernsehinterview reiche nicht dazu aus, nachzuweisen, dass der Beklagte zum Zeitpunkt der Behandlung Verdacht hinsichtlich der Arbeitsweise des Pathologen geschöpft hatte. Der beklagte Arzt hatte dargelegt, dass schon die

Wiedergabe des Interviews manipuliert und drastisch zusammengeschnitten worden sei. Er habe die Besonderheiten in der Arbeitsweise des Pathologen gerade als Ausdruck besonderer Sorgfalt und Gründlichkeit gewertet. Die Zunahme positiver Karzinombefunde in der Zeit der Zusammenarbeit des Beklagten mit Prof. Dr. K. bis zur Behandlung der Klägerin, die ihres Ausmaßes wegen Verdacht hätte aufkommen lassen müssen, bestand nach Auffassung des Senates nicht. Die vom beklagten eingeräumte Steigerung von gut 30 % auf ca. 41 % sei mit der vom Beklagten angenommenen gründlicheren Bearbeitung durch dichtere Schnitte zu erklären.

▶ Keine Erkundigungspflicht

Der Senat schloss sich der erstinstanzlichen Auffassung, der Beklagte habe den Gerüchten nachgehen müssen, schon deshalb nicht an, weil Ursprung, Inhalt und Gehalt der Gerüchte nicht näher dargestellt wurden. Krankenhäuser oder leitende Ärzte ihrer Abteilungen seien nicht gehalten, vor der Zusammenarbeit mit einem niedergelassenen Pathologen dessen Person oder Können einer Prüfung zu unterziehen.

▶ Vertrauen vor Aufnahme der Zusammenarbeit

In dieser Entscheidung nahm die Rechtsprechung erstmals zu einem weiteren Aspekt der horizontalen Arbeitsteilung Stellung. Im Verhältnis der Fachärzte zueinander darf sich jeder Arzt grundsätzlich auf die fehlerfreie Mitwirkung des anderen verlassen, wenn von diesem keine offenkundige Fehlleistung begangen und gegen anerkannte Behandlungsgrundsätze verstoßen wird. Im Vorfeld hierzu besteht jedoch nach dieser Entscheidung nicht die Pflicht, sich bereits vor Aufnahme der Zusammenarbeit über die Person und deren ärztliche Fähigkeiten zu informieren.

Fall 9: Das verkannte Malignom

OLG Hamm, Urteil vom 16.06.2000 – 3 U 202/99 – VersR 1989, 186 (Revision vom BGH nicht angenommen – Beschluss v. 24.04.2001, VI ZR 336/00)

Sachverhalt

Die Klägerin nimmt den beklagten Radiologen auf Zahlung von 29.750,35 DM (15.211,11 €) Schadensersatz und 100.000,00 DM (51.129,19 €) Schmerzensgeld in Anspruch. Dem überweisenden Gynäkologen Dr. G. hat sie den Streit verkündet. Sie macht geltend, der Beklagte habe pathologische Veränderungen an der linken Brust übersehen.

Die 1948 geborene Klägerin ist Krankenschwester. Sie befand sich in gynäkologischer Behandlung bei Dr. G. In den Jahren 1988, 1989 und 1992 wurde sie an den Beklagten zur Durchführung einer Röntgenrastermammografie überwiesen. Bei keiner dieser Untersuchungen wurden karzinomverdächtige Strukturen erkannt. Am 6.12.1994 stellte der Beklagte eine kinderfaustgroße Verhärtung im oberen, äußeren Quadranten der linken Brust fest. Er empfahl der Klägerin daraufhin wegen des Verdachtes eines Malignoms die operative Entfernung des Tumors. Am 9.12.1994 wurde der Klägerin die linke Brust abgenommen. Der Krebs metastasierte bereits in das Lymphsystem. In der rechten Brust fanden sich keine tumorverdächtigen Veränderungen.

Lösung

▶ Umfang der Untersuchungspflicht eines Radiologen

Das OLG Hamm hat die Berufung gegen das Klage abweisende erstinstanzliche Urteil zurückgewiesen. Der Senat hat, sachverständig beraten, ausgeführt, die erstellten Mammografien, insbesondere die letzte Mammografie vom 11.12.1992 seien von dem Beklagten regelrecht befundet worden. Die angefertigten Aufnahmen wurden vom Sachverständigen in Augenschein genommen. Dieser hat für das Gericht überzeugend erläutert, dass die letzte Aufnahme gegenüber denen aus den Vorjahren eine Aufhellung in weiten Teilen der linken Brust zeigt. Diese Aufhellungen deuteten auf eine gleichmäßige Verdichtung des Brustdrüsengewebes hin. Die gleiche Aufhellung war bei der Mammografie der rechten Brust zu erkennen.

▶ Kein Behandlungsfehler des Radiologen

Nach Ansicht des OLG Hamm bestand für den Beklagten kein Anlass, einen Tumorverdacht zu äußern. Die angefertigten Mammografien ließen keinen Hinweis auf ein Tumorgeschehen erkennen. Es sei nicht behandlungsfehlerhaft unterlassen worden, weitere gebotene Befunde zu erheben. Der vor der Mammografie durchgeführte Tastbefund habe kein auffälliges Ergebnis erbracht. So war es für den Beklagten nicht geboten, eine Biopsie oder eine Ultraschalluntersuchung durchzuführen. Eine Biopsie wäre nur bei einem Verdacht auf ein malignes Geschehen angezeigt, der jedoch nach Ansicht des sachverständig beratenen Senats nicht gegeben war.

▶ keine (hypothetische) Kausalität

Das Unterlassen der Biopsie war überdies nicht ursächlich für den eingetretenen Gesundheitsschaden. Zwar hat ein Gutachter aufgrund der Mammografieaufnahmen einen Malignomverdacht geäußert, jedoch wäre auch bei Zugrundelegung dieser Ansicht die Biopsie im Bezirk der unteren linken Brust durchgeführt worden. Dort zeigten die Mammografien vom 11.12.1994 die deutlichsten Aufhellungen. Der Senat sah es als erwiesen an, dass sich auch bei einer so durchgeführten Mammografie mit Sicherheit nicht der Verdacht auf ein Malignom bestätigt hatte. Ähnlich argumentiert der Senat im Hinblick auf eine Ultraschalluntersuchung. Auch bei Durchführung einer Sonografie bliebe das Ergebnis angesichts der geringen Auflösung der Sonografiegeräte im Jahr 1992 rein spekulativ.

III. Arbeitsteilung zwischen Ärzten unterschiedlicher Fachrichtungen ...

▶ Mitteilung an Gynäkologen ist ausreichend

Letztlich hat der Senat auch den Verantwortungsbereich des Radiologen zu dem des behandelnden Gynäkologen abgegrenzt. Die Empfehlung des Beklagten, Kontrolluntersuchungen durchführen zu lassen, genüge hier. Einer zeitlichen Eingrenzung bedürfe es nicht, weil die Empfehlung gegenüber dem überweisenden Gynäkologen im Arztbericht vom 14.12.1992 mitgeteilt wurde und es dem Gynäkologen überlassen bleiben müsse, die Frequenz weiterer radiologischer Untersuchungen zu bestimmen.

▶ Vertrauensgrundsatz

Umgekehrt darf der Gynäkologe auf die standardgerechte Befundung der Röntgenbilder durch den Radiologen vertrauen. Ebenso dürfen sich beispielsweise die Ärzte anderer Fachabteilungen eines Krankenhauses auf die Auswertung der Röntgenaufnahmen durch die Ärzte der Röntgenabteilung verlassen.[16] Der Vertrauensgrundsatz gilt aber nicht uneingeschränkt. Die Pflicht zur Überprüfung und eigenständigen Meinungsbildung ist umso wichtiger, je gravierender der Eingriff ist.[17]

▶ Weitere Beispielfälle

Die horizontale Arbeitsteilung wird in zahlreichen Konstellationen relevant, und zwar sowohl bei niedergelassenen Ärzten als auch Krankenhausärzten, was weitere Beispielfälle zeigen:

- Mit den Sorgfaltspflichten eines Augenarztes bei Überwachung eines Frühgeborenen beschäftigte sich das OLG Nürnberg in seinem Urteil vom 24.06.2005 – 5 U 1046/04[18]. Ein Augenarzt, der es übernommen habe, ein frühgeborenes Kind im Hinblick auf die Gefahr einer Frühgeborenen-Retinopathie zu überwachen, habe bei jeder Kontrolluntersuchung selbst dafür zu sorgen, dass er den Augenhintergrund immer ausreichend einsehen könne. Andernfalls müsse er zumindest für eine zeitnahe anderweitige fachärztliche Untersuchung Sorge tragen. Da die behandelnden Kinderärzte nicht wussten, dass es nicht erhobene Befunde und demzufolge unklare Untersuchungsergebnisse gab, mussten sie von sich aus nichts unternehmen. Vielmehr durften sie ohne besondere Hinweise auf die Sorgfalt des Augenarztes vertrauen.
- In seinem Urteil vom 18.01.2008 – 1 U 77/07 –[19] hat das Oberlandesgericht des Landes Sachsen-Anhalt ausführlich zum Umfang der geschuldeten ärztlichen Leistungen bei einer Überweisung eines Patienten zu einer Befunderhebung gefestigt. Das Gericht stellt klar, dass sich der Umfang allein nach dem in der Überweisung genannten Auftrag richtet. Erfolge eine Überweisung zur eigenver-

---

[16] Vgl. OLG Hamm, VersR 1983, 884.
[17] So zur besonderen Prüfungspflicht der Chirurgen: Bergmann/ Keinzle, Rn. 176.
[18] MedR 2006, 178.
[19] GesR 2008, 209; NJW-RR 2009, 28; ArztR 2009, 46.

antwortlichen Abklärung einer Verdachtsdiagnose, so entstehe mit der Übernahme eines Auftrags eine Verpflichtung zur Erhebung aller notwendigen Befunde, um den Verdacht entweder zu bestätigen oder auszuschließen. In einem solchen Fall umfasse der Überweisungsauftrag dann auch die vollständige Auswertung der erhobenen Befunde. Werde hingegen die Überweisung zur Ausführung einer konkret im Auftrag genannten Diagnosemaßnahme vorgenommen, beschränke sich die geschuldete ärztliche Leistung auf diese Maßnahme. Es bleibe dann Sache des überweisenden Arztes, die Ergebnisse der Befunderhebung zu interpretieren und hieraus therapeutische Schlussfolgerungen abzuleiten. Im konkreten Fall ordnete das Gericht den Überweisungsauftrag „CT Brustwirbelsäule/Lendenwirbelsäule – ossär metastasierende PCA-beginnende Querschnittssymptomatik" als beschränkten Auftrag ein, sodass sich auch die Leistungspflicht des Arztes auf die Anfertigung des CT beschränke.

- Das OLG Koblenz beschäftigte sich in seinem Beschluss vom 14.04.2005 – 5 U 1610/04 – [20] mit dem arbeitsteiligen Zusammenwirken zwischen Hausarzt und Krankenhausarzt sowie der ärztlichen Aufklärungspflicht bei der Krankenhauseinweisung. Dass der Hausarzt einen bestimmten Eingriff für indiziert halte und den Patienten daher in das Krankenhaus einweise, enthebe den dort weiterbehandelnden Arzt nicht von einer Pflicht zu einer umfassenden Risikoaufklärung. Der Krankenhausarzt könne sich nicht dadurch entlasten, dass er den mangels Risikoaufklärung rechtswidrigen Eingriff auf Drängen des vom Hausarzt unzureichend informierten Patienten durchgeführt habe. Da nach der Beweisaufnahme unklar blieb, welcher Arzt durch suprapubische Blasenkatheter den Darm perforiert hatte, stellte das Gericht fest, dass bei mehreren, auch zeitlich aufeinanderfolgenden ärztlichen Gefährdungshandlungen, die einen tatsächlich zusammenhängenden einheitlichen Behandlungsvorgang bilden, eine Haftung aller beteiligten Ärzte in Betracht komme, wenn jede Handlung den Schaden verursacht haben könne.
- Auch das Urteil des OLG Koblenz vom 20.07.2006 – 5 U 47/06 – [21] betrifft das arbeitsteilige Zusammenwirken zwischen Hausarzt und Krankenhausarzt. Werde dem Patienten vor einer Operation aufgegeben, ein EKG vom Hausarzt anfertigen zu lassen, müsse dieses EKG entweder von dem Anästhesisten oder von dem Operateur ausgewertet werden, sofern eine sachkundige Befundung noch nicht erfolgt sei. Keiner der beiden Ärzte könne sich damit entlasten, auf die Auswertung des EKG durch den jeweils anderen vertraut zu haben und im Übrigen zur Auswertung eines EKG auch nicht in der Lage zu sein. Wenn weder Anästhesist noch Operateur das EKG auswerten könnten, hätten sie zu einem Eingriff einen insoweit qualifizierten Arzt hinzuziehen müssen. Das Gericht sah jedoch ein hälftiges Mitverschulden des Patienten als gegeben an, weil der Patient vor der Operation eine gravierende Vorerkrankung verschwiegen hatte.
- Mit Fragen der Arbeitsteilung bei Implantation einer Schmerzpumpe hat sich das OLG Düsseldorf zu beschäftigen gehabt und festgestellt, dass bei zweifelhafter Indikation dieser nur als Ultima Ratio einzusetzenden Maßnahme eine

---

[20] MedR 2006, 61; GesR 2006, 178.
[21] MedR 2007, 363; GesR 2006, 519.

Haftung des den Periduralkatheter anlegenden Schmerztherapeuten nicht in Betracht kommt, wenn er auf die Indikationsstellung des überweisenden Facharztes derselben Fachrichtung vertrauen durfte. Zwar beschränkt sich die Pflicht des implantierenden Arztes nicht nur auf die rein technische Ausführung des Überweisungsauftrags, sondern verlangt die Prüfung, ob die erbetene Leistung den Regeln der ärztlichen Kunst entspricht und nicht kontraindiziert ist. Im entschiedenen Fall ergab sich jedoch kein Anhaltspunkt, an der Richtigkeit der Diagnose bzw. der Indikation des überweisenden Arztes zu zweifeln.[22]

Merksätze
Verantwortung bei horizontaler Arbeitsteilung:
1. Jeder Arzt hat denjenigen Gefahren zu begegnen, die in seinem Aufgabengebiet entstehen.
2. Solange keine offensichtlichen Qualifikationsmängel oder Fehlleistungen erkennbar werden, darf er sich darauf verlassen, dass der Kollege des anderen Fachgebietes oder der vorbehandelnde Arzt seine Aufgaben mit der gebotenen Sorgfalt erfüllt.
3. Im Rahmen der horizontalen Arbeitsteilung besteht grundsätzlich nicht die Pflicht, sich gegenseitig zu überwachen.

---

[22] OLG Düsseldorf, Urt. v. 29.12.2011 – I 8 U 24/11.

4 Selbstbestimmungsaufklärung und Patienteneinwilligung

Schwerpunkt: Chirurgie/Orthopädie

I. Grundlagen der Aufklärung

▶ Umfang und Grenzen der Aufklärung

Zu den Grundvoraussetzungen ärztlichen Handelns gehört neben der Indiziertheit des Eingriffs und der Heilbehandlung lege artis die Einwilligung des Patienten nach ordnungsgemäßer ärztlicher Aufklärung, § 630d BGB.[1] Umfang und Grenzen der ärztlichen Aufklärungspflicht sind wiederum bereits vor der Kodifikation des Behandlungsvertrags von der Rechtsprechung entwickelt worden.[2] Nach der höchstrichterlichen Rechtsprechung ist jeder medizinische Eingriff eine tatbestandliche Körperverletzung iSd §§ 823 BGB, §§ 223 ff. StGB. Er bedarf zu seiner Rechtfertigung einer Einwilligung des Patienten, die nur wirksam ist, wenn eine ausreichende Aufklärung vorangegangen ist. Die Voraussetzung einer solchen ärztlichen Aufklärung ist heute auch in § 630e BGB festgeschrieben. Das Fehlen einer Einwilligung des Patienten bzw. deren Unwirksamkeit aufgrund eines Aufklärungsfehlers stellt daher eine Verletzung des Behandlungsvertrages dar und begründet eine Haftung des Arztes sowohl aus §§ 630d, 280 Abs. 1 als auch aus § 823 BGB.[3] Die Patientenaufklärung ist das Gegengewicht zur medizinischen Autorität; medizinische Indikation und Patienteneinwilligung bilden ein Junktim der ärztlichen Behandlung. Die medizinische Entscheidung hat den Entschluss des Patienten als personalen Faktor einzubeziehen[4]. Nach der Grundregel des „informed consent" hat der Arzt den Patienten persönlich im Gespräch im Großen und Ganzen und in groben Zügen darüber aufzuklären, wie die vorgesehene Behandlung oder der Eingriff zu erfolgen

---

[1] Vgl. zur rechtsdogmatischen Einordnung der ärztlichen Aufklärungspflicht: Katzenmeier, Arzthaftung, S. 322 ff.

[2] Vgl. die Zusammenstellung mit zahlreichen Fallbeispielen in: Martis/Winkhart, S. 99 ff; Steffen/Pauge, Rn. 366 ff; Geiß/Greiner, S. 219 ff.

[3] BGH, NJW 1980, 1905; Steffen/Pauge Rn. 366.

[4] BGH, NJW 1980, 1333.

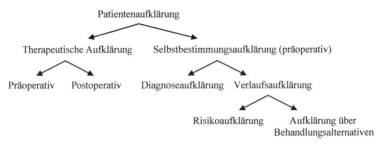

Abb. 4.1 Formen der Aufklärung

hat, damit der Patient in Kenntnis der Risiken frei abwägen kann, ob er sich dieser ärztlichen Behandlung unterzieht[5] (s. Abb. 4.1).

▶ Formen der Aufklärung

Von der Aufklärung des Patienten gemäß § 630e BGB über Diagnose, Verlauf und Risiko der ärztlichen Behandlung, auch Selbstbestimmungsaufklärung genannt, weil sie den aufgeklärten Patienten in den Stand versetzt, selbst über die Durchführung der ärztlichen Behandlung zu entscheiden, sind die Informationspflichten des Arztes aus dem Behandlungsvertrag zu trennen. Vor Einführung des Patientenrechtegesetzes auch therapeutische Aufklärung oder Sicherungsaufklärung genannt, soll die Information über die wesentlichen Umstände der Therapie dem Patienten Verhaltensmaßregeln im Rahmen der Behandlung an die Hand geben. Der Arzt muss den Patienten beispielsweise über die Beeinträchtigung der Fahrtüchtigkeit bei der Medikation aufklären und ihn über das therapeutisch richtige Verhalten in der postoperativen Phase informieren, so zum Beispiel über die Bedeutung der Nahrungs- und Flüssigkeitskarenz, die Möglichkeit postoperativer Komplikationen und der richtigen Reaktion bei deren Eintritt.[6] So soll das Ziel der Zusammenwirkung von Arzt und Patient im Rahmen der Behandlung erreicht werden. Abbildung 4.2 führt die Aufklärungs- und Informationspflichten des Arztes tabellarisch auf.

▶ Beweislast bei der Aufklärung

Die Unterscheidung zwischen Selbstbestimmungsaufklärung und therapeutischer Information ist im Streitfall und im gerichtlichen Verfahren von erheblicher Bedeutung. Da die therapeutische Information Teil der richtigen ärztlichen Behandlung ist, der Patient aber Fehler bei der Behandlung zu beweisen hat, liegt die Beweislast für eine falsche therapeutische Information bei dem Patienten. Demgegenüber hat der Arzt die wirksame Einwilligung des Patienten und damit auch die ordnungsgemäße Selbstbestimmungsaufklärung zu beweisen.

---

[5] Bergmann/Kienzle, Rn. 396.
[6] Eingehend Steffen/Pauge Rn. 370 ff mit vielen Beispielen.

Abb. 4.2 Anforderungen an das Aufklärungsgespräch

Form:	Inhalt:	Zweck:
Eingriffsaufklärung	Vor- und Nachteile des Eingriffs	„informed consent", Voraussetzung für Wirksame Einwilligung
Diagnoseaufklärung	Medizinischer Befund	s.o.
Verlaufsaufklärung	Art, Umfang, Erfolgschancen und Folgen der Therapie	s.o.
Risikoaufklärung	Alle typischen Risiken, die Lebensführung beeinflussen können	s.o.; Patient muss wissen, was ihn schlimmstenfalls erwartet
Aufklärung über Alternativen	Echte Behandlungsalternativen mit gleichwertigen Chancen	s.o.; Wahrung der Wahlfreiheit des Patienten
Therapeutische Information	Gebotene Verhaltensweisen, z.B. regelmäßige Kontrollen, Diät, Medikamentendosierung	Herstellung der Patienten- Compliance und Sicherung des Behandlungserfolges

Die Patientenaufklärung ist durch eine Fülle von Rechtsfragen geprägt. Schlagwortartig sind sechs dieser Fragen in erster Linie zu prüfen:

> **Checkliste**
> **Die sechs großen W der Aufklärung**
> 1. Wer muss aufklären? ✓
> 2. Wen muss der Arzt aufklären? ✓
> 3. Wann ist aufzuklären? ✓
> 4. Wie ist aufzuklären? ✓
> 5. Worüber ist aufzuklären? ✓
> 6. Wieweit ist aufzuklären? ✓

II. Wer muss aufklären?

▶ Delegation der Aufklärung möglich

Aufklären muss grundsätzlich der Arzt, der die Behandlungsaufgabe durchführt. Jedoch ist die Übertragung der Aufklärung auf einen anderen kompetenten Arzt möglich. Eine Delegation der Aufklärung auf nichtärztliches Personal oder einen Arzt in der Ausbildung, der noch nicht in der Lage ist, die Erkrankung und Behandlung zu beurteilen, ist wegen der Bedeutung des Rechtsgutes der Willensfreiheit unzulässig.[7] Die Befähigung zur Aufklärung hängt von der Sachkunde des Arztes für den konkreten Einzelfall ab. Wird die Aufklärung delegiert, trifft den übernehmenden Arzt in erster Linie die Haftung für Aufklärungsversäumnisse[8]. Beim delegierenden Arzt kann eine Haftung wegen Organisationsverschuldens verbleiben.

In seinem Urteil vom 07.11.2006 (VI ZR 206/05)[9] hat der BGH ausdrücklich eine Darlegungslast des Chefarztes bei einer Übertragung der Risikoaufklärung auf einen nachgeordneten Arzt postuliert: Der Chefarzt dürfe sich auf die ordnungsgemäße Durchführung und insbesondere die Vollständigkeit der Aufklärung durch den nachgeordneten Arzt nur dann verlassen, wenn er hierfür ausreichende Anweisungen erteilt habe, die er gegebenenfalls im Arzthaftungsprozess darlegen müsse. Zu dieser Darlegungslast gehöre zum einen die Angabe, welche organisatorischen Maßnahmen er getroffen habe, um eine ordnungsgemäße Aufklärung durch den nicht operierenden Arzt sicherzustellen, und zum anderen die Darlegung, ob und gegebenenfalls welche Maßnahmen er ergriffen hat, um die ordnungsgemäße Umsetzung der von ihm erteilten Aufklärungsanweisungen zu überwachen.

Der neue § 630e Abs. 2 S. 1 Nr. 1 BGB fordert, dass der Aufklärende „über die notwendige Ausbildung" für die vorzunehmende Maßnahme am Patienten verfügen muss. Damit ist zwar kein klarer Arztvorbehalt im Rahmen der Selbstbestimmungsaufklärung eingefügt worden. In den meisten vorstellbaren Fällen wird dieses Erfordernis jedoch wohl weiterhin bewirken, dass nur ein im Rahmen der fraglichen Maßnahmen vorgebildeter Arzt die Aufklärung vornehmen kann, da nur er die Anforderungen an die „Ausbildung" erfüllt. Das bedeutet, dass der behandelnde Facharzt für Chirurgie zwar nach wie vor die Aufklärung delegieren kann, jedoch lediglich an einen anderen chirurgisch ausgebildeten Arzt. Insoweit weicht die endgültige Gesetzesformulierung von der im Entwurf geforderten „notwendige[n] Befähigung"[10] des Aufklärenden zugunsten der Sicherheit des Patienten ab und spiegelt auch an dieser Stelle die Anforderungen der über die Jahre hinweg entwickelten Rechtsprechung wider. Der Gesetzeswortlaut lässt aber durchaus daran denken, dass – in Ausnahmefällen – auch eine Aufklärung durch nichtärztliches Personal möglich ist, was beispielsweise für die jetzt angedachten Modellvorhaben (§ 63 Abs. 3c Satz 3 SGB V) Bedeutung erlangen kann, wenn entsprechend qualifizierte Berufsangehörige der Kranken- und Altenpflegeberufe ärztliche Tätigkeiten durchführen.

---

[7] OLG Dresden, Urteil vom 11.7.2002 – 4 U 574/02 – GesR 2003, 157, 159.
[8] Bergmann/Pauge/Steinmeyer-Wever, 3, § 823, Rn. 47 ff; Steffen/Pauge, Rn. 504 f.
[9] VersR 2007, 209; BGH Report 2007, 207; GesR 2007, 108.
[10] Vgl. BT-Drs. 17/10488, Entwurf eines Gesetzes zur Verbesserung der Rechte von Patientinnen und Patienten.

III. Wen muss der Arzt aufklären?

▶ Patient als Adressat der Aufklärung

Aufklärungsadressat ist grundsätzlich der Patient, § 630e Abs. 1 BGB. Dieser muss nach der Aufklärung durch die Einwilligung von seinem Selbstbestimmungsrecht Gebrauch machen (können).

Anders verhält es sich bei minderjährigen Patienten. Hier müssen grundsätzlich beide Elternteile aufgeklärt werden und einwilligen (§ 630e Abs. 4 BGB). Bei kleineren Routineeingriffen genügt die Aufklärung eines Elternteils, da der Arzt davon ausgehen kann, dass dieser durch den anderen Elternteil zur Einwilligung ermächtigt wurde. Bei geschiedenen Eltern richtet sich die Person des Aufklärungsadressaten nach dem Sorgerecht. Bei schwerwiegenden und komplikationsträchtigen Eingriffen empfiehlt es sich, die Einwilligung beider Elternteile einzuholen oder die Person des Aufklärungsadressaten zunächst sicher zu bestimmen.

▶ Kein Schmerzensgeld bei durch Minderjährigen veranlasstem Eingriff

Hinsichtlich der Folgen einer unterbliebenen oder nicht wirksam erteilten Einwilligung ist bei Eingriffen an Minderjährigen zwischen vertraglichen und deliktischen Ansprüchen zu differenzieren. Interessant ist in diesem Zusammenhang eine Entscheidung des OLG Hamm[11]: Die 17½-jährige Klägerin hatte durch den Beklagten unter Vorlage einer gefälschten Einverständniserklärung ohne Einwilligung ihrer Eltern eine kosmetische Nasenkorrektur vornehmen lassen. Nach erfolgter, unstreitig fehlerfreier Operation begehrte sie die Rückzahlung der Operationskosten und Schmerzensgeld. Sie ist der Ansicht, die Operation sei mangels wirksamer Einwilligung rechtswidrig. Das OLG hat der Berufung der Klägerin teilweise stattgegeben. Es bestehe ein Anspruch der Klägerin auf Rückzahlung der Behandlungskosten, da der Behandlungsvertrag ohne die gem. §§ 107, 1629 Abs. 1 S. 2 1. Alt. BGB erforderliche Einwilligung der Eltern zustande gekommen und damit unwirksam war. Ein Schmerzensgeld stehe der Klägerin jedoch nicht zu. Der Eingriff sei von der Klägerin zumindest veranlasst worden. Sie sei mit nahezu 18 Jahren in der Lage, wirksam in den körperlichen Eingriff einzuwilligen.

▶ Willensunfähige Patienten

Bei willensunfähigen Patienten ist maßgeblich, ob eine Patientenverfügung vorliegt, die sich auf die konkret infrage stehende Behandlungsmaßnahme besteht. Ansonsten ist der Bevollmächtigte bzw. der Betreuer aufzuklären. Das Patientenrechtegesetz hat wiederum die geltende Rechtsprechung zur Patienteneinwilligung und -aufklärung in das Gesetz übertragen. Wie auch die bisherige Rechtsprechung legt das Gesetz fest, dass der Patient persönlich aufzuklären ist und nur in Ausnahme-

---

[11] OLG Hamm, Urteil vom 13.03.2002, 3 U 148/01 – nicht veröffentlicht –; zur Aufklärung Minderjähriger instruktiv: Nebendahl, MedR 2009, 197.

fällen bei „Unaufschiebbarkeit" eine Behandlung ohne Einwilligung durchgeführt werden kann, Letzteres auch nur, soweit sie dem mutmaßlichen Willen des Patienten entspricht. Das Gesetz stellt eine Verknüpfung zur in § 1901 BGB geregelten Patientenverfügung her und stärkt auch hier die Bedeutung der in einer Patientenverfügung schriftlich festgelegten Willenserklärung. Ein „Berechtigter" im Sinne eines gerichtlich bestellten Betreuers oder Vorsorgebevollmächtigten ist nur dann zu beteiligen, soweit nicht die Patientenverfügung die Maßnahme bereits gestattet oder untersagt.

▶ Fremdsprachige Patienten

Bei fremdsprachigen Patienten hat der Arzt sich sorgfältig zu vergewissern, ob der Patient die Aufklärung versteht. Da der Arzt im Streitfall hierfür den Beweis zu führen hat, empfiehlt sich die Hinzuziehung eines Dolmetschers.[12] Auch anderes Personal des Arztes/Krankenhauses kann die Dolmetscherfunktion übernehmen.[13] In seinem Urteil vom 8.5.2008 – 20 U 202/06[14] – betont das KG Berlin unter Aufgabe seiner bisherigen Rechtsprechung[15], dass der aufklärungspflichtige Arzt – notfalls durch Beiziehung eines Sprachmittlers – sicherzustellen habe, dass der ausländische Patient der Aufklärung sprachlich folgen kann. Nicht nur im Rahmen der Aufklärungspflichten, sondern auch im Rahmen der Behandlungspflichten müsse sich der Arzt versichern, dass der Patient in der Lage ist, die für die Behandlung erforderlichen Angaben zu machen, andernfalls die Behandlung ablehnen oder für eine Sprachmittlung sorgen.

In diesem Zusammenhang hat das Patientenrechtegesetz weiterhin die Rechte Einwilligungsunfähiger auf eine an ihren geistigen Entwicklungsstand angepasste Aufklärung gestärkt. Bereits die Rechtsprechung vor 2013 hat dazu aufgefordert, dem Willen des –auch einwilligungsunfähigen- Patienten durch entsprechende Information und Einbeziehung Rechnung zu tragen[16].

Fall 10: Der unaufgeklärte Vater

BGH, Urteil vom 20.06.1988 – VI ZR 288/87 – NJW 1988, 2946

Sachverhalt

Der minderjährige Kläger litt an einem Down-Syndrom und einem angeborenen Herzfehler. Zur Diagnostik dieses Fehlers hielt er sich im Jahre 1984 in einer Universitätskinderklinik auf, wo er von dem Beklagten behandelt wurde. Der Beklagte hielt eine Korrekturoperation „totaler AV-Kanal" medizinisch für angebracht und

---

[12] Bergmann/Pauge/Steinmeyer-Wever, 3, § 823, Rn. 57 ff; Bergmann/Kienzle, Rn. 440.
[13] OLG München, VersR 1993, 1488.
[14] KG Berlin, MedR 2009, 47.
[15] KG Berlin, MedR 1999, 226.
[16] BVerfG, Beschl. v. 12. 10. 2011 – 2 BvR 633/11, NJW 2011, 3571.

III. Wen muss der Arzt aufklären?

bestellte den Kläger mit Schreiben vom 03.05.1984 in die Klinik ein. Am 05.06.1984 besprach der Beklagte mit der Mutter des Klägers die auf den 08.06.1984 angesetzte Operation. Im Rahmen dieses Gespräches, bei dem der Vater des Klägers nicht anwesend war, unterzeichnete die Mutter eine Einwilligungserklärung.

Die dann vorgenommene Operation am Herzen des Klägers verlief erfolgreich und hatte keine unmittelbar nachteiligen Folgen für den Kläger. Dennoch erhob er Klage, begehrte Zahlung eines Schmerzensgeldes sowie die Feststellung der Ersatzpflicht des Beklagten für etwaige Zukunftsschäden. Er begründete seinen Anspruch unter anderem damit, die fehlende Einwilligung seines Vaters mache die Einwilligung in die Operation insgesamt unwirksam.

Lösung

▶ Grundsatz der gemeinsamen elterlichen Personensorge

Der BGH kam zu dem Ergebnis, dass die Einwilligung der Mutter in diesem Fall nicht ausreichend war, sondern die Einwilligung des Vaters auch hätte eingeholt werden müssen. Nach den Vorschriften des Bürgerlichen Gesetzbuches steht die elterliche Sorge beiden Elternteilen gemeinsam zu. Die Personensorge, wozu auch die Einwilligung in einen ärztlichen Heileingriff gehört, kann daher wirksam nur im Einvernehmen beider Eltern ausgeübt werden. In bestimmten Ausnahmefällen kann jedoch ein Elternteil allein die Personensorge wahrnehmen. Dies gilt insbesondere für Eil- und Notmaßnahmen, ferner für Geschäfte des Alltags und Besorgungen minderer Bedeutung aufgrund einer entsprechenden elterlichen Aufgabenverteilung. Im Streitfall war jedoch keine Eile geboten gewesen, vielmehr war Zeit genug, auch die Einwilligung des Vaters einzuholen. Ebenso wenig ging es um eine alltägliche Entscheidung im Rahmen der elterlichen Personensorge. Es handelte sich vielmehr um eine weitreichende und wichtige Entscheidung für das Wohl des Kindes, nämlich um eine risikoreiche, lebensgefährliche Operation. Zwar kann jeder Elternteil den anderen ermächtigen, im Einzelfall oder in bestimmten abgegrenzten Bereichen für ihn mitzuhandeln. Das Gericht führt aus, dass in der juristischen Literatur verschiedentlich angenommen werde, der Arzt dürfe grundsätzlich auf die Ermächtigung eines Elternteils, für den anderen mit zu handeln, vertrauen. Sodann stellt der BGH allgemeine Grundsätze zur Orientierung auf.

> Wenn es um die ärztliche Behandlung eines minderjährigen Kindes geht, wird typischerweise davon ausgegangen werden können, dass der mit dem Kind beim Arzt oder im Krankenhaus vorsprechende Elternteil aufgrund einer allgemeinen Funktionsaufteilung zwischen den Eltern auf diesem Teilgebiet der Personensorge oder einer konkreten Absprache ermächtigt ist, für den Abwesenden die erforderliche Einwilligung in ärztliche Heileingriffe nach Beratung durch den Arzt mitzuteilen. Der Arzt wird in Grenzen auf eine solche Ermächtigung vertrauen dürfen, solange ihm keine entgegenstehenden Umstände bekannt sind. Sicherlich widerspräche es dem besonderen Vertrauensverhältnis zwischen dem Arzt und den Sorgeberechtigten eines behandlungsbedürftigen Kindes, stets den Nachweis einer irgendwie gearteten Ermächtigung oder Einverständniserklärung des nicht anwesenden Elternteils zu verlangen. Eine derartige bürokratische Handhabung wäre nicht nur ganz unpraktikabel, sondern würde in der Regel auch nicht der Interessenlage der Eltern gerecht.

Dementsprechend wird in Routinefällen, wenn es etwa um die Behandlung leichter Erkrankungen oder Verletzungen geht, der Arzt sich im Allgemeinen ungefragt auf die Ermächtigung des erschienenen Elternteils zum Handeln für den anderen verlassen dürfen. In anderen Fällen, in denen es um ärztliche Eingriffe schwerer Art mit nicht unbedeutenden Risiken geht, wird sich der Arzt nach Ansicht des Senats darüber hinaus vergewissern müssen, ob der erschienene Elternteil die beschriebene Ermächtigung des anderen hat oder wie weit diese reicht; er wird aber, solange dem nichts entgegensteht, auf eine wahrheitsgemäße Auskunft des erschienenen Elternteils vertrauen dürfen.

Geht es allerdings wie im Streitfall um schwierige und weitreichende Entscheidungen über die Behandlung des Kindes, die mit erheblichen Risiken für das Kind verbunden sind, liegt eine Ermächtigung des einen Elternteils zur Einwilligung in ärztliche Eingriffe bei dem Kind durch den anderen nicht von vornherein nahe. Sie folgt weder aus einer üblichen Funktionsteilung zwischen den Eltern bei der Wahrnehmung der Personensorge, noch kann sich der Arzt, auch wenn er keinen Anhalt für Differenzen zwischen den Eltern des Kindes über die anzustrebende Behandlung hat, darauf verlassen, der ihm gegenüber auftretende Elternteil habe freie Hand, solche schwierigen Entscheidungen alleine zu treffen. (...) Deshalb muss sich der Arzt in einem solchen Fall die Gewissheit verschaffen, dass der nicht erschienene Elternteil mit der vorgesehenen Behandlung des Kindes einverstanden ist.[17]

▶ Schema für Fallprüfung

Man wird also bei der Fallprüfung nach folgendem Schema vorgehen müssen:

STUFE 1:
Routinefälle: leichte Erkrankungen oder Verletzungen → Arzt darf auf Ermächtigung des erschienenen Elternteils vertrauen

STUFE 2:
Eingriffe schwerer Art mit nicht unbedeutenden Risiken → Arzt muss sich wegen der Ermächtigung vergewissern, darf aber auf wahrheitsgemäße Auskunft des erschienenen Elternteils vertrauen

STUFE 3:
schwierige und weitreichende Eingriffe mit erheblichen Risiken → Arzt muss sich Gewissheit über die Zustimmung des anderen Elternteils verschaffen

IV. Wann ist aufzuklären?

▶ Aufklärungszeitpunkt

Die Aufklärung muss so rechtzeitig erfolgen, dass der Patient in Ruhe das Für und Wider einer Behandlungsmaßnahme abwägen und sich innerlich frei entscheiden kann.[18] Abzustellen ist auf den Einzelfall, auf Schwere und Komplikationsträchtigkeit eines Eingriffs, besondere subjektive Ängste des Patienten etc. Die vielfach genannte 24-Stunden-Regel ist deshalb zu starr, sie kann nur ein Anhalt sein. Eine

---

[17] BGH, NJW 1988, 2947; Bergmann/Pauge/Steinmeyer-Wever, 3, § 823, Rn. 54.
[18] BGH, Urteil vom 25.3.2003 – VI ZR 131/02 – MedR 2003, 576; Jetzt auch in § 630e Abs. 2 S. 1 Nr. 2 BGB normiert.

IV. Wann ist aufzuklären?

„Aufklärung auf dem OP-Tisch" ist jedenfalls zu spät, die Operationsvorbereitung darf noch nicht begonnen haben. Der Patient darf nicht den Eindruck haben, der Behandlungsprozess sei nicht mehr aufzuhalten. Auch eine evtl. notwendige Nachbehandlung sollte schon vor dem ersten operativen Behandlungsschritt Erwähnung finden. Besonders augenfällig werden die Probleme der rechtzeitigen Aufklärung bei ambulanten Operationen[19]:

Fall 11: Die verspätete Aufklärung

BGH, Urteil vom 07.04.1992 – VI ZR 192/19 – NJW 1992, 2351

Sachverhalt

Der Patientin sollten zwei kalte Knoten, die sich 19 Jahre nach beidseitiger Strumaresektion gebildet hatten, entfernt werden. Bei einer ambulanten Vorstellung wurde zur neuerlichen Schilddrüsenoperation geraten und ein fester Termin zur stationären Aufnahme vereinbart. Bei der Aufnahme wurde ein Merkblatt ausgehändigt. Die Patientin wurde am Vortag der Operation von dem Operateur auf die gesundheitlichen Risiken des Eingriffs aufmerksam gemacht. Der Arzt hatte auf das Risiko einer bleibenden Heiserkeit durch Schädigung des Nervus recurrens hingewiesen und bei Entgegennahme des Merkblatts nochmals die Behandlungsrisiken angesprochen. Bei der Operation wurde der linke Stimmbandnerv verletzt. Die Klägerin begehrt Schmerzensgeld.

Lösung

▶ Aufklärung bereits bei ambulanter Vorstellung

Der Bundesgerichtsgerichtshof hat die Aufklärung über die Nervschädigung, die nicht bei der ambulanten Vorstellung, sondern am Vortage der Operation erfolgte, als verspätet angesehen. Als Grundsatz muss gelten, dass die Aufklärung unter Berücksichtigung aller Umstände so frühzeitig wie nötig zu erfolgen hat, um den hier erforderlichen Rechtsgüterschutz zu erreichen. Nach Auffassung des Bundesgerichtshofs hätte die Patientin bereits bei der ambulanten Vorstellung aufgeklärt werden müssen. Ob das am Vortag geführte Gespräch verspätet war, bedurfte weiterer Feststellungen. Wörtlich heißt es in dem Urteil des BGH weiter:

> Soll ein Patient einem Arzt gegenüber definitiv seine Bereitschaft erklären, sich bei ihm zu einem genau festgelegten und in absehbarer Zeit liegenden Termin einem bestimmten operativen Eingriff zu unterziehen, ohne dass dies noch von dem Vorliegen wichtiger Untersuchungsbefunde abhängig gemacht wird, hat das auch Einfluss auf die Verpflichtung des Arztes zur Wahrung des Selbstbestimmungsrechts dieses Patienten durch Aufklärung. Manche Patienten bauen dadurch schon psychische Barrieren auf, die es ihnen schwer machen, später, etwa nach einer erst am Tag vor der Operation erfolgenden Risikoaufklärung, die Operationseinwilligung zu widerrufen.

---

[19] Hoppe, NJW 1998, 783; Rohde, VersR 1995, 391; Eine Übersicht bei Bergmann/Pauge/Steinmeyer-Wever, 3, § 823, Rn. 62 ff.

Zum Schutz des Selbstbestimmungsrechts des Patienten ist es deshalb erforderlich, dass ein Arzt, der einem Patienten eine Entscheidung über die Duldung eines Eingriffs abverlangt und für diesen Eingriff bereits einen Termin bestimmt, diesen dabei nicht nur umfassend über die Vorteile der Operation gegenüber einer Nichtbehandlung oder einer konservativen Behandlungsmethode informiert, sondern ihm auch die Risiken aufzeigt, die mit diesem Eingriff verbunden sind. Es sind keine medizinischen Interessen erkennbar, die es generell geboten erscheinen lassen, mit der Risikoaufklärung zu warten, etwa bis zur Aufnahme des Patienten im Krankenhaus zu dem vorbestimmten Termin.[20]

▶ Eingriffsaufklärung bei Vereinbarung des OP-Termins

Wird also vom Patienten eine Entscheidung über einen effektiven operativen Eingriff abverlangt und für diesen Eingriff bereits ein Termin bestimmt, dann ist zu diesem Zeitpunkt grundsätzlich auch die erforderliche Eingriffsaufklärung durchzuführen. Aus dieser generellen Verpflichtung zur Eingriffsaufklärung bereits bei der Vereinbarung eines Operationstermines folgt aber nicht, dass eine spätere Aufklärung grundsätzlich unwirksam wäre. Die Wirksamkeit der Aufklärung hängt davon ab, ob der Patient noch die Möglichkeit hatte, sich innerlich frei zu entscheiden. Dies zeigt auch der folgende Fall:

Fall 12: Aufklärung vor der Tür des Operationssaals

BGH, Urteil vom 14.06.1994 – VI ZR 179/93 – MedR 1995, 20

Sachverhalt

Die Klägerin wurde im Sommer 1989 von ihrem Hausarzt wegen eines Karpaltunnel-Syndroms in der rechten Hand in das Krankenhaus eingewiesen und dort am 25.07.1989 vom Beklagten ambulant unter lokaler Betäubung operiert. Die Aufklärung war inhaltlich ausreichend vor der Tür des Operationssaales erfolgt. Als nach kurzzeitiger Besserung erneut starke Schmerzen mit Ausstrahlung in die Finger auftraten, wurde am 08.08.1989 durch den Beklagten ebenfalls unter lokaler Betäubung eine Revisionsoperation durchgeführt. Danach kam es bei der Klägerin zu einer lokalen hypertrophen Narbenbildung mit Schmerzempfindung im Narbenbereich und in allen Fingern sowie zu anderen Störungen an der betroffenen Hand. Die Klägerin verlangte nun Schadensersatz und Schmerzensgeld mit der Behauptung, sie sei nicht ordnungsgemäß aufgeklärt worden.

Lösung

▶ Aufklärung bei ambulanten Eingriffen

Der BGH stellte zunächst fest, dass die Aufklärung inhaltlich ausreichend war. Er kam jedoch zu dem Ergebnis, dass die Aufklärung zu spät erfolgte. Der Patient müsse so rechtzeitig über die Erfolgsaussichten und Risiken des beabsichtigten Eingriffs

---

[20] BGH, NJW 1992, 2352.

IV. Wann ist aufzuklären?

aufgeklärt werden, dass er durch hinreichende Abwägung der für und gegen den Eingriff sprechenden Gründe seine Entscheidungsfreiheit und damit sein Selbstbestimmungsrecht in angemessener Weise wahren könne. Daher sei die Aufklärung grundsätzlich schon dann vorzunehmen, wenn der Arzt zum operativen Eingriff rate und zugleich einen festen Operationstermin vereinbare. Auch bei ambulanten Eingriffen müsse die Aufklärung rechtzeitig erfolgen, um das Selbstbestimmungsrecht des Patienten zu wahren. Da die Fortschritte der Operationstechnik in zunehmendem Maße ambulante Eingriffe ermöglichten, sei auch nicht generell davon auszugehen, dass solche Eingriffe stets einfach und nur mit geringeren Risiken behaftet seien. Vielmehr sei regelmäßig auch bei größeren ambulanten Operationen mit beträchtlichen Risiken eine Aufklärung erst am Tag des Eingriffs nicht mehr rechtzeitig, zumal solchen Operationen gewöhnlich Untersuchungen vorangingen, in deren Rahmen die erforderliche Aufklärung bereits erfolgen könne.

▶ Aufklärung deutlich abgesetzt von der Operation

Es ist zu empfehlen, die Aufklärung deutlich abgesetzt von der Operation durchzuführen. Eine Aufklärung auf dem Operationstisch, bei der medikamentösen Vorbereitung auf die Operation oder auch erst vor der Tür zum Operationssaal ist verspätet. Empfehlenswert ist es, die Aufklärung bereits nach Abschluss der Diagnostik oder bei der Vereinbarung eines Operationstermins vorzunehmen, um die Frage offenlassen zu können, ob es sich bei dem ambulanten Eingriff um einen solchen mit geringen oder weniger einschneidenden Risiken handelt.

▶ Ambulante diagnostische Maßnahmen

Auch ambulante diagnostische Maßnahmen wie z. B. die Gastroskopie beinhalten Risiken wie die Gefahr schwerster Kreislaufprobleme bis hin zum Kreislaufstillstand. Es handelt sich hierbei um eingriffstypische, aber sehr seltene Risiken, die deshalb für den Patienten überraschend sind. In der Praxis begegnet der Patient häufig erstmalig am Untersuchungstag dem Spezialisten, der den Eingriff vornimmt. Für kleinere ambulante Operationen und diagnostische Eingriffe hat die Rechtsprechung den Grundsatz erarbeitet, dass eine Aufklärung grundsätzlich auch erst am Tag vor der Operation oder – abgesetzt vom Eingriff – am Tage der Operation rechtzeitig sei. Der Patient muss aber in jedem Fall so über die Art des Eingriffs und seine Risiken informiert werden, dass ihm eine eigenständige Entscheidung darüber verbleibt, ob er den Eingriff durchführen lassen will. Daran fehlt es, wenn der Patient unter dem Eindruck steht, sich nicht mehr aus einem bereits in Gang gesetzten Geschehensablauf lösen zu können[21].

---

[21] BGH, NJW 1996, 779 (Myelografie II); NJW 1995, 2410 (Myelografie I); McdR 1995, 20 (Karpaltunnelsyndrom); NJW 1992, 2351 (Strumektomie).

▶ Vorkenntnisse des Patienten

Vorkenntnisse des Patienten sind bei dem Aufklärungszeitpunkt zu berücksichtigen. So hält das OLG Koblenz in seinem Beschluss vom 30.01.2008 – 5 U 1298/07[22] fest, dass je nach den Vorkenntnissen des Patienten von dem bevorstehenden Eingriff bei einer ambulanten Behandlung eine Aufklärung kurze Zeit vor der Operation genügen kann, wenn die Aufklärung dem Patienten hinreichend Zeit lässt, sein Selbstbestimmungsrecht zu wahren und das Für und Wider der Behandlung eigenverantwortlich zu erwägen.

▶ Beweislast des behandelnden Arztes

Die Aufklärungspflicht für den behandelnden Arzt entfällt, wenn der Patient von dritter Seite, etwa dem einweisenden Hausarzt oder dem vorbehandelnden Krankenhausarzt, hinreichend aufgeklärt war. Mangels eigener fachspezifischer Erfahrung ist der einweisende Arzt aber häufig gar nicht in der Lage, eine umfassende Aufklärung vorzunehmen. Aufklärungspflichtig ist im Zweifel der Arzt für die Behandlungsaufgabe, die er selbst durchführt. Nach ständiger Rechtsprechung des BGH ist der aufklärungspflichtige Arzt verpflichtet, nachzuweisen, dass er die von ihm geschuldete Aufklärung erbracht hat. Bei dieser Beweislast bleibt es, wenn sich der aufklärungspflichtige Arzt darauf beruft, einer Aufklärung durch ihn habe es nicht bedurft, weil der Patient von anderer Seite – z. B. dem überweisenden Arzt – bereits hinreichend aufgeklärt worden sei[23].

▶ Aufklärung unter Wehen

Bei Komplikationen während der Geburt ist häufig eine Ausweitung der ärztlichen Maßnahmen, z. B. zum Übergang von der vaginalen Entbindung zur Schnittentbindung, geboten. Nach den obengenannten allgemeinen Kriterien ist eine Aufklärung der Patientin im Kreißsaal eigentlich verspätet. Die Patientin ist in der Regel infolge psychischer und physischer Belastungen durch die Geburt, starke Schmerzen und die Gabe von Schmerzmitteln nicht mehr in der Lage, eine eigenverantwortliche Entscheidung zu treffen. Ebenso wenig kann der Arzt den Entbindungsvorgang abbrechen und nach Einholung einer Einwilligungserklärung später fortsetzen. Die Frage nach dem richtigen Aufklärungszeitpunkt und damit der Rechtfertigung des Arztes ist bei Geburten aber differenziert zu beantworten:

▶ Frühzeitige Aufklärung bei Risikoanzeichen

In allen Fällen, in denen die ernsthafte Möglichkeit besteht, dass während des Geburtsvorganges eine Situation eintritt, in der das weitere rechtmäßige Vorgehen von einer besonderen Einwilligung der Patientin abhängig ist, muss der Arzt rechtzeitig

---

[22] OLG Koblenz, MDR 2008, 507; MedR 2008, 508; OLGR Koblenz 2008, 383.
[23] Steffen/Pauge, Rn. 510.

vor der Geburt die für diesen Fall erforderliche Aufklärung vornehmen und die vorsorgliche Einwilligung der Patientin einholen. Das ist etwa dann der Fall, wenn sich bei einer Risikogeburt konkret abzeichnet, dass sich die Risiken in Richtung auf die Notwendigkeit oder die relative Indikation einer Schnittentbindung entwickeln können.

▶ Keine generelle vorgezogene Aufklärung

Andererseits fordert der BGH keine generelle vorgezogene Aufklärung über die unterschiedlichen Risiken der verschiedenen Entbindungsmethoden, solange nur die theoretische Möglichkeit besteht, dass sich im weiteren Verlauf das Risiko z. B. einer Schnittentbindung realisieren könnte. Die werdende Mutter soll während des Geburtsvorganges nicht ohne Grund mit Hinweisen über Gefahren und Risiken belastet werden, und es sollen ihr nicht Entscheidungen abverlangt werden, solange noch ganz ungewiss ist, ob eine solche Entscheidung überhaupt getroffen werden muss[24]. Sollte dann unvorhergesehen und unvorhersehbar eine Schnittentbindung notwendig werden, so greifen die Grundsätze über die mutmaßliche Einwilligung gemäß § 630 Abs. 1 S. 4 BGB ein. Danach kann ein Arzt bei einem bewusstlosen oder nicht einwilligungsfähigen Patienten die Einwilligung unterstellen, wenn ein verständiger Patient in seiner Lage bei entsprechender Aufklärung in den Eingriff eingewilligt hätte[25]. Von einer mutmaßlichen Einwilligung kann bei vitaler oder absoluter Indikation ohne Weiteres ausgegangen werden, wenn die Unterlassung der Behandlung oder deren Nichtfortführung medizinisch unvertretbar wäre[26].

▶ „Vorverlagerung" der Aufklärungspflicht

Aufklärungsprobleme bei einer möglichen Makrosomie des Kindes sind Gegenstand des Hinweisbeschlusses nach § 522 ZPO des OLG Bamberg vom 28.07.2008 – 4 U 115/07[27]. Unter Hinweis auf die oben zitierte BGH-Rechtsprechung[28] stellt das Gericht klar, dass über die Möglichkeit einer Schnittentbindung erst im Zusammenhang mit einer akuten Entbindungssituation aufzuklären ist und eine „Vorverlagerung" der Aufklärungspflicht nicht anzunehmen ist. Dies gelte grundsätzlich auch bei Anzeichen für eine mit dem Risiko einer Schulterdystokie assoziierten Makrosomie des Feten. Wenn bei einem solchen Fall die werdende Mutter in der 37. Schwangerschaftswoche von ihrer Frauenärztin an die gynäkologische Abteilung des Krankenhauses überwiesen wurde, um die Notwendigkeit einer vorzeitigen Geburtseinleitung wegen „Gestose-Symptomatik und kräftigem Feten" abklären zu lassen, treffe den Krankenhausarzt keine „vorverlagerte" Aufklärungspflicht, wenn aufgrund der Kontrollbefunde eine EPH-Gestose ausscheide und das sachgemäß

---

[24] BGH, VersR 1993, 704 f, NJW 1993, 2372 f.
[25] Von der Rechtsprechung entwickelt, vgl. BGH, VersR 1991, 547.
[26] OLG Zweibrücken, NJW-RR 2000, 27.
[27] OLG Bamberg, MedR 2009. 153; OLGR Bamberg 2008, 784.
[28] NJW 1993, 2372, VersR 1993, 703.

ermittelte Schätzgewicht von „nur" 3.500g eher gegen als für die Annahme eines makrosomen Kindes spreche.

Bezüglich des Zeitpunkts nennt auch das Patientenrechtegesetz bewusst nicht eine bestimmte Zeitspanne, sondern stellt darauf ab, dass der Patient eine wohlüberlegte Entscheidung treffen kann, was also je nach Umfang des Eingriffs durchaus noch am Tage des Eingriffs selbst erfolgen kann. Ebenso ist auch ein Aufklärungsverzicht - der allerdings ein Ausnahmefall bleiben wird – nach dem Gesetz möglich.

Merksätze
Zeitpunkt der Aufklärung:
1. Jeder Patient muss, wenn die Dringlichkeit der Operation es zulässt, eine Überlegungsfrist haben.
2. Eine Einwilligung ist von vornherein unwirksam, wenn der Patient sich bereits auf dem Operationstisch befindet oder medikamentös auf die Operation vorbereitet wird.
3. Bei stationären Eingriffen muss die Aufklärung spätestens am Vortage, nicht am Vorabend erfolgen.
4. Bei ambulanten Eingriffen kann die Aufklärung noch am Tag der Operation erfolgen, muss dann aber deutlich abgesetzt von der Operation selbst sein. Bei größeren ambulanten Eingriffen reicht eine Aufklärung am Tage des Eingriffs nicht aus.
5. Bei geplanten Operationen soll die Aufklärung zum Zeitpunkt der Terminvereinbarung erfolgen, sofern die für die Operationsindikation entscheidenden Voruntersuchungen vorliegen.
6. Vorkenntnisse des Patienten können den Aufklärungszeitpunkt beeinflussen.

V. Wie ist aufzuklären?

▶ Keine formularmäßige Aufklärung

Die Rechtsprechung verlangt das Arzt-Patienten-Gespräch. Es bestehen Vorbehalte gegen eine reine Formularaufklärung. Die Existenz einer Einwilligungserklärung kann nur ein Indiz dafür sein, dass überhaupt ein Aufklärungsgespräch stattgefunden hat.[29]

Die formularmäßige Bestätigung des Patienten ist durchweg unzureichend, Formulare sind oft zu pauschal, die Risiken sind zu generell benannt. Die Unterzeichnung des Formularbogens beweist nicht, dass der Patient diesen auch gelesen und verstanden hat. Der Arzt gleicht die Mängel des formularmäßig erstellten Aufklärungsbogens aus, indem er zusätzlich Zeichnungen fertigt und auf vorhandene Verharmlosungen sowie auf Besonderheiten des Einzelfalles hinweist. Die münd-

---
[29] OLG Düsseldorf, Urteil vom 17.3.2005 – I 8 U 56/04 – GesR 2005, 446.

lichen Erläuterungen sind handschriftlich festzuhalten.§ 630e Abs. 2 Nr. 1 BGB bestätigt die Voraussetzungen der mündlichen Aufklärung durch die Klarstellung, dass „ergänzend" zum persönlichen Gespräch auf entsprechende Unterlagen Bezug genommen werden kann.

Neu ist seit dem Patientenrechtegesetz die gesetzliche Verpflichtung des Arztes, die Aufklärung zu dokumentieren und dem Patienten die Unterlagen und Aufzeichnungen, die der Patient im Zusammenhang mit der Aufklärung unterzeichnet hat, – sogar ungefragt – in Abschrift auszuhändigen.

▶ Gespräch unter vier Augen

Die Intimsphäre des Patienten muss im Gespräch gewahrt bleiben. Das Aufklärungsgespräch findet deshalb in der Regel unter vier Augen statt bzw. im Beisein von Angehörigen oder anderen Ärzten. Eine Rationalisierung durch Gruppenaufklärung hat zu unterbleiben. Zum einen ist die Individualisierung der Aufklärung dann fast ausgeschlossen. Zum anderen könnte sich der Patient später darauf berufen, durch die Anwesenheit Dritter psychisch gehindert gewesen zu sein, für ihn wesentliche und als intim empfundene Fragen anzusprechen. Es fehlt dann an einer umfassenden Aufklärung als Voraussetzung für eine wirksame Einwilligung.

▶ Telefonische Aufklärung

In seinem Urteil vom 15.06.2010 hat der BGH[30] außerdem festgelegt, dass in einfach gelagerten Fällen eine telefonische Aufklärung der Anforderung an ein persönliches und vertrauliches Gespräch genügen kann. Das gilt jedoch nur dann, wenn der Patient dieser Vorgehensweise zugestimmt hat. Laut BGH ermögliche es auch ein telefonisches Gespräch, auf die individuellen Belange des Patienten einzugehen und eventuelle Fragen zu beantworten. Dem Patienten bleibe es aber unbenommen, ein persönliches Gespräch zu erbitten. Die telefonische Aufklärung ist jedoch nur in Ausnahmefällen zulässig. Im konkreten Fall ging es um die anästhesiologische Aufklärung im Zusammenhang mit einer zuvor persönlich erörterten, relativ einfachen Operation. Der BGH weist in seinem Urteil ausdrücklich darauf hin, dass die telefonische Aufklärung in komplexeren Fällen nicht ausreichen könne.

▶ Ordnungsgemäße Dokumentation der Aufklärung erleichtert Beweisführung

Der Arzt und der Krankenhausträger müssen im Haftungsprozess die ordnungsgemäße Aufklärung beweisen. Das Vier-Augen-Gespräch bedingt den prozessualen Nachteil, dass für den Inhalt der Aufklärung selten Zeugen aufseiten des Arztes benannt werden können. Patienten neigen nach gesicherten wissenschaftlichen Erkenntnissen dazu, den Inhalt eines Aufklärungsgespräches innerhalb kürzester Zeit zu vergessen oder zu verdrängen. Es ist für jeden Arzt, der sich um eine ordnungsgemäße Aufklärung bemüht, frustrierend, dass vielfach im Haftungsprozess die Aufklärungsrüge durchgreift, weil aufgrund der für den Arzt im Prozess ungünsti-

---

[30] BGH, RDG 2010, 243.

gen Beweislastverteilung der Nachweis der Aufklärung nicht geführt werden kann. Die beweismäßige Absicherung der Aufklärung gehört daher zu den vordringlichen Aufgaben des Krankenhausträgers und des für die Organisation verantwortlichen leitenden Arztes. Üblicherweise geschieht die Beweissicherung durch die handelsüblichen Aufklärungsbögen. Diese sind zu datieren und von Arzt und Patient zu unterschreiben. Geboten ist eine Individualisierung hinsichtlich der spezifischen Risiken durch Unterstreichungen, Streichungen oder Zusätze. Der Aufklärungsbogen dokumentiert jedoch nur das Aufklärungsgespräch, er ersetzt es nicht.

▶ Beweis der ständigen Übung

Ohne einen Vermerk im Krankenblatt über das Aufklärungsgespräch oder einen bei den Krankenakten befindlichen Aufklärungsbogen hilft nur noch der Beweis der ständigen und ausnahmslosen Übung. Hierzu muss feststehen, dass der Arzt im konkreten Fall aufgeklärt hat. Besteht dann nur noch über den Umfang der konkreten Aufklärung Streit, kann der Arzt sich darauf berufen, dass er im streitigen Fall wie üblich aufgeklärt hat. Er muss dann durch Benennung von Pflegepersonal oder anderen Zeugen beweisen, dass er ständig und ausnahmslos ordnungsgemäß aufklärt. Auf eine solche Beweisführung sollte sich der Arzt allerdings nur in Ausnahmefällen verlassen, zumal das Patientenrechtegesetz die Dokumentation der Aufklärung nunmehr als vertragliche Nebenpflicht konkret statuiert.

▶ Beweismöglichkeit bei nicht im Formular erwähnten Risiken

Das OLG München hat beispielsweise in seinem Urteil vom 24.04.2008 – 1 U 4364/07 – zur Aufklärungspflicht über Infektionsrisiken Stellung genommen. Die Schwierigkeit für den aufklärungspflichtigen Arzt lag darin, dass das Infektionsrisiko in dem zur Aufklärung verwandten Formularbogen nicht erwähnt war. Das Gericht hielt dennoch den Beweis für die ordnungsgemäße Durchführung des Aufklärungsgesprächs für erbracht. Es führt aus, dass den Angaben eines Arztes über eine durchgeführte Risikoaufklärung im Zweifelsfall zu glauben ist, wenn seine Darstellung in sich schlüssig ist und „einiger Beweis" für ein gewisses Aufklärungsgespräch erbracht wurde. Unter Würdigung der Rechtsprechung des BGH, NJW 1985, 1399, müsse auch einem Arzt, der kein Formular benutze oder ein Formular unterzeichnen lasse, und dem im konkreten Einzelfall keine Zeugen zur Verfügung stünden, eine faire und reale Chance gelassen werden, den ihm obliegenden Beweis für die Durchführung und den Inhalt des Aufklärungsgespräches zu führen.

Der Arzt muss bei der Aufklärung den Inhalt des von ihm verwendeten Formulars genau überprüfen und Lücken in der Aufklärungsdokumentation schließen: Ist im Aufklärungsgespräch nur auf das Risiko vorübergehender Lähmungen hingewiesen worden, während im Aufklärungsbogen allgemein von „Lähmungen" die Rede ist, reicht die Indizwirkung des Formulars für den Nachweis einer ordnungsgemäßen Aufklärung nicht aus (BGH VersR 1999, 190).

> **Checkliste**
> **Dokumentation der Aufklärung**
> 1. Grundsätzlich ist es ausreichend, wenn in den Krankenunterlagen ✓ dokumentiert ist, ob, wann und über welche Risiken aufgeklärt worden ist.
> 2. Der Aufklärung mittels Aufklärungsbogen ist der Vorzug zu geben. ✓ *Zumindest aber hat der Arzt das ordnungsgemäß geführte Aufklärungsgespräch zu dokumentieren.*
> 3. Die Besonderheiten des Behandlungsfalles sind auf dem Aufklä- ✓ rungsbogen hervorzuheben oder hinzuzufügen (Individualisierung).
> 4. Der Aufklärungsbogen dokumentiert das Aufklärungsgespräch, er ✓ ersetzt es nicht.

Fall 13: Die zurückgezogene Einwilligung

OLG München, Urteil vom 29.09.1994 – 24 U 116/94 – AHRS 4650/118

Sachverhalt

Die Klägerin litt anlagebedingt an Exostosen (Bildung von Knochenvorsprüngen – sogenannten Überbeinen) an den Beinen. Sie suchte den beklagten Orthopäden wegen einer größeren Exostose am rechten Wadenbein auf, die entfernt werden sollte. Der Beklagte führte die Beschwerden auf eine Fehlstellung des rechten Unterschenkels zurück, die operativ behoben werden müsse. In einem Informationsgespräch wurde die Operation wegen der Schulferien der Klägerin bereits auf den nächsten Tag festgelegt. Der Beklagte wies die Klägerin auf die Osteotomie hin und beschrieb ihr diese Operation. Die Klägerin unterzeichnete eine undatierte Einverständniserklärung, auf der folgender handschriftlicher Vermerk enthalten war:

„Rechtes Bein: Abtragung der Knochenvorsprünge, Umstellungskorrekturoperation rechter Unterschenkel (im Text gestrichen und gepunktet) Narbenkorrektur beide Beine".

Außerdem waren die Worte „Entzündung" und „Nervenschaden" handschriftlich eingetragen.

Das Aufklärungsgespräch wurde im Wesentlichen durch eine andere Ärztin, die Zeugin Dr. L. durchgeführt. Diese klärte nach eigenem Bekunden die Klägerin darüber auf, dass mit „Umstellungskorrekturoperation rechter Unterschenkel" die Durchtrennung des Knochens gemeint sei. Die Zeugin erklärte, sie habe in diesem Zusammenhang auch auf mögliche Komplikationen wie Entzündung, Nervenschaden, Nachblutungen, Sekundärheilungen, Keloidentwicklung hingewiesen sowie ausdrücklich erwähnt, dass durch eine Blutung ein Überdruck in der Muskelloge entstehen und dadurch Nerven geschädigt werden könnten.

Am Folgetag erschien die Klägerin zum Operationstermin, wurde aber wieder nach Hause geschickt, weil noch keine ausreichenden Röntgenbefunde vorlagen. Die Klägerin erklärte nach Aussage der Zeugin Dr. L., es sich noch einmal überlegen zu wollen, ob die Osteotomie durchgeführt werden solle. Die Zeugin Dr. L.

strich deshalb den entsprechenden handschriftlichen Vermerk in der Einverständniserklärung durch. Auf Order des Beklagten wurde die Durchstreichung gepunktet, weil sich die Klägerin, so der Beklagte, zwischenzeitlich dazu entschlossen habe, die Osteotomie doch vornehmen zu lassen.

Einige Tage später wurde die Klägerin nach ihrer erneuten Einweisung durch den Beklagten operiert. Der Beklagte durchtrennte wegen einer Fehlstellung im Kniegelenksbereich den rechten Oberschenkelknochen sowie den rechten Unterschenkel, entfernte eine große Exostose im *Wadenbereich* sowie kleinere Exostosen am Sprunggelenk und am Oberschenkel. Am Abend des Operationstages traten bei der Klägerin Schwellungen und Schmerzen im Operationsbereich auf, angeblich auch Beweglichkeitsstörungen im rechten Fuß. Der Beklagte stellte am Folgetag ein akutes Kompartmentsyndrom (erhöhter Gewebsdruck mit der Folge verminderter Gewebsdurchblutung und Gefahr von Nerven- und Muskelschädigungen) fest und operierte die Klägerin erneut am Unterschenkel. Vom Tage der zweiten Operation datiert eine von der Klägerin unterschriebene zweite Einwilligungserklärung. In diesem Formular war handschriftlich vermerkt:

„Rechter Unterschenkel, Hämatomsausräumung Faszienspaltungen". Außerdem waren noch die Worte „Entzündung", „Nervenschäden" und „Hautdehiszenz" eingetragen.

Die Klägerin warf dem Beklagten vor, sie nicht über die Schwere und Dringlichkeit der Operation, insbesondere nicht über die geplante Knochendurchtrennung, die Operation am rechten Oberschenkel sowie über das drohende Kompartmentsyndrom aufgeklärt zu haben.

Außerdem behauptete die Klägerin, die Umstellungsosteotomie sei nicht erforderlich gewesen, die zweite Operation sei verspätet erfolgt, die Fehlstellung habe sich nach der Operation noch verschlechtert und es sei in der Folge zu Arthrosen gekommen. Die Klägerin begehrte ein Schmerzensgeld und die Feststellung der Ersatzpflicht des Beklagten für die aus den Operationen erwachsenen Zukunftsschäden.

Lösung

▶ Anforderungen an die Selbstbestimmungsaufklärung

Landgericht und Oberlandesgericht haben der Klägerin ein Schmerzensgeld in Höhe von ca. 12.500 € zugesprochen. Das OLG München hat die Ansprüche der Klägerin deshalb im Wesentlichen anerkannt, weil der Beklagte bei der Umstellungsosteotomie das Selbstbestimmungsrecht der Klägerin missachtet habe. Das OLG nimmt den Fall zum Anlass, zunächst grundsätzlich die Anforderungen an die Selbstbestimmungsaufklärung und an die Verlaufsaufklärung zu definieren. Die Selbstbestimmungsaufklärung soll die freie, selbstverantwortliche Entscheidung des Patienten darüber ermöglichen, ob, wann und unter welchen Umständen er sich einem medizinischen Eingriff unterziehen will. Im Normalfall schuldet der Arzt dem Patienten Aufklärung über die Krankheit, die Art und den Verlauf des Eingriffs, die Risiken und über mögliche Nachwirkungen (§ 630e Abs. 1 BGB). Die Aufklärung soll ihm aufzeigen, was der Eingriff für seine persönliche Lebenssituation bedeuten kann. Der Patient soll Art und Schwere des Eingriffs erkennen. Auch über seltene Risiken ist aufzuklären, wenn sie für den Eingriff typisch, für den Laien jedoch überraschend sind.

▶ Anforderungen an die Verlaufsaufklärung

Die Verlaufsaufklärung erstreckt sich auf Art, Umfang und Durchführung des Eingriffs. Der Patient soll vor der beabsichtigten Operation erfahren, was mit ihm geschehen soll und wie seine Krankheit voraussichtlich verlaufen wird, wenn er dem Eingriff nicht zustimmt. Das Wesen des Eingriffs soll der Arzt wenigstens im Großen und Ganzen erläutern. Alle Einzelheiten braucht er dem Patienten allerdings nicht mitzuteilen. Zur Verlaufsaufklärung gehört die Information über sichere Eingriffsfolgen (z. B. über Operationsnarben und Funktionseinbußen von Körpergliedern), falls nicht die Folgen auch für einen medizinischen Laien selbstverständlich sind. Entscheidend ist, mit welchen Vorstellungen des Patienten der Arzt rechnen darf. Auch über den postoperativen Zustand ist der Patient aufzuklären. Dazu gehört die Unterrichtung über die Erfolgssicherheit und über voraussehbare Nebenfolgen[31].

▶ Kein Eingriff nach Rücknahme der Einwilligung

Nach Auffassung des OLG verstieß der Beklagte gegen diese Rechtsgrundsätze, weil er die Umstellungsoperation ohne wirksame Einwilligung der Klägerin vornahm. Aufgrund der Zeugenaussage der Zeugin Dr. L. hatte das Gericht die Überzeugung gewonnen, dass die Klägerin ihre zunächst erteilte Zustimmung zurückgezogen und sich eine Überlegungszeit erbeten hatte. Der Beklagte konnte den ihm obliegenden Beweis dafür, dass die Klägerin letztlich doch ihre Zustimmung zu den beiden Osteotomien gegeben habe, nicht führen. Zum Verhängnis wurde dem Beklagten dabei, dass er sich wegen der nachträglichen Änderungen in der Einwilligungserklärung nicht auf die Beweiskraft dieser Urkunde berufen konnte.

▶ § 416 ZPO

An und für sich hätte sich der Beklagte auf § 416 ZPO berufen können, in dem es heißt:
„Privaturkunden begründen, sofern sie von den Ausstellern unterschrieben (…) sind, vollen Beweis dafür, dass die in ihnen enthaltenen Erklärungen von den Ausstellern abgegeben sind."

▶ Beweismittelverlust durch nachträgliche Änderungen im Aufklärungsformular

Im vorliegenden Fall wurde die Einverständniserklärung als Privaturkunde nach ihrer Unterzeichnung mehrfach geändert. Diese Änderungen erfolgten nicht durch

---
[31] Bergmann/Kienzle, Rn. 399.

die Klägerin als Ausstellerin, sondern durch die Zeugin Dr. L. Solche äußeren Mängel der Urkunde haben zur Folge, dass die gesetzliche Beweisregel nicht gilt und aufgrund freier Beweiswürdigung darüber zu befinden ist, ob und in welchem Umfang aufgeklärt wurde. Unter diesen Umständen war dem Beklagten der Beweis nicht mehr möglich, dass im Zeitpunkt der Operation eine wirksame Einwilligung vorgelegen hatte. Es fehlte somit an einem Rechtfertigungsgrund für die durch die Operation tatbestandlich erfüllte Körperverletzung. Der Fall dient als Beispiel dafür, dass bei nachträglich erforderlich gewordenen Änderungen im unterschriebenen Einwilligungsformular diese Änderungen datiert und vom Patienten unterschrieben werden müssen, damit die Beweiskraft der Urkunde nicht verloren geht. Noch besser dürfte es sein, ein vollständig neues Einwilligungsformular zur Dokumentation eines modifizierten Aufklärungsgespräches unterzeichnen zu lassen. So wird nun auch im Patientenrechtegesetz § 630 f. Abs. 1 das Erfordernis einer „fälschungssicheren" Software normiert und wird erhebliche praktische Bedeutung haben: Das Gesetz legt explizit fest, dass Berichtigungen nur zulässig sind, wenn sowohl der ursprüngliche Inhalt erkennbar bleibt und auch erkennbar ist, wann die Änderung vorgenommen wurde. Insofern ist die Software entsprechend umzustellen oder zumindest bei Nachträgen genau kenntlich zu machen, wann die Änderung vorgenommen wurde und der ursprüngliche Inhalt zu belassen.

▶ Keine Verharmlosung bei der Aufklärung

Obschon wegen der fehlenden Einwilligung der Klägerin in die erste Operation die Haftung des Beklagten bereits feststand, bejahte das OLG München darüber hinaus eine Haftung des Beklagten auch aus dem Grunde, weil über den Umfang der Osteotomie nicht bzw. nicht ausreichend aufgeklärt worden sei. Die Entscheidungsgründe hierzu sind in der veröffentlichten Entscheidung nicht vollständig abgedruckt. Jedoch geht das OLG offenbar von einem Aufklärungsmangel aus, weil der Klägerin nicht genügend verdeutlicht wurde, dass eine Umstellungsoperation eine – hier sogar zweifach vorgenommene – Knochendurchtrennung bedingt. An dieser Sachverhaltsauslegung kann man angesichts der Aussagen der Zeugin Dr. L. begründete Zweifel haben. Dennoch sollte die Entscheidung dazu anhalten, bei so gravierenden Eingriffen wie einer Knochendurchtrennung diesen Umstand auch verständlich zu benennen und sich nicht auf euphemistische Fachbegriffe wie „Umstellungsoperation" zu beschränken. Zweifel an der Verständlichkeit des Aufklärungsgespräches gehen zulasten des Aufklärenden.

▶ Umschreibung medizinischer Fachausdrücke ist zulässig

Hinsichtlich der Gefahr eines Kompartmentsyndroms hat das OLG ein Aufklärungsdefizit dagegen verneint. Zwar hatte die aufklärende Ärztin gegenüber der Klägerin nur erwähnt, dass durch eine Blutung ein Überdruck in der Muskelloge entstehen und dadurch Nerven geschädigt werden könnten. Durch diesen Hinweis war die Gefahr des Kompartmentsyndroms weder wörtlich erwähnt noch medizinisch exakt beschrieben. Für einen Laien war diese Beschreibung aber immerhin

V. Wie ist aufzuklären?

so ausreichend, dass er daraus entnehmen konnte, ein solcher Überdruck müsse operativ beseitigt werden, um bleibende Nervenschäden zu verhindern. Hierdurch war die Klägerin nach Auffassung des Gerichts ausreichend über die Gefahr von Folgeoperationen aufgeklärt.

▶ Aufklärung über mögliche Folgeschäden

Die Ausführungen des OLG hierzu verdienen deshalb Beachtung, weil das Gericht auch diesen Punkt zum Anlass nimmt, grundsätzlich die Anforderungen an die Aufklärung über mögliche Folgeschäden zu formulieren:

> Eine sachgemäße Aufklärung umfasst im Einzelfall auch den Hinweis auf mit dem Eingriff nicht beabsichtigte, aber durch ärztliche Kunst nicht sicher vermeidbare Folgeschäden, für welche eine mehr oder minder große Wahrscheinlichkeit besteht. Eine bis in die Einzelheiten gehende medizinische Aufklärung ist nicht geboten, soweit ein Patient wegen der Natur oder des Umfangs eines Eingriffs mit gewissen Gefahren für den Fall des unglücklichen Verlaufs rechnen muss. Die Erwähnung selbst entfernter Komplikationsgefahren ist jedoch umso stärker geboten, je weniger der Eingriff aus Sicht des Patienten vordringlich und geboten erscheint. Das trifft auch dann zu, wenn die Wahrscheinlichkeit erheblicher Folgen zahlenmäßig gering ist (vgl. BGH NJW 1980, 1905, 1907 = AHRS 4510/9).
>
> Es ist somit für die ärztliche Hinweispflicht nicht auf einen bestimmten Grad der Komplikationsdichte, sondern maßgeblich darauf abzustellen, ob das infrage stehende Risiko dem Eingriff spezifisch anhaftet und bei seiner Verwirklichung die Lebensführung des Patienten besonders belastet. Ist dies der Fall, dann sind Art und Umfang der Aufklärung daran auszurichten, wie dringlich die beabsichtigte Operation ist. Es ist aber stets Sache des Patienten darüber zu entscheiden, ob er das mit dem Eingriff verbundene Risiko eingehen will (BGH NJW 1994, 793 = AHRS 4510/104).

Merksätze
Umfang und Dokumentation der Aufklärung:
1. Bei der Aufklärung über mögliche Folgeschäden ist nicht auf den Grad der Komplikationsdichte abzustellen, sondern darauf, ob das Risiko dem Eingriff spezifisch anhaftet,
2. das Risiko bei seiner Verwirklichung die Lebensführung des Patienten besonders belastet und
3. wie dringlich die beabsichtigte Operation ist.
4. Bei nachträglichen nicht datierten und nicht erneut unterschriebenen Abänderungen im zuvor vom Patienten unterzeichneten Einwilligungsformular verliert das Dokument seine Beweiskraft als Privaturkunde nach § 416 ZPO. Für den beklagten Arzt ist der Nachweis einer wirksamen, rechtfertigenden Einwilligung des Patienten dann nur noch schwer bis überhaupt nicht zu führen.

Fall 14: Die zweite Chance

OLG Düsseldorf, Urteil vom 27.10.1994 – 4 U 101/93 – AHRS 4650/120 und 2620/120

Sachverhalt

Die Klägerin litt seit Jahren unter rezidivierenden Lumboischialgien. Röntgenuntersuchungen ergaben eine Fehlhaltung der Wirbelsäule mit links-konvexer Skoliose der Lendenwirbel und eine Verschmälerung des Zwischenwirbelraumes LWK 5/SWK 1. Die Klägerin begab sich im Jahre 1987 in die Orthopädische Abteilung der Beklagten zu (1). Weitere an der Behandlung und später am Prozess Beteiligte waren der Beklagte zu 2) als Chefarzt der Klinik, der Beklagte zu 3) als Assistenzarzt und der Beklagte zu 4) als Stationsarzt.

Nach der Aufnahmeuntersuchung erfolgten innerhalb weniger Tage:

- eine Myelografie, die einen Kontrastmittelabbruch der rechten Wurzeltasche im Bereich LWK 5/LWK 1 ergab;
- ein Computertomogramm mit Hinweisen auf eine Bandscheibenprotrusion rechts lateral;
- eine durch die behandelnden Ärzte veranlasste neurologische Konsiliaruntersuchung; diese ergab ein bei 70° positives Laségue'sches Zeichen und unter anderem eine Fußheberparese ohne Sensibilitätsstörungen;
- nach entsprechender Risikoaufklärung eine erfolglose Chemonucleolyse, um das prolabierte Bandscheibengewebe mit dem Medikament Chymopapain aufzulösen.

Schließlich entschloss man sich zu einer chirurgischen Behandlung des diagnostizierten Bandscheibenvorfalls. Die Klägerin wurde am Vortag der beabsichtigten Operation über die damit verbundenen Risiken aufgeklärt. Ausweislich des von der Klägerin unterzeichneten Einwilligungsformulars erwähnte der aufklärende Zeuge P. in dem Gespräch als mögliche Komplikationen „insbesondere Infektion, Wundheilungsstörung und Thrombose".

Am Folgetag entfernte der Beklagte zu (3) als Assistenzarzt nach einer rechtsseitigen Flavektomie einen freien Bandscheibensequester, der aus Etage LWK 5/SWK 1 durch das hintere Längsband ausgetreten war. Die pathologische Untersuchung des entfernten Bandscheibengewebes ergab ausgeprägte degenerative Veränderungen. Am Tag nach der Operation litt die Klägerin erneut unter starken Rückenschmerzen, einer mit unwillkürlichem Harnabgang verbundenen Blasenlähmung, zunehmenden Beschwerden am linken Bein sowie einer Taubheit an der Außenseite des rechten Fußes. Ein unverzüglich in Auftrag gegebenes Computertomogramm in einer neurochirurgischen Universitätsklinik ergab Hinweise auf einen Rezidivsequester, vermutlich verbunden mit einer zusätzlichen Einblutung. Angesichts dieses Befundes wurde bei der Klägerin noch am wiederum folgenden Tag in der orthopädischen Abteilung der Beklagten zu (1) eine Revisionsoperation durchgeführt. Dabei wurde ein großes epidural gelegenes Hämatom sowie restliches – insgesamt kirschgroßes, degenerativ verändertes – Bandscheibengewebe entfernt. Am 07.08.1987 wurde die Klägerin aus der stationären Behandlung entlassen. Spätere ambulante Nachuntersuchungen ergaben keine Anhaltspunkte für motorische oder sensible Ausfälle.

Die Klägerin macht Schadensersatz und Schmerzensgeldansprüche wegen eines angeblichen ärztlichen Behandlungsfehlers geltend, weil die behandelnden Ärzte der orthopädischen Abteilung sich zunächst zu Unrecht für eine konservative Behandlung entschieden und den Eingriff nicht einwandfrei durchgeführt sowie die Revisionsoperation unnötig verzögert hätten. Weder Klage noch Berufung führten mit dem Vorwurf eines Behandlungsfehlers zum Erfolg.

Ergänzend stützte die Klägerin ihr Begehren auf ein angebliches Aufklärungsversäumnis der behandelnden Ärzte. Man habe sie nicht auf das für eine Bandscheibenoperation typische Rezidivrisiko hingewiesen. Bei einer entsprechenden zutreffenden Belehrung hätte sie ihre Zustimmung zu dem operativen Vorgehen verweigert.

Lösung

▶ Vorwurf des Aufklärungsversäumnisses als Auffangtatbestand

Der Fall veranschaulicht zunächst einmal wieder deutlich, dass der Vorwurf eines angeblichen Aufklärungsversäumnisses häufig als Auffangtatbestand in Verbindung mit Behandlungsfehlervorwürfen erhoben wird. Sowohl Landgericht als auch Oberlandesgericht kamen jedoch zu dem Ergebnis, dass die Klägerin die geltend gemachten Ersatzansprüche auch nicht auf ein Aufklärungsversäumnis stützen könne. Die Klägerin sei vor der Bandscheibenoperation in der gebotenen Ausführlichkeit über Art und Weise des beabsichtigten ärztlichen Vorgehens belehrt worden. Dieses Ergebnis war insoweit nicht unbedingt zu erwarten, als die Komplikation einer nicht sicher zu vermeidenden Rezidivgefahr in dem Einwilligungsformular nicht ausdrücklich erwähnt worden war. Dennoch war nach Auffassung des OLG davon auszugehen, dass der mit der Aufklärung befasste Arzt auch auf diese Gefahr im Gespräch hingewiesen habe. Die Beklagten konnten hier erfolgreich auf eine in der Klinik übliche gründliche Aufklärung verweisen.

▶ Zeugenbeweis zur Aufklärung

Das Aufklärungsgespräch war von keinem der Beklagten, sondern von einem anderen Assistenzarzt, dem Zeugen P., geführt worden. Dieser betonte in seiner Vernehmung nachdrücklich, er habe grundsätzlich – also auch im Falle der Klägerin – auf die Gefahr eines erneuten Bandscheibenvorfalls hingewiesen. Hinzu kam, dass nach dem Wortlaut der von der Klägerin unterzeichneten Erklärung besondere Probleme ausführlich zur Sprache kamen, insbesondere Infektion, Wundheilungsstörung und Thrombose. Durch diese Formulierung wurde nach Auffassung des Gerichtes deutlich, dass auch weitere Operationsgefahren Gegenstand des Aufklärungsgespräches waren. Der Nachweis einer hinreichenden Belehrung sei durch die Zeugenaussage in Verbindung mit diesen Eintragungen erbracht. Einer ausdrücklichen Erwähnung der Rezidivgefahr durch handschriftlichen Zusatz habe es nicht bedurft.

▶ Alternativen zum Beweismittel Aufklärungsformular

Der vorliegende Fall macht deutlich, dass die von Ärzten zu recht gefürchteten Versäumnisse bei der Dokumentation von Aufklärungsgesprächen nicht zwangsläufig zu einer zivilrechtlichen Haftung führen müssen. Im Rahmen der freien Beweiswürdigung ist der Wortlaut des vom Patienten unterzeichneten Aufklärungsformulars keineswegs einziges Beweismittel. Die Gerichte können ebenso Personen, die am Aufklärungsgespräch beteiligt oder bei ihm zugegen waren, als Zeugen befragen. Denkbar ist auch eine Vernehmung der Aufklärenden als Partei, deren Aussagen von den Gerichten verständlicherweise jedoch nicht die gleiche Beweiskraft zugemessen wird. Im vorliegenden Fall hatten die Beklagten das Glück, dass das Aufklärungsgespräch nicht von ihnen, sondern von einem Dritten geführt worden war, der als Zeuge zur Verfügung stand. Wenn dessen Angaben zur üblichen Praxis dann noch durch weitere Indizien wie Eintragungen von anderen Komplikationen im Aufklärungsformular gestützt werden, stellt sich die Beweislage für die Beklagten noch vergleichsweise günstig dar. Ganz anders sieht es jedoch aus, wenn ein solcher Zeuge nicht zur Verfügung steht oder überhaupt keine handschriftlichen Zusätze im Formular vorgenommen wurden.

Merksätze
Beweismittel zum Aufklärungsgespräch:
1. Die unterlassene Eintragung eines Operationsrisikos in das Aufklärungsformular bedeutet nicht automatisch, dass im Prozess eine ordnungsgemäße Risikoaufklärung nicht zu beweisen ist.
2. Der Beweis für eine umfassende Risikoaufklärung kann auch durch Zeugenvernehmung des Aufklärenden über Inhalt des konkreten Gespräches bzw. die übliche Aufklärung sowie durch Rückschlüsse auf weitere Eintragungen im Aufklärungsformular geführt werden.
3. Diese Beweismittel sind jedoch für sich allein genommen weniger beweiskräftig als ein vollständig ausgefülltes Aufklärungsformular und stehen nur selten vollständig zur Verfügung.

VI. Worüber ist aufzuklären?

▶ Aufklärung im Großen und Ganzen

Der Arzt muss den Patienten „im Großen und Ganzen" aufklären. Verlangt wird keine exakte medizinische Beschreibung, sondern die Vermittlung eines allgemeinen Bildes von der Schwere und der Richtung der Risiken. Für den Patienten muss das Risiko nachhaltiger Belastungen für die zukünftige Lebensführung erkennbar sein (z. B. Entstellungen, Inkontinenz, Querschnittslähmung, Dauerschmerz). Das Verschweigen von gravierenden Risiken bis hin zur Letalität aus ethischen Gründen oder therapeutischer Rücksicht ist nicht angezeigt. Auch Risiken im Promille-Bereich sind aufklärungsbedürftig, wenn sie den Patienten mit Blick auf seine persönliche Lebensführung besonders belasten können. Die Auswahl der richtigen Therapie fällt in das freie ärztliche Beurteilungsermessen des Arztes, die Aufklärung schränkt die Therapiefreiheit nicht ein. Über Behandlungsalternativen ist allerdings dann aufzuklären, wenn diese ein andersartiges oder geringeres Risikospektrum eröffnen, bei gleichartigem Risikospektrum eine bessere Chance auf Heilung versprechen oder wenn die ausgewählte Methode nicht die der Wahl ist (§ 630e Abs. 1 S. 3).

Fall 15: Die nervschädigende Infiltrationstherapie

OLG Hamm, Urteil vom 28.06.1993 – 3 U 272/91 – AHRS 4650/109

Sachverhalt
Die Klägerin verlangt Ersatz materieller und immaterieller Schäden wegen ihrer heute gebrauchsuntauglichen linken Hand nach einer Infiltrationstherapie.

Die Klägerin begab sich nach einer Bänderdehnung im linken Fuß in die Behandlung des Beklagten, eines niedergelassenen Arztes für Chirurgie. Sie erhielt einen Gipsverband und Unterarmgehstützen. Kurze Zeit später verspürte die Klägerin morgens nach dem Aufstehen ein unangenehmes Kribbeln in der linken Hand. Nach zehn Tagen nahm der Beklagte den Gips ab, auch die Gehstütze musste die Klägerin nicht mehr benutzen.

Nach ihrem ersten Arbeitstag kam die Klägerin zum Beklagten zurück und klagte über Sensibilitätsstörungen der linken Hand. Ob auch Ellenbogenbeschwerden vorhanden waren, ist streitig. Unter der Diagnose „Epikondylitis medialis links" legte der Beklagte für die Dauer von vier Wochen eine Oberarmgipsschiene an und behandelte sie sechsmal mit Ultraschall. Weil die Beschwerden nicht nachließen, leitete der Beklagte sodann eine Infiltrationstherapie an der Innenseite des linken Ellenbogens ein, wobei er eine feine Nadel der Stärke 18 benutzte. Die Spritzen wurden in den Bereich des Epikondylus medialis an drei Behandlungstagen gesetzt. Bei den ersten Spritzen injizierte der Beklagte Supertendin, die dritte Spritze erfolgte mit dem Lokalanästhetikum Scandicain.

Wenige Tage nach Abschluss der Behandlung suchte die Klägerin ihren Hausarzt wegen anhaltender Beschwerden im linken Arm auf, der sie an einen Orthopäden überwies. Dieser stellte eine Taubheit und ein Kribbeln im Klein- und Ringfinger fest und diagnostizierte einen Reizzustand des Nervus Ulnaris in der Ulnarisloge. Der konsultierte Neurologe diagnostizierte ein Sulcus-Ulnaris-Syndrom. Monate anhaltende Beschwerden führten zu einem Eingriff, einer subcutanen Verlagerung des Nervus Ulnaris. Wiederum Monate später wurde eine Läsion des Nervus ulnaris im Ellenbogengelenk zweifelsfrei bestätigt. Die zur Therapie durchgeführte interfasciculäre mikrochirurgische Neurolyse führte nicht zu einer Befundverbesserung. Eine deutliche Parese der vom Nervus Ulnaris versorgten Muskulatur ist geblieben, weitere operative Maßnahmen sind nicht mehr möglich.

Die Klägerin hat behauptet, sie habe bei der dritten Spritze einen sehr heftigen Schmerz im ganzen linken Arm gespürt, der Beklagte habe den Nervus ulnaris verletzt, was zu dem weiteren Leidensweg, ihrer heutigen Gesundheitsbeeinträchtigung, nämlich der Gebrauchsunfähigkeit des linken Arms geführt habe. Die Spritzenbehandlung sei auch nicht indiziert gewesen; über die Risiken der Behandlung sei sie nicht aufgeklärt worden.

Lösung

▶ Aufklärung auch über seltene Risiken

Landgericht und Oberlandesgericht haben den Beklagten antragsgemäß verurteilt. Die Injektion des Beklagten war rechtswidrig, sodass er der Klägerin wegen schuldhafter Verletzung des Behandlungsvertrages zum Ersatz allen materiellen und immateriellen Schadens verpflichtet ist. Die Einwilligung der Klägerin war mangels hinreichender Aufklärung über die mit dem Eingriff verbundenen Risiken unwirksam. Die Klägerin musste über das Risiko einer Nervschädigung aufgeklärt werden. Nach ständiger Rechtsprechung ist auch über seltene Risiken aufzuklären, wo sie, wenn sie sich verwirklichen, die Lebensführung der Patienten schwer belasten und trotz ihrer Seltenheit für den Eingriff spezifisch, für den Laien aber überraschend sind[32]. Diese Voraussetzungen liegen hier vor. Bei der auf den Epikondylus medialis gesetzten Spritze besteht wegen der örtlichen Nähe die Gefahr, den Nervus ulnaris zu treffen. Es handelt sich deshalb um ein zwar seltenes, aber gleichwohl für den Eingriff spezifisches – immanentes – Risiko, mit dem der Laie nicht ohne Weiteres rechnet, zumal ihm die örtlichen Verhältnisse regelmäßig nicht bekannt sind. Auch und gerade wegen des Umstandes, dass derartige Spritzen alltäglich in großer Vielzahl gesetzt werden, ohne dass Nervschädigungen eintreten, ist die Verwirklichung dieses typischen Risikos für den Laien eher umso überraschender.

▶ Höhere Anforderungen an Aufklärung bei möglichen Dauerschäden

Die vernommene Arzthelferin konnte nicht bestätigen, dass von Nervschäden direkt die Rede war. Selbst wenn der Beklagte, wie er behauptet, von Nervschädigungen in dem Zusammenhang gesprochen hat, dass sich dieses Risiko verwirklichen könne, wenn die Klägerin – gleichsam aufgrund eigenen Fehlverhaltens – ihren Arm nicht stillhalte, ist die Gefahr nur unzureichend beschrieben. Aufgrund dieser Erklärung ist die Klägerin folgerichtig davon ausgegangen, dass ein Nervenschaden ausgeschlossen sei, wenn fehlerfrei injiziert und der Arm ruhig gehalten werde. Damit, dass dieser Schaden gerade auch dann auftreten und sie „ein Leben lang

---

[32] BGH, VersR 2000, 726; OLG Karlsruhe, Urt. v. 30.05.2012 – 5 U 14/10.

nicht mehr glücklich werden" konnte, wenn die Spritze bei ruhig gehaltenem Arm ordnungsgemäß gesetzt wurde, brauchte sie jetzt nicht mehr zu rechnen.

▶ Typische Risiken, über die aufgeklärt werden muss

Zu den typischen Risiken, die trotz ihrer Seltenheit genannt werden müssen, weil sie wegen des Risikos der Letalität, der Funktion wichtiger Organe, der Gefahr dauernder Entstellungen oder lebzeitiger Beeinträchtigung die Lebensführung des Patienten schwer belasten können, zählen beispielsweise:

- Halbseitenlähmung bei der Angiografie[33],
- Armplexuslähmung oder Rückenmarksschädigung im Rahmen der Strahlentherapie[34],
- Harnleiterverletzung bei der abdominalen Hysterektomie[35],
- Amputation des Fußes bei Resektion eines „Hammerzehs"[36],
- Fehlschlagrisiko bei Umstellungsosteotomie[37]
- Sudeck'sche Dystrophie bei – nicht dringlicher – Gelenkversteifungsoperation[38],
- Lähmungen infolge von Nervenverletzung bei Hüftoperation[39],
- Querschnittslähmung oder Caudalähmung bei Bandscheibenoperation[40],
- Liquorverlustsyndrom mit anhaltenden postspinalen Kopfschmerzen bei Spinalanästhesie[41].

▶ Aufklärung grds. unabhängig vom Behandlungserfolg

Im Falle mangelhafter Aufklärung greift die Haftung auch dann ein, wenn der Eingriff lege artis durchgeführt worden ist und der Verlauf bei wirksamer Einwilligung vom Patienten als schicksalhaft hinzunehmen wäre. Gleichwohl ist die Rechtsprechung umso eher geneigt, mangelhafte Aufklärung zu bejahen, wenn sich der Eingriff oder die Therapie nach den Feststellungen des Sachverständigen als möglicherweise nicht indiziert oder möglicherweise fehlerhaft erweist. Ist der Eingriff dagegen vital oder bedingt vital indiziert, neigt die Rechtsprechung dazu, den Umfang der Aufklärung zu beschränken, dies ändert aber nichts an der Notwendigkeit, das Risiko dem Patienten in angemessener Weise klarzumachen.

---

[33] OLG Hamm, VersR 1992, 833.
[34] BGH, NJW 1990, 1528.
[35] BGH, NJW 1991, 2342.
[36] OLG Brandenburg, VersR 2009, 1230.
[37] OLG Stuttgart, AHRS 4650/100.
[38] BGH, MDR 1988, 485.
[39] OLG Nürnberg, NJW-RR 2004, 1543.
[40] OLG Bremen, VersR 2001, 341.
[41] OLG Stuttgart, MedR 1996, 81.

▶ Aufklärung als Teil der Arzt-Patienten-Kommunikation

Der Patient muss auch über die Gefahr einer späteren Verschlechterung umfassend informiert werden muss. Aufklärung hat nicht unter dem Druck haftungsrechtlicher Konsequenzen zu erfolgen, sondern aus dem Selbstverständnis ärztlicher Arbeit. Aufklärung bedeutet Information und Gespräch zwischen Arzt und Patient als integralen Bestandteil ärztlichen Tuns und als fortlaufende Kommunikation während des gesamten Behandlungsgeschehens.

Merksätze
Aufklärung über Risiken und Risiken der Aufklärung:
1. Unabhängig von der Komplikationsrate sind auch solche Eingriffsrisiken aufklärungspflichtig, die im Einzelfall das zukünftige Leben des Patienten schwer belasten und auch bei geringer Komplikationsrate für den Eingriff spezifisch, für den Laien jedoch überraschend sind. Dem Patienten nützen keine Risiko-Statistiken.
2. Ein Aufklärungsmangel führt wegen fehlender wirksamer Einwilligung des Patienten selbst bei schicksalhaftem Behandlungsmisserfolg zur Haftung.
3. Wer als niedergelassener Arzt, häufig aus kundendienstlichen Gründen, von einer schriftlichen Einwilligungserklärung absieht, muss das hieraus resultierende höhere Risiko zivil- oder auch strafrechtlicher Verfolgung tragen. Es wird ihm selten gelingen, nach langer Zeit bis zur mündlichen Verhandlung der Streitsache eine vollständige Aufklärung durch andere Beweismittel, etwa durch Zeugen, zu beweisen.

Fall 16: Die schmerzvolle Schultergelenksinjektion

BGH, Urteil vom 14.02.1989 – VI ZR 65/88 – AHRS 4650/20

Sachverhalt
Der damals 32-jährige kaufmännische Angestellte Heinz B., Ehemann der Erstklägerin und Vater des Zweitklägers, suchte am 15.10.1981 wegen Schmerzen im rechten Schultergelenk zunächst seinen Hausarzt und am 22.10.1981 den Beklagten auf, der Facharzt für Orthopädie ist. Dieser stellte bei seiner klinischen Untersuchung fest, Schürzen- und Nackengriff seien erheblich eingeschränkt und es liege eine Schultersteife rechts mit „typischem Befund" vor. Eine Röntgenaufnahme des Schultergelenks in zwei Ebenen ergab keinen krankhaften Befund. Die Blutsenkung ergab einen BSG-Wert von 17/44. Der Beklagte verabreichte dem Patienten daraufhin eine intraartikuläre Injektion mit dem cortisonhaltigen Mittel Diprosone Depot in die Gelenkkapsel des rechten Schultergelenks und legte einen „Collar'n Cuff"-Verband an.

Am Morgen des 23.10.1981 stellte sich der Patient im gebesserten Zustand vor. Daraufhin gab ihm der Beklagte eine Musterpackung des Schmerzmittels Voltaren 50 zur Einnahme über das Wochenende mit und bestellte ihn zum 26.10.1981 erneut ein. Weil sich seine Schmerzen verschlimmerten, ließ der Patient am Wochenende seinen Hausarzt kommen, der ihm zur Schmerzlinderung eine intramuskuläre Spritze in das Gesäß verabreichte. Am nächsten Tage bekam der Patient Fieber, sein Allgemeinzustand verschlechterte sich weiter. Den Wiedervorstellungstermin zum 26.10.1981 nahm der Patient nicht wahr, sondern ließ sich weiter vom Hausarzt behandeln. Als Fieber und Schmerzen nicht nachließen, wurde der Patient in die Klinik eingeliefert, wo sich bei der Aufnahme das Bild eines septischen Fiebers zeigte. Nach Verlegung auf die Intensivstation in der Klinik verstarb der Patient am 11.11.1981, nach dem Sektionsbericht wegen multipler Lungenabszesse, die durch eine Septikopyämie (Blutvergiftung) nach Vereiterung des rechten Schultergelenks entstanden sind.

Beide Kläger verlangen vom Beklagten Ersatz der Beerdigungskosten, die Erstklägerin und Ehefrau darüber hinaus Ersatz des Unterhaltsschadens. Sie werfen dem Beklagten vor, den Tod des Patienten durch eine fehlerhafte Behandlung und durch Verletzung der ärztlichen Aufklärungspflicht verursacht zu haben. Der Beklagte habe ihn nicht auf das hohe Infektionsrisiko nach der Injektion eines Cortisonpräparates und auf mögliche Behandlungsalternativen hingewiesen. Zutreffend informiert hätte der Patient, der nur relativ geringe Beschwerden gehabt habe, die Injektion abgelehnt.

Lösung

▶ Aufklärung über Injektionsrisiken

Das Landgericht hat die Klage abgewiesen. Auf die Berufung der Klägerin hat das Oberlandesgericht die Ansprüche dem Grunde nach für gerechtfertigt erklärt. Die Revision des beklagten Arztes hatte keinen Erfolg. Der BGH hat in Übereinstimmung mit dem Berufungsgericht einen Aufklärungsmangel angenommen, der die Behandlung rechtswidrig und schadensersatzpflichtig macht. Der BGH hat dahingestellt sein lassen, ob dem Beklagten schadensursächliche Versäumnisse bei der Asepsis vor der Injektion anzulasten waren. Denn wegen schuldhaft unzureichender Aufklärung über die Risiken der Injektion traf den Beklagten jedenfalls der Vorwurf der fahrlässigen Körperverletzung des Patienten, die den Beklagten auch gemäß § 844 Abs. 2 BGB zum Ersatz des Unterhaltsschadens verpflichtete. Die Einwilligung kann nur wirksam erteilt werden, wenn der Patient über den Verlauf des Eingriffs, seine Erfolgsaussichten, seine Risiken und möglichen Behandlungsalternativen mit wesentlich anderen Belastungen, Chancen und Gefahren im Großen und Ganzen aufgeklärt worden ist. Nur so werden sein Selbstbestimmungsrecht und sein Recht auf die körperliche Unversehrtheit gewahrt[42].

---

[42] Grundlegend BGHZ 29, 46; 29, 176.

▶ Aufklärung über typische Risiken wie Schulterversteifung

Zu den bekannten Gefahren einer intraartikulären Injektion in das Schultergelenk mit cortisonhaltigen Mitteln gehört es, dass es in seltenen Fällen zu einer Infektion im Schultergelenk kommt, die nicht immer voll beherrschbar ist und dann im Ergebnis zu einer Versteifung des Schultergelenks führen kann. Dass es darüber hinaus zu einer Ausbreitung der Infektion über das Schultergelenk hinaus und zu einer tödlichen Sepsis kommt, ist zwar nicht ganz auszuschließen, aber nur ganz vereinzelt beobachtet worden und als Risiko des Eingriffs in einschlägigen Handbüchern nicht beschrieben. Der Arzt brauchte hier deshalb über die Sepsis selbst nicht aufzuklären. Hierauf kam es aber auch nicht an, da der Arzt auch das Risiko der Versteifung der Schulter unstreitig nicht erwähnt hatte.

▶ Aufklärungsbedarf orientiert sich auch an Vorkenntnissen des Patienten

Zwar braucht über das allgemeine Risiko einer Wundinfektion nach Operationen, das zu den allgemeinen Gefahren gehört, mit denen der Patient rechnet, nicht aufgeklärt zu werden[43]. Der Arzt, der eine Injektion setzt, kann aber nicht ein solches allgemeines Gefahrenbewusstsein bei seinem Patienten voraussetzen. Gerade weil es sich um einen ärztlichen Routineeingriff handelt, wird ihn der Patient im Allgemeinen als ungefährlich ansehen. Jedenfalls dann, wenn der Injektion ein spezifisches Infektionsrisiko mit möglichen schweren Folgen anhaftet, das dem Patienten verborgen ist und mit dem er nicht rechnet, hat er Anrecht darauf, darüber informiert zu werden, um selbst abwägen zu können, ob er sich dem Eingriff unterziehen will. Angesichts dessen, dass es immerhin Behandlungsalternativen gab, nämlich die Gabe von Analgetika und Antiphlogistika, die Verabreichung von cortison- bzw. steroidhaltigen Medikamenten in Form von Tabletten oder Zäpfchen, ferner physikalische Therapiemaßnahmen, bedurfte es einer umfassenden Aufklärung. Dies gilt insbesondere, weil der Eingriff nicht dringlich und medizinisch nicht vital indiziert war.

▶ Aufklärung über mögliche Schmerzverstärkung

Für eine sachgerechte Aufklärung reicht es nicht aus, wenn der Arzt darauf hinweist, in seltenen Fällen könne es nach der Injektion zu einer Infektion kommen. Dies besagt über die Gefahren des Eingriffs in Wahrheit nichts. Der Patient muss wissen, welche schweren Folgen die Injektion für ihn haben könnte, sodass auch die mögliche Folge einer Schulterversteifung aufklärungspflichtig ist. Insbesondere bei chirurgischen Interventionen ist der Patient darüber aufzuklären, dass sich der Schmerz bei einem Misserfolg der Behandlung auch verstärken kann. So ist bei einem orofazialen Schmerz-Dysfunktionssyndrom bekannt, dass chirurgische Interventionen auch zu einer Schmerzverstärkung führen können, z. B. durch Ganglienentfernung oder Nervdurchtrennung. Auch dann, wenn solche Eingriffe gewisser-

---

[43] BGH, VersR 1986, 342.

maßen als „letzte Möglichkeit" durchgeführt werden – obwohl manchmal nicht einmal eine psychosomatische Abklärung stattgefunden hat -, sollte der Arzt trotz des Drängens der betroffenen Patienten zu solchen Interventionen diese nachdrücklich über das Risiko der Schmerzverstärkung bei Misserfolg des Eingriffs aufklären.

Fall 17: Die zementfreie Endoprothese

OLG Hamm, Urteil vom 22.03.1993 – 3 U 182/92 – AHRS 4650/103

Sachverhalt

Der etwa 50 Jahre alte Kläger verlangt Ersatz materieller und immaterieller Schäden wegen der Folgen einer Hüftoperation. Der Kläger begab sich auf den Rat seines Hausarztes wegen jahrelanger Beschwerden im rechten Hüft- und Wirbelsäulenbereich in die Behandlung des Beklagten, des Leiters der Chirurgischen Abteilung eines Krankenhauses. Zur Anamnese ist in den Krankenunterlagen dokumentiert: „seit fünf bis sechs Jahren Schmerzen im Bereich der rechten Hüfte, in Ruhe aber besonders bei Bewegung. Die Rotation ist schmerzhaft eingeschränkt, die Beugung ist bei 50° noch möglich. Röntgenologisch ist eine ausgeprägte Coxarthrose rechts zu sehen mit pilzförmiger Deformierung des Hüftkopfes und fast völliger Aufhebung des Gelenkspaltes".

Entsprechend dem zwischen den Parteien geführten Gespräch, dessen Inhalt im Einzelnen streitig ist, setzte der Beklagte dem Kläger eine zementfreie Prothese nach einer modifizierten Technik, nämlich eine Judit-Pfannenprothese und Könne-Schaftprothese ein. Die Operation verlief komplikationslos. Nach stationärer Behandlung und Anschlussheilbehandlung suchte der Kläger den Beklagten während der nächsten zwei Jahre mehrfach wegen anhaltender Beschwerden auf, röntgenologische Kontrollen zeigten einen optimalen Prothesensitz.

Der Kläger begab sich wegen der fortdauernden Beschwerden in anderweitige Behandlung. Der nachbehandelnde Orthopäde stellte eine Lockerung der implantierten Prothese fest, die stationär bestätigt wurde. Wegen auftretender Gerinnungsstörungen wurde der Kläger in der Universitätsklinik weiter behandelt, wo eine septische Lockerung der Prothese diagnostiziert und nunmehr eine neue jetzt zementierte Prothese eingesetzt wurde.

Der Kläger hat die Operation des Beklagten für fehlerhaft gehalten. Er hat ferner gerügt, weder über Operations- noch Folgerisiken aufgeklärt worden zu sein. Der Beklagte hat jedoch bei seiner Anhörung ein eingehendes Aufklärungsgespräch bestätigt, auch der Kläger hat eingeräumt, dass der Beklagte die Gefahr, dass die Prothese möglicherweise nicht festsitzen könne, mitgeteilt hat. Die Krankenschwester wurde als Zeugin vernommen und bestätigte, dass sie es bei ihrer 11-jährigen Tätigkeit noch nie erlebt habe, dass der Beklagte bei derartigen Hüftoperationen nicht eingehend die Umstände und Risiken der Operation aufklärte.

Lösung

▶ Geschuldeter ärztlicher Standard begrenzt Aufklärungspflicht

Das Landgericht hatte dem Kläger ein Schmerzensgeld zugesprochen, weil der Beklagte über die Alternative einer Zementprothese nicht aufgeklärt habe. Auf die Berufung des Beklagten wurde die Klage vom OLG abgewiesen. Wörtlich heißt es in dem Urteil:

> Der Senat ist nach dem Ergebnis der Parteianhörung und der Beweisaufnahme davon überzeugt, dass die Aufklärung hier so ausführlich und umfassend war, dass für den Kläger keine relevanten Fragen offenbleiben konnten. Der Kläger ist zunächst auf die Vorteile der zementlosen Prothese im Vergleich zu der – theoretisch in Betracht kommenden – zementierten Prothese hingewiesen worden. Angesichts des relativ jungen Alters des Klägers war allerdings die zementierte Prothese keine echte Alternative, da sie bei normalem und entzündungsfreiem Verlauf eine erheblich geringere Lebensdauer hat als die zementfreie Prothese.
> Der Kläger ist sodann darauf hingewiesen worden, dass es zu Lockerungen der Prothese kommen könne, weil entweder das Material Abstoßungsreaktionen zeigt oder weil Infektionsrisiken bestehen, die bei Operationen dieser Art niemals gänzlich ausgeschlossen werden können. Auch ist ihm gesagt worden, dass postoperative Verknöcherungen in der Umgebung des Gelenkes auftreten könnten mit der Folge, dass es zu einer Einschränkung der Bewegungsfähigkeit und zu Schmerzen kommen konnte, die ebenso wie im Falle der Lockerung der Prothese einen nochmaligen Eingriff erforderlich machten (…). Schon aus eigener langjähriger Erfahrung wusste der Kläger, dass alternativ zur Operation auch eine konservative Medikamentenbehandlung in Betracht kam, die allerdings die Erkrankung selbst nicht beseitigen konnte.

▶ Aufklärung nur über gleichwertige Alternativen

Zur Verlaufsaufklärung gehört auch die Information des Patienten über alternative Behandlungsmöglichkeiten, sofern diese eine echte Alternative vom Risikospektrum oder vom Wirkungsgrad her darstellen. Für eine ärztliche Aufklärungspflicht wegen zur Verfügung stehender Behandlungsalternativen reicht es bereits aus, wenn in der medizinischen Wissenschaft ernsthafte Stimmen auf bestimmte, mit einer Behandlung verbundene Risiken hinweisen und Alternativen nennen. Aber Behandlungsalternativen bedürfen nur der Aufklärung, wenn es sich um eine echte Alternative mit gleichwertigen Chancen, wenn auch unterschiedlichen Risiken handelt (z. B. konservativ statt operativ)[44]. Gibt es zu dieser konkreten Operationsart keine Alternative, verbietet sich eine Aufklärung über rein theoretische Möglichkeiten. Wenn jedoch der Patient bei seinem konkreten Leiden aufgrund eines neuartigen Verfahrens in einer Spezialklinik besser behandelt werden kann, hat der Arzt über dieses neue Verfahren aufzuklären. Allerdings besteht keine Aufklärungspflicht über die Möglichkeit besserer Behandlungsbedingungen in einem anderen

---

[44] BGH, VersR 1996, 233; OLG Nürnberg MedR 2001, 577; OLG Köln, Urt. v. 31.01.2012 – 5 U 216/11.

Krankenhaus, denn das Krankenhaus hat nur seinen Standard zu gewähren, nicht optimale Ausstattung oder den Standard einer höheren Stufe.

> **Merksätze**
> Aufklärung über Behandlungsalternativen:
> 1. Im Rahmen der Verlaufsaufklärung ist der Patient über alternative Behandlungsmöglichkeiten aufzuklären, sofern diese eine echte Alternative vom Risikospektrum und vom Wirkungsgrad her darstellen.
> 2. Die Wahl der im Einzelfall anzuwendenden Behandlungsmethode ist grundsätzlich Sache des Arztes[45].
> 3. Die Aufklärung braucht sich nicht zu erstrecken auf Risiken, die nur durch eine fehlerhafte Behandlung des Arztes entstehen. Gegen dieses Risiko ist der Patient durch die Haftung des Arztes wegen Behandlungsfehlers geschützt[46].

Exkurs: Aufklärung bei Neulandverfahren „Robodoc"

▶ Gesteigerte Aufklärungspflichten bei Anwendung von Neulandmethoden

Der medizinische Fortschritt in der Orthopädie hat nicht nur zementfreies Implantieren von Hüftgelenksendoprothesen möglich gemacht. Mitte/Ende der 1990er-Jahre wurde in einigen Kliniken ein computerunterstütztes Fräsverfahren einer zementfreien Hüftgelenksendoprothese, „Robodoc", eingesetzt. Die zunächst faszinierende Behandlungsalternative zeigte aber bald besondere Komplikationsgefahren in Form einer Nervschädigung. Der Bundesgerichtshof (BGH) hatte sich in der Entscheidung vom 12.06.2006 (VI ZR 323/04)[47] mit den Anforderungen an eine Patientenaufklärung bei Anwendung der neuen medizinischen Behandlungsmethode „Robodoc" zu beschäftigen. Wenn der Arzt keine allseits anerkannte Standardmethode, sondern ein „medizinisches Neulandverfahren", wie im Streitfall 1995 das „Robodoc"-Verfahren mit neuen, noch nicht abschließend geklärten Risiken anwenden wolle, habe er den Patienten auch darüber aufzuklären und darauf hinzuweisen, dass unbekannte Risiken derzeit nicht auszuschließen sind. Dem Patienten müsse unmissverständlich verdeutlicht werden, dass die neue Methode die Möglichkeit unbekannter Risiken birgt. Nur so könne der Patient für sich sorgfältig abwägen, ob er sich nach der herkömmlichen Methode mit bekannten Risiken operieren lassen möchte oder aber nach der neuen Methode unter besonderer

---

[45] OLG Hamm, VersR 1990, 52; eingehend zur Aufklärung über Behandlungsalternativen: Schelling/Erlinger, MedR 2003, 331.
[46] BGH, VersR 1992, 358.
[47] MedR 2006, 650; VersR 2006, 1073; ZMGR 2006, 181; GesR 2006, 411; NJW 2006, 2477; MDR 2007, 153; RuS 2007, 81.

Berücksichtigung der in Aussicht gestellten Vorteile und der noch nicht in jeder Hinsicht bekannten Gefahren. Der Aufklärungsmangel wirkte sich jedoch unter den besonderen Umständen des Streitfalls nicht aus, weil sich bei dem Patienten mit einer Nervschädigung ein auch der herkömmlichen Methode anhaftendes Risiko verwirklicht hatte, auf das sich auch die Patientenaufklärung erstreckte. Der Senat bestätigt damit seine ständige Rechtsprechung, dass sich ein Patient dann nicht auf einen Aufklärungsfehler berufen kann, wenn sich (nur) ein Risiko verwirklicht, über das er aufgeklärt wurde.

Ganz im Sinne der durch den BGH herausgebildeten Rechtsprechung zur Aufklärungspflicht bei „Neulandmethoden" wie der Anwendung des computerunterstützten Fräsverfahrens Robodoc bei der Implantation einer Hüftendoprothese (BGH, Urteil vom 13.06.2006 – VI ZR 323/04[48]) hat auch das OLG Dresden in seinem Urteil vom 13.09.2007 – 4 U 601/06 –[49] festgehalten, dass bei der Anwendung von Neulandmethoden darüber aufzuklären ist, dass unbekannte Risiken nicht auszuschließen sind und dass es sich bei der Robodocmethode auch noch im Jahre 2000 um eine solche, die Aufklärungspflicht aktualisierende Neulandmethode handele. Allerdings hatte sich auch im streitgegenständlichen Fall mit der Schädigung des Nervus fibularis ein Risiko verwirklicht, über das aufgeklärt wurde, sodass sich der Patient nicht auf das Aufklärungsversäumnis bezüglich unbekannter Risiken berufen konnte. Ebenso postuliert der Senat, dass bei einer TEP-Operation die Art der Lagerung nicht gesondert zu dokumentieren sei, sodass dem Patienten keine Beweislastumkehr wegen Dokumentationsmängeln zugutekommen könne. Wenn die Lagerung des Patienten während der Operation allgemein feststehe, müssten diese allgemein anerkannten medizinischen Regeln nicht jedes Mal schriftlich dokumentiert werden.

Fall 18: Die Bandscheibenoperation mit nicht aufklärungspflichtigem Risiko

BGH, Urteil vom 30.01.2001 – VI ZR 353/99 – NJW 2001, 2798

Sachverhalt

Der Kläger litt seit Anfang der 80er-Jahre unter Bandscheibenbeschwerden, die jeweils konservativ behandelt wurden. Am 14.02.1994 begab er sich in die Behandlung des Beklagten. Dieser diagnostizierte eine Nervenwurzeldekompression L5/S1 und empfahl eine Diskografie sowie eine Laser-Nervenwurzeldekompression. Am 09.03.1995 wurde der Kläger in ein Krankenhaus aufgenommen, in welchem der Beklagte Belegbetten unterhält, und noch am selben Tag von diesem operiert. Am 13.03.1995 wurde bei dem Kläger eine Peronaeusparese diagnostiziert, aufgrund derer er seine berufliche Tätigkeit als Schlosser aufgab.

---

[48] NJW 2006, 2738; GesR 2006, 411 ff.
[49] MedR 2008, 430; OLGR 2008, 430.

VI. Worüber ist aufzuklären?

Der Kläger ist der Ansicht, die Operation, über deren Risiken er weder am 14.02. noch am 09.03.1995 aufgeklärt worden sei, sei nicht indiziert gewesen und habe sowohl zu der diagnostizierten Peronaeusparese als auch zu einer Impotenz geführt. Der Kläger begehrte daraufhin vom Beklagten Schadensersatz und Schmerzensgeld.

Das erstinstanzliche Landgericht hat den Schadensersatzanspruch für begründet erklärt und dem Kläger ein Schmerzensgeld von rund 20.000 € zugesprochen sowie die Ersatzpflicht für sämtliche materiellen Zukunftsschäden festgestellt. Das OLG Hamm hat die hiergegen gerichtete Berufung des Beklagten zurückgewiesen.

Die vom Beklagten durchgeführte Aufklärung sei schon deshalb ungenügend gewesen, weil der Beklagte nach dem Ergebnis der Beweisaufnahme den Kläger nicht auf das schwerste Risiko des Eingriffs, einer Querschnittslähmung, hingewiesen habe. Hierdurch fehle es bereits an der erforderlichen Grundaufklärung. Defizitär sei die Aufklärung auch deshalb, weil der Kläger nicht auf das Risiko einer Impotenz hingewiesen worden sei, obwohl diese bei der durchgeführten Laser-Operation auftreten könne. Bei ausreichender Aufklärung sei von einem Entscheidungskonflikt des Klägers auszugehen. Die Revision hatte keinen Erfolg.

Lösung

▶ Haftung bei Verwirklichung mehrerer Risiken

Der BGH hat die Haftung des Beklagten wegen eines Aufklärungsmangels bestätigt. Der Beklagte habe, die tatsächlichen Feststellungen des OLG sind für den BGH bindend und der Entscheidung zugrunde zu legen, den Kläger nicht auf das aufklärungspflichtige Risiko einer Impotenz als Folge des Eingriffs hingewiesen. Die eingetretene Impotenz habe durch die Operation entstehen können. Bei Kenntnis dieses Risikos hätte der Kläger sich gegen den Eingriff entschieden, wie die durchgeführte Beweisaufnahme ergab. Hätte somit die gebotene Aufklärung zur Vermeidung der Operation geführt, so sei es unter den Umständen des Streitfalles gerechtfertigt, dem Beklagten deren sämtliche Folgen zuzurechnen.

▶ Grundaufklärung über schwerstes mögliches Risiko

Der BGH hat es daher dahinstehen lassen, ob der Beklagte auch deshalb haften würde, weil er dem Kläger keinen Hinweis auf das schwerstmögliche Risiko des Eingriffs, nämlich einer Querschnittslähmung, erteilt habe und daher ein Mangel in der Grundaufklärung vorliege. Der BGH habe den Begriff der Grundaufklärung bisher zur Begründung der Haftung aus einem Aufklärungsfehler nur herangezogen, wenn es um ein äußerst seltenes, nicht aufklärungspflichtiges Risiko ging, das sich dann aber doch bei dem Eingriff verwirklicht hat. Sei in einem solchen Fall der Patient über das betreffende Risiko nicht aufgeklärt worden, so könne sich ein Mangel an der Grundaufklärung auswirken, wenn nämlich dem Patienten nicht einmal ein Hinweis auf das schwerstmögliche Risiko gegeben worden sei, sodass er sich von der Schwere und Tragweite des Eingriffs keine Vorstellung machen konnte. Bei einer solchen Fallkonstellation könne es unter dem Blickpunkt der fehlenden Grundaufklärung gerechtfertigt sein, dem Arzt die Haftung zuzurechnen, obwohl der Schaden, für den er einstehen soll, aus einem anderen Risiko entstanden ist, über das er nicht hätte aufklären müssen. So liege der zu entscheidende Streit jedoch nicht, da das Impotenzrisiko aufklärungspflichtig gewesen sei.

▶ Haftung des Arztes für alle Folgen

Allgemein lässt sich festhalten: Verletzt der Arzt seine Aufklärungspflicht hinsichtlich eines aufklärungspflichtigen Risikos, so hat er für alle Folgen des Eingriffs einzustehen unabhängig davon, welche Risiken sich sonst verwirklichen über die aufgeklärt wurde. Da der Eingriff wegen der fehlenden Einwilligung insgesamt rechtswidrig ist, erstreckt sich die Haftung auf alle Folgen der Behandlung.[50]

▶ Weiteres Fallbeispiel zur Grundaufklärung

Ein weiteres Beispiel für die unterbliebene Grundaufklärung bietet eine Entscheidung des OLG Bremen[51]: Bei der Klägerin wurde aufgrund der Diagnose Bandscheibenvorfall der LWS in Höhe der LWK 4/5 mit Spinalkanalstenose der LWS in Höhe der LWK 3/4 und 4/5 eine Operation durchgeführt. Nach der Operation bestanden bei der Klägerin ein inkomplettes Caudasyndrom, Blasen- und Mastdarmentleerungsstörungen, Sensibilitätsstörungen im Innenbereich der unteren Extremitäten sowie des Genital- und Gesäßbereichs. Da die Klägerin weiterhin über Rückenschmerzen klagte, wurde in der Folgezeit eine Versteifungsoperation durchgeführt. Der Beklagte wurde persönlich angehört und erklärte, dass er über Entzündungen der Operationswunde, Nervenverletzungen, Einschränkungen der Blasenfunktion gesprochen habe. Die Nervenverletzungen habe er als Lähmungen bezeichnet und eine mögliche Querschnittslähmung angesprochen. An Angaben zu Sensibilitätsstörungen im Genitalbereich konnte sich der Beklagte nicht mehr erinnern.

Der Senat hielt sachverständig beraten bereits die Grundaufklärung des Beklagten gegenüber der Klägerin für unzureichend. Einmal fehle ein Hinweis auf eine Alternative zur Operation, die nach Auffassung des Sachverständigen auch für die Klägerin in Betracht gekommen wäre. Zum anderen fehlten Informationen über unter Umständen seltene, den Eingriff aber spezifisch begleitende schwerwiegende Komplikationen, die bei ihrer Verwirklichung die Lebensführung des Betroffenen gravierend belasten.[52] Es fehle an der notwendigen Information über die gravierendsten Risiken der eingetretenen Instabilität der Wirbelsäule und über eine Verletzung des Bauchraums durch ein Instrument mit hoher Letalitätsquote von 50 %.

---

[50] BGH, VersR 1996, 195.
[51] OLG Bremen, VersR 2001, 340.
[52] Vgl. BGH VersR 1994, 104; Martis/Winkhart, S. 108, 109.

> **Merksätze**
> Bedeutung der Grundaufklärung:
> 1. Ohne Grundaufklärung über Art und Schweregrad des Eingriffs wird der behandelnde Arzt nie aus der Haftung wegen des Aufklärungsdefizits und unwirksamer Einwilligung entlassen.
> 2. Die Grundaufklärung muss einen Hinweis auf das schwerste, möglicherweise in Betracht kommende Risiko enthalten.
> 3. Fehlt es an der erforderlichen Grundaufklärung über Art und Schwere eines ärztlichen Eingriffs, so entfällt die Haftung des Arztes für das Aufklärungsversäumnis auch dann nicht, wenn sich ein anderes Risiko verwirklicht, über das der Arzt nicht aufzuklären brauchte.

Fall 19: Freiheit bei der Methodenwahl

OLG Hamm, Urteil vom 28.11.1994 – 3 U 45/94 – AHRS 4650/121 und 2620/121

Sachverhalt

Beim Kläger wurde bei der Diagnostik wegen eines Bandscheibenvorfalls als Zufallsbefund ein Tumor im Knochenmark des linken Oberschenkels entdeckt. Der Beklagte zu (2) führte mit dem Kläger ein Aufklärungsgespräch. Darin wurde nicht nur über das beabsichtigte Vorgehen – offenbar eine Fixierung mittels Platte oder Fixateur – sondern auch über alternative Methoden der Fixierung gesprochen. Die Beklagten zu (3) bis (5) entfernten den Tumor im Jahre 1990 dann operativ. Sie legten im Oberschenkelknochen ein Fenster an, das anschließend mit dem entnommenen Deckel mit einer Kortikalisschraube verschlossen wurde. Die Entscheidung über die zu wählende Methode war nicht dem Kläger überlassen worden, sondern wurde erst intraoperativ getroffen.

Einen Monat nach der Operation rutschte der Kläger mit einer Gehstütze weg, und belastete unwillkürlich das operierte Bein und erlitt einen Schrägbruch. Der Bruch wurde von anderen Operateuren mit einer Plattenosteosynthese versorgt. In der Folge musste der Kläger den von ihm versorgten landwirtschaftlichen Betrieb aufgeben.

Der Kläger behauptet, der Beklagte zu (2) habe ihn vor der operativen Entfernung des Tumors nicht ausreichend über die unterschiedlichen Möglichkeiten des Vorgehens und ihre verschiedenen Risiken unterrichtet. Außerdem seien bei beiden Operationen den Ärzten Behandlungsfehler unterlaufen, wodurch es zu einer verzögerten Heilung, den aufgetretenen Schmerzen und letztlich auch zur Aufgabe des Betriebes gekommen sei. Der Kläger begehrt Ersatz materiellen Schadens, Zahlung eines Schmerzensgeldes und umfassende Feststellung der Verpflichtung zum Ersatz zukünftiger Schäden.

Lösung

▶ Umfassende Aufklärung erweitert Handlungsspielraum des Arztes

Landgericht und Oberlandesgericht verneinten einen Aufklärungsfehler. Die Befestigung des Knochendeckels mit einer Kortikalisschraube sei eine jedenfalls medizinisch vertretbare Alternative zu einer Fixierung mittels Platte und Fixateur gewesen. Dass der aufklärende Arzt nicht eine Entscheidung des Klägers über die zu wählende Methode herbeigeführt habe, sondern sich eine intraoperative Entscheidung vorbehalten habe, sei nicht zu beanstanden gewesen. Die Einwilligung des Klägers in die Operation sei wirksam gewesen, weil der Kläger auch über alternative Methoden der Fixierung aufgeklärt worden sei. Die Entscheidung belegt, wie eine umfassende Aufklärung des Patienten über unterschiedliche Operationsmethoden den Geltungsbereich der Einwilligung des Patienten und damit den intraoperativen Handlungsspielraum des Operateurs erweitert.

▶ Aufklärungsrüge als zweite Angriffslinie

Dieser Fall ist auch ein weiteres Beispiel dafür, dass der Vorwurf eines Aufklärungsdefizits häufig als Auffangtatbestand oder auch zweite Angriffslinie von den klagenden Patienten bzw. ihren rechtlichen Beiständen aufgebaut wird. Grund für die Klageerhebung dürfte sicherlich nicht eine Verärgerung über ein angeblich unvollständiges Aufklärungsgespräch gewesen sein, sondern die Unzufriedenheit mit dem Behandlungsergebnis. Gleichwohl können, wie der zuvor zitierte Fall zeigt, allein Aufklärungsmängel zur Haftung führen, ohne dass ein Behandlungsfehler nachgewiesen werden muss.

▶ Problematische Aufklärung bei relativer Eingriffsindikation

Den behandelnden Ärzten wird häufig vorgeworfen, über Behandlungsalternativen nicht ausreichend aufgeklärt zu haben. Die Einwilligung in eine Operation soll dann unwirksam gewesen sein, weil der Patient angeblich nicht ausreichend über alternative Operationsmethoden oder konservative Behandlungen informiert wurde. Es handelt sich hierbei um ein häufiges Problem gerade orthopädischer Operationen. Absolute Operationsindikationen oder gar lebensentscheidende Operationen sind im Fachgebiet der Orthopädie äußerst selten. Fast immer geht es um eine chronische Symptomatik, zu deren Behandlung mehrere Wege offenstehen.

Fall 20: Gehirnblutungen nach diagnostischem Eingriff

BGH, Urteil vom 18.11.2008 – VI ZR 198/07 – VersR 2009, 257; NJW 2009, 1209

Sachverhalt
Die Klägerin musste sich bereits im Jahre 1975 einer Gehirnoperation unterziehen. Im Jahr 1987 erlitt sie einen Schlaganfall. Seit diesem Zeitpunkt war sie rechtsseitig

VI. Worüber ist aufzuklären?

gelähmt. Im Jahre 2002 kamen beidseitige Pondsblutungen (Gehirnblutungen) hinzu. Die Klägerin wurde am 20.11.2003 wegen in einem ambulanten CCT beschriebenen Blutungen rechts paramedian im Pondsbereich stationär aufgenommen. Es wurde sodann durch den Radiologen der Klinik ein Aufklärungsgespräch für eine Subtraktionsangiografie des Kopfes durchgeführt. Bei dieser Untersuchung erlitt die Klägerin Infarkte im Bereich des Thalamus beidseits sowie im Hirnstamm. Seitdem leidet sie an weiteren erheblichen Gesundheitsbeeinträchtigungen.

Lösung

▶ Umfang der Aufklärung

Nach sachverständiger Beratung hatte das Landgericht Behandlungsfehler verneint, aber eine unzureichende Patientenaufklärung angenommen und den Krankenhausträger zur Zahlung von Schmerzensgeld und Schadenersatz verurteilt. Die Berufung beim Oberlandesgericht und Revision beim Bundesgerichtshof hatten keinen Erfolg.

Der Arzt hat den Patienten nicht über jede noch so entfernt liegende Gefahrenmöglichkeit aufzuklären. Der Patient muss nur „im Großen und Ganzen" wissen, worin er einwilligt. Dazu muss er über die Art des Eingriffs und seine nicht ganz außerhalb der Wahrscheinlichkeit liegenden Risiken informiert werden, soweit diese sich für einen medizinischen Laien aus der Art des Eingriffs nicht ohnehin ergeben und für seine Entschließung von Bedeutung sein können. Der BGH betont, dass die Risiken nicht in allen denkbaren Erscheinungsformen aufgezählt werden müssen, der Arzt den Patienten aber eine allgemeine Vorstellung von der Schwere des Eingriffs und der spezifisch mit ihm verbundenen Risiken zu vermitteln hat, ohne diese zu beschönigen oder zu verschlimmern.

Für den Umfang der Aufklärung ist nach der Rechtsprechung nicht die Komplikations- oder Risikodichte maßgebend, also nicht, wie oft das Risiko zu einer Komplikation führt, sondern die Bedeutung, die das Risiko für die Entschließung des Patienten haben kann. Wenn also eine besonders schwere Belastung für die Lebensführung des Patienten in Betracht kommt, so ist die Information über ein solches Risiko für die Einwilligung des Patienten auch dann von Bedeutung, wenn sich das Risiko sehr selten verwirklicht.

▶ Erhöhte Aufklärungspflichten bei diagnostischen Eingriffen

Der BGH hat herausgestellt, dass auch in diesem Zusammenhang die Frage des Grades der Dringlichkeit des Eingriffs eine entscheidende Rolle spiele. Der Aufklärungsumfang werde einerseits durch das Gewicht der medizinischen Indikation bestimmt, welches sich wiederum aus der Notwendigkeit des Eingriffs, seiner zeitlichen Dringlichkeit und den Heilungschancen ergebe, andererseits aber durch die Schwere der Schadensfolgen für die Lebensführung des Patienten im Falle der Risikoverwirklichung. Aus diesem Grunde ist zwischen unmittelbar therapeutischen Eingriffen und diagnostischen Eingriffen unbedingt zu differenzieren. Bei diagnostischen Eingriffen ohne therapeutischen Eigenwert – hierzu zählt auch die diagnostische Subtraktionsangiografie des Kopfes – sind strengere Anforderungen an die Aufklärung des Patienten über die damit verbundenen Risiken zu stellen. Bei der vorgesehenen Angiografie und anderen diagnostischen Maßnahmen mit hohem Risiko ist eine umfassende Unterrichtung des Patienten über Notwendigkeit, Zweckmäßigkeit und die Art und Risiken geboten, wenn das Unterlassen des Eingriffs aus ärztlicher Sicht mindestens ebenso infrage kommt wie die Durchführung.

▶ Erhöhte Aufklärungspflichten bei Vorbefunden

Der BGH betont, dass es Aufgabe des Arztes ist, bei diagnostischen Eingriffen eine besonders sorgfältige Abwägung zwischen der diagnostischen Aussagekraft, den Klärungsbedürfnissen und den besonderen Risiken für den Patienten vorzunehmen. Deshalb war im konkreten Fall die Klägerin nicht mehr über das bei einer diagnostischen Subtraktionsangiografie des Kopfes grundsätzlich bestehende Schlaganfallrisiko aufzuklären, vielmehr hatte der aufklärende Arzt auch mitzuteilen, dass dieses Risiko für diese Patienten durch ihre Vorgeschichte erhöht war. Über die Aufklärung dieses erhöhten Risikos fand sich kein Eintrag im Aufklärungsbogen. Es konnte auch nicht von dem aufklärenden Arzt bei der Beweisaufnahme als mitgeteilt bestätigt werden. Nur wenn der Klägerin dieses bestehende individuelle Risiko bekannt war, hätte sie alle notwendigen Informationen für ihre Einwilligung in die diagnostische Maßnahme gehabt.

▶ Vorbehalt gegenüber Formularaufklärung

Das Urteil des BGH ist von besonderer Bedeutung, weil es die Vorbehalte der Rechtsprechung gegenüber einer Formularaufklärung erkennen lässt. Wenn individuelle und besondere Umstände ein spezifisches Risiko erkennen lassen, muss dieses Risiko auch individuell und zweckmäßigerweise schon im Aufklärungsbogen oder in einem gesonderten Vermerk des aufklärenden Arztes festgehalten werden.

▶ Hypothetische Einwilligung: Präklusion

Hinzu kam, dass sich die Behandlungsseite erstinstanzlich nicht auf eine hypothetische Einwilligung der Patientin berufen hatte. Die Hypothetische Einwilligung ist nun in § 630 h Abs. BGB gesetzlich festgeschrieben. Jedenfalls war nach Erhalt des Sachverständigengutachtens deutlich geworden, dass eine Verurteilung wegen einer nicht erfolgten Aufklärung über das bei der Klägerin bestehende erhöhte individuelle erhöhte Risiko im Raum stand und es geboten war, sich zumindest hilfsweise mit rechtmäßigen Alternativverhalten zu verteidigen. Bei dieser Sachlage hat das Berufungsgericht den erstmals in zweiter Instanz erhobenen Einwand rechtmäßigen Alternativverhaltens als neues Verteidigungsmittel der Beklagten gemäß § 531 Abs. 2 Nr. 3 ZPO zurückgewiesen, weil die Beklagtenseite diesen Einwand bereits in erster Instanz hätten geltend machen können und bei gebotener Sorgfalt auch müssen. Denn in dieser Entscheidung betont der BGH, dass es für den berechtigten Einwand der hypothetischen Einwilligung nicht darauf ankommt, wie sich ein „vernünftiger" Patient bei vollständiger Aufklärung voraussichtlich verhalten hätte, vielmehr kommt es allein auf die persönliche Entscheidungssituation des Patienten aus damaliger Sicht an.

▶ Gesteigerte Aufklärungspflicht bei Anwendung einer Außenseitermethode

Noch strenger als bei relativer Operationsindikation und bei diagnostischen Eingriffen sind die Anforderungen an die ärztliche Aufklärungspflicht bei Anwendung einer Außenseitermethode. Der BGH hatte sich in seinem Urteil vom 22.05.2007 (VI. ZR 35/06)[53] mit der Verwendung eines sog. Racz-Katheters auseinanderzusetzen. Bei dieser Behandlungsmethode eines Bandscheibenvorfalls, die nach den Feststellungen des Sachverständigen bei hohem Misserfolgsrisiko in ihrer Wirksamkeit zweifelhaft ist, wird ein Epidural-Katheter im Spinalkanal mit einem Lokalanästhetikum, einem Corticoid, einem Enzym und einer Kochsalzlösung eingesetzt. Der BGH hält fest: Da sich die Anwendung einer Außenseitermethode von herkömmlichen, bereits zum medizinischen Standard gehörenden Therapien vor allem dadurch unterscheide, dass in besonderem Maße mit bisher unbekannten Risiken und Nebenwirkungen zu rechnen sei, erfordere die verantwortungsvolle medizinische Abwägung einen besonders sorgfältigen Vergleich zwischen den zu erwartenden Vorteilen und den abzusehenden, zu vermutenden oder auftretenden Nachteilen unter besonderer Berücksichtigung des Wohles des Patienten. Das höhere Risiko für den Patienten müsse in besonderem Maße eine Rechtfertigung in den Sachzwängen des konkreten Falles oder in einer günstigeren Heilprognose finden. Die Verpflichtung zur Überprüfung der Behandlungsmethode gelte erst recht, wenn im Verlauf der Behandlung Komplikationen auftreten. In diesem Falle dürfe die Behandlung nur fortgesetzt werden, wenn auszuschließen sei, dass die Komplikationen durch die Behandlung verursacht seien. Bei der Anwendung einer Behandlungsmethode außerhalb des medizinischen Standards gelte als Maßstab für die erforderliche Sorgfalt ein „vorsichtiger Arzt". Zum Umfang der erforderlichen Aufklärung führte der BGH aus, dass dem Patienten nicht nur die Risiken und die Gefahr des Misserfolges erläutert werden müssten, sondern auch darüber aufzuklären sei, dass der geplante Eingriff noch nicht medizinischer Standard und seine Wirksamkeit noch nicht statistisch abgesichert sei. Der Patient müsse wissen, auf was er sich einlasse, um abwägen zu können, ob er die Risiken einer evtl. relativ indizierten Behandlung und deren Erfolgsaussichten im Hinblick auf seine Empfindlichkeit vor dem Eingriff eingehen wolle.

VII. Wieweit ist aufzuklären?

▶ Verzicht des Patienten auf Aufklärung ist für Arzt riskant

Grundsätzlich ist ein Verzicht des Patienten auf vollständige oder auch teilweise Aufklärung möglich (630e Abs. 3 BGB). Der Arzt sollte sich in jedem Falle durch eine Grundaufklärung vergewissern, ob der Patient auch verstanden hat, worauf er

---
[53] VersR 2007, 1273.

verzichtet. Auf bereits vorhandenes Wissen kann zurückgegriffen werden. Es muss jedoch beachtet werden, dass alle Patienten zum Vergessen neigen. Bei Wiederholungsbehandlungen (z. B. Injektionsserien) kann auf die Voraufklärung Bezug genommen werden[54], die neu aus der Wiederholung entstehenden Risiken müssen jedoch erwähnt werden. Eine Aufklärungspflicht des Arztes kann beispielsweise auch entfallen, wenn der Patient aus eigenem medizinischen Vorwissen – z. B. weil er selbst Arzt ist – ein hinreichendes Bild von dem Eingriff hat[55].

▶ Täuschung über Gesundheitszustand

Nur in äußerst seltenen Ausnahmefällen kann es aus therapeutischen Gründen gerechtfertigt sein, den schwerkranken Patienten über seinen Gesundheitszustand zu täuschen. In solchen Fällen wird die Aufklärungspflicht zur Aufklärungslast. Der Arzt hat abzuwägen, wie viel Wahrheit geboten ist und der Patient ertragen kann. Auch eine vitale Indikation befreit den Arzt nicht von den Aufklärungspflichten, sondern verringert nur den Genauigkeitsgrad und die Intensität der Aufklärung, so z. B. vor Strahlentherapie bei Krebserkrankung.[56] Insofern kann die fehlende Aufklärung über eine dem Patienten nicht bekannte Krankheit sogar den Vorwurf eines groben Behandlungsfehlers rechtfertigen.

Fall 21: Die verschwiegene Tumorerkrankung

BGH, Urteil vom 25.04.1989 – VI ZR 175/88 – VersR 1989, 702

Sachverhalt

Dem Kläger war – aus Gründen, die dem veröffentlichten Teil des Urteils leider nicht näher zu entnehmen sind – in der Universitätsaugenklinik das linke Auge operativ entfernt worden. Die histologische Untersuchung ergab, dass das Auge von einer seltenen, aber gefährlichen Tumorerkrankung betroffen war. Es bestand daher die hohe Gefahr der Ausbreitung von Metastasen. Der medizinische Sachverständige hatte später festgestellt, dass auf diesen Befund umgehend mit umfangreichen klinischen Untersuchungen und Kontrollen hätte reagiert werden müssen, etwa einer gründlichen Anamnese, einer klinischen Untersuchung mit besonderem Schwerpunkt auf Palpation der peripheren Lymphknotenstationen, einer gründlichen Labordiagnostik, Röntgenaufnahmen und bei unklarem Befund auch einer Computertomografie des Thorax, einem Skelettscintigramm, möglicherweise auch weiterer Röntgenuntersuchungen und einer Knochenmarkpunktion.

Der Beklagte, der behandelnde Arzt, hatte den Kläger nicht über die Tumorerkrankung und die damit einhergehenden Gefahren unterrichtet. Er hatte lediglich

---

[54] OLG Köln, MedR 2004, 567; OLG Hamm, GesR 2005, 401.
[55] OLG Hamm, VersR 1998, 322; Auch bei einem Apotheker im Zusammenhang mit Nervenschädigungen, OLG Düsseldorf, VersR 2009, 546.
[56] BGH, Urt. v. 7.2.1984 – VI ZR 174/82 – BGHZ 90, 103.

den Vater und die Ehefrau des Klägers informiert und sie über die Dringlichkeit weiterer Untersuchungen aufgeklärt. Dies hatte der Beklagte im Prozess damit begründet, der Kläger hätte die Eröffnung der Diagnose einer Krebserkrankung wegen seiner „psychischen Labilität" nicht verkraftet. Aus diesem Grund waren die eben geschilderten erforderlichen Behandlungen unterblieben; es war lediglich ein Computertomogramm des Schädels und des Unterbauchs erfolgt. Dies hatte zur Folge, dass sich weitere Metastasen bildeten und auch das rechte Auge befallen wurde. Der Kläger verlangte nun Schadensersatz und Schmerzensgeld.

Lösung

▶ Aufklärungsdefizit durch falsche Rücksichtnahme auf Patienten

Der BGH hat den Beklagten antragsgemäß verurteilt. Er kam zu dem Ergebnis, dass der Arzt es unterlassen hatte, den Kläger im gebotenen Umfange über das Ausmaß seiner Erkrankung und die Dringlichkeit weiterer Untersuchungen aufzuklären. Es hätte auch nicht genügt, nur den Vater und die Ehefrau des Klägers umfassend zu unterrichten. Den Einwand, dem Kläger sei eine Eröffnung des Befundes aus psychischen Gründen nicht zuzumuten, ließ das Gericht nicht gelten. In dieser Entscheidung formulierte der BGH sehr deutlich:

> Der Kläger war ein erwachsener, im Leben stehender Mann. Er war deshalb aufzuklären, er war zu beraten, und seine Mitwirkung als Patient war gefragt. Die durch näheren Sachvortrag nicht belegte Vorstellung des Beklagten, der Kläger werde wegen seiner »psychischen Labilität« die Eröffnung der Diagnose einer Krebserkrankung nicht verkraften, berechtigte den Beklagten nicht, nur mit dessen Vater und Ehefrau zu reden. Nichts berechtigte ihn jedenfalls, über den Kopf des Klägers hinweg mit seinen Angehörigen über die Krankheit und die nunmehr vorzunehmenden diagnostischen und therapeutischen Maßnahmen zu sprechen und es ihnen zu überlassen, den Kläger über die Dringlichkeit weiterer Untersuchungen zu unterrichten. Auf diesem Wege darf sich der Arzt nicht seiner Aufgabe, den Patienten therapeutisch aufzuklären, entledigen. Er hätte dem Kläger den Befund und die sich daraus ergebende Konsequenz selbstverständlich in schonender Form eröffnen können und müssen. Er hätte sodann mit ihm das aus ärztlicher Sicht Notwendige besprechen und ihn, wenn ihm dessen Bereitschaft zur Mitwirkung zweifelhaft erschienen wäre, mit allem Nachdruck auf die Dringlichkeit und die Gefahren einer Unterlassung von Untersuchungen und Kontrollen hinweisen müssen.
>
> Der Beklagte konnte unschwer erkennen, dass die von ihm behauptete und für ausreichend gehaltene Information nur der nahen Angehörigen des Klägers nicht den gewünschten Erfolg hatte. Der Kläger ließ zwar das vom Beklagten angeratene Computertomogramm von Schädel und Unterbauch erstellen, leistete aber weiteren vom Beklagten behaupteten Aufforderungen, sich untersuchen zu lassen, keine Folge.

▶ Beweislastumkehr durch groben Behandlungsfehler

Der BGH nahm hier sogar an, dass dem Beklagten ein schwerer Behandlungsfehler anzulasten sein, was zu einer Beweislastumkehr hinsichtlich der Kausalität führte. Der Kläger musste also nicht beweisen, dass die Metastasenbildung und der Befall des rechten Auges beim Kläger nicht auf den Versäumnissen des Beklagten beruhten. Der Beweis des Gegenteils war dem Beklagten nicht gelungen.

▶ Verschweigen von Befunden ist nur in Ausnahmefällen zulässig

An diesem Fall wird deutlich, dass der Arzt grundsätzlich nicht befugt ist, es zu unterlassen, dem Patienten einen „schlimmen" Befund zu eröffnen, oder sich darauf zu beschränken, Angehörige zu informieren. Etwas anderes dürfte nur in ganz besonderen Ausnahmefällen gelten. Dann müsste der Arzt aber darlegen und gegebenenfalls beweisen, dass die Eröffnung des Diagnoseergebnisses für den Patienten schlimmer ist als die umfassende Aufklärung. Dies könnte beispielsweise dann in Betracht kommen, wenn ein Befund hoffnungslos ist und weitere medizinische Hilfe ohnehin nicht mehr in Betracht kommt. In diesen Fällen dürfte es dann an einer kausalen Verknüpfung zwischen evtl. fehlerhaften Unterrichtungen und dem späteren Schaden fehlen. Allerdings darf der Arzt es dem Patienten nicht durch Vorenthaltung der Untersuchungsergebnisse unmöglich machen, die letzte, vielleicht recht große Zeitspanne seines Lebens inhaltlich so zu gestalten, wie er es persönlich in Anbetracht dieser Erkenntnis für richtig hält. In solchen Fällen sind also größte Vorsicht und Zurückhaltung geboten.

VIII. Hypothetische Einwilligung und Entscheidungskonflikt

▶ Hypothetische Einwilligung und Entscheidungskonflikt

Bei nicht rechtzeitiger, fehlerhafter oder unterlassener Aufklärung kann der Arzt geltend machen, der Patient hätte auch bei ordnungsgemäßer Aufklärung über das Risikopotenzial des Eingriffs diesem zugestimmt, sodass sich die fehlerhafte Aufklärung nicht ausgewirkt habe. Diesem Einwand kann dann der Patient einen Entscheidungskonflikt entgegenhalten, der jedoch plausibel dargelegt werden muss. Gelingt es dem Patienten darzustellen, er hätte bei ordnungsgemäßer Aufklärung eine Behandlungsalternative ernsthaft in Erwägung gezogen oder vom Eingriff Abstand genommen, liegt eine wirksame Einwilligung in die Behandlung nicht vor.

Fall 22: Die hypothetische Einwilligung bei Tumoroperation

OLG Karlsruhe, Urteil vom 07.06.2000 – 13 U 78/98 – VersR 2001, 860

Sachverhalt

Gegenstand der Entscheidung war die Operation eines Tumors im Bereich der Hirnanhangdrüse. Der Klägerin war durch ihren Frauenarzt die Operation als unkomplizierter Eingriff durch die Nase dargestellt worden. Erst am Vorabend der Operation anlässlich der Aufklärung über Narkoserisiken erfuhr die Klägerin, dass der Tumor durch die eröffnete Schädeldecke entfernt werde. Infolge der Operation erblindete die Klägerin auf dem rechten Auge. Die Aufklärung war verspätet. Der Beklagte machte geltend, die Patientin hätte sich ohnehin dem Eingriff unterzogen. Die Klägerin berief sich auf einen Entscheidungskonflikt. Sie hätte bei der Operation durch die Schädeldecke sicher einen Arzt ihres Vertrauens aufgesucht. Aufgrund des Eindrucks in ihrer Kindheit über das Aussehen ihrer Pflegemutter nach einer Operation am Kopf sei ihr die Vorstellung einer Schädeloperation eine Horrorvision. Ihre Arbeitskollegin, die ebenfalls an einem vergleichbaren Tumor operiert worden sei, habe nach der Operation nicht so schlimm ausgesehen. Sie glaube deshalb, dass sie auf einer Operation durch die Nase bestanden hätte, wenn ihr die Notwendigkeit einer Operation nahegelegt worden wäre.

Lösung

▶ Plausibilität des Entscheidungskonfliktes

Das OLG hat trotz des von der Klägerin behaupteten Entscheidungskonfliktes die Überzeugung gewonnen, dass sich die Klägerin bei ordnungsgemäßer Aufklärung dennoch für eine Operation durch die Schädeldecke entschieden hätte. Zum einen hätte die Operation durch die Nase ein so deutlich erhöhtes Risiko von Sehnerv- und Blutgefäßverletzungen gehabt hätte, dass es fraglich gewesen sei, ob überhaupt jemand die Operation durchgeführt hätte. Zum anderen war das Gericht der Überzeugung, dass eine umfassende, kompetente Aufklärung die anfänglichen persönlichen Zweifel der Klägerin ausgeräumt hätte, da diese bei ihrer Anhörung den Eindruck gemacht habe, vernünftigen Argumenten zugänglich zu sein. Die Entscheidung zeigt, dass trotz des dargelegten Entscheidungskonfliktes bei vertiefter Würdigung des Parteivortrages und vor allem auch verständiger Würdigung der medizinischen Zusammenhänge ein Entscheidungskonflikt des Patienten verneint werden kann.

▶ Fallbeispiele zur Beurteilung des Entscheidungskonfliktes: die persönliche Situation ist maßgebend

Bei der Bewertung des Entscheidungskonfliktes ist auf die persönliche Entscheidungssituation des Patienten abzustellen.[57] Was aus ärztlicher Sicht sinnvoll und erforderlich gewesen wäre und wie sich ein „vernünftiger" Patient verhalten würde, ist deshalb nicht entscheidend. Es kann nicht verlangt werden, dass der Patient genaue Angaben darüber macht, wie er sich wirklich verhalten oder entschieden hätte. Einsichtig machen soll er nur, dass ihn die vollständige Aufklärung über das Für und Wider des ärztlichen Eingriffs ernsthaft vor die Frage gestellt hätte, ob er zustimmen solle oder nicht. Andernfalls wird das Recht des Patienten zur Aufklärung unterlaufen.

Mit dem Umfang der Eingriffsaufklärung vor einer offenen Biopsie eines Brustwirbelkörpers beschäftigt sich das OLG Naumburg in seinem Urteil vom 21.05.2007 (1 U 33/06). Über das Risiko einer möglichen schlaffen Lähmung hätte aufgeklärt werden müssen. Die Aufklärung dürfe nicht verharmlosend oder bagatellisiert erfolgen, sodass nicht ausreichend sei, wenn der Arzt nur von „Muskelfunktionsstörungen" oder „Gefühlsstörungen" gesprochen habe, da solche Begriffe

---

[57] OLG Koblenz, NJW-RR 2002, 816; Mit zahlreichen Fallbeispielen: Martis/Winkhart, S. 315 ff.

gegenüber dem Begriff der „Lähmung" eine weit geringere Signalwirkung für den Patienten hätten[58]. Ansprüche scheiterten jedoch an der hypothetischen Einwilligung des Patienten. Die Biopsie sei aus ärztlicher Sicht unentbehrlich gewesen, um eine diagnostizierte und lebensbedrohliche Erkrankung schnell zu erkennen oder auszuschließen. Damit bestätigt das OLG Naumburg die ständige Rechtsprechung des BGH, nach der eine unzureichende Aufklärung im Einzelfall dann überbrückt werden kann, wenn davon auszugehen ist, dass ein Patient in den konkreten Eingriff auf jeden Fall eingewilligt hätte[59].

Umfang der Aufklärung und Plausibilität des Entscheidungskonfliktes bei einer operativen Entfernung eines Tumors im Eingang des Beckens waren auch Gegenstand eines Urteils des OLG Köln vom 21.04.2008 – 5 U 116/07. Wenn der kernspintomografische Befund im Eingang des Beckens links eine Raumforderung mit auffälliger Verbindung zum Neuroforamen L 4 links ergebe, sei der Patient vor der operativen Entfernung des Tumors über das Risiko einer Verletzung des Nervus femoralis aufzuklären. Der Senat hielt den von dem Patienten behaupteten Entscheidungskonflikt für plausibel, weil der Kläger glaubhaft gemacht hatte, dass er sich in Kenntnis des besonderen Risikos einer Nervverletzung von einem Neurochirurgen statt des Urologen hätte operieren lassen, selbst wenn die Operation auch in das Fachgebiet des operierenden Urologen fiel und jener auf seinem Fachgebiet als allseits anerkannte Kapazität galt.

In einer beachtenswerten Entscheidung des BGH wird ein weiteres Mal grundlegend die Darlegungs- und Beweislastverteilung im Arzthaftungsprozess beleuchtet.[60] Der Senat hatte sich mit der Fallkonstellation zu befassen, dass infolge einer unterbliebenen Aufklärung eine konservative Therapie fortgeführt wurde statt eine invasive Behandlungsmethode als echte Therapiealternative einzuleiten. Konsequent überträgt der Senat die entwickelten Grundsätze der Anforderungen an den Kausalitätsnachweis im Fall des Unterlassens einer gebotenen Behandlungsmaßnahme auf den Fall der pflichtwidrig unterlassenen Aufklärung und darauf beruhenden Nichtdurchführung eines bestimmten Behandlungsregimes. Dahinter lassen die Richter die haftungsbegrenzende Rechtsfigur des hypothetischen Kausalverlaufs bei rechtmäßigem Alternativverhalten zurücktreten und stellen klar, dass diese richtigerweise erst dann Bedeutung erlangt, wenn die Ursächlichkeit der durchgeführten rechtswidrigen Behandlung für den behaupteten Schaden festgestellt und mithin die Haftung grundsätzlich gegeben ist.

Mit den Grenzen der Aufklärungspflicht über Risikowahrscheinlichkeiten und Erfolgsaussichten befasst sich das Urteil des OLG München vom 31.05.2012[61]. Grundsätzlich ist die Einschätzung der Erfolgswahrscheinlichkeit eines Eingriffs für die Entscheidung des Patienten, ob er den Eingriff vornehmen lässt, ein gewichtiges Kriterium und muss daher Bestandteil der Aufklärung sein. Voraussetzung ist allerdings, dass eine Aussage – sei es über die generelle oder individuelle Chance

---

[58] Vgl. hierzu NJW 1992, 2351.
[59] VersR 1991, 548; BGH VersR 2005, 837.
[60] BGH NJW 2012, 850 = MedR 2012, 456 (m. Anm. Baur).
[61] OLG München, Urt. v. 31.05.2012 – 1 U 3884/11.

– überhaupt getroffen werden kann. Sofern keine belastbaren Fallzahlen vorhanden sind oder der Erfolg so sehr von individuellen Faktoren abhängt, dass auf allgemeine statistische Erhebungen und Erfahrungen nicht zurückgegriffen werden kann, kann und darf ein Arzt in einem Aufklärungsgespräch keine Zahlen ins Blaue hinein benennen. Ein Arzt würde seine Pflicht, den Patienten zutreffend und sachlich aufzuklären, verletzen, wenn er ohne wissenschaftliche Erkenntnisse oder eigene klinische Erfahrungen eine Erfolgswahrscheinlichkeit eines Eingriffs angibt. In einem solchen Fall reicht die Aufklärung über die Notwendigkeit des diagnostischen Eingriffs als letzte Möglichkeit und letzten Versuch, einen Ansatz für die Behandlung der schweren und fortschreitenden Erkrankungen zu finden, nach Auffassung des Senats aus (digitale Substraktionsangiographie bei Schwankschwindel).

Selbstbestimmungsaufklärung und Informationspflichten

Schwerpunkt: Aufklärungsfragen bei Medikamentengabe und bei ambulanten Operationen

I. Informationspflichten des Arztes: Abgrenzung zur Selbstbestimmungsaufklärung

▶ Inhalt und Zweck der therapeutischen Information

Die Unterscheidung zwischen der Selbstbestimmungsaufklärung und der therapeutischen Information, auch Sicherungsaufklärung genannt, wurde bereits Anfang des 4. Kapitels erläutert.

Während die Selbstbestimmungsaufklärung die Willensfreiheit des Patienten und die Wirksamkeit der Einwilligung in den ärztlichen Heileingriff gewährleisten soll, gibt der Arzt im Rahmen der therapeutischen Information dem Patienten Verhaltensmaßregeln an die Hand, um den Therapieerfolg zu sichern. Im Streitfall hat der Patient die fehlende ärztliche Unterrichtung über die Verhaltensmaßregeln zu beweisen. Trotz der für den Arzt günstigen Beweislastregel erweist sich die Notwendigkeit der therapeutischen Information oft als „Fallstrick", wenn der Arzt die Notwendigkeit von begleitenden Hinweisen und Maßnahmen nicht in sein Therapiekonzept einschließt. Der Arzt muss den Patienten soweit aufklären, als dies erforderlich ist, um durch begleitende Maßnahmen den Erfolg der Heilbehandlung sicherzustellen.

▶ Aufklärung über Mitwirkungspflichten des Patienten

Insbesondere hat der Arzt den Patienten auf Gefahren hinzuweisen, die mit der Krankheit einhergehen. Wenn zum Beispiel aufgrund eines Befundes eine Klinikeinweisung dringend erforderlich ist, um bestehende Gefahren abzuwenden, muss der Arzt dem Patienten die Einweisung unter Darlegung der Gefahren in der gebotenen Form eindringlich nahelegen. Eine Weigerung des Patienten, sich ins Krankenhaus zu begeben, darf er nur akzeptieren, wenn er diesem das damit einhergehende Risiko deutlich vor Augen geführt hat. Von besonderer Bedeutung ist die therapeutische Information bei Heilverfahren, welche eine Mitwirkung des Patienten verlangen. Dies gilt zum Beispiel für Hinweise auf eine einzuhaltende Diät und die Beratung darüber, ob bestimmte körperliche Betätigungen, wie zum Beispiel Sport, die Heilbehandlung gefährden oder auch fördern.

Die Umstellung in der Bezeichnung von vormals Sicherheitsaufklärung auf therapeutische Information durch das Patientenrechtegesetz kann aufgrund der derzeit noch unterschiedlichen Verwendung in der arzthaftungsrechtlichen Literatur zwar einerseits Probleme bereiten, trägt aber im Ergebnis zur besseren Unterscheidbarkeit der therapeutischen Information als vertragliche Nebenpflicht des Arztes von der Selbstbestimmungsaufklärung als Rechtfertigungsgrundlage für die Behandlung bei.

II. Aufklärung bei der Medikamentengabe

▶ Umfassende Aufklärungs- und Beratungspflichten bei Medikamententherapie

Sowohl die therapeutische Informationspflicht als auch die Selbstbestimmungsaufklärung können bei der Behandlung des Patienten zusammentreffen, so insbesondere bei der Gabe von Medikamenten. Zunächst muss der Patient über Risiken der Medikamentenbehandlung, insbesondere auch über Alternativen, aufgeklärt werden. Ihm müssen aber auch vor und während der medikamentösen Therapie, die oft eine Dauertherapie ist, Verhaltensmaßregeln erläutert werden.

Im Rahmen der therapeutischen Information ist bei der Medikamententherapie besonders darauf zu achten, dass sich der Patient regelmäßigen Kontrollen unterzieht, Medikamente richtig dosiert einnimmt, Diät einhält oder bestimmte Genussmittel meidet. Selbstverständlich ist der Patient über die Nebenwirkungen und Unverträglichkeiten ins Bild zu setzen. Hierzu gehören auch Hinweise auf Arzneimittelwechselwirkungen, insbesondere wenn die Gefahr einer Selbstmedikation besteht, der Hinweis auf die Wechselwirkungen zwischen Medikamenten und Alkohol sowie auf eine möglicherweise bestehende Fahruntüchtigkeit. Auch die Diagnoseaufklärung, also die Unterrichtung des Patienten über den medizinischen Befund, und die Verlaufsaufklärung, die dem Patienten Informationen über Art, Umfang und Durchführung der Therapie und deren Folgen gibt, sind bei der Medikamententherapie zu beachten. Mit der Risikoaufklärung hat der Arzt den Patienten über Art und Schwere des Eingriffs zu informieren, ihm also insbesondere die Art der Belastungen zu übermitteln, die für seine körperliche Integrität und Lebensführung auf ihn zukommen können. Dies gilt umso mehr, wenn beispielsweise eine medikamentöse Schmerztherapie nicht vital indiziert ist. Das Ausmaß der Aufklärung ist zur Dringlichkeit umgekehrt proportional, das bedeutet, je weniger dringlicher der Eingriff ist, desto ausführlicher muss die Aufklärung sein[1].

---
[1] Bergmann/Kienzle, Rn. 400.

▸ Aufklärung über alternative Behandlungsmethoden

Wie in fast allen Fällen invasiver Intervention ergibt sich bei der Medikamententherapie das Problem der Aufklärung über alternative Behandlungsmöglichkeiten. Der Arzt hat zwar grundsätzlich nicht über die Wahl der richtigen Behandlungsmethode aufzuklären, dies hat der Arzt von sich aus zu entscheiden. Aber nach ständiger Rechtsprechung – die Rechtsprechung hierzu ist nahezu unübersehbar – ist der Patient über echte Behandlungsalternativen mit gleichwertigen Chancen aufzuklären. Das gilt insbesondere, wenn die geplante Methode nicht die Methode der Wahl ist. Der Arzt muss nur nicht über rein theoretische Möglichkeiten informieren. Für eine Aufklärungspflicht genügt es aber, dass ernsthafte Stimmen in der medizinischen Wissenschaft auf bestimmte mit der vom Arzt vorgesehenen Behandlung verbundene Gefahren hinweisen, selbst wenn die alternative Behandlungsmethode ihrerseits neue Risiken birgt. Eine Aufklärung über eine alternative Behandlungsmethode ist nur entbehrlich, wenn diese keine risikoärmere oder bessere Erkenntnis- oder Therapiemöglichkeit verspricht und hinsichtlich Wirkung und Risiken gleichwertig ist.

▸ Aufklärung auch über Physiotherapie als Alternative

Im Rahmen der medikamentösen Behandlung erstreckt sich die Notwendigkeit der Aufklärung über alternative Behandlungsformen auch auf die Physiotherapie, sofern diese kausal wirksam sein und den pathogenetischen Ablauf verändern kann. So erscheint beispielsweise bei der akuten Lumbalgie oder bei vertebragenen Kopfschmerzen und nicht-radikulären Rückenschmerzen rezidivierenden Charakters eine manuelle Therapie als alternative Behandlungsform geeignet. Im Einzelnen ist vor der medikamentösen Verordnung darüber aufzuklären, ob diese Behandlungsformen als Alternative oder Ergänzung in Frage kommen.

▸ Stufenschema bei der Behandlung chronischer Schmerzen

Der Behandlungsstrategie chronischer Schmerzen muss ein Stufenschema zugrunde liegen, damit Arzt und Patient Effektivität und Risiko der Behandlung abschätzen können. Insbesondere im Bereich der Diagnostik ist der Patient vor beispielsweise einer Laparoskopie oder Arthroskopie über die Möglichkeit bildgebender, nicht-invasiver Verfahren aufzuklären. Ebenso wird der Schmerzpatient einer chronischen Polyarthritis vor dem Versuch einer Funktionsverbesserung durch operative Eingriffe über die Bedeutung der physikalischen Therapie und über die medikamentöse Therapie durch nichtsteroidale Antiphlogistica sowie lang wirksame Antirheumatika aufzuklären sein. Dem entspricht, dass im Rahmen der Anamnese auch die Wirkung der einzelnen verhaltenspsychotherapeutischen Verfahren in der Behandlung chronischer Schmerzzustände erfasst werden muss.

Die Wechselwirkung zwischen Risikoaufklärung und Sicherungsaufklärung zeigt sich insbesondere bei dem vielbeachteten Cyklosa-Urteil:

Fall 23: Schlaganfall nach Einnahme einer Antibaby-Pille (Cyklosa-Urteil)

BGH, Urteil vom 15.03.2005 – VI ZR 289/03 – BGHZ 162, 320; NJW 2005, 1716; VersR 2005, 834

Sachverhalt

Die Klägerin begehrte von ihrer Gynäkologin Schadenersatz wegen Verletzung der Aufklärungspflicht. Die Ärztin hatte der zum Behandlungszeitpunkt 30-jährigen Patientin, einer starken Raucherin, das Arzneimittel Cyklosa, eine sog. Pille der dritten Generation, zur Regulierung ihrer Menstruationsbeschwerden verordnet. Der Ärztin war dabei bekannt, dass die Klägerin Raucherin war. Die Klägerin erlitt zwei Monate später einen Schlaganfall und Hirninfarkt. Dieser war – so die Feststellungen des Sachverständigen – durch die Wechselwirkung zwischen dem Medikament und dem von der Klägerin während der Einnahme zugeführten Nikotin verursacht worden. In der dem Medikament beigefügten Gebrauchsinformation war vermerkt, dass bei Raucherinnen ein erhöhtes Risiko besteht, an schwerwiegenden Folgen von Gefäßveränderungen, also z. B. Herzinfarkt und Schlaganfall, zu erkranken. Weiter wurde darauf hingewiesen, dass das Risiko mit zunehmendem Alter und steigenden Zigarettenkonsum zunimmt und Frauen, die älter als 30 Jahre sind, nicht rauchen sollen, wenn sie das Arzneimittel einnehmen.

Das Landgericht Schwerin und Oberlandesgericht Rostock hielten einen Schadenersatzanspruch der Klägerin für nicht begründet.

Lösung

▶ Aufklärungspflicht des Arztes: individuelle Nutzen-Risiko-Abwägung

Auf die Revision der Klägerin hat der BGH die Urteile der Vorinstanzen aufgehoben.

Die beklagte Gynäkologin sei verpflichtet gewesen, die Klägerin ausführlich über die mit der Einnahme des Medikaments verbundenen Nebenwirkungen und Risiken aufzuklären – insbesondere auch darüber, dass das Medikament in Verbindung mit dem Rauchen das erhebliche Risiko eines Herzinfarkts oder Schlaganfalls in sich birgt. Angesichts der Schwere des Risikos reiche der allgemeine Hinweis, „dass sich Pille und Rauchen nicht vertragen", nicht aus. Vielmehr ist es nach der Auffassung des BGH Aufgabe des Arztes, dem Patienten die individuelle Nutzen-Risiko-Bilanz seiner Medikationsentscheidung zu erläutern. Die Packungsbeilage des Pharmaherstellers könne dagegen nur das allgemeine Arzneimittelmodell und sein generelles Nutzen-Risiko-Profil erklären.

▶ Selbstbestimmungsrecht

Die Klägerin, so der BGH, hätte erst bei umfassender Aufklärung ihr Selbstbestimmungsrecht ausüben können, nämlich, sich entweder dafür entscheiden können, das

Medikament einzunehmen und das Rauchen einzustellen oder wenn sie sich nicht in der Lage sah, das Rauchen aufzugeben, auf die Einnahme des Medikaments wegen des bestehenden Risikos zu verzichten.

▶ Beipackzettel ersetzt nicht Aufklärung

Werden Medikamente verordnet, muss der Arzt dem Patienten die Dosierung erläutern und ihn auf Nebenwirkungen und Unverträglichkeiten hinweisen. Dabei darf er sich nicht allein auf die Hinweise in den Beipackzetteln verlassen, insbesondere wenn diese Nebenwirkungen und Unverträglichkeiten verharmlosen, aber auch dann, wenn sie Übertreibungen enthalten. Insgesamt muss der Arzt also dem Patienten die für den Heilungserfolg erforderlichen Verhaltensmaßregeln darstellen und erläutern und ihn darauf hinweisen, wie die Gefahr von Kombinationsschäden vermieden wird.

▶ Hoher Aufklärungsbedarf der Patienten bei Medikation

In der Praxis werden häufig im Rahmen der medikamentösen Therapie die Aufklärung über unerwünschte Arzneimittelnebenwirkungen und die Information über Verhaltensmaßregeln im Zusammenhang mit der Medikamenteneinnahme selbst bei aggressiven und komplikationsträchtigen Medikamenten vernachlässigt oder mit dem Hinweis auf die Beipackzettel entschuldigt. Eine derartige Sorglosigkeit beschwört haftungsrechtliche Komplikationen geradezu herauf. Untersuchungen haben ergeben, dass die Patienten ein hohes Aufklärungsbedürfnis haben, die Ärzteschaft die Patienten jedoch über Nebenwirkungen und Verhaltensempfehlungen bei der Medikation mehrheitlich nicht oder nicht hinreichend informiert. Gerade im Bereich der Arzneimitteltherapie greifen Selbstbestimmungsaufklärung und therapeutische Information zusammen. Die Aufklärung über Risiken des Arzneimittels ist untrennbar mit der Information über Neben- und Wechselwirkungen und daraus begründeten Verhaltensmaßregeln für den Patienten verbunden. Die Selbstbestimmungsaufklärung umfasst die arzneimitteltypischen Risiken wie Kontraindikationen, Unverträglichkeiten, schädliche Neben- und Wechselwirkungen, im Rahmen der therapeutischen Information benötigt der Patient Hinweise zum Zeitpunkt der Einnahme, Dosierung und insbesondere zur Gefährdung der Ausübung der beruflichen Tätigkeit und der Fahrtauglichkeit[2].

▶ Konsequenzen aus der Entscheidung

Diese Entscheidung des BGH zur Aufklärungspflicht des Arztes bei der Verordnung einer Anti-Babypille ist von hoher Praxisrelevanz. Der Arzt kann sich nicht auf die Angaben in der Packungsbeilage beschränken, sondern muss individuell auf den Patienten bezogen ein Nutzen-Risiko-Profil erstellen und dieses mit dem Patien-

---

[2] Vgl. zu Fahrtauglichkeit LG Konstanz, NJW 1972, 22 f; Zur Überwachungspflicht bei fehlender Fahrtaugltichkeit BGH NJW 2003, 2309.

ten erörtern. Die ärztliche Aufklärungspflicht beschränkt sich damit nicht nur auf operative oder bestimmte konservative Therapieverfahren, sondern schließt die umfassende Patienteninformation über Risiken und Nebenwirkungen von verordneten Medikamenten ein. Dies gilt nicht nur für erhebliche Risiken, wie beispielsweise bei der Chemotherapie oder der Digitalis-Anwendung, sondern ebenfalls bei dauerhaft eingenommenen Schmerzmitteln, auch bei OTC-Präparaten oder Antikoagulanzien, kurz: bei jeder Arzneimitteltherapie. Problematisch für die Aufklärung ist, dass insbesondere bei der Neuzulassung eines Arzneimittels nicht selten ein Defizit an Anwendungserfahrung und epidemiologischen Daten besteht. Ist der Therapieverlauf – wie sicherlich häufiger in der Onkologie – bei kompliziertem Therapieregime von Versuchs- bzw. Optimierungsstadium geprägt und schwer voraussehbar, wird der Arzt dies dem Patienten deutlich machen müssen.[3]

▶ Aufklärung beim Einsatz neuer Medikamente

So hat der BGH in seinem Urteil vom 17.04.2007 (VI ZR 108/06)[4] zum Umfang der Aufklärungspflicht vor dem Einsatz eines neuen Medikaments Stellung genommen. In dem zu entscheidenden Fall wurde von dem zugelassenen Medikament Propafenon auf das Medikament Cordarex umgestellt, das noch in der Erprobungsphase war. Der Kläger hatte dann einen Herzinfarkt erlitten. Der BGH meint, dass der Arzt den Patienten vor dem Einsatz eines Medikamentes, dessen Wirksamkeit in der konkreten Behandlungssituation zunächst erprobt werden solle, über dessen Risiken vollständig aufzuklären habe, damit der Patient entscheiden könne, ob er in die Erprobung überhaupt einwilligen oder ob er wegen der möglichen Nebenwirkungen darauf verzichten will. Für den Fall, dass der Patient in dem Prozess zu der Frage, ob er bei zutreffender ärztlicher Aufklärung in einen Entscheidungskonflikt geraten wäre, nicht mehr persönlich angehört werden könne, konnte das Gericht aufgrund einer umfassenden Würdigung der Umstände des Einzelfalles feststellen, ob der Patient aus nachvollziehbaren Gründen in einen ernsthaften Entscheidungskonflikt geraten könnte. Auch wenn bei dem zuvor verabreichten Medikament Propafenon das Risiko eines Herzstillstandes höher gewesen sei, stellt der BGH klar, dass die Risiken einer zuvor erfolgten ärztlichen Behandlung mit den Risiken der nunmehr vorgenommenen Behandlung nicht „verrechnet" werden könnten. Vielmehr sei der Patient vor dem Einsatz eines neuen Medikaments über dessen Risiken vollständig aufzuklären.

▶ Aufklärung bei Heilversuch

Mit der ärztlichen Haftung wegen Behandlungs- und Aufklärungsfehlern im Zusammenhang mit einem *Heilversuch,* bei dem neue, erst im Laufe der Behandlung zugelassene Arzneimittel eingesetzt werden, befasst sich der BGH in seinem Urteil vom 27.03.2007 (VI ZR 55/05)[5]. Der BGH hält an seiner bisherigen Rechtspre-

---

[3] Vgl. Bergmann, Das Krankenhaus 2007, 141 ff.
[4] VersR 2007, 999.
[5] VersR 2007, 995.

chung[6] fest, dass eine neue Behandlungsmethode angewandt werden darf, wenn die verantwortliche medizinische Abwägung und ein Vergleich der zu erwartenden Vorteile dieser Methode mit ihrer abzusehenden und zu vermutenden Nachteile mit der standardgemäßen Behandlung unter Berücksichtigung des Wohles des Patienten die Anwendung der neuen Methode rechtfertige. Stünde aber fest, dass die Verabreichung des Medikamentes ein Behandlungsfehler war und dass sie im Ergebnis zu einem Gesundheitsschaden des Patienten geführt hat, müsse die Behandlungsseite beweisen, dass der Gesundheitsschaden nach Art und Ausmaß auch bei rechtzeitigem Absetzen des Medikamentes eingetreten wäre. Zudem müsse die erforderliche Abwägung zwischen der Therapie mit unbekannten Risiken und den zum medizinischen Standard gehörenden Therapien nicht nur einmalig vorgenommen werden, sondern jedes Mal erneut, sobald neue Erkenntnisse über mögliche Risiken und Nebenwirkungen vorlägen. Hierüber müsse sich der behandelnde Arzt ständig informieren. Zum Umfang der ärztlichen Aufklärung betont der Senat, dass der Patient nicht nur über die fehlende Zulassung, sondern auch darüber aufzuklären sei, dass unbekannte Risiken derzeit nicht auszuschließen seien. Im Gegensatz zu einer „normalen Standardbehandlung", bei der an eine hypothetische Einwilligung strenge Anforderungen zu stellen seien, seien für das Vorliegen einer hypothetischen Einwilligung bei einem Heilversuch mit einem noch nicht zugelassenen Medikament besonders strenge Maßstäbe anzulegen. Es genüge grundsätzlich, um einen Entscheidungskonflikt bei einem Heilversuch mit einem noch nicht zugelassenen Medikament plausibel zu machen, dass sich der Kläger darauf beruft, dass er dann, wenn er gewusst hätte, dass das Medikament noch nicht zugelassen sei und deshalb die Gefahr noch nicht bekannter Nebenwirkungen bestanden hätte, dieses Medikament nicht genommen hätte, weil er wegen seiner bereits vorhandenen schweren Erkrankung nicht bereit gewesen sei, das Risiko einer weiteren Schädigung einzugehen.

▶ Einschränkung der Medikamentenaufklärung

Die Aufklärung über Medikamentenrisiken kann aber situativ eingeschränkt sein. So hält das Urteil des LG Aachen vom 26.10.2005 (11 O 543/03)[7] fest, dass sich die ärztliche Aufklärung von Patienten in lebensbedrohlichen Situationen auf der Intensivstation über mögliche Nebenwirkungen der verabreichten hochwirksamen Medikamente darauf beschränken darf, dem Patienten bestmöglich die Bedrohlichkeit seiner Erkrankung zu verdeutlichen und gegebenenfalls darauf hinzuweisen, dass eine Behandlung mit hochwirksamen und dementsprechend auch mit einem erheblichen Nebenwirkungspotenzial behafteten Medikaments erforderlich ist. Eine derartige Aufklärung setze jedoch voraus, dass der Patient im Zeitpunkt der Aufklärung in Anbetracht seines Gesundheitszustandes überhaupt in der Lage ist, einem derartigen Aufklärungsgespräch zu folgen.

---

[6] Vgl. Urteil vom 13.06.2006 – VI ZR 323/04 – VersR 2006, 1073.
[7] MedR 2006, 361.

III. Therapeutische Information: Verhaltensregeln

Fall 24: Die verspätete Einweisung

BGH, Urteil vom 28.01.1986 – VI ZR 83/85 – VersR 1986, 601

Sachverhalt

Der 51-jährige, als Berufsfahrer tätige Kläger, ein starker Raucher, suchte am 23.05.1977 die Praxis des Beklagten, der sein Hausarzt war, auf. Er klagte dort über Schmerzen am rechten Bein beim Gehen. Der Beklagte stellte ein intermittierendes Hinken rechts, einen deutlich schwächeren Fußpuls und eine Herabsetzung der Außentemperatur am rechten im Vergleich zum linken Unterschenkel fest, verordnete ein Medikament und stellte dem Kläger eine Überweisung für die Zeit vom 01. bis 03.06.1977 in das Städtische Krankenhaus aus, und zwar wegen Verdachts auf eine inkomplette Verschlusskrankheit am rechten Bein. Zwei Tage später, am 25.05.1977 suchte der Kläger den Beklagten erneut wegen Schmerzen am rechten Bein auf. Dort erhielt er ein weiteres Rezept für das bereits verordnete Medikament.

Am 26.05.1977, bat der Kläger den Beklagten telefonisch um einen Hausbesuch, den dieser ablehnte. Daraufhin wandte sich der Kläger an den praktischen Arzt Dr. P. und bat nun diesen um einen dringenden Hausbesuch. Dr. P. erschien um 20.00 Uhr beim Kläger und stellte Anzeichen eines kompletten arteriellen Verschlusses im rechten Unterschenkel fest. Er teilte dem Kläger mit, dass ein alsbaldiger chirurgischer Eingriff erforderlich sei und stellte ihm eine Überweisung in die Chirurgie des Krankenhauses aus. Der Kläger begab sich jedoch erst am folgenden Morgen, dem 27.05.1977, um 10.00 Uhr in das Krankenhaus. Eine dort nach längeren Untersuchungen vorgenommene Thrombektomie kam zu spät, was dazu führte, dass dem Kläger am 10.06.1977 der rechte Unterschenkel amputiert werden musste.

Der Kläger begehrte nun von dem Beklagten Schadensersatz und Schmerzensgeld. Er warf ihm vor, schuldhaft nicht dafür gesorgt zu haben, dass der Gefäßverschluss rechtzeitig operiert und dadurch eine Amputation vermieden wurde. Der Beklagte wehrte sich mit dem Argument, ursächlich für den Verlust des Unterschenkels sei allein der Umstand, dass sich der Kläger entgegen dem Rat des Dr. P. nicht sofort in ein Krankenhaus begeben habe, wo der Gefäßverschluss noch rechtzeitig hätte operiert werden können.

Lösung

▶ Hinweis auf schlimmstes Risiko auch bei therapeutischer Information

Das Berufungsgericht war dem Einwand des Beklagten gefolgt und hatte die Klage abgewiesen. Der BGH hob diese Entscheidung auf und kam zu dem Ergebnis, dass der Beklagte für die mit der Amputation des Unterschenkels verbundenen Schäden einzustehen habe. Der BGH warf dem Beklagten vor, den Kläger nicht dringlich genug auf die Notwendigkeit einer sofortigen Krankenhausbehandlung hingewiesen zu haben. Er habe den Kläger nicht über die Gefahr eines sich kurzfristig entwickelnden kompletten Gefäßverschlusses und die Notwendigkeit einer sofortigen Krankenhausbehandlung informiert.

▶ Belehrung über die Konsequenzen der Missachtung von Verhaltensregeln

Ferner müsse er sich vorhalten lassen, den vom Kläger dringend erbetenen Hausbesuch am 26.05.1977 abgelehnt zu haben. Dadurch hätte er bei dem Kläger den Eindruck erweckt, er könne trotz seiner erheblichen Beschwerden und der Verschlechterung des Zustandes immer noch einige Zeit abwarten, bis er ins Krankenhaus ginge. Das hätte dazu geführt, dass der Kläger die dringende Mahnung des Dr. P. nicht so ernst genommen habe, wie die Situation es erforderte. Dies sei unter anderem darauf zurückzuführen, dass der Beklagte als Hausarzt des Klägers bei ihm Vertrauen und Autorität genossen habe. An diesem Fall wird deutlich, dass sich der Arzt im Rahmen der therapeutischen Information nicht darauf beschränken darf, dem Patienten eine Einweisung in das Krankenhaus zu empfehlen. Der Arzt muss dem Patienten darüber hinaus den Ernst der Lage hinreichend deutlich schildern und ihm klarmachen, welche Risiken er eingeht, wenn er den ärztlichen Rat nicht befolgt. Hingegen ist er nicht gehalten über allgemein bekannte dem Patienten drohende Verläufe aufzuklären (hier: Ausbreitung eines krankhaften Zustandes)[8].

Fall 25: Der unterlassene Hinweis auf eine erforderliche Untersuchung

OLG Köln, Urteil vom 04.08.1999 – 5 U 9/98 – VersR 2001, 66

Sachverhalt

Die Klägerin war seit längerer Zeit Patientin bei dem beklagten niedergelassenen Gynäkologen. Die Klägerin galt als Risikopatientin, weil in ihrer Familie mehrfach Krebserkrankungen aufgetreten waren. Es erfolgten mehrere Mammografien, von denen erst die letzte Mammografie im Jahre 1992 eine Wachstumstendenz bei einem ein Jahr zuvor entdeckten Knoten zeigte. Ende April 1994 erfolgte eine weitere Mammografie, woraufhin der Knoten, der bösartig war, am 18.05.1994 vom Beklagten entfernt wurde.

Zwei von 22 Lymphknoten waren bereits vom Tumorgewebe befallen. Die Klägerin unterzog sich einer Chemotherapie. Sie behauptet, der Beklagte habe es im Jahre 1992 unterlassen, auf eine notwendige Probeexcision hinzuweisen. Der Beklagte habe sie mit keinem Wort auf Risiken oder Gefahren des Unterlassens einer solchen Probeentnahme hingewiesen. Der Beklagte habe auch gegen seine Dokumentationspflicht verstoßen, weil er die von ihm behauptete Ablehnung einer Probeexcision nicht schriftlich fixiert habe.

Die Klägerin begehrt von dem Beklagten die Zahlung eines Schmerzensgeldes von mindestens 10.000,00 €. Das Landgericht hat den Beklagten zur Zahlung eines

---
[8] OLG Schleswig, NJW 2002, 227.

Schmerzensgeldes in Höhe von rund 7.500,00 € verurteilt. Die Berufung des Beklagten hatte keinen Erfolg.

Lösung

▶ Erhöhte Hinweis- pflichten bei möglichem Krebsverdacht

Der Senat weist darauf hin, dass dem Beklagten jedenfalls Fehler hinsichtlich seiner ärztlichen Informationspflicht anzulasten seien, da er die Klägerin anlässlich der Untersuchung im Jahr 1992 auf die Notwendigkeit einer Probeexcision und histologischen Abklärung des suspekten Befundes im Brustbereich hätte aufklären müssen. Der Beklagte war verpflichtet, nach Auswertung des Mammografiebefundes von 1992 die Klägerin eindringlich darauf hinzuweisen, dass der Knoten wegen der im Vergleich zum Vorbefund deutlichen Wachstumstendenz krebsverdächtig, deshalb eine histologische Abklärung in Form einer Probeexcision erforderlich sei und dass bei Unterlassen einer solchen Maßnahme damit zu rechnen sei, dass sich über kurz oder lang eine veritable Krebserkrankung mit möglichem Befall anderer Organe herausbilden werde.

▶ Notfalls schriftliche Einbestellung

Die vom Beklagten im Prozess behauptete Ablehnung der Patientin gegenüber einer Probeexcision war nicht dokumentiert worden. Er behauptete, er habe nach Durchführung der Mammografie vergeblich um Rückruf zwecks Terminabsprache gebeten. Der Senat hielt diesen Vortrag für unerheblich. Bei einem derart schwerwiegenden Befund reiche dies nicht aus, vielmehr habe der Beklagte notfalls schriftlich unter Hinweis, dass zwingend weitere Untersuchungen zur Abklärung eines Krebsverdachtes erforderlich seien, die Patientin einbestellen müssen[9]. Eine solche Belehrung ist aber vom Beklagten nicht behauptet worden.

▶ Fehlende therapeutische Information ist Behandlungsfehler

Der Senat ging deshalb von einer unterlassenen, aber gebotenen Sicherheitsaufklärung (therapeutische Information) als Behandlungsfehler aus. Da die gebotene Behandlung erheblich früher hätte stattfinden können, geht der Senat aus Gründen der Beweislast davon aus, dass bei früherer Behandlung eine Bestrahlung entbehrlich gewesen wäre. Die unterlassene Sicherheitsaufklärung wird also als ein die Beweislast umkehrender grober Behandlungsfehler gewertet.

---

[9] Vgl. BGH, MDR 1991, 730.

IV. Aufklärungsfragen und Information bei ambulanten Operationen

▶ Begriff der ambulanten Operation

Ambulante Operationen sind nach einer Begriffsdefinition des Entwurfs einer Richtlinie zur Qualitätssicherung, herausgegeben von der Bundesärztekammer, „dadurch gekennzeichnet, dass der ambulant operierte Patient im allgemeinen die Nacht vor und nach dem Eingriff zu Hause verbringt". Sie können sowohl von niedergelassenen Ärzten als auch durch Krankenhäuser im Rahmen ihrer Zulassung zur ambulanten Versorgung vorgenommen werden.

▶ Risiken der ambulanten Operation

Mit dem ambulanten Operieren sind besondere Haftungsrisiken verbunden. Das liegt zum einen daran, dass der Patient präoperativ nur eingeschränkt unter der Kontrolle des Operateurs und des Anästhesisten steht, während postoperativ eine noch geringere Kontrollmöglichkeit besteht. Insbesondere Thrombose- und Emboliegefahren lassen sich bei einem stationär kontrollierten Patienten besser beherrschen. Ferner führt die ambulante Behandlung zu einer stärkeren Arbeitsteilung zwischen den Beteiligten, was eine stärkere Zusammenarbeit der Nachkontrolle erforderlich macht.

▶ Probleme in der präoperativen Phase

Probleme beginnen schon bei der Entscheidung zwischen einer ambulanten und einer stationären Operation. Die Freiheit des Arztes, sich gewissenhaft für eine bestimmte Methode zu entscheiden, findet ihre Grenze dort, wo die Überlegenheit eines anderen Verfahrens allgemein anerkannt ist[10]. Kommt eine ambulante Operation in Betracht, muss entschieden werden, ob diese im konkreten Fall indiziert ist. Dabei muss der Hausarzt aufgrund seiner langjährigen Kenntnis des sozialen Umfeldes des Patienten, der jahrelangen Diagnostik und der notwendigen präoperativen Untersuchungen die richtige Entscheidung treffen. Das setzt zunächst eine sorgfältige mündliche und schriftliche Kommunikation mit dem vorgesehenen Operateur voraus. Ferner ist zu berücksichtigen, dass der Patient einen Begleiter für den Heimweg vom Krankenhaus sowie einen Helfer für die notwendigen Besorgungen besorgt. Der Hausarzt muss prospektiv entscheiden, ob die notwendige postoperative Versorgung des Patienten sichergestellt werden kann. Im Rahmen der Nachsorge hat er diese zu überwachen, die richtige Medikation sowie Thrombose- und Emboliep rophylaxe und erforderlichenfalls Dekubitusprophylaxe zu gewährleisten.

---

[10] BGH, NJW 1992, 754.

▶ Nachprüfungspflichten des Operateurs

Wird der Patient dann mit entsprechendem Befund und Diagnose dem Operateur vorgestellt, ist es Aufgabe des Operateurs, die Befunde und die Indikation auf Plausibilität und Erfordernis weiterer Untersuchungen zu überprüfen[11]. Der Operateur muss die Indikationsstellung und Befunde des niedergelassenen Arztes bei eigener Anamnese und Untersuchung bewerten und gegebenenfalls ergänzen oder korrigieren. Dann hat der Operateur die Vorentscheidung zu treffen, ob der gebotene Eingriff tatsächlich ambulant ausgeführt werden kann. Dabei ist zu beachten, dass das ambulante Operieren insgesamt nicht mit größeren Risiken behaftet sein darf als das stationäre Operieren. Bestimmte Kontraindikationen schließen die ambulante Operation aus, wie zum Beispiel maligne Hyperthermie, therapieresistente Krampfanfälle oder extreme Adipositas mit Begleiterkrankungen.

▶ Therapeutische Information beim ambulanten Operieren

Grundsätzlich haben beim ambulanten Operieren die Selbstbestimmungsaufklärung und die therapeutische Information in dem gleichen Maße zu erfolgen wie bei stationären Eingriffen. Die spezifischen Probleme hinsichtlich des Zeitpunktes der Aufklärung beim ambulanten Operieren sind als Teil der Risikoaufklärung bereits im 4. Kapitel erläutert worden. Bei der therapeutischen Information stellt die ambulante Operation zwei besondere Anforderungen an den aufklärenden Arzt: die erhöhte Aufklärungspflicht über Behandlungsalternativen und die Aufklärung über die postoperativen Risiken.

▶ Aufklärung über Alternativen

Grundsätzlich hat der Arzt den Patienten darüber aufzuklären, dass es mehrere Behandlungsalternativen gibt und mit welchen Vorteilen oder Risiken sie behaftet sind. Besteht die Möglichkeit zu einer ambulanten Operation, kommt als Alternative regelmäßig die stationäre Behandlung in Betracht. Keinesfalls darf das Aufzeigen der Möglichkeit der ambulanten Operation dazu führen, dass der Eingriff verharmlost wird. Wenn der Patient mit dem Umstand, dass der Eingriff ambulant vorgenommen werden soll, die Vorstellung verbindet, dass größere Risiken nicht zu befürchten sind, so ist diesem Eindruck entgegenzutreten.

▶ Information über die Risiken der postoperativen Phase

Der Aufklärung über die spezifischen Risiken eines ambulanten Eingriffs für die postoperative Phase kommt besondere Bedeutung zu. Bei dieser Sicherungsaufklärung handelt es sich wieder um eine ärztlich zu erbringende Beratungsleistung als Nebenpflicht aus dem Behandlungsvertrag. Hier treten gerade in der postoperativen Phase Komplikationen auf, die für das ambulante Operieren typisch, für den Pa-

---

[11] Bergmann/Kienzle, Rn. 160.

tienten jedoch überraschend sind. Der Arzt hat den Patienten insbesondere darüber aufzuklären, dass der Patient die Aufwachphase nicht durch vorzeitiges Verlassen der Klinik verkürzen darf, dass er nach Abschluss der Aufwachphase grundsätzlich nicht mit dem Kraftfahrzeug oder erst ab einem bestimmten Zeitpunkt mit dem Fahrzeug nach Hause fahren darf und er noch keine privaten oder geschäftlichen Entscheidungen treffen kann, ferner eine bestimmte Nahrungs- und Flüssigkeitskarenzzeit einzuhalten hat und er beim Auftreten bestimmter postoperativer Komplikationen (z. B. Übelkeit, Fieber, heftige Schmerzen im Wundbereich) sofort entweder den Hausarzt oder die Klinik informieren muss.

▶ Organisatorische Maßnahmen

Der Patient darf erst nach einer Visite durch den Operateur oder Anästhesisten entlassen werden. Organisatorisch ist dafür vorzusorgen, dass im Notfall eine stationäre Aufnahme des Patienten möglich ist. Im Rahmen seiner Beratungspflicht muss der Arzt dem Patienten genaue Anweisungen geben, so zum Beispiel für den Umgang mit einer Drainage, für die Lagerung des behandelten Körperteils, für die Thromboseprophylaxe und vieles mehr. Die Unterweisung muss für den Patienten in seiner konkreten Situation verständlich sein, zweckmäßigerweise wird sie in einem Merkblatt festgehalten.

Fall 26: Die verhängnisvolle Magenspiegelung

BGH, Urteil vom 08.04.2003 – VI ZR 256/02 – MedR 2003, 629; NJW 2003, 2309 mit Anmerkung Katzenmeier

Sachverhalt

Bei dem Patienten war eine Magenspiegelung durchgeführt worden. Vor der Sedierung wurde der Patient durch den Beklagten, einen Chefarzt für innere Medizin eines Krankenhauses, über die Risiken des invasiven Eingriffs aufgeklärt und belehrt, dass er nach dem Eingriff kein Kraftfahrzeug fahren dürfe. Eine entsprechende Belehrung hatte der Patient bereits durch seinen Hausarzt erhalten. Der Patient erklärte dem Beklagten, dass er mit dem eigenen Wagen ins Krankenhaus gekommen sei, jedoch mit dem Taxi nach Hause fahren werde. Nach Durchführung der gegen 8.30 Uhr vorgenommenen Untersuchung verblieb der Patient zunächst eine halbe Stunde im Untersuchungszimmer unter Aufsicht. Nach dieser halben Stunde wurden dem Patienten *0,5* mg Anexate (Wirkstoff: Flumazenil) intravenös verabreicht. Danach hielt sich der Patient auf dem Flur vor den Dienst- und Behandlungsräumen des Beklagten auf, der wiederholt Blick- und Gesprächskontakt zu ihm hatte. Ohne vorher entlassen worden zu sein, entfernte sich der Patient kurz vor 11.00 Uhr aus dem Krankenhaus und fuhr mit seinem Kraftfahrzeug weg. Kurz danach geriet er aus ungeklärter Ursache auf die Gegenfahrbahn, wo er mit einem Lastzug zusammenstieß und noch an der Unfallstelle verstarb.

Lösung

▶ Strenge Schutz- und Überwachungspflichten nach ambulanter Operation

Der BGH geht nach diesem Sachverhalt von einer Verletzung der dem Beklagten obliegenden Überwachungspflicht aus, obgleich es für das hier maßgebliche Jahr 1993 keine verbindlichen Empfehlungen für die ambulante Behandlung sedierter Patienten gab und auch in den USA Empfehlungen für schwer sedierte Patienten erst 1994 und 1996 herausgegeben wurden. Es lagen besondere, dem Beklagten auch bekannte Umstände vor (ohne Begleitperson mit dem eigenen Kraftfahrzeug in das Krankenhaus gekommen, Wirkstoff Midazolam mit der Möglichkeit einer anterograden Amnesie), die aufgrund der vorgenommenen Sedierung und ihrer Folgewirkungen zu einer erhöhten Gefahr für den Patienten führten und die vom Beklagten getroffenen Maßnahmen zur Überwachung des Patienten nicht ausreichen ließen. Bei diesem Gefahrenpotenzial war die im Anschluss an den wegen einer akuten Gefährdung von Vitalfunktionen notwendigen Aufenthalt im Untersuchungszimmer veranlasste Unterbringung auf dem Flur vor den Dienst- und Behandlungsräumen des Beklagten nicht geeignet, die nach den Gesamtumständen bestehenden Überwachungspflichten zu erfüllen. Das Entfernen des Patienten aus dem Krankenhaus hätte nicht unbemerkt bleiben dürfen. Der Patient hätte mit einer ausreichenden Überwachung daran gehindert werden müssen, das Krankenhaus unbemerkt zu verlassen. Bei einer ausreichenden Beaufsichtigung wäre es nicht zu dem Unfall gekommen, da nichts dafür spreche, dass der Patient sich auch dann entfernt hätte, indem er etwa eine Intervention der Aufsichtsperson nicht beachtet hätte.

▶ Mitverschulden des Patienten

Der BGH hat auch ein Mitverschulden des Patienten verneint, denn die Verhütung des entstandenen Schadens oblag allein dem Beklagten. Der Beklagte hätte sicherstellen müssen, dass der Patient das Krankenhaus nicht unbemerkt verlassen konnte und sich dadurch der Gefahr einer Selbstschädigung aussetzte. Hätte er seine Pflicht erfüllt, wäre es nicht zu dem eigenmächtigen Entfernen und dem nachfolgenden Unfall gekommen. Der eingetretene Schaden sei daher ausschließlich auf die Pflichtverletzung des Beklagten zurückzuführen, die gerade darauf gerichtet war, das Verhalten des Patienten zu verhindern, welches als mögliches Mitverschulden in Betracht gezogen werden könnte.

▶ Erkennbarkeit der Gefährdung unbeachtlich

Der BGH verfolgt hier seine strenge Linie bei den organisatorischen Sorgfaltspflichten, da für die Behandlungsseite Risiken aus der Koordination und Kontrolle der klinischen Abläufe voll beherrschbar und damit vermeidbar sind und Patienten Nachlässigkeiten und Versäumnisse nicht zum Verhängnis werden dürfen. Zu beachten ist jedoch, dass der Patient nicht entlassen worden ist, sondern zunächst wegen der Überwachung der Vitalfunktionen eine halbe Stunde nach dem Eingriff überwacht und betreut worden ist und auch danach weitere zwei Stunden wiederholt Blick- und Gesprächskontakt stattfand, bevor sich der Patient unbemerkt eigenmächtig entfernte. Man kann sich fragen, ob der BGH im konkreten Fall Schutz- und Überwachungspflichten über das Erforderliche und Zumutbare hinaus fordert und die sich verschärfenden Engpässe finanzieller und personeller Art im Gesundheitswesen hinreichend berücksichtigt. An sich besteht der Grundsatz, dass eine Verkehrssicherheit, die jede Gefährdung ausschließt, nicht erreichbar ist und daher nicht für alle denkbaren, entfernten Möglichkeiten eines Schadenseintritts Vorsorge getroffen werden kann[12]. Hier versagt der BGH der Behandlungsseite den Einwand, dass die Erkennbarkeit der Gefährdung fehlte. Der BGH lässt den Arzt für alle Folgen eines unbemerkten Entfernens aus der Klinik einstehen und verneint sogar ein Mitverschulden, obwohl der Patient nicht nur vom Beklagten, sondern auch von seinem Hausarzt belehrt worden war, dass er nach dem Eingriff kein Kraftfahrzeug führen dürfe und der Patient selbst gegenüber dem Beklagten mitgeteilt hat, dass er mit dem Taxi nach Hause fahren werde.

Durch dieses Urteil wird eine weitere Verschärfung der bereits sehr strengen Pflichten der Behandlungsseite bewirkt.

V. Information über Umstände, die einen Behandlungsfehler begründen können

Eine vollständig neue Informationspflicht des Arztes liefert das Patientenrechtegesetz mit Einführung des § 630c Abs. 2 BGB. Dieser stellt in Abs. 2 die Vertragspflicht des Arztes auf, seinen Patienten in bestimmten Fällen über Umstände bzw. Tatsachen, die die Annahme eines Behandlungsfehlers rechtfertigen, zu informieren. Diese Regelung ist dann einschlägig, wenn der Arzt erkennt, dass während der Behandlung möglicherweise negativ vom medizinischen Standard abgewichen worden ist.

Die Information über Umstände, die die Annahme eines Behandlungsfehlers rechtfertigen, wird nur dann von dem Arzt gefordert, wenn der Patient ausdrücklich danach fragt oder sie zur Abwendung gesundheitlicher Gefahren für den Patienten notwendig ist. Der Arzt wird also nicht in jedem Fall dazu verpflichtet, seine eigenen möglichen Fehler zu offenbaren. Dennoch ist an dieser Stelle die Frage nach der Auswirkung der neuen vertraglichen Nebenpflicht in der Praxis zu stellen. Es bleibt insbesondere unklar, ob sie den grundsätzlichen Rahmen der ärztlichen Dokumentationspflicht überschreitet, nämlich das, was aus medizinischen Gründen festgehalten werden muss (vgl. § 630f Abs. 2 BGB).

In Übereinstimmung mit den strafprozessualen Anforderungen an die Beweiszwecken dienende Verwertung belastender Aussagen, die der Angeklagte über sich

---

[12] Vgl. z. B. Palandt/Sprau, § 823, Rn. 51; OLG Düsseldorf, VersR 1990, 1277; OLG Schleswig, VersR 1997, 69.

oder seine Angehörige tätigt, darf auch die Information gemäß § 630c Abs. 1 S. 2 BGB nur mit Zustimmung des Behandelnden verwendet werden.

Im Ergebnis handelt es sich somit nach der Konzeption des § 630c Abs. 2 S. 2 BGB um eine erweiterte, nachfragebezogene Pflicht des Arztes, Transparenz in Bezug auf das Geschehen herzustellen. Für die Behandlerseite erscheint es sehr empfehlenswert, in jedem Falle eine entsprechende Auskunft – losgelöst von der medizinischen Relevanz – auch zu dokumentieren, damit diese später nachgewiesen werden kann. Für die Patientenseite bietet es sich an, gezielt nach entsprechenden Umständen zu fragen, wenn es zu einem Vorfall gekommen ist oder der Verdacht eines Behandlungsfehlers besteht. Denkbar sind hier insbesondere bei vollständiger oder nicht vollständiger Erfüllung des Anspruches Auswirkungen auf die Kenntnis bzw. grob fahrlässige Unkenntnis im Rahmen des Verjährungsrechts, und zwar konkret im Zusammenhang mit § 199 Abs. 1 Nr. 2 BGB. Danach beginnt die Verjährungsfrist mit dem Schluss des Jahres, in dem der Gläubiger von den den Anspruch begründenden Umständen und der Person des Schuldners Kenntnis erlangt oder ohne grobe Fahrlässigkeit erlangen müsste. Allerdings ist darauf hinzuweisen ist, dass die Rechtsprechung sehr strenge Anforderungen im Hinblick auf die Kenntnis eines Patienten gestellt hat (vgl. BGH, Urteil vom 10.11.2009 -VI ZR 247/08-).

Festzuhalten bleibt auch, dass die Information über Tatsachen, die die Annahme eines Behandlungsfehlers begründen, zumindest in Bezug auf die Gefahrenabwehr keine Neuerung darstellt. Es entspringt der Garantenpflicht des Arztes gegenüber dem Patienten – auch bereits vor Einführung des Patientenrechtegesetzes -, dass in jedem Fall Gefahrenvorsorge zu betreiben ist, selbst wenn der Arzt sich dazu selbst bezichtigen müsste. Neu ist demnach lediglich die explizit nachfragebezogene Informationspflicht des § 620c Abs. 2 BGB.

6 Information über wirtschaftliche Fragen – Gesetzliche und private Krankenversicherung

I. Rechtliche und wirtschaftliche Rahmenbedingungen

▶ Information über Kosten und Kostenerstattung

Neben der Aufklärungspflicht des Arztes über Verlauf und Risiken der Behandlung stellt sich in jüngster Zeit immer häufiger die Frage, ob und in welchem Umfang der Arzt den Patienten auch über die wirtschaftlichen Folgen seiner Behandlung, insbesondere über deren Kosten und Erstattungsfähigkeit aufzuklären hat.[1] Denn die Heilbehandlung weist schon wegen ihrer hohen Kosten nicht nur medizinische, sondern auch wirtschaftliche Probleme auf. Da medizinische Leistungen nicht unbegrenzt von der Versichertengemeinschaft bezahlt werden können, interessieren den Patienten nicht nur die voraussichtlichen Kosten der Heilbehandlung, sondern vor allem, inwieweit die ärztlichen Leistungen möglicherweise nicht erstattungsfähig sind.

▶ Erstattungsfähigkeit innerhalb der Systemgrenzen der Krankenversicherung

Die Erstattungsfähigkeit ärztlicher Leistungen setzt voraus, dass die Leistungen innerhalb der Systemgrenzen der gesetzlichen und privaten Krankenversicherung erbracht werden. Die Systemgrenzen der gesetzlichen Krankenversicherung ergeben sich aus dem Sozialgesetzbuch, nämlich aus den §§ 12 Abs. 1, 70 Abs. 1 SGB V. Der Umfang der Leistungspflicht wird abstrakt in § 73 SGB V beschrieben, der BMV enthält in § 2 eine gleichlautende Regelung: Die Patienten haben Anspruch auf eine ausreichende, zweckmäßige und wirtschaftliche ärztliche Versorgung, die das Maß des Notwendigen nicht überschreiten darf. Private Krankenkassen decken nach § 192 Abs. 1 VVG das Risiko der medizinisch notwendigen Heilbehandlung im vereinbarten Umfang. Der Maßstab der Notwendigkeit entspricht den Regelungen für die gesetzliche Krankenversicherung. Entgegen dem früheren Rechtszustand sind

---

[1] Baden, NJW 1988, 746; Michalski, VersR 1997, 137; Stöhr, MedR 2004, 156 ff.; Bergmann, in AG Medizinrecht des DAV, „Fehlerquellen im Arzthaftungsprozess", S. 45 ff.

die Regelungen zwar im Grundsatz dispositiv, aber nach § 208 VVG kann von den §§ 194 bis 199 und 201 bis 207 VVG nicht zum Nachteil des Versicherungsnehmers oder der versicherten Person abgewichen werden. Grenzen der Gestaltungsfreiheit bestehen wiederum nach § 305 c Abs. 1 BGB, wonach überraschende Klauseln schon nicht Bestandteil des Versicherungsvertrages werden. Dazu zählen solche Klauseln, die so ungewöhnlich sind, dass der Versicherte als der Vertragspartner des AGB-Verwenders, der privaten Krankenkasse, mit ihnen nicht zu rechnen braucht.

▶ Leistungen außerhalb der Systemgrenzen

Als Grundsatz bleibt festzuhalten. dass sämtliche ärztlichen Leistungen außerhalb der Systemgrenzen der gesetzlichen bzw. privaten Krankenversicherung von dem Arzt unmittelbar mit dem Patienten liquidiert werden müssen, aufgrund des Behandlungsvertrages aber auch liquidiert werden können. Die Frage einer Aufklärungspflicht bei der Erbringung medizinischer Leistungen außerhalb der Systemgrenzen stellt sich sowohl unter wirtschaftlichen als auch medizinischen Gesichtspunkten. Beide Formen der Aufklärungspflicht unterscheiden sich in ihren Voraussetzungen und Rechtsfolgen.

▶ Medizinische Aufklärungspflicht

Medizinische Aufklärungspflichten im Sinne der Selbstbestimmungsaufklärung des Patienten bestehen, wenn der Arzt außerhalb der Systemgrenzen eine ärztliche Leistung erbringen könnte, die einen besseren Heilerfolg oder einen gleichwertigen Heilerfolg bei geringerem Risiko erreichen könnte, also eine echte Behandlungsalternative vorliegt. So kann es z. B. geboten sein, den Patienten über eine noch nicht erstattungsfähige, jedoch medizinisch gebotene, weil risikoärmere Heilmethode aufzuklären. Bei unzureichender Selbstbestimmungsaufklärung über diese echte Behandlungsalternative und fehlender wirksamer Einwilligung entsteht dem Patienten durch den rechtswidrigen Eingriff ein Anspruch auf Schadensersatz und Schmerzensgeld.

▶ Informationspflicht über wirtschaftliche Fragen

Davon zu unterscheiden ist die Informationspflicht über wirtschaftliche Fragen, nunmehr neu geregelt in § 630c Abs. 3 BGB. Synonym werden hierfür auch Begriffe wie „wirtschaftliche Aufklärungspflicht" oder „Hinweis- und Beratungspflichten im Kostenbereich" verwendet. Allen gemeinsam ist, dass es sich dabei um Nebenpflichten aus dem Behandlungsvertrag handelt. Danach ist der Schuldner, hier also der Arzt oder Krankenhausträger als Partner des Behandlungsvertrages, verpflichtet, den Patienten vor Beginn der Behandlung über eine möglicherweise nicht vollständige Kostenübernahme durch einen Dritten (den Versicherer) zu informieren. Dies gilt nur insoweit, wie der Arzt davon aufgrund seines Wissensvorsprungs auch im Zusammenhang mit seinen Abrechnungsbefugnissen weiß. Diese Formulierung in § 630c Abs. 3 BGB deckt sich mit der bisherigen Ansicht, nach der den Arzt keine besonderen Nachforschungspflichten bezüglich finanzieller Fragen seines Patienten treffen könnten[2]. Der Arzt dürfe nicht zum „Sachwalter fremder Vermögensinteressen"[3] werden, damit würden seine Informationspflichten überspannt.

Die wirtschaftliche Information hat in Textform (§ 126b BGB) zu erfolgen und auch Angaben zur voraussichtlichen Höhe der von dem Patienten zu tragenden Mehrkosten der Behandlung zu enthalten. Die Rechtsprechung hat vor Einführung des Patientenrechtegesetzes eine Verpflichtung des Arztes zur Information des Patienten über mögliche Mehrkosten für ihn aus § 242 BGB hergeleitet. Zu den Schutz- und Fürsorgepflichten des Behandlungs- bzw. Krankenhausaufnahmevertrages gehörte danach auch die Pflicht, den Patienten vor unnötigen Behandlungskosten und unverhältnismäßigen finanziellen Belastungen zu bewahren[4].

Verletzt der Arzt diese wirtschaftliche Informationspflicht bei einer Behandlung des Patienten außerhalb der Systemgrenzen, so ist er dem Patienten schadenersatzpflichtig. Erhält der Patient keine Erstattung seitens der gesetzlichen oder privaten Krankenversicherung, ist ihm der dadurch entstandene wirtschaftliche Schaden zu ersetzen. Regelmäßig verliert der Arzt damit seinen Vergütungsanspruch, da der Patient gegenüber diesem Anspruch mit einem eigenen Schadensersatzanspruch in gleicher Höhe aufrechnen kann.

▶ Unterschiedliche Rechtsfolgen von Aufklärungsdefiziten

Medizinische und wirtschaftliche Aufklärungspflicht dürfen nicht vermengt werden. Zwar kann eine Aufklärung über Behandlungsalternativen im Einzelfall sowohl unter den Anforderungen des Selbstbestimmungsrechts als auch unter Kostengesichtspunkten erforderlich sein. Es ist aber kaum vorstellbar, dass eine Verletzung der Hinweis- und Beratungspflichten im Kostenbereich eine dem Arzt erteilte Einwilligung zum Heileingriff entfallen ließe[5].

II. Hinweispflicht auf versicherungstechnische Risiken

Fall 27: Weniger wäre mehr gewesen

BGH, Urteil vom 01.02.1983 – VI ZR 104/81 – NJW 1983, 2630

Sachverhalt
Der klagende Patient suchte den Beklagten, Chefarzt der Inneren Abteilung, als Privatpatient auf. Er klagte über erhebliche Schmerzen am rechten Hüftgelenk und Gehbeschwerden. Der Chefarzt diagnostizierte eine Hüftgelenksarthrose rechts, die sich im Anschluss an einen Hüftgelenksbruch gebildet hatte, und wies den Kläger

---

[2] Vgl. Bergmann/Pauge/Steinmeyer-Wever, 3, § 823 BGB, Rn. 91.
[3] Laufs/Kern-Laufs, § 61 Rn. 17 unter Hinweis auf Spickhoff, NJW 2007, 1633.
[4] BGH, NJW 1989, 2945; NJW 1983, 2630.
[5] Baden, NJW 1988, 748.

zur stationären Heilbehandlung in die von ihm geleitete Privatstation des Krankenhauses ein. Dort wurde der Patient wegen der Arthrose ca. 6 Wochen lang behandelt. Der Patient selbst wünschte ausdrücklich eine stationäre Behandlung. Er erhielt täglich ein Dragee Dona 200 und 1, später 2 Kapseln Amuno 25, ferner 5 x wöchentlich Parafin-Fango-Packungen an der rechten Hüfte. Im Verlauf des Krankenhausaufenthaltes verordnete der Beklagte ferner trotz normaler Leberwerte dem Kläger eine Leberschutztherapie in Form von Infusionen. Endlich wurde eine vorübergehende Hypotonie medikamentös behandelt.

Die Versicherung, bei der der Kläger eine Krankenhaustage- und Krankentagegeldversicherung sowie eine Krankheitskostenversicherung unterhielt, lehnte Versicherungsleistungen ab, weil ihrer Ansicht nach eine stationäre Heilbehandlung medizinisch nicht notwendig gewesen sei. Der Patient verklagte daraufhin seine Versicherung auf Erbringung der Versicherungsleistungen. Vor Erhebung der Klage teilte der Beklagte ihm auf Befragen mit, dass die stationäre Behandlung notwendig gewesen sei. Die Beweisaufnahme ergab, dass die stationäre Behandlung des Klägers objektiv nach keiner medizinischen Lehrmeinung notwendig war. Die Klage des Klägers gegen die Versicherung blieb in zwei Instanzen erfolglos. In jenem Rechtsstreit hat der Kläger dem Beklagten den Streit verkündet.

Mit seiner zweiten Klage nunmehr gegen den Chefarzt verlangt der Kläger Rückzahlung der von ihm gezahlten Kosten für die Stationspflege sowie Erstattung der Prozesskosten aus seinem Rechtsstreit mit der Versicherung. Er trägt vor, für eine stationäre Behandlung habe bei ihm keine medizinische Notwendigkeit bestanden. Der Beklagte hätte ihn darüber und insbesondere über die Gefahr, dass die Versicherung die Übernahme der Kosten für eine stationäre Behandlung ablehnen könne, pflichtgemäß belehren müssen. Durch die Verletzung dieser Hinweispflicht habe der Beklagte sich ihm schadenersatzpflichtig gemacht.

Lösung

▶ Information über wirtschaftliche Folgen als vertragliche Nebenpflicht

Der Klage wurde in allen Instanzen im Wesentlichen stattgegeben. Der beklagte Chefarzt habe im Zusammenhang mit der ärztlichen Untersuchung und Beratung des Klägers vertragliche Nebenpflichten verletzt und sei dem Kläger dadurch schadenersatzpflichtig geworden. Das Krankheitsbild habe nicht eindeutig für die Erforderlichkeit einer stationären Behandlung gesprochen. Der Arzt habe vielmehr erkennen können, dass die von ihm in Aussicht genommene Behandlung der Arthrose durchaus auch ambulant hätte durchgeführt werden können. Es habe sich dem Beklagten deshalb aufdrängen müssen, dass die private Krankenversicherung des Patienten Leistungen für eine stationäre Behandlung verweigern könnte. Darauf habe er den Kläger hinweisen müssen. Eine solche Beratungspflicht gebe es jedenfalls in Grenzfällen, bei denen der Arzt eine stationäre Behandlung zwar für sinnvoll, aber nicht für unbedingt notwendig halten könne. Der ersatzfähige Schaden des Klägers bestehe nicht nur in den aufgewandten Kosten für die stationäre Pflege abzüglich ersparter eigener Aufwendungen für die Zeit des Krankenhausaufenthaltes, sondern auch in den vergeblich aufgewandten Prozesskosten im Rechtsstreit gegen die Versicherung, da der Beklagte dem Kläger vor Beginn dieses Prozesses auf Befragen erklärt hatte, die stationäre Behandlung sei notwendig gewesen.

▶ Beratung über das Für und Wider der stationären Behandlung

Die Entscheidung des BGH enthält grundlegende Ausführungen zu Voraussetzungen und Rechtsfolgen der Aufklärungspflicht des behandelnden Arztes über wirtschaftliche Folgen der ärztlichen Behandlung: Im vorliegenden Fall hatten die Parteien einen Arztvertrag über die Beratung und Behandlung des Klägers durch den Beklagten wegen seiner Hüftgelenksbeschwerden geschlossen. Im Rahmen dieses Vertrages war der Beklagte verpflichtet, den Kläger umfassend für die erforderlichen therapeutischen Maßnahmen zu beraten, das Einverständnis des Klägers darüber einzuholen und die Therapie durchzuführen. Eine solche Beratung muss auch das Für und Wider einer stationären Behandlung umfassen, wenn eine solche in Betracht kommt. Darf der Arzt sie nach dem gegenwärtigen Stand der medizinischen Wissenschaft für erforderlich halten, ohne dass ernsthaft eine ambulante Behandlung als Alternative in Betracht kommt, kann er sich darauf beschränken, die Einweisung in ein geeignetes Krankenhaus zu empfehlen und vorzunehmen.

▶ Beratung über eine ambulante Behandlung als Alternative

Ist dagegen eine Therapie auch in ambulanter Behandlung medizinisch sinnvoll und praktikabel, hat der Arzt den Patienten darüber – wie über alle ernsthaft in Betracht kommenden Behandlungsalternativen, sofern diese den Patienten unterschiedlich belasten – aufzuklären. Das ist schon deswegen erforderlich, um dem Patienten eine eigene Entscheidung darüber zu ermöglichen, ob er sich einem in seine körperlichen und seelischen Belange in der Regel viel tiefer einschneidenden Krankenhausaufenthalt unterziehen oder eine ambulante Behandlung vorziehen will, die für ihn mit ganz anderen Belastungen verbunden ist. Dabei verkennt der BGH nicht, dass auch eine ambulante Behandlung für den Patienten mit Nachteilen oder doch zumindest Unbequemlichkeiten verbunden sein kann. Solche Nachteile ändern jedoch nichts an der grundsätzlichen Verpflichtung zur Aufklärung über alle ernsthaften Behandlungsalternativen.

▶ Wechselwirkung zwischen der Aufklärung über medizinische und wirtschaftliche Fragen

Der BGH erkennt an, dass im Einzelfall die Ansichten des Arztes und des Versicherers darüber, ob eine Behandlung – insbesondere eine stationäre – notwendig ist, auseinandergehen können. Das ändert aber nichts daran, dass der Arzt, wenn er eine stationäre Behandlung vorschlägt, sich Gedanken darüber zu machen hat, ob diese nicht nur wünschenswert und überhaupt sinnvoll erscheint, sondern ob es auch aus ärztlicher Sicht vertretbar ist, deren Notwendigkeit anzunehmen. Ist dies für den Arzt erkennbar zweifelhaft, muss er nach Treu und Glauben den Patienten darauf hinweisen, dass ein von ihm vorgeschlagener Krankenhausaufenthalt möglicherweise von dem Krankenversicherer nach dessen Versicherungsbedingungen nicht als notwendig anerkannt werden könnte und der Versicherer die Kosten der stationären Behandlung nicht ersetzen werde.

▶ Arzt als Fachmann für Kostenerstattung

Dass dabei für den Patienten auch die voraussichtlich von ihm zu tragenden Kosten der Behandlungsalternativen eine Rolle spielen, liegt auf der Hand und ist für beide Vertragspartner erkennbar. Auch insoweit ist meist der Arzt der Fachmann, der dem Patienten Entscheidungshilfen geben kann und muss. Hat er einen Privatpatienten vor sich, muss er nach der Lebenserfahrung davon ausgehen, dass dieser eine private Krankenversicherung eingegangen ist, häufig unter Vereinbarung eines bestimmten Selbstbehalts. Der Arzt weiß, dass der Krankenversicherer nur die Kosten der notwendigen Behandlung im Rahmen des Versicherungsvertrages erstatten wird.

▶ Herrschaftswissen des Arztes

Für den BGH ist entscheidend, dass der Arzt im Gegensatz zum Patienten einerseits das finanzielle Risiko für den Patienten erkennt oder jedenfalls erkennen kann und andererseits übersieht, dass auch weniger aufwendige Therapien zum Ziel führen. Der Arzt darf dem Patienten deshalb nicht ohne weiteren Hinweis auf die unter Umständen diesem entstehenden und bei ihm verbleibenden hohen Kosten eine stationäre Behandlung vorschlagen. Andernfalls würde er dem ahnungslosen und ihm vertrauenden Patienten in rechtlich nicht zu billigender Art und Weise finanzielle Aufwendungen aufbürden, die dieser, hätte er den Kenntnisstand des Arztes, nicht tragen will.

▶ Keine Nachforschungspflicht des Arztes bzgl. der Finanzkraft des Patienten

Zwar sollen dem Arzt nicht unzumutbare Hinweispflichten aufgebürdet werden, die ihn daran hindern könnten, seine Hauptverpflichtung zur Behandlung des Patienten zu erfüllen. Solche Pflichten muten dem Arzt insbesondere nicht zu, sich mit den finanziellen Verhältnissen des Patienten vertraut zu machen und dessen Vermögensinteressen wahrzunehmen. Der Arzt ist jedoch zur Beratung der für ihn überschaubaren Kostentragungsfolgen verpflichtet, ohne dass er erwarten kann, der Patient werde von sich aus die Frage der Kostentragung durch die Versicherung anschneiden.

▶ Aufklärungspflicht bei Hinweisen auf Risiken bei der Kostenerstattung

Im hier vorliegenden Fall wäre die ambulante Behandlung für den Kläger erheblich billiger gewesen als die durch den stationären Aufenthalt im Krankenhaus entstandenen Pflegekosten. Nach Annahme des BGH lag deshalb mindestens ein Zweifels-

oder Grenzfall vor, bei dem es sich dem Arzt aufdrängen musste, dass die private Krankenversicherung des Patienten die Leistungen für eine stationäre Behandlung verweigern könnte. Dem beklagten Chefarzt wurde zwar zugebilligt, dass er eine Behandlung im Krankenhaus wenigstens für vertretbar und noch sinnvoll halten konnte. Dennoch durfte er dem Patienten nicht verschweigen, dass dieser hinsichtlich der Übernahme der Pflegekosten durch seine Krankenversicherung ein Risiko einging.

▶ Befolgung des Patientenwunsches befreit nicht von Aufklärungspflicht

Ausdrücklich stellt der BGH klar, dass es aus Sicht des Arztes möglicherweise nicht falsch war, den Kläger stationär aufzunehmen. Es reichte jedoch aus, dass dies unter keinem medizinischen Gesichtspunkt geboten war. Unerheblich ist deshalb für den BGH auch, dass der Patient selbst ausdrücklich eine stationäre Behandlung gewünscht hatte. Denn damit ist nichts über die medizinische Notwendigkeit eines Krankenhausaufenthaltes ausgesagt. Diese kann der Patient im Gegensatz zum behandelnden Arzt nicht beurteilen. Der BGH hat daher auch ein Mitverschulden des Patienten an der Schadensentstehung verneint.

▶ Weiteres Fallbeispiel

Im Anschluss an die vorstehende Entscheidung des BGH hat das LG Karlsruhe in seinem Urteil vom 15.07.2005 (5 S 124/04)[6] festgehalten, dass eine vertragliche Pflicht des Arztes bestehe, den Patienten darauf hinzuweisen, wenn begründete Zweifel bestehen, ob der private Krankenversicherer des Patienten die Behandlung im Krankenhaus als notwendig ansehen und die Kosten dafür übernehmen werde. Im Prozess zwischen dem Arzt/Krankenhausträger und dem Patienten, der den Schadenersatz wegen diesbezüglich unterlassener Aufklärung geltend macht, wird nicht geprüft, ob die ablehnende Praxis des Krankenversicherers in derartigen Fällen berechtigt und die vorgeschlagene stationäre Behandlung tatsächlich als nicht notwendige Behandlung im Sinne der Krankenversicherungsbedingungen (§ 1 Abs. 2 MB/KK) anzusehen ist. Allein die dem Arzt bekannte Bestreitens- und Nichtanerkennungspraxis des Krankenversicherers genüge, um ihn zur Aufklärung zu verpflichten. Der Patient könne Schadenersatz wegen unterlassener Aufklärung nur unter der Voraussetzung geltend machen, dass er den potenziellen Erstattungsanspruch gegen den Krankenversicherer an den Arzt/Krankenhausträger abtrete, § 355 BGB analog. Wenn die Krankenversicherungsbedingungen ein Abtretungsverbot enthielten (vgl. § 6 Abs. 6 MB/KK), könne der Patient den Schadenersatz erst geltend machen, wenn er eine Erklärung des Versicherers vorlege, dass dieser auf das Abtretungsverbot verzichte.

---

[6] VersR 2006, 1217; NJW-RR 2005, 1690.

Merksätze
Aufklärung über wirtschaftliche Fragen der Heilbehandlung:
1. Klärt der behandelnde Arzt nicht über echte Behandlungsalternativen wie ambulante statt stationärer Therapie auf, verletzt er seine medizinische Aufklärungspflicht. Unterlässt er den Hinweis auf geringere Kosten einer ambulanten Behandlung bei nicht voller Erstattung der stationären Pflegekosten durch die Krankenversicherung, verletzt er seine wirtschaftliche Informationspflicht aus dem Behandlungsvertrag.
2. Der Arzt ist zur Aufklärung über die wirtschaftlichen Folgen der vorgeschlagenen Behandlung verpflichtet, wenn und soweit er diese Folgen in Kenntnis der Versicherungsbestimmungen über die Erstattungspflicht besser beurteilen kann als der Patient.
3. Die sich aus dem Behandlungsvertrag ergebende Fürsorgepflicht, den Patienten vor unnötigen Kosten der Heilbehandlung zu schützen, endet auch nicht mit Abschluss der Behandlung, sondern erstreckt sich auch auf spätere Auskünfte und Ratschläge zum Beispiel im Rahmen der Abrechnung mit der Versicherung oder bei einem Rechtsstreit.

Fall 28: Der vergebliche, aber kostenträchtige Krankenhausaufenthalt

OLG Hamm, Urteil vom 21.10.1997 – 24 U 6/97 – recht + schaden 1998, 62

Sachverhalt

Die Klägerin ist Trägerin eines Krankenhauses. Sie macht gegenüber dem beklagten Patienten Pflegekosten für seinen stationären Krankenhausaufenthalt in der internistischen Abteilung geltend. Während eines fünftägigen stationären Aufenthaltes des Patienten war diagnostisch abgeklärt worden, dass keine körperliche Krankheit vorlag. Anschließend verblieb der Patient noch einige Zeit in der internistischen Abteilung, obwohl der Chefarzt ihm mehrfach erklärt hatte, dass seine Behandlung dort abgeschlossen sei. Ein Hinweis auf – später eingetretene – Schwierigkeiten mit der Kostenerstattung durch die private Krankenversicherung erfolgte nicht.

Lösung

▶ Aufklärungspflichtverletzung der Krankenhausträgerin

Das OLG Hamm hat im vorliegenden Fall eine Aufklärungspflichtverletzung der Krankenhausträgerin, aber auch ein Eigenverschulden des Patienten, im Ergebnis ein gleichrangiges Verschulden beider Parteien angenommen. Die klagende Krankenhausträgerin war ihrer Pflicht, den Patienten über die versicherungstechnischen Risiken einer Fortsetzung des stationären Aufenthaltes aufzuklären, nicht genügend nachgekommen. Dem Krankenhausträger bzw. dem behandelnden Arzt obliegt die

Pflicht, seinen Patienten darauf hinzuweisen, dass dessen private Krankenversicherung nach den dem Versicherungsvertrag zugrundeliegenden Musterbedingungen für die privaten Krankenkassen nur verpflichtet ist, die Kosten eines stationären Krankenhausaufenthaltes zu ersetzen, wenn dieser medizinisch notwendig ist. Diese Aufklärungspflicht des Arztes besteht nicht erst dann, wenn für ihn deutlich ist, dass eine medizinische Notwendigkeit des stationären Aufenthaltes tatsächlich nicht gegeben ist. Bereits wenn der Arzt vermuten muss, dass es berechtigten Anlass zu Zweifeln daran gibt, dass nach der allgemein herrschenden medizinischen Auffassung der geplante oder durchgeführte stationäre Aufenthalt nicht als medizinisch notwendig angesehen werden könnte, muss der Arzt seinen Patienten auf diese Situation hinweisen.

▶ Mitverschulden des Patienten

Andererseits hat nach Auffassung des OLG Hamm bei der Entstehung des Schadens auch ein Mitverschulden des Patienten mitgewirkt. Der Patient ist als Versicherungsnehmer für sein Versicherungsverhältnis und die Einhaltung der Obliegenheiten nach den Musterbedingungen der privaten Krankenkassen zunächst einmal selbst verantwortlich. Desweiteren muss ihm auch klar sein, dass ein stationärer Krankenhausaufenthalt auf einer internistischen Abteilung, ohne dass eine internistische Erkrankung vorliegt, von einer Krankenversicherung nicht ohne weiteres hingenommen werden kann. Diese Bedenken mussten dem Patienten erst recht kommen, nachdem ihm der Leiter der Abteilung mehrfach erklärt hatte, dass seine Behandlung auf der internistischen Station abgeschlossen sei.

▶ Erstattungsfähigkeit von stationären Behandlungskosten in der GKV

In der gesetzlichen Krankenversicherung sind Kosten für einen stationären Krankenhausaufenthalt nur erstattungsfähig, wenn die stationäre Behandlung aus medizinischen Gründen notwendig ist, was von den Sozialgerichten im Streitfall uneingeschränkt überprüft werden darf. Dem Arzt steht insoweit keine Einschätzungsprärogative zu, was mittlerweile vom Großen Senat des Bundessozialgerichts nach einem internen Streit des 1. und 3. Senats entschieden ist (BSG, Beschluss vom 25.9.2007 – GS 1/06 – MedR 2008, 231). Der Arzt hat damit auch bei gesetzlich versicherten Patienten genau zu überprüfen, ob die Notwendigkeit eines stationären Aufenthalts besteht, und muss den Patienten, falls keine Notwendigkeit besteht, auf die fehlende Erstattungsfähigkeit hinweisen und ggf. einen zusätzlichen privaten Behandlungsvertrag abschließen.

Die Rechtsstellung des Patienten erfährt durch das Erfordernis der schriftlichen Informationspflicht des Behandelnden gemäß §§ 630c Abs. 3 und 4 BGB bei Nichtübernahme der Behandlungskosten durch die Krankenkasse und die Information über die wirtschaftliche Tragweite der Entscheidung des Patienten eine Stärkung. Bei den sogenannten individuellen Gesundheitsleistungen, also den IGeL-Leistungen, betrifft die Informationspflicht nicht nur den gesetzlich Versicherten, sondern auch den privat versicherten Patienten. Weitere Regelungen für die IGeL-Leistungen sind nicht Gesetz geworden.

III. Hinweispflichten bei der Anwendung von Außenseitermethoden

Fall 29: Die Außenseitermethode

OLG Hamm, Urteil vom 15.06.1994 – 3 U 31/94 – NJW 1995, 790

Sachverhalt

Die Klägerin, Trägerin einer Privatklinik, bietet gegen Krebserkrankungen die sogenannte immuno-augmentative Therapie an. Im Jahre 1991 ließ sich eine Patientin bei ihr zwei Monate mit dieser Therapie behandeln. 5 Tage nach Beendigung der Therapie verstarb die Patientin. Die Klägerin nimmt nunmehr die Erben ihrer verstorbenen Patientin auf Bezahlung der erbrachten Leistungen in Höhe von über 12.000 € in Anspruch. Sie stützt ihre Forderung dabei auf einen von der verstorbenen Patientin unterzeichneten Behandlungsvertrag. Die Klägerin behauptet, der verstorbenen Patientin unter Übergabe eines Informationsblattes „Kostenübernahme durch Krankenkassen" eine Kostenübernahme nicht garantiert zu haben. Sie habe die Verstorbene lediglich darauf hingewiesen, dass diverse Krankenkassen bereit gewesen seien, die Kosten einer immuno-augmentativen Therapie zu übernehmen.

Lösung

▶ Verlust des Vergütungsanspruchs durch mangelhafte Aufklärung

Das Landgericht hatte der Klage auf Zahlung der Klinikkosten stattgegeben. Die Berufung der Erben der verstorbenen Patienten hatte aber Erfolg. Das OLG Hamm verneinte einen Anspruch der Klägerin auf Zahlung der vereinbarten Vergütung, da ihrem Vergütungsanspruch ein gleich hoher Schadensersatzanspruch der Erben wegen Verschuldens bei Vertragsschluss gegenüberstehe. Der Schadensersatzanspruch richtet sich in diesem Fall auf Befreiung von der vertraglich eingegangenen Verbindlichkeit und ist deshalb der Höhe nach mit dem Vergütungsanspruch der Klägerin identisch.

▶ Außenseitermethode führt nicht automatisch zur Unwirksamkeit des Vertrages

Allerdings stellt das OLG Hamm zunächst klar, dass die Vereinbarung über eine unwirksame medizinische Leistung nicht auch automatisch zu einem sittenwidrigen und damit nach der Bestimmung des § 138 Abs. 1 BGB unwirksamen Vertrag führt. Im vorliegenden Fall war der schwer krebskranken Patientin eine Leistung angeboten worden, deren Wirksamkeit medizinisch durch nichts bewiesen und die deshalb fragwürdig war. Es ließ sich nach Auffassung des Gerichtes aber nicht feststellen, dass ein Angebot derartiger Außenseitermethoden an verzweifelte Patienten, die subjektiv – ähnlich den sogenannten Placeboeffekten – möglicherweise sogar eine Besserung ihres Leidens empfinden, gegen das Anstandsgefühl aller billig und gerecht Denkenden verstößt. Dies wäre aber Voraussetzung für eine Unwirksamkeit des Behandlungsvertrages wegen Sittenwidrigkeit.

III. Hinweispflichten bei der Anwendung von Außenseitermethoden

▶ Außenseitermethode erhöht Anforderungen an wirtschaftliche Aufklärungspflicht

Im Ergebnis scheiterte der Vergütungsanspruch aber daran, dass die Klägerin bei dieser geschilderten Sachlage verpflichtet war, die Patienten mit aller Deutlichkeit auch auf die wirtschaftlichen Folgen ihres Handelns hinzuweisen. Es handelte sich ersichtlich um eine kostspielige Therapie, deren Wirksamkeit durch nichts bewiesen und von der nach den bislang vorliegenden Erkenntnissen keinerlei therapeutische Wirkung zu erwarten war. Dies musste der Klägerin, die ihre Methode in der Vergangenheit nie einer wissenschaftlich fundierten Untersuchung unterzogen hatte, bekannt sein. Weiterhin wurde der Klägerin ihre Kenntnis darüber vorgehalten, dass die Krankenkassen allenfalls in Einzelfällen, nicht selten aus Rücksichtnahme auf die persönliche Situation der schwerkranken Patienten, die Kosten für derartige Behandlungen übernommen hatten.

▶ Beweisnachteile bei Verletzung vorvertraglicher Beratungspflichten

Das OLG Hamm hat es dahinstehen lassen, ob die Klägerin die verstorbene Patientin tatsächlich auf die nur vereinzelte Kostenerstattung hingewiesen habe. Jedenfalls reicht ein solcher Hinweis unter den besonderen Umständen nicht aus. Regelmäßige Voraussetzung für die Kostenübernahme durch die Krankenkassen ist unter anderem, dass die Behandlung medizinisch geboten, jedenfalls zweckmäßig, wirtschaftlich und ausreichend ist. Diese Voraussetzungen lagen im konkreten Fall nicht vor, so dass die Klägerin verpflichtet war, über die wirtschaftliche Tragweite eindeutig und unmissverständlich zu belehren. Nach Auffassung des Gerichtes werden die Anforderungen an vorvertragliche Beratungspflichten damit nicht überspannt. Ein Arzt schulde eine solche wirtschaftliche Beratung im Regelfall zwar nicht. Ein Anbieter von Leistungen an Patienten in einer existenziellen Notlage, deren Kosten nach gesetzlichen Voraussetzungen regelmäßig nicht von Kassen zu übernehmen sind, ist dagegen zu einer solchen wirtschaftlichen Beratung verpflichtet. Aus der Verletzung vorvertraglicher Beratungspflichten folgt dann die Beweispflicht dafür, dass der Schaden auch bei pflichtgemäßem Verhalten entstanden wäre, der Geschädigte sich also nicht aufklärungsrichtig verhalten hätte.

▶ Eindeutige Aufklärung bei hohen wirtschaftlichen Kosten

Der Arzt muss den Patienten klar und eindeutig über die realistischen Chancen einer beabsichtigten Therapie aufklären. Dies gilt insbesondere dann, wenn mit der Therapie hohe wirtschaftliche Kosten verbunden sind, die für ihn und seine Familie eine nicht tragbare Belastung bedeuten können[7]. Jede im Vorfeld des Vertragsschlusses verschleiernd wirkende oder die realistisch erreichbare Situation verzerrende Maßnahme begründet eine Aufklärungspflichtverletzung. Hier besteht eine Vermutung dafür, dass sich der Patient bei – unterstellter – sachgerechter Beratung „aufklärungsrichtig" verhalten hätte.

---

[7] OLG Hamm, VersR 2001, 895.

▶ Weiteres Fallbeispiel

Wie schwierig im Einzelfall dem Juristen die Entscheidung über die Vergütung für eine Leistung aus der Alternativmedizin fällt, zeigt die Entscheidung des OLG Stuttgart[8]. Der Patient litt an einer Motoneuronerkrankung vom Typ der ALS bei Lähmung aller Extremitäten und Anschluss an ein Beatmungsgerät. Er wurde seit 1994 nicht mehr kausal behandelt. Im Frühsommer 1998 wandten sich die Angehörigen an einen Arzt für Allgemeinmedizin und Naturheilverfahren, der nach dem Tode des Patienten von den Erben 50.000,00 € für seine naturheilkundlichen Behandlungen des Patienten verlangte. Das OLG Stuttgart hat der Klage stattgegeben und darauf abgestellt, dass die Schulmediziner den Patienten aufgegeben hatten und die Vertragsparteien den Experimentiercharakter des Heilversuches kannten. Der naturheilkundlichen Behandlungsmethode mit der Chance einer Linderung oder Verhinderung einer Verschlimmerung der Symptome kam angesichts der bekannten Unheilbarkeit der Krankheit zwangsläufig Versuchscharakter zu. In diesem Fall reicht es nach Auffassung des OLG Stuttgart aus, wenn der behandelnde Arzt den Patient darauf hinweist, dass dessen Krankenkasse die Kosten der Behandlung möglicherweise nicht übernehmen werde. Anders als im Fall des Oberlandesgerichts Hamm habe dieser Arzt sich auch nicht einer Verschleierung oder Verzerrung der wahren Sachlage schuldig gemacht, nicht Heilung versprochen, sondern allenfalls Linderung durch die mögliche Aktivierung der Atmungsmuskeln. Kritisch zu dieser Entscheidung ist anzumerken, dass allein das Inaussichtstellen eines Plazeboeffektes nicht zur Vergütungsfähigkeit einer alternativen Behandlungsmethode ausreichen darf. Die Ansprüche gegen die Krankenkasse waren zu Recht mangels medizinisch notwendiger Heilbehandlung rechtskräftig abgewiesen worden. Die Berufung auf die Willensfreiheit und Autonomie des Patienten darf nicht dazu führen, einen Vergütungsanspruch für medizinisch sinnlose Maßnahmen zu rechtfertigen. Insofern liegt der Fall anders als bei kosmetischen Operationen, die medizinisch nicht notwendig sind und deshalb auch nicht von den Krankenkassen finanziert werden, gleichwohl, weil sie einen vom Patienten gewünschten kosmetischen Effekt haben, dem behandelnden Arzt zu vergüten sind. Die Parallele zu kosmetischen Operationen, die auch das OLG Stuttgart zieht, erscheint nicht gerechtfertigt.

> **Merksätze**
> Beratung über die wirtschaftlichen Aspekte von Außenseitermethoden zur Behandlung schwerer Krankheiten:
> 1. Je weniger der Patient einerseits willens oder fähig ist, sich über die Kostenerstattung zu informieren und je erfahrener andererseits der Anbieter medizinischer Leistungen in der Abrechnungspraxis der Krankenkassen ist, desto höher sind die Anforderungen an die Aufklärungspflicht.
> 2. Wer krebskranken Patienten eine kostspielige Therapie anbietet, von der nach vorliegenden Erkenntnissen keinerlei therapeutische Wirkung zu erwarten ist, und deren Kosten deshalb allenfalls in Einzelfällen von den

---

[8] OLG Stuttgart, VersR 2003, 992.

> Krankenkassen übernommen werden, ist vorvertraglich verpflichtet, die
> Patienten mit aller Deutlichkeit auf die wirtschaftlichen Folgen ihres Handelns hinzuweisen. Andernfalls verliert er seinen Vergütungsanspruch.

▶ Differenzierung der Informationspflicht nach Versicherungstypus

Aus allen hier angeführten Entscheidungen ergibt sich eine einheitliche Linie der Rechtsprechung, wonach die Aufklärungspflichten für die behandelnden Ärzte bzw. Krankenhausträger um so umfangreicher sind, je besser sie mit der Erstattungspraxis der Krankenkassen vertraut sind. Dabei erscheint eine Differenzierung zwischen privat- und vertragsärztlichen Patienten geboten.

▶ Umfassende wirtschaftliche Informationspflicht bei Kassenpatienten

Grundsätzlich sind die Informationspflichten des Arztes über die wirtschaftlichen Folgen der Behandlung bei einem Kassenpatienten umfassender als bei einem Privatpatienten. Der Arzt weiß nämlich genau, welche Heilbehandlungskosten ihm von der Kassenärztlichen Verrechnungsstelle erstattet werden und welche nicht, da er die Abrechnungen selbst vornimmt. Der Patient wirkt bei der Abrechnung der vertragsärztlichen Leistungen nicht mit. Aus den vorhandenen Krankenunterlagen kann der Arzt auch unschwer erkennen, ob es sich bei dem zu behandelnden Patienten um einen Privat- oder Kassenpatienten handelt. Sobald bestimmte ärztliche Leistungen von der Erstattung durch die Krankenkassen bzw. vertragsärztlichen Verrechnungsstellen ausgeschlossen sind, ist der Arzt gegenüber seinem Patienten zur Information verpflichtet.

▶ Wirtschaftliche Informationspflicht bei Außenseitermethoden

Selbst die Behandlung mit sog. Außenseitermethoden ist in der gesetzlichen Krankenversicherung in den NUB-Richtlinien nach § 135 SGB V geregelt. Leistungsrechtliche Voraussetzungen nach § 2 Abs. 1 Satz 3 SGB V sind Qualität und Wirksamkeit der Maßnahmen, die dem allgemein anerkannten Stand der medizinischen Erkenntnisse, d. h. dem medizinischen Standard entsprechen müssen[9]. Der Heilversuch wird somit grundsätzlich von der Leistungspflicht der gesetzlichen Krankenversicherung nicht umfasst, außer bei Behandlung in klinischen Studien.[10] In der vertragsärztlichen Versorgung bedürfen neue Untersuchungs- und Behandlungsmethoden nach § 135 Abs. 1 Satz 1 SGB V der Zulassung. Solange der Nachweis für die Verordnungsfähigkeit nicht erbracht ist, darf die Methode nicht angewandt, verordnet und beansprucht werden. Arzneimittel dürfen für zugelassene Indikationen und Indikationsbereiche verwendet werden. Für die Indikationen und Indika-

---

[9] BSG, Urt. v. 05.07.1995, BSGE 76, 194, 199 zu Remedacen.
[10] § 137 c Abs. 2 Satz 2 Halbsatz 2 SGB V sowie § 35 c SGB V.

tionsbereiche, für die sie nicht zugelassen sind, dürfen sie nur unter besonderen Voraussetzungen verwendet werden. Die Nutzenbeurteilung unterliegt dem Genehmigungsvorbehalt durch den gemeinsamen Bundesausschuss (Nr. 24 AM-RL). Soweit also Richtlinienentscheidungen des gemeinsamen Bundesausschusses nicht vorliegen, haben die Sozialgerichte das Vorliegen der Versorgung nach Maßgabe des medizinischen Standards im Einzelfall zu prüfen und von der Außenseitermethode abzugrenzen. Die hierzu maßgeblichen Entscheidungen des Bundessozialgerichtes[11] lassen sich jedenfalls dahin zusammenfassen, dass die sozialgerichtliche Rechtsprechung einen wissenschaftlichen Nachweis verlangt, ärztliche Erfahrung dann nicht ausreichen lässt, wenn eine Methode neu oder die Verbreitung in der Praxis der Medizin nicht allgemein, sondern partiell ist. Das BSG verlangt in den Kozijaskin-Entscheidungen[12]:

> ... dass die große Mehrheit der einschlägigen Fachleute (Ärzte, Wissenschaftler) die Behandlungsmethode befürwortet und von einzelnen nicht ins Gewicht fallenden Gegenstimmen abgesehen, über die Zweckmäßigkeit der Therapie Konsens besteht ... Die Therapie muss in einer für die sichere Beurteilung ausreichenden Zahl von Behandlungsfällen erfolgreich gewesen sein.

Daraus folgt, dass die sogenannte „Binnenanerkennung", d. h. die Verlagerung der Entscheidungskompetenz über umstrittene Methoden in den Kreis der Verfechter dieser Methoden, nicht ausreichen kann, so etwa die Anerkennung durch die Hufelandgesellschaft. Will also der Arzt im Rahmen der Therapiefreiheit auf nicht erstattungsfähige Neulandmethoden[13] zurückgreifen, hat er den Patienten umfassend wirtschaftlich über die ihn treffenden Kosten aufzuklären.

▶ Informationspflicht bei Privatpatienten grds. geringer

Auf die privatärztliche Versorgung sind diese Grundsätze nicht ohne weiteres übertragbar. Der Arzt rechnet seine Leistungen nicht selbst mit der Kassenärztlichen Verrechnungsstelle ab, sondern stellt das Honorar dem Patienten in Rechnung. Dieser ist sein Vertragspartner und Schuldner der Behandlungskosten. Über die Einzelheiten der versicherungsvertraglichen Absicherung seines Patienten ist der Arzt regelmäßig nicht informiert. Wegen der unterschiedlichen vertraglichen Ausgestaltungsmöglichkeiten in der privaten Krankenversicherung ist es dem einzelnen Arzt weder möglich noch zumutbar, über die Leistungsmodalitäten der Versicherungen seiner Patienten Kenntnis zu haben. Etwas anderes gilt bei der privaten Krankenversicherung aber dann, wenn der behandelnde Arzt genau weiß oder hätte wissen müssen,

---

[11] BSG, Urt. v. 05.07.1995 – 1 RK 6/95 –, SozR 3-2500 § 27 Nr. 5 – Remedacen, BSG v. 16.09.1997 – 1 RK 28/95 –, SozR 3-2500 § 535 Nr. 4 Duchenne und BSG vom 19.03.2002– B 1 KR/00 R, BSGE 89, 184 ff. – Sandoglobulin.

[12] BSGE 84,90,96 f. eingehend hierzu: Francke/Hart, MedR 2008, S. 16.

[13] Eingehend zu Rechtsfragen der Komplementär- und Alternativmedizin: Bergmann, ZEFQ 2008, 574 ff.

dass die Kosten der Heilbehandlung ganz oder zum Teil nicht übernommen werden, bzw. nur in Einzelfällen bisher übernommen wurden. Von einer solchen Kenntnis wird man ausgehen können, wenn der Arzt mit bestimmten Behandlungstypen und Versicherungen wiederholt zu tun hat oder eine noch nicht anerkannte Außenseitermethode anwendet. Die Aufklärungspflicht reicht dann zumindest soweit, dass dem Patienten ein Problembewusstsein für eine möglicherweise nur teilweise Erstattung vermittelt wird.

IV. Ausblick

▶ Wirtschaftliche Aufklärungspflicht als Gegenstück zur Therapiefreiheit

Insgesamt dürften die wirtschaftlichen Zwänge im Gesundheitswesen in Zukunft zu einer verstärkten Aufklärungspflicht über die wirtschaftlichen Folgen ärztlichen Handelns führen. Davon wird auch der Kernbereich der medizinischen Behandlung, die ärztliche Therapiefreiheit, nicht unberührt bleiben. Zum Kernstück der Therapiefreiheit gehört es, dass kein Arzt zu einer seinem Gewissen widersprechenden Methode oder zu einer bestimmten Arzneimitteltherapie gezwungen werden darf. Aufgabe des Arztes ist, die ihm geeignet erscheinende diagnostische oder therapeutische Methode auszuwählen[14]. Die so verstandene Therapiefreiheit gilt aber nur unter den gesetzlichen Vorgaben und den Veränderungen des Leistungsbildes der gesetzlichen und privaten Krankenversicherung. Rechtsprechung und Gesetz (§ 630c Abs. 3 BGB) fordern von dem Arzt, dass der Therapiefreiheit auch eine Aufklärungspflicht als Nebenpflicht aus dem Arzt-Patienten-Verhältnis entspricht, die die Rechte des Patienten auf umfassende Wahrung seiner gesundheitlichen Belange sowohl hinsichtlich der wirtschaftlichen als auch der gesundheitlichen Risiken in vollem Umfang berücksichtigt.

---

[14] Laufs, NJW 1997, 1609 f.

Ärztliche Dokumentationspflicht – Wirkung, Umfang und Grenzen

Schwerpunkt: Chirurgie

I. Grundlagen

1. Vorbemerkungen

▶ Rechtliche Grundlagen der Dokumentation

Der Arzt ist der Herr des Behandlungsgeschehens. Er allein kann die Behandlung für nachbehandelnde Kollegen und den Patienten im Haftungsprozess durch hinreichende Dokumentation nachvollziehbar machen. Die Dokumentation ist eine Nebenverpflichtung aus dem Behandlungsvertrag, mittlerweile in § 630 f BGB kodifiziert. Für entsprechendes Fehlverhalten hat der Krankenhausträger einzustehen. Die Pflicht zur Dokumentation des Behandlungsgeschehens ist nicht nur Vertragspflicht, sondern auch berufsrechtlich und deliktisch begründete Pflicht des Arztes als notwendige Grundlage für die Sicherheit des Patienten in der Behandlung. § 10 Abs. 1 MBO-Ä lautet: „Der Arzt hat über die in Ausübung des Berufes gemachten Feststellungen und getroffenen Maßnahmen die erforderlichen Aufzeichnungen zu machen. Ärztliche Aufzeichnungen sind nicht nur Gedächtnisstützen, sie dienen auch dem Interesse der Patientinnen und Patienten an einer ordnungsgemäßen Dokumentation."

▶ Medizinische Grundlagen der Dokumentation

Wer als Prozessanwalt erlebt, wie schwierig es ist, Dokumentationslücken durch Befragungen des ärztlichen und nichtärztlichen Personals einer Klinik in der Beweisaufnahme zu schließen, kann diese Organisationspflicht des Arztes bzw. Krankenhausträgers nicht hoch genug einschätzen. Dennoch beruht im Grunde die Pflicht zur Dokumentation durch den Arzt ausschließlich auf medizinischen Gründen. Sie zielt nicht primär auf Beweissicherung für einen evtl. Haftungsprozess ab. Eine

Dokumentation, die medizinisch nicht erforderlich ist, ist auch nicht aus Rechtsgründen geboten[1]. Die Dokumentation hat die Aufgabe, den Krankheitsverlauf und die durchgeführten Behandlungsmaßnahmen für einen Fachmann transparent zu machen[2]. In seinem Urteil vom 30.01.2008 – 5 U 92/06 –[3] hat das OLG Koblenz festgehalten, dass Maßnahmen nur dann in den Krankenunterlagen zu dokumentieren sind, wenn die Dokumentation erforderlich ist, um Ärzte und Personal über den Verlauf der Krankheit und die bisherige Behandlung im Hinblick auf künftige medizinische Entscheidungen ausreichend zu informieren. Ein Operationsbericht müsse zwar eine stichwortartige Beschreibung der jeweiligen Eingriffe und Angaben über die hierbei angewandte Technik enthalten. Nicht erforderlich sei hingegen die Wiedergabe von medizinischen Selbstverständlichkeiten wie z. B. einer spannungsfreien Verknotung der Anastomosennähte bei einer Prostataektomie.

Die Dokumentation in den Krankenunterlagen dient also keineswegs nur der eigenen Gedächtnisstütze der aufzeichnenden Ärzte, sondern im Rahmen der arbeitsteiligen Medizin auch der Unterrichtung der an der Behandlung weiter beteiligten Ärzte. Daneben müssen selbstverständlich auch pflegerische Maßnahmen festgehalten werden, wie der BGH mehrfach für die Dekubitus-Prophylaxe entschieden hat[4].

Checkliste
Dokumentation in den Krankenunterlagen
1. Inhalt der Dokumentation:
   - Anamnese, ✓
   - Diagnose, ✓
   - Therapie, ✓
   - Untersuchungen, ✓
   - Ergebnisse und Befunde, ✓
   - Zeiten der Behandlung, ✓
   - Pflegeanweisungen, ✓
   - alle Verlaufsdaten, ✓
   - besondere Zwischenfälle (z. B. zu frühes Verlassen des Krankenhauses, Nichtbeachtung von Verhaltensmaßregeln), ✓
   - therapeutische Besonderheiten (z. B. Wechsel des Operateurs, Kontrolle des Berufsanfängers)[5]. ✓

---

[1] BGH, MDR 1995, 698; OLG Oldenburg, NJW-RR 2009, 32, 34; OLG Hamm, GesR 2003, 273.
[2] Bergmann/Kienzle, Rn. 191.
[3] OLG Koblenz, MedR 2008, 374.
[4] BGH, VersR 1986, 789.
[5] Steffen/Pauge, Rn. 541.

I. Grundlagen

2. Art und Ort der Dokumentation: ✓
   - Krankenblatt/Krankenakte ✓
   - Operationsbericht ✓
   - Narkoseprotokoll ✓
   - Aufklärungsbogen ✓
   - Pflegebericht ✓
   - Arztbrief ✓

Einige dieser Anforderungen an den Inhalt der Dokumentation finden sich nun auch ausdrücklich in dem nicht abschließenden Dokumentationskatalog aus § 630 f Abs. 2 BGB. Im speziellen aufgeführt werden dort die Anamnese, Diagnosen, Untersuchungen, Untersuchungsergebnisse, Befunde, Therapien und Eingriffe sowie ihre Wirkungen, Einwilligungen und Aufklärungen. Der Katalog ersetzt nicht die spezifische Prüfung der medizinischen Aufzeichnungserforderlichkeit, sondern liefert lediglich Orientierungsbeispiele.

▶ Medizinische Üblichkeit und Erforderlichkeit als Maßstab

Die medizinische Wesentlichkeit, Üblichkeit und Erforderlichkeit als Maßstab der Dokumentation wird im Streitfall nicht durch die Juristen, sondern durch den medizinischen Sachverständigen festgelegt. Es ist allein Aufgabe der Medizin selbst, den Standard der Dokumentation festzulegen. Nicht nur der medizinische Sachverständige, sondern auch der dokumentierende Arzt im Krankenhaus sollte berücksichtigen, dass der Dokumentationsstandard auch durch die Praxis geprägt wird und so die Ärzte selbst den Standard verschärfen können. Dies kann in der Praxis dazu führen, dass die Gerichte auf Dauer gezwungen werden, einen schärferen Maßstab bei der Prüfung der Dokumentation anzulegen[6].

▶ Weder „Vielschreiberei" noch „Mut zur Lücke"

Weder defensive „Vielschreiberei" noch „Mut zur Lücke" sind geboten, sondern strenge Dokumentation, ausgerichtet auf medizinische Üblichkeit und Erforderlichkeit. Da sich der Umfang der Dokumentation immer nach den oben dargestellten Kriterien richtet, kann nur der einzelne Behandlungsfall maßgebend sein. Routinevorgänge[7] und selbstverständliche Maßnahmen[8] bedürfen grundsätzlich keiner Dokumentation in den Krankenunterlagen. Es ist nicht erforderlich, jeden einzelnen therapeutischen oder diagnostischen Schritt festzuhalten, insbesondere dann nicht, wenn es sich um einen technisch notwendigen und aus ärztlicher Sicht selbstverständlichen Bestandteil einer bestimmten klinischen Methode handelt[9].

---

[6] Fröhlich, BADK-Information 1995, 41.
[7] OLG Stuttgart, AHRS 6450/34.
[8] OLG Frankfurt, AHRS 6450/32.
[9] OLG Köln, VersR 1988, 1249.

▶ Bedeutung der Dokumentation in der arbeitsteiligen Medizin

Die Wichtigkeit der Behandlungsdokumentation beruht nur in zweiter Linie auf dem Gesichtspunkt der Nachvollziehbarkeit des ärztlichen Handelns im Haftungsprozess. Zur Gewährleistung einer sachgerechten Behandlung in der arbeitsteiligen Behandlungsdurchführung im Krankenhaus ist jeder behandelnde oder konsiliarisch beigezogene Arzt auf eine umfassende und informative Dokumentation der durchgeführten Maßnahmen angewiesen. Dokumentationszwecke sind die Therapiesicherung, Beweissicherung, Qualitätssicherung und die Rechenschaftslegung gegenüber dem Patienten. Jeder mit- und nachbehandelnde Arzt muss jederzeit imstande sein, sich über durchgeführte Maßnahmen, die angewandte Therapie und die daraus folgenden Konsequenzen zu informieren. Die exakte ärztliche Dokumentation aller medizinisch relevanten Fakten ist das wichtigste Hilfsmittel für die notwendige Information der Beteiligten und damit für die sachgerechte Behandlung des Patienten[10]. Gewissenhafte ärztliche Aufzeichnungen haben auch einen qualitätssichernden Effekt und sind für das Zusammenwirken mehrerer Ärzte, nicht zuletzt auch in der Zusammenarbeit zwischen Klinikärzten und niedergelassenen Ärzten unerlässlich, um Fehler in der Weiterbehandlung oder Nachsorge zu vermeiden[11].

▶ Nachvollziehbarkeit für Fachkollegen

Zusammenfassend lässt sich festhalten, dass aufzeichnungspflichtig all die Tatsachen und Behandlungsmaßnahmen sind, die dem Fachmann die Behandlung nachvollziehbar machen. Forensische Rücksichten dürfen den Arzt nicht von seiner eigentlichen Aufgabe und dem eigentlichen Zweck der Dokumentation ablenken[12]. Die Effektivität, Qualität und Zügigkeit des ärztlichen Handelns wären erheblich gemindert, wenn der Arzt jede Einzelheit seines Tuns durch Zeugen, Dokumentation oder ähnliche Mittel darstellen müsste[13].

> **Merksätze**
> Umfang der Dokumentation:
> 1. Stichworte reichen grundsätzlich aus.
> 2. Details sind immer dann anzugeben, wenn ansonsten die Angaben für einen qualifizierten Fachmann nicht nachvollziehbar sind.
> 3. Routinehandreichungen und -kontrollen sind nur bei Anfängeroperationen zu dokumentieren.

---

[10] Laufs/Uhlenbruck-Schlund, § 55 Rn. 1.
[11] Bergmann/Kienzle, Rn. 200.
[12] Steffen/Pauge, Rn. 559.
[13] Fröhlich, BADK-Information 1995, 40.

2. Anforderungen an die Dokumentation

▶ Umfang und Zeitpunkt der Dokumentation

Umfang und Zeitpunkt der Dokumentation hängen von der jeweils vorliegenden Behandlungssituation ab. Möglicherweise ist es zur Qualitätssicherung im Einzelfall unerlässlich, eine Dokumentation auch erst nachträglich zu erstellen, dies muss dann jedoch kenntlich gemacht werden[14]. Grundsätzlich genügt eine Aufzeichnung in Stichworten, vorausgesetzt, dass Irrtümer bei anderen Ärzten vermieden werden[15]. Details müssen jedoch immer dann angegeben werden, wenn ansonsten die Angabe für den qualifizierten Fachmann nicht hinreichend klar sind. Sich von selbst verstehende Routinehandreichungen und -kontrollen müssen nicht dokumentiert werden, es sei denn, es handelt sich um eine Anfängeroperation[16].

▶ Dokumentationstechniken

Die gute Lesbarkeit der Dokumentation ist eine nicht zu unterschätzende Voraussetzung für den reibungslosen Informationsfluss zwischen den an der Behandlung beteiligten Ärzten. Die Verwendung individueller Abkürzungen behindert die gegenseitige Verständigung. Die traditionelle Erstellung der Dokumentation ist oft ein zeitaufwendiger Arbeitsprozess. Für standardisierte Operationen bietet es sich daher an, eine computergestützte Dokumentation zu erstellen. Dies vereint die Vorteile der Zeitersparnis und der guten Übersichtlichkeit. Eine Fotodokumentation kann den Aussagewert der schriftlichen Dokumentation ergänzen. Daneben sind auch Videoaufzeichnungen denkbar, wie sie in der mikroinvasiven Chirurgie mittlerweile üblich sind.

§ 630 f Abs. 1 BGB enthält außerdem die Anforderung, dass Änderungen von Eintragungen in der Patientenakte nur vorgenommen werden dürfen, wenn deren ursprünglicher Inhalt erkennbar bleibt. Diese Regelung schließt an die Problematik der Dokumentation auf elektronischen Datenträgern an, da es mithilfe dieser leichter möglich ist, nachträgliche Änderungen vorzunehmen, die für niemanden erkennbar sind. Dadurch kann der Beweiswert der Dokumentation im Prozess erheblich beeinträchtigt werden. Es kann daher empfehlenswert sein, die Daten regelmäßig durch Backup zu sichern.

Grundsätzlich handelt es sich bei der Pflicht zur Sicherstellung der Erkennbarkeit nachträglicher Änderungen in der Patientenakte um eine Selbstverständlichkeit. Die Behandlerseite war und ist unter Berücksichtigung der prozessualen Wahrheitspflicht gehalten, nicht den Eindruck zu erwecken, dass bestimmte Eintragungen zeitnah und in der niedergelegten Form erfolgt sind, wenn dies gerade nicht der Fall war. Insoweit war es also auch bisher gefordert, Änderungen kenntlich zu machen.

---

[14] Laufs/Uhlenbruck-Schlund,§ 55, Rn. 12.
[15] BGH, VersR 1983, 983; BGH, NJW 1992, 1560, VersR 1992, 745.
[16] BGH, VersR 1985, 82.

3. Organisationskompetenz

▶ Verantwortung der leitenden Ärzte und des Krankenhausträgers

Wie und was im Krankenhaus zu dokumentieren ist, gehört grundsätzlich in die Kompetenz der leitenden Abteilungsärzte, da es sich in erster Linie um eine medizinische Frage handelt; andererseits ist aber auch der Krankenhausträger berechtigt und verpflichtet, gegebenenfalls durch Dienstanweisung auf die strenge Rechtsprechung zu den Dokumentationspflichten hinzuweisen und die Ärzte zur Erfüllung ihrer Dokumentationspflichten zu veranlassen, denn ein „eingerissener Schlendrian" kann gerade bei der Dokumentation in den Krankenunterlagen entscheidende beweismäßige Verschlechterungen für den Krankenhausträger und die behandelnden Ärzte bedeuten[17].

▶ Dokumentation durch den niedergelassenen Arzt

Für die Dokumentationspflicht des niedergelassenen Arztes können keine anderen Grundsätze gelten. Nach medizinischer Üblichkeit werden aber in der Praxis geringere Anforderungen an die Dokumentation in der Karteikarte des niedergelassenen Arztes gestellt, zumal auch hier gilt, dass Routinevorgänge nicht zu dokumentieren sind.

4. Aufbewahrungspflichten

▶ Gesetzliche Aufbewahrungsfristen

Die gesetzlichen Vorschriften sehen Aufbewahrungsfristen in einer Bandbreite von 3 bis 30 Jahren vor. § 10 der Musterberufsordnung sind die Ärzte berufsrechtlich verpflichtet, Behandlungsunterlagen für 10 Jahre aufzubewahren. Schlussendlich enthält der neue § 630 f Abs. 3 BGB eine grundsätzliche Aufbewahrungsfrist von 10 Jahren. Damit bildet er eine Auffangregelung, sofern nicht Spezialvorschriften zu einzelnen Dokumentationsinhalten bestehen. Wichtig ist also der zweite Halbsatz, dass die Aufbewahrungspflicht von 10 Jahren nur gilt, soweit nicht nach anderen Vorschriften andere Aufbewahrungsfristen bestehen. Längere Aufbewahrungsfristen bestehen beispielsweise in § 28 Abs. 2 Röntgenverordnung, § 43 Abs. 3 Strahlenschutzverordnung, 30 Jahre, für berufsgenossenschaftliche Verletzungsverfahren 20 Jahre oder für Durchgangsarztverfahren 15 Jahre. Für Krankenunterlagen im Krankenhaus kommt beispielsweise in Berlin die Krankenhausverordnung zur Anwendung, nachdem die Behandlungsakten im Krankenhaus im Regelfall 30 Jahre aufzubewahren sind (§ 39 KhsVO).

---

[17] Schmid, NJW 1987, 621.

I. Grundlagen

▶ Aufbewahrung bis zur Verjährung evtl. Ansprüche

Allerdings sollte berücksichtigt werden, dass die Haftungsansprüche des Patienten gegen ein Krankenhaus oder einen Arzt wegen des subjektiven Verjährungsregimes unter Umständen erst in 30 Jahren verjähren. Daher ist unabhängig von den vorgenannten kürzeren Aufbewahrungsfristen die Aufbewahrung der Kranken- und Röntgenunterlagen für einen Zeitraum von 30 Jahren empfehlenswert, um keine Beweisnachteile zu erleiden.

▶ Mikroverfilmung der Krankenunterlagen

Zulässig ist die Mikroverfilmung und Digitalisierung der Krankenunterlagen. Die Betriebsleitung muss sich aber darüber im Klaren sein, dass es bisweilen schwierig ist, mikroverfilmte Unterlagen im Schadensfall rückzukopieren. Besonders schwierig wird es, wenn Unterlagen, wie z. B. CTG-Kurven nicht mitverfilmt werden. Der Arzt bzw. der Krankenhausträger haben dafür zu sorgen, dass über den Verbleib von Behandlungsunterlagen jederzeit Klarheit besteht. Verletzt er diese Pflicht, ist davon auszugehen, dass er es zu verantworten hat, wenn die Unterlagen nicht verfügbar sind. Gerät der Patient ohne Behandlungsunterlagen in Beweisnot, greifen für ihn Beweiserleichterungen ein[18].

5. Einsichtsrecht und Auskunftsanspruch des Patienten

▶ Einsichtnahme

Der Patient kann Einsicht in die Krankenunterlagen nehmen, § 630g BGB.

▶ Gesetzliche Verankerung des Einsichtsrechts

Es entspricht seit der grundlegenden Entscheidung des BGH in seinem Urteil vom 23.11.1982 – VI ZR 232/79 – MedR 1983, 25, 62 f. der ständigen Rechtsprechung, dass der Patient gegenüber dem Arzt grundsätzlich auch außerhalb eines Rechtsstreits Anspruch auf Einsichtnahme in die ihn betreffenden Krankenunterlagen, soweit sie Aufzeichnungen über objektive physische Befunde und Berichte über Behandlungsmaßnahmen (Medikation, Operation etc.) betreffen. Der BGH gründete diesen Anspruch damals zum einen auf eine so genannte ungeschriebene Nebenpflicht des Behandlungsvertrages, zum anderen auf § 242 BGB i. V. m. Art. 1 und 2 GG. Ausdrücklich hat das BVerfG (Beschl. v. 09.01.2006 – 2 BvR 443/02 – NJW 2006, 116) den Einsichtnahmeanspruch des Patienten im Selbstbestimmungsrecht verankert. Diese Verankerung spiegelt nunmehr auch der § 630g BGB entsprechend der zuvor entwickelten Rechtsprechung gesetzlich wider. Die explizite Regelung des Einsichtnahmerechts bedeutet eine Stärkung der Patientenrechte. Wie bislang

---
[18] BGH, VersR 1996, 330.

dürften subjektive Wertungen des Arztes, beispielsweise persönliche Eindrücke von Gespräche oder Bemerkungen bei beispielsweise querulatorischem Verhalten des Patienten, nach wie vor nicht vom Einsichtnahmerecht umfasst sein, wobei dies dem Gesetzestext explizit nicht zu entnehmen ist. Das Einsichtnahmerecht beschränkt sich entsprechend Absatz 2 auf Abschriften, die gegen Kostenerstattung zu übersenden sind. Der Verweis auf § 811 BGB zeigt sogar, dass die Vorlage verweigert werden kann, bis der Patient die Kosten vorschießt oder entsprechende Sicherheit leistet, wobei – wie bislang – die Zusage der Kostenerstattung genügend sein dürfte.

▶ Einsichtsrecht der Erben und Angehörigen

Die Übersendung von Kopien gegen Kostenerstattung reicht aus. Ob der Krankenhausträger die Vollständigkeit der Kopien zu versichern hat, ist streitig[19], tendenziell aber seit Inkrafttreten des Patientenrechtegesetzes eher zu bejahen. Der Gesetzgeber hat in § 630g Abs. 1 explizit die „vollständige" Einsicht aufgenommen, weshalb die Auslegung dahingehend, dass diese auf Verlangen auch versichert werden muss, naheliegt.

Schwieriger ist die Beurteilung, inwiefern nach dem Tod des Patienten den Erben ein Recht auf Einsichtnahme in die Krankenunterlagen zusteht. Auch hierzu hat der BGH bereits mit Urteil vom 31.05.1983 – VI ZR 259/81 – MedR 1984, 24 f. grundlegend entschieden, dass das Einsichtnahmerecht nach dem Tod des Patienten auf dessen Erben übergeht, zumindest, soweit die vermögensrechtliche Komponente, also die Geltendmachung von Schadenersatzansprüchen betroffen ist. Der BGH hält fest, dass das Einsichtsrecht für Erben oder nahe Angehörige grundsätzlich geeignet ist, die ärztliche Schweigepflicht zu berühren und daher die Angehörigen ihr besonderes Interesse an einer Einsicht in die Krankenunterlagen darlegen und erforderlichenfalls beweisen müssen. Sodann müsse allerdings die Arztseite vortragen, dass sie sich aus Gründen der ärztlichen Schweigepflicht an der Einsichtsgewährung gehindert sehe. Problematisch ist allerdings, wie der mutmaßliche Wille des Erblassers zu ermitteln ist. Während Spickhoff, NJW 2005, 1982 unter Würdigung der Entscheidung des OLG Naumburg, Beschl. v. 09.12.2004 – 4 W 43/04 – NJW 2005, 2017 – zu dem Ergebnis kommt, dass der Arzt den hinreichend deutlich bekundeten Willen des Verstorbenen darlegen muss, vertritt Kern in seinem Aufsatz zum postmortalen Geheimnisschutz, MedR 2006, 207, die Auffassung, dass die Erben bzw. Angehörigen, die sich auf eine mutmaßliche Schweigepflichtentbindung berufen, hierfür die Beweislast tragen. Die gesetzliche Neuregelung in § 630g Abs. 3 BGB enthält ebenfalls keine grundsätzlich gültigen Regelungen bezüglich des Einsichtsrechts der Erben und der Angehörigen. Die geforderten „vermögensrechtlichen Interessen" der Erben bzw. „immaterielle Interessen" der Angehörigen bedürfen noch immer einer Einzelfallabwägung zwischen diesen und der ärztlichen Schweigepflicht. Diese ist im Rahmen eines derartig hochsensiblen Themas wie dem Selbstbestimmungsrecht des Patienten wohl auch nicht durch ein Gesetz zu umgehen.

---

[19] Bejahend: OLG Köln VersR 1982, 704; mit zutreffenden Gründen verneinend: OLG Düsseldorf, AHRS 8070/3; tendenziell ebenso: BGH, AHRS 8060/6; OLG München, OLGR 2007, 278.

I. Grundlagen

▶ Anspruch auf Auskunfterteilung

Der Patient hat auch einen Anspruch auf Auskunfterteilung hinsichtlich der Namen und der ladungsfähigen Anschriften der Ärzte[20] und Krankenschwestern[21]. Zum Umfang des Anspruchs des Patienten auf Mitteilung der Anschriften von Klinikpersonal führt das OLG Frankfurt in seinem Beschluss vom 23.09.2004 (8 U 67/04)[22] aus, dass der Patient gegenüber der Klinik nur einen Anspruch auf Auskunft über die Anschrift der ihn operierenden Ärzte habe, nicht aber sämtlicher handelnder Ärzte. Der Patient habe keinen Anspruch auf Mitteilung der Privatanschrift des Operators, da die Klage an dessen Arbeitsstätte in dessen jeweilige Klinik zugestellt werden könne (§ 177 ZPO). Der Patient habe einen Anspruch auf Mitteilung der zuletzt bekannten Privatanschrift des Arztes, wenn dieser nicht mehr in der Klinik tätig sei.

Der Krankenhausträger braucht allerdings nicht Mitpatienten als potenzielle Zeugen zu benennen, da dem die ärztliche Schweigepflicht entgegensteht. So hat das OLG Karlsruhe in seinem Urteil vom 11.08.2006 (14 U 45/04)[23] einen Anspruch des Patienten auf Auskunft über die Identität eines ihn schädigenden Mitpatienten abgelehnt. Die ärztliche Schweigepflicht beziehe sich auch auf die Identität des Patienten. Eine ohne Einwilligung des Patienten erfolgte Offenlegung seiner Identität durch den Arzt oder dessen berufsmäßigen Gehilfen könne gerechtfertigt sein, wenn sie zum Schutz höherwertiger Rechtsgüter erfolge. Die Verpflichtung zur Wahrung des Geheimbereichs des einen Patienten habe sonst Vorrang gegenüber seiner vertraglichen Nebenpflicht zur Hilfe bei der Geltendmachung etwaiger Schadensersatzansprüche eines anderen Patienten.

▶ Beschränkung des Einsichtsrechts aus therapeutischen Gründen

Der Arzt kann jedoch die Einsicht in Teile von Aufzeichnungen verweigern, wenn er daran ein begründetes Interesse hat (Beispiel: heikle Aufzeichnungen, wie z. B. persönliche Bemerkungen zu querulatorischem Verhalten des Patienten). Bei psychiatrischen und psychotherapeutischen Aufzeichnungen können therapeutische Abwägungen zu einer Beschränkung des Einsichtsrechts führen, jedoch auch nur hinsichtlich der heiklen Passagen, nicht hinsichtlich naturwissenschaftlich objektiver Befunde und Behandlungsmaßnahmen (BGH, NJW 1983, 330). Der Arzt ist im Weigerungsfall verpflichtet, die der Herausgabepflicht entgegenstehenden therapeutischen Gründe vorzutragen, § 630g Abs. 1 BGB.

▶ Vorlagepflicht im Prozess

Im Prozess ist das Krankenhaus bzw. der Arzt nach § 421 ZPO verpflichtet, die Krankenunterlagen vorzulegen, selbst wenn sie der Beweisführung des Patienten dienen. Werden die Unterlagen vorenthalten, beseitigt oder untauglich gemacht, hat

---

[20] OLG Düsseldorf, NJW 1984, 670.
[21] LG Heidelberg, VersR 1989, 595.
[22] VersR 2006, 81; ArztR 2006, 247.
[23] VersR 2007, 245; GesR 2006, 471.

dies zur Folge, dass die Behauptung des Patienten über den Inhalt der Krankenunterlagen als bewiesen angesehen wird (§ 444 ZPO).

▶ § 421 ZPO

Vorlegung durch den Gegner:
„Befindet sich die Urkunde nach der Behauptung des Beweisführers in den Händen des Gegners, so wird der Beweis durch den Antrag angetreten, dem Gegner die Vorlegung der Urkunde aufzuerlegen."

▶ § 444 ZPO

Folgen der Beseitigung einer Urkunde:
„Ist eine Urkunde von einer Partei in der Absicht, ihre Benutzung dem Gegner zu entziehen, beseitigt oder zur Benutzung untauglich gemacht, so können die Behauptungen des Gegners über die Beschaffenheit und den Inhalt der Urkunde als bewiesen angesehen werden."

6. Bedeutung der Dokumentation für den Haftpflichtprozess

▶ Auswirkungen von Dokumentationslücken auf die Beweislastverteilung

Zur Klarstellung: Eine unterlassene Dokumentation ist für sich gesehen keine eigenständige Anspruchsgrundlage und begründet nicht den Vorwurf eines Behandlungsfehlers[24].

Allenfalls ist denkbar, dass eine unsorgfältige Dokumentation Auslöser einer fehlerhaften Folgebehandlung ist, so könnte z. B. eine unzureichende Dokumentation zu einer erneuten Diagnoseuntersuchung führen, die zwar selbst lege artis erfolgt, aber bei sorgfältiger Dokumentation unnötig gewesen wäre oder zu einer falschen Therapie, einer Übertherapie oder einer Kontraindikation führen[25]. Der Behandlungsfehler würde in diesem Fall unmittelbar durch den nachbehandelnden Arzt begangen, aber demjenigen Arzt oder Krankenhausträger zugerechnet, der für die – mangelhafte – Dokumentation verantwortlich war. Insofern kann man auch von einem mittelbaren Behandlungsfehler durch Dokumentationsmängel sprechen.

Die Auswirkungen von Dokumentationslücken beurteilen sich nach der im Prozess unterschiedlich verteilten Beweislast. Eine Lücke in der Dokumentation kann für den Patienten Beweiserleichterungen bis hin zur Beweislastumkehr nach sich ziehen[26]. Die Vermutung, dass die nicht dokumentierte Maßnahme tatsächlich auch nicht durchgeführt worden ist, § 630h Abs. 3 BGB, betrifft zunächst lediglich die Frage nach einem Behandlungsfehler, jedoch nicht die nach einer Kausalität für den danach eingetretenen Gesundheitsschaden[27].

---

[24] BGH, VersR 1983, 151; OLG Saarbrücken, OLGR Saarbrücken 2007, 91.
[25] Steffen/Pauge, Rn. 545.
[26] OLG Düsseldorf, NJW 2001, 900.
[27] BGH, VersR 1995, 706; Martis/Winkhart, S. 590.

I. Grundlagen

▶ Beweis der Selbstbestimmungsaufklärung durch den Arzt

Der Nachweis der ordnungsgemäßen Selbstbestimmungsaufklärung und der darauf aufbauenden wirksamen Patienteneinwilligung obliegt dem Arzt, § 630h Abs. 2 BGB. Ist das Aufklärungsgespräch nicht in seinem wesentlichen Inhalt dokumentiert und lassen sich Zweifel durch die Anhörung von Zeugen, d. h. von anwesenden Ärzten oder Pflegepersonal nicht ausräumen, läuft der Arzt Gefahr, im Haftungsprozess zu unterliegen, obwohl die Behandlung an sich nicht mit einem Behandlungsfehler behaftet war.

▶ Beweis des Behandlungsfehlers durch den Patienten

Der Arzt haftet nicht für den Behandlungserfolg, sondern nur für eine Behandlung entsprechend den anerkannten Regeln der medizinischen Wissenschaft. Dies ergibt sich aus der nunmehr auch gesetzlich festgelegten Einordnung des Behandlungsvertrags als besonderen Dienstvertrag. Der Misserfolg der Behandlung ist also durchweg kein Beweis für einen Behandlungsfehler. Der Beweis eines Behandlungsfehlers obliegt grundsätzlich dem Patienten.

▶ Beweislastumkehr beim Nachweis des Behandlungsfehlers

Lässt sich jedoch aufgrund lückenhafter Dokumentation nicht nachvollziehen, ob die Behandlung regel- und standardgerecht erfolgte, geht dies zu Lasten des Arztes. Das Fehlen einer medizinisch gebotenen Aufzeichnung kann indizieren, dass die aufzuzeichnende Maßnahme unterblieben ist. Ist die aus medizinischen Gründen erforderliche Dokumentation unterblieben und kann der Arzt diese Lücke (z. B. durch Benennung von Zeugen) nicht schließen, darf das Gericht zum Ausgleich der Nachteile des Patienten durch die mangelnde Aufklärbarkeit davon ausgehen, dass die dokumentierte Maßnahme auch nicht durchgeführt wurde[28]. Dies indiziert noch keinen Behandlungsfehler, das Vorliegen eines Behandlungsfehlers ist dann unter Würdigung der als nicht durchgeführt geltenden Maßnahme konkret zu beurteilen.

> **Merksätze**
> Auswirkungen von Dokumentationslücken:
> 1. Lücken in der Dokumentation begründen selbst keinen Behandlungsfehlervorwurf.
> 2. Eine Lücke in der Dokumentation kann für den Patienten Beweiserleichterungen bis hin zur Beweislastumkehr nach sich ziehen.

---

[28] Martis/Winkhart, S. 590.

3. Der Nachweis der ordnungsgemäßen Aufklärung ist immer vom Arzt zu führen.
4. Der Behandlungsfehler ist grds. vom Patienten zu beweisen. Fehlen medizinisch gebotene Aufzeichnungen, so ist das Unterbleiben der aufzeichnungspflichtigen Maßnahme indiziert.

II. Fallbeispiele zur Bedeutung der Dokumentations- und Archivierungspflichten

Fall 30: Die unterlassene Untersuchung

BGH, Urteil vom 07.06.1983 – VI ZR 284/81 – VersR 1983, 983

Sachverhalt

Der Kläger, der eines Morgens im linken Bein und im Gesäß einen stechenden Schmerz und danach eine Lähmung des linken Beines bemerkte, begab sich in die Behandlung eines Internisten. Dieser überwies ihn mit der Verdachtsdiagnose „akuter Discusprolaps mit motorischer Schwäche im linken Bein" an den Beklagten, einen Facharzt für Orthopädie. Der Beklagte untersuchte den Kläger röntgenologisch und gab ihm schmerzstillende Spritzen. Weitere differentialdiagnostische Maßnahmen enthielt das Krankenblatt nicht. Die vorläufige Diagnose lautete „Lumbago-Ischialgie links mit motorischen Störungen und Coxarthrose beiderseits". Tags darauf kam der Kläger weisungsgemäß wieder in die Sprechstunde des Beklagten, der ihn auf eine Streckliege legte und ihm anschließend wegen großer Schmerzen erneut zwei Spritzen gab. Von dem Kläger auf ein Kältegefühl im Bein hingewiesen, notierte er dies im Karteiblatt und bestellte den Kläger für den nächsten Tag.

Am Vormittag des nächsten Tages verspürte der Kläger große Schmerzen im linken Bein sowie ein Kältegefühl im linken Unterschenkel, worauf der Beklagte ihn in eine orthopädische Klinik überwies. Dort schloss man sich der Diagnose des Beklagten an und führte eine Bandscheibenoperation durch. Danach stellte man einen Gefäßverschluss im linken Bein des Klägers fest. Dies wurde zunächst mit einer Thrombektomie behandelt, schließlich musste das linke Bein jedoch wegen des Gefäßverschlusses in Oberschenkelhöhe amputiert werden.

In dem später angestrengten Prozess verlangte der Kläger Schadensersatz von dem Beklagten mit der Behauptung, er habe es unterlassen, ihn bereits bei seinem ersten Besuch auf einen Gefäßverschluss zu untersuchen, was ein grober Behandlungsfehler sei. Bei richtiger Untersuchung und Diagnose sowie einer sofort eingeleiteten Therapie hätte das Bein nicht amputiert werden müssen.

Lösung

▶ Beweislasturteil

Nachdem das Landgericht der Klage stattgegeben hatte, wurde sie vom OLG Oldenburg auf die Berufung des Beklagten abgewiesen. In der Begründung hieß es, der Kläger hätte nicht bewiesen, dass der Beklagte es unterlassen habe, den Kläger wegen des Verdachts einer Gefäßerkrankung zu untersuchen, weil der Beklagte in der Krankenkartei nicht vermerkt habe, dass eine solche Untersuchung unterblieben war. Die Tatsache, dass der Beklagte keine Eintragungen vorgenommen habe, könne nicht bedeuten, dass die Untersuchung nicht stattgefunden habe.

▶ Grundregeln des Beweisrechts im Zivilprozess

Diese Entscheidung in der Berufungsinstanz entsprach den Grundregeln des Beweisrechts im Zivilprozess. Danach hat ein Kläger, der einen Anspruch geltend macht, zu beweisen, dass alle Tatsachen vorliegen, die seinen Anspruch gründen. Für das Arzthaftungsrecht heißt das, dass der Kläger

1. einen schuldhaften Behandlungsfehler,
2. einen Gesundheitsschaden und
3. die Ursächlichkeit zwischen dem Behandlungsfehler und dem Schaden

beweisen muss. Da dem Kläger in unserem Fall aber nicht gelungen war, den Behandlungsfehler (die unterbliebene Untersuchung auf den Gefäßverschluss) zu beweisen, hatte das OLG die Klage abgewiesen.

▶ Beweislastumkehr zu Lasten des Arztes

Auf die Revision des Klägers hob der BGH das Urteil auf und verwies den Rechtsstreit an das OLG zurück. Er entschied, dass die Nichterweislichkeit der unterbliebenen Untersuchung zu Lasten des Beklagten gehe, er also die Beweislast dafür trage, dass die Untersuchung erfolgt sei. Zugunsten des Klägers sei davon auszugehen, dass der Beklagte ihn nicht differentialdiagnostisch auf eine Gefäßerkrankung untersucht habe. Selbst wenn die Zweifel an der Unterlassung der Untersuchung verständlich sein sollten, hätte das Oberlandesgericht eine Unzulänglichkeit der gebotenen ärztlichen Dokumentation durch den Beklagten über die Untersuchung des Klägers annehmen müssen. Die Folge sei, dass hier dem Kläger die volle Beweislast für den behaupteten Behandlungsfehler nicht mehr zugemutet werden könne. Der Beklagte sei verpflichtet gewesen, die Krankenkarteikarte sorgfältig zu führen. Dazu gehöre die Dokumentation der wichtigsten Untersuchungsmaßnahmen und ihrer Ergebnisse wenigstens in Stichworten.

▶ Unterlassung der Dokumentation indiziert Unterlassung der Behandlung

Der Bundesgerichtshof geht also davon aus, dass die Tatsache, dass der Beklagte die Untersuchung nicht dokumentierte, die Vermutung begründet, dass die Untersuchung auch nicht stattgefunden hat. Der Beklagte hätte also beweisen müssen, dass die Untersuchung stattgefunden hat. Im Ergebnis hätte der Beklagte also beweisen müssen, dass er keinen Behandlungsfehler begangen hat. Diese Entscheidung liegt auf der Linie einer mittlerweile umfangreichen Rechtsprechung zur Beweislastverteilung. So hatte der BGH bereits in einer Entscheidung aus dem Jahre 1978[29] die Beweislast für das Vorliegen eines Behandlungsfehlers umgekehrt, weil Behandlungsmaßnahmen nicht ausreichend dokumentiert worden waren. Der folgende Fall verdeutlicht, wie der BGH diese Rechtsprechung in der Folge weiter differenzierte:

Fall 31: Der geschädigte Nervus radialis

BGH, Urteil vom 24.01.1989 – VI ZR 170/88 – VersR 1989, 512

Sachverhalt

Der Kläger hatte sich bei einem häuslichen Unfall den rechten Oberarmknochenschaft gebrochen und wurde von dem Beklagten, dem Chefarzt einer chirurgischen Abteilung, operativ versorgt. Der Beklagte nahm eine offene Reposition und eine Verschraubung und Verplattung mit T-Platten vor. Etwa 1 Jahr später entfernte der Beklagte bei dem Kläger operativ die Metallteile. Dabei kam es zu einer Schädigung des Nervus radialis, weswegen der Kläger seitdem an einer Bewegungseinschränkung seiner rechten Hand leidet (sogen. „Fallhand"). Der Operationsbericht enthielt weder eine Bemerkung dazu, ob der Nervus radialis dargestellt wurde, noch dazu, dass und weswegen eine Darstellung unterlassen wurde.

Der Kläger verlangte nun Schadensersatz und Schmerzensgeld wegen der Teillähmung der rechten Hand. Er warf dem Beklagten vor, bei der zweiten Operation schuldhaft den Nervus radialis durchtrennt oder schwer beschädigt zu haben. Der Beklagte bestritt dies. Ferner wandte er ein, eine Schädigung des Nervus radialis sei für die Teillähmung der rechten Hand nicht ursächlich geworden.

Lösung

▶ Beweiserleichterung bei Lücken in der Dokumentation

Das Oberlandesgericht verurteilte den Beklagten zur Zahlung eines Schmerzensgeldes von rund 20.000 € und stellte fest, dass der Beklagte verpflichtet gewesen sei, für alle künftigen materiellen durch die Teillähmung verursachten Schäden einzustehen. Der Sachverständige hatte festgestellt, es sei möglich, dass der Beklagte bei der Freilegung des Gewebes im Operationsbereich und bei der Verwendung der Haken und Instrumente nicht schonend genug vorgegangen sei und den Nervus

---

[29] BGH, VersR 1978, 542.

radialis dadurch beschädigt habe. Das Oberlandesgericht entschied nun, es sei vom Beklagten pflichtwidrig gewesen, im Operationsbericht nicht zu erwähnen, weshalb er den Nerven nicht dargestellt habe und welche Maßnahmen er zur Auffindung oder Darstellung vorgenommen habe. Die Dokumentation sei lückenhaft, was zu einer Beweislastumkehr führe. Der Beklagte habe das Nichtvorliegen der ernsthaft in Betracht kommenden Operationsfehler zu beweisen sowie die Tatsache, dass der Behandlungsfehler nicht ursächlich für den Gesundheitsschaden geworden sei. Das Berufungsgericht ging also von einer Beweislastumkehr zu Lasten des Arztes sowohl beim Nachweis des Behandlungsfehlers als auch der Ursächlichkeit des Fehlers für den Gesundheitsschaden aus.

▶ Beweiserleichterung bzgl. der Schadenskausalität nur in Ausnahmefällen

Die gegen dieses Urteil eingelegte Revision nahm der BGH zum Anlass, zum Umfang der Beweiserleichterungen Stellung zu nehmen. Die unterbliebene Dokumentation einer aufzeichnungspflichtigen Maßnahme wirke sich zugunsten des Patienten grundsätzlich nur auf den Nachweis des Behandlungsfehlers aus. Ausnahmsweise könne allerdings mittelbar der Dokumentationsmangel auch für den Nachweis des Ursachenzusammenhangs Bedeutung gewinnen. Laut BGH ist dies der Fall, wenn der wegen des Fehlens der gebotenen Aufzeichnung indizierte Behandlungsfehler als grob zu bewerten sei oder sich als Verstoß des Arztes gegen eine besondere Befundsicherungspflicht darstelle.

▶ Einheitliche Beweislastregeln bei Behandlungs- und Dokumentationsmängeln

Diese Korrektur des Berufungsurteils durch den BGH sorgt dafür, dass der Arzt bei Dokumentationsmängeln nicht weitergehender haftet als bei Behandlungsfehlern. Nur ein grober Behandlungsfehler rechtfertigt es nämlich, dem Patienten Beweiserleichterungen bis hin zur Beweislastumkehr zuzubilligen. Ebenso entlastet bei einem Dokumentationsmangel auch nur ein vermuteter grober Fehler den Patienten von der Nachweispflicht, dass der (vermutete) Fehler ursächlich für den Gesundheitsschaden war.

Merksätze
Beweiserleichterungen bei Dokumentationsmängeln
1. Wird eine Behandlungsmaßnahme von einem Arzt nicht dokumentiert, so begründet dies die Vermutung, dass die Maßnahme tatsächlich auch nicht getroffen wurde.
2. Diese Beweiserleichterungen betreffen grundsätzlich nur die Frage, ob ein Behandlungsfehler vorliegt.
3. Ausnahmsweise führt ein Dokumentationsmangel dann zu Beweiserleichterungen hinsichtlich der Kausalität zwischen Behandlungsfehler und Gesundheitsschaden, wenn der vermutete Fehler als grob zu werten ist oder der Arzt gegen eine besondere Befundsicherungspflicht verstoßen hat.

Fall 32: Die verschwundenen Röntgenbilder

BGH, Urteil vom 21.11.1995 – VI ZR 341/94 – VersR 1996, 330

Sachverhalt
Der Kläger ließ von dem Beklagten, einem chirurgischen Facharzt, die Gallenblase mit den darin befindlichen Gallensteinen entfernen. Bei einer späteren Röntgenkontrolle entdeckte der Beklagte einen weiteren Gallenstein im Gallengang. Versuche, den Stein durch Spülung und medikamentöse Behandlung zu beseitigen, misslangen. Daher musste der Bauchraum erneut geöffnet werden, wobei der Zwölffingerdarm eröffnet und die Gallengangsmündung gespalten wurde. Auch dieser Eingriff führte jedoch nicht zur Entfernung des Steines.

Der Kläger begehrte nun Schmerzensgeld mit der Begründung, der Beklagte hätte während der ersten Operation den später festgestellten Gallenstein übersehen, obwohl dieser Stein auf den während der Operation angefertigten Röntgenaufnahmen erkennbar gewesen sei. Die Röntgenaufnahmen waren während des Rechtsstreits nicht mehr aufzufinden.

Lösung

▶ Sicherung und Archivierung der Krankenunterlagen Aufgabe des Krankenhausträgers

Problematisch war, dass die erwähnten Röntgenaufnahmen nicht mehr aufzufinden waren und auch ihr Verbleib nicht geklärt werden konnte. Daher wies das Oberlandesgericht Koblenz die Klage ab, da dem Kläger der Nachweis eines Behandlungsfehlers ohne die Röntgenaufnahmen nicht möglich war. Auf die Revision des Klägers hob der BGH die Entscheidung auf. Begründet wurde dies damit, dass es zu den Organisationsaufgaben des Krankenhausträgers gehöre, Unterlagen zu sichern, die Auskunft über das Behandlungsgeschehen geben. Wenn es nötig sei, die Behandlungsunterlagen an eine andere Stelle herauszugeben, so sei es Aufgabe des Krankenhausträgers zu dokumentieren, wann er an welche Stelle für welchen Zweck die Unterlagen weitergeleitet habe. Erhielte der Krankenhausträger die Unterlagen zurück, habe er auch dies zu vermerken; erhielte er sie in angemessener Zeit nicht zurück, sei er gehalten, für ihre Rücksendung zu sorgen, was ebenfalls zu dokumentieren sei. In jedem Fall habe der Krankenhausträger dafür zu sorgen, dass über den Verbleib der Behandlungsunterlagen jederzeit Klarheit bestehe.

▶ Umkehr der Beweislast bei Verlust der Krankenunterlagen

Da die Röntgenbilder nicht mehr aufgefunden werden konnten, hat der beklagte Krankenhausträger gegen seine Sorgfaltspflichten bei der Aufbewahrung der Krankenunterlagen verstoßen. Folge war, dass sich die Beweislast zu Ungunsten der Beklagtenseite umkehre, die Beklagtenseite also beweisen musste, dass die Gallensteine auf den Röntgenbildern nicht zu sehen waren. Diesen Beweis konnte die

Beklagte ohne die Röntgenbilder selbstverständlich ebenso wenig wie der Kläger führen.

Fall 33: Die verschwundene Wärmflasche

BGH, Urteil vom 01.02.1994 – VI ZR 65/93 – NJW 1994, 1595

Sachverhalt

Auf der Neugeborenenstation wurde wegen des Abfalls der Körpertemperatur des neugeborenen Klägers eine Gummiwärmflasche in den Inkubator gelegt, aus der in der Folgezeit Wasser austrat und zu Verbrennungen am Fuß des Klägers mit dadurch bedingter Fußamputation führte. Im Rahmen des eingeleiteten strafrechtlichen Ermittlungsverfahrens wurde die Wärmflasche beschlagnahmt. Nach Abschluss fragte die Staatsanwaltschaft bei dem Krankenhausträger schriftlich an, ob auf die Rückgabe der beschlagnahmten Wärmflasche verzichtet werde.

Der Verwaltungsleiter stimmte telefonisch zu. Im darauffolgenden Zivilprozess konnte der Kläger nicht mehr beweisen, dass es sich bei der schadensursächlichen Wärmflasche um eine ältere Flasche gehandelt habe, deren Rissbildung auf einen für den Arzt erkennbaren Materialfehler zurückzuführen sei. Der Kläger begehrte von dem Krankenhausträger und dem Chefarzt Schmerzensgeld.

Lösung

▶ Organisationsverschulden des Krankenhausträgers bei Führung eines Rechtsstreits

Der Bundesgerichtshof hat hier die Grundsätze fahrlässiger Beweisvereitelung angewendet und ausgeführt, dem Verwaltungsleiter hätte schon aufgrund der Anfrage klar sein müssen, dass die Staatsanwaltschaft die Flasche nicht weiter verwahren würde. Da er aber Kenntnis von den inzwischen geltend gemachten Ansprüchen des Klägers hatte, hätte er bei der Anfrage der Staatsanwaltschaft auf der Rückgabe der sichergestellten Wärmflasche bestehen müssen. Dieses Verhalten des Verwaltungsdirektors muss sich der Krankenhausträger selbstverständlich zurechnen lassen, so dass der Bundesgerichtshof in Übereinstimmung mit dem Oberlandesgericht Hamm eine Haftung des Krankenhausträgers bejaht hat.

▶ Chefarzt haftet nicht für Fehler des Verwaltungsleiters

Der Bundesgerichtshof hat in derselben Entscheidung eine Haftung des Chefarztes verneint, da nicht ausgeschlossen werden konnte, dass es sich bei der zur Erwärmung verwendeten Wärmflasche um eine neuere Flasche gehandelt hat und die Rissbildung auf einen nicht erkennbaren Materialfehler zurückzuführen ist. Das Verschulden des Verwaltungsleiters brauchte sich der Chefarzt nicht zurechnen zu lassen, die Anfrage der Staatsanwaltschaft war nur an den Verwaltungsleiter gerichtet, dessen Verschulden braucht sich nur der Krankenhausträger anrechnen zu lassen, nicht aber der Chefarzt.

Fall 34: Das verkannte Sudeck'sche Syndrom

OLG Frankfurt a. M., Urteil vom 14.03.1991 – 1 U 218/89 – VersR 1992, 578

Sachverhalt

Der Kläger, der mit dem linken Fuß umgeknickt war, suchte am selben Tag wegen erheblicher Schmerzen und einer Anschwellung des Fußes ein Krankenhaus auf, dessen Träger der Beklagte war. Hier wurde aufgrund einer Röntgenuntersuchung eine Distorsion des linken oberen Sprunggelenkes diagnostiziert und eine kausale Unterschenkelgipsschiene angelegt. Etwa 2 Monate später konnte der Gips wieder abgenommen werden. Die Eintragung im Krankenblatt, die anlässlich der Gipsabnahme angefertigt wurde, lautete: Gips abgenommen, Fuß gereinigt, funktionell zunehmend belastend. Unter dieser Eintragung wies das Krankenblatt Radierungen auf.

Etwa 14 Tage später wurde bei dem Kläger in der Universitätsklinik ein Sudecksches Syndrom diagnostiziert, unter dem der Kläger in der Folgezeit dauerhaft litt. Der Kläger begehrte nun Schmerzensgeld und Schadensersatz mit der Begründung, die Ärzte hätten bei der Abnahme des Gipses das Sudeck'sche Syndrom bereits erkennen müssen. Wäre es zu diesem Zeitpunkt erkannt und behandelt worden, hätte die Krankheit einen besseren Verlauf genommen. Der Sachverständige stellte fest, dass ein Behandlungsfehler vorliege, wenn der Arzt, der den Gips abgenommen hatte, bei der gebotenen Untersuchung die typischen Anzeichen eines Sudelköchen Syndroms im frühen Stadium übersehen hätte. Anzeichen seien insbesondere Glanzhaut, livide Verfärbung und talgige Ödeme. Dem Kläger gelang es nicht, zu beweisen, dass an dem fraglichen Tag die genannten Symptome vorlagen, da sie im Krankenblatt nicht genannt waren.

Nun waren aber auf dem Krankenblatt zwei Zeilen unterhalb der letzten leserlichen Eintragungen Radierungen vorgenommen worden. Eines der Worte hätte dem medizinischen Sachverständigen zufolge als „Sudeck" interpretiert werden können. Der Schriftsachverständige konnte nur feststellen, dass an der Stelle eine gezielt durchgeführte mechanische Rasur vorgenommen worden war, durch welche der Text beseitigt werden sollte. Es gelang dem Sachverständigen jedoch nicht, den beseitigten Text wieder zu ermitteln.

Lösung

▸ Beweislastumkehr prozessentscheidend

Diesen Sachverhalt nahm das Oberlandesgericht zum Anlass, die Dokumentation als unzulänglich einzustufen und die Beweislast zu Ungunsten des Beklagten umzukehren. Der Beklagte hätte also beweisen müssen, dass das Sudeck'sche Syndrom am Tage der Gipsabnahme nicht diagnostiziert werden konnte, da hinreichende Symptome nicht vorlagen. Dieser Beweis gelang ihm nicht.

▶ Haftung wegen Manipulation der Krankenunterlagen

Grundsätzlich kann davon ausgegangen werden, dass die Krankenunterlagen vollständig und richtig sind. Dies ist jedoch nicht mehr der Fall, wenn an den Unterlagen äußerlich erkennbar manipuliert wurde. Ähnliches gilt, wenn nicht mehr vorhandene Original-Unterlagen feststellbar nachträglich ins Reine geschrieben wurden[30] oder sonstige Unredlichkeiten nachweisbar sind. Dies kann dazu führen, dass eine unzureichende Dokumentation angenommen wird mit der Folge, dass zugunsten des Klägers eine Beweislastumkehr eintritt. Zu einer korrekten Dokumentation gehört auch, dass sie im unmittelbaren Zusammenhang mit der Operation oder Untersuchung erstellt und nicht etwa erst nach Erkennbarwerden eines Zwischenfalls abgewandelt wird.

▶ Zeugenbeweis keine vollwertige Alternative zur Dokumentation

Ist die Dokumentation einer bestimmten Maßnahme, beispielsweise einer Untersuchung, unterblieben, so kann der Beweis im Prozess auch mit anderen Beweismitteln geführt werden[31]. So könnte z. B. der Beweis, dass eine Untersuchung stattgefunden hat, durch eine Zeugenaussage erbracht werden. Problematisch ist dabei häufig, dass es in den Prozessen um Sachverhalte geht, die mehrere Jahre zurückliegen können, so dass sich die Mitarbeiter des Krankenhauses sicherlich nicht mehr an jede einzelne Maßnahme erinnern können.

▶ Parteivernehmung schwaches Beweismittel

Ferner ist zu beachten, dass Ärzte, die für bestimmte Maßnahmen als Zeugen in Betracht kommen, in den Haftpflichtprozessen häufig ebenfalls verklagt sind, was dazu führt, dass sie nicht mehr als Zeuge in Betracht kommen. Denn nach § 447 ZPO kann eine Person, die Partei eines Rechtsstreits ist, nicht als Zeuge, sondern nur als Partei vernommen werden. Die Aussage der Partei unterliegt der freien Beweiswürdigung des Gerichtes nach § 286 ZPO. Es bedarf keiner näheren Begründung, dass die Gerichte einer Parteiaussage regelmäßig weniger Gewicht beimessen als einer Zeugenaussage.

▶ Ergänzung der Dokumentation durch Gedächtnisprotokoll

Es empfiehlt sich daher, die Behandlungsunterlagen zeitnah auf medizinisch gebotene Vollständigkeit zu überprüfen. Wird eine Lücke entdeckt, sollte sie nicht durch nachträgliche Eintragungen geschlossen werden, sondern der Arzt sollte ein Gedächtnisprotokoll anfertigen, das ihm dazu verhilft, sich auch noch nach Jahren an bestimmte Maßnahmen zu erinnern.

---

[30] BGH, VersR 1978, 1022.
[31] BGH, VersR 1984, 354.

▶ Genaue Dokumentation bei Anfängeroperationen

Strenge Anforderungen gelten, wenn die Operation von einem Arzt in der Weiterbildung durchgeführt wird. Selbst bei kleinen Routineeingriffen, bei denen es für einen erfahrenen Chirurgen genügt, nur die Art, die Tatsache der Durchführung und die Namen der Beteiligten an der Operation zu vermerken, sofern keine Komplikationen eintreten, muss der Arzt in der Weiterbildung den Gang der Operation genau aufzeichnen[32].

III. Einzelfälle zu Dokumentationspflichten

▶ Rechtsprechung zu einzelnen Dokumentationspflichten

Einige Einzelfälle, in denen eine Dokumentationspflicht durch die Rechtsprechung angenommen wurde, zeigen die Bedeutung einer sorgfältigen Dokumentation:

Verlässt der Patient die Klinik gegen den ärztlichen Rat, so ist unbedingt zu dokumentieren, dass der ärztliche Rat erfolgt ist und dass der Patient darauf hingewiesen wurde, welche Risiken der Behandlungsabbruch nach sich ziehen kann. (BGH, VersR 1987, 1091)

Die Verweigerung der vom Arzt vorgeschlagenen dringend indizierten Untersuchungen ist zu dokumentieren. (BGH, VersR 1987, 1089; OLG Düsseldorf, VersR 2006, 841, 842)

Im Krankenblatt eines Krankenhauspatienten, bei dem die ernste Gefahr eines Durchliegegeschwürs (Dekubitus) besteht, sind sowohl die Gefahrenlage als auch die ärztlich angeordneten Vorbeugemaßnahmen zu dokumentieren. (BGH, VersR 1986, 788)

Lässt sich mangels einer ausreichenden Dokumentation einer Prostataresektion, die von einem Arzt in Facharztausbildung begonnen und wegen einer auftretenden Blutung vom anwesenden Oberarzt zu Ende geführt worden ist, nicht klären, wann und auf welche Weise es zu der Läsion des äußeren Schließmuskels der Blase gekommen ist, haften beide Ärzte als Gesamtschuldner wegen fehlerhafter Behandlung. (OLG Düsseldorf, VersR 1991, 1138)

Die Durchführung einer chiropraktischen Manipulation kann als grober Behandlungsfehler gewertet werden, wenn zuvor ein in Betracht zu ziehender Bandscheibenvorfall nicht ausgeschlossen worden ist (OLG Hamm, ArztRecht 2002, 280). Dass die zum Ausschluss führenden Untersuchungen erfolgt sind, ist aus medizinischen Gründen zu dokumentieren. Die fehlende Dokumentation indiziert, dass die gebotene Untersuchung nicht durchgeführt worden ist.

Das Fehlen eines für die weitere Behandlung erforderlichen Hinweises in dem für den Nachbehandler bestimmten Entlassungsbrief bekundet ein Dokumentationsversäumnis und die Umkehr der Beweislast für die Hinweiserteilung. Der nachbehan-

---

[32] BGH, VersR 1985, 782 (Lymphknotenexstirpation); OLG Zweibrücken, MedR 2000, 233, 235.

delnde Arzt darf sich auf die Vollständigkeit und Richtigkeit des Entlassungsbriefes verlassen. (OLG Schleswig, Urteil vom 19.05.2006 – 4 U 33/05 – GesR 2006, 376)

Eine Dokumentationspflicht wurde hingegen in folgenden Fällen von der Rechtsprechung verneint:

- Kontrolle der Körpertemperatur sowie der Atemfrequenz (OLG Karlsruhe, VersR 1986, 44)
- Bagatelluntersuchungen in der Notfallambulanz (Heilberufsgerichtshof Hamburg, MedR 1987, 160; OLG München, NJW 1994, 1599)
- Weigerung des Patienten gegenüber einem Arzt, einen Aids-Test durchführen zu lassen (OLG Düsseldorf, VersR 1995, 339)
- Desinfektion der Haut vor einer Behandlungsmaßnahme (OLG Köln, NJW 1999, 1790)
- Eine von der Klägerin behauptete Verwechselung ihrer Eigenblutspritze mit der eines anderen Patienten, Behandlungsfehler sind zu unterlassen, aber nicht zu dokumentieren (OLG Zweibrücken, Urteil vom 23.11.2010 – 5 U 11/10)

Strafrechtliche und zivilrechtliche Haftung – Berufsrechtliche Folgen

8

Schwerpunkt: Anästhesie und Radiologie

I. Überblick über mögliche Verfahren

▶ Schreckensszenario drohender Verfahren

Der Schadensfall ist eingetreten: Nach schwieriger Operation und unglücklichem postoperativen Verlauf ist der Patient verstorben. Die Angehörigen des Patienten werfen den Ärzten schon im ersten Gespräch nach Todeseintritt schwere Versäumnisse vor und drohen mit allen rechtlichen Schritten, die ihnen zur Verfügung stehen. Welches Schreckensszenario drohender Verfahren steht den Ärzten vor Augen?

> **Checkliste**
> Mögliche Verfahren in Arzthaftungsfällen
> 1. Verfahren vor den Gutachterkommissionen und Schlichtungsstellen der Ärztekammer, ✓
> 2. Selbständiges Beweisverfahren nach §§ 485 ff. ZPO, ✓
> 3. Zivilgerichtliches Verfahren vor AG, LG, OLG und BGH, ✓
> 4. Staatsanwaltschaftliches Ermittlungsverfahren, ✓
> 5. Strafverfahren mit Hauptverhandlung, ✓
> 6. Verfahren vor dem Berufsgericht, ✓
> 7. Beamtenrechtliches Disziplinarverfahren bei beamteten Ärzten, ✓
> 8. Arbeitsrechtliches Kündigungsverfahren bei angestellten Ärzten, ✓
> 9. Entziehung der Vertragsarztzulassung bei Vertragsärzten, ✓
> 10. Widerruf der Approbation. ✓

▶ Rechtzeitige Einschaltung des Krankenhausträgers, Versicherers und Anwalts

Die Aufzählung dieser unterschiedlichen Verfahren, zu denen noch die außergerichtliche Verhandlung mit dem Geschädigten unter Einschaltung des Haftpflichtversicherers hinzugerechnet werden mag, zeigt die außergewöhnlichen Gefahren für das persönliche und berufliche Schicksal des Arztes auf. Diese Gefahren werden von den Patienten und auch von der Öffentlichkeit vielfach verkannt, sie müssen aber dem Arzt bei Eintritt eines Zwischenfalles immer bewusst sein. Er sollte sich der Unterschiedlichkeit, aber auch der Abhängigkeit der Verfahren voneinander bewusst sein und rechtzeitig den Versicherer, ggf. den Dienstherrn/Krankenhausträger einschalten und gemeinsam mit diesen qualifizierten anwaltlichen Rat einholen.

▸ Versuch der außergerichtlichen Einigung

Erhebt der Patient im Anschluss an die ärztliche Behandlung gegen den Arzt Vorwürfe wegen angeblichen Fehlverhaltens, so wird der Arzt zunächst zusammen mit dem Haftpflichtversicherer versuchen, eine außergerichtliche Einigung zu erzielen. In der Praxis scheitern aber Verhandlungen über Schadensersatz- und Schmerzensgeldforderungen nicht selten daran, dass der Arzt und sein Haftpflichtversicherer eine Haftung schon dem Grunde nach verneinen oder der Regulierungsvorschlag des Versicherers dem Patienten der Höhe nach als ungenügend erscheint. Es stehen sodann verschiedene Verfahren zur Verfügung, in denen die Frage der Arzthaftung geklärt werden kann und in denen sich der Arzt verantworten muss:

▸ Überblick über Verfahrensarten

Ausgangspunkt ist häufig ein Verfahren vor den Gutachterkommissionen bzw. Schlichtungsstellen der Ärztekammern (I.). Ein Verfahren vor einem Zivilgericht kann sich dem Gutachter- bzw. Schlichtungsverfahren anschließen oder unmittelbar eingeleitet werden (II.). Unabhängig davon ist die strafrechtliche Verantwortung in einem Strafverfahren abzuklären (III.). Hinzu treten können berufsgerichtliche Verfahren bzw. Disziplinarverfahren bei beamteten Ärzten sowie Verfahren auf Entziehung der vertragsärztlichen Zulassung oder auf Widerruf der Approbation (VI.).

II. Verfahren vor den Gutachterkommissionen und Schlichtungsstellen

▸ Einrichtung der Gutachterkommissionen und Schlichtungsstellen

Seit 1975 sind bei allen Ärztekammern sogenannte Gutachterkommissionen bzw. Schlichtungsstellen als unabhängige Sachverständigengremien zur Begutachtung und Schlichtung ärztlichen Verhaltens und Schlichtung bei Auseinandersetzungen zwischen Arzt und Patient über die ärztliche Leistung eingerichtet worden[1]. Die Schlichtungsstellen, die mit einem Arzt als Vorsitzendem besetzt sind, haben die Aufgabe, Streitigkeiten zwischen Ärzten und Patienten beim Vorwurf eines Be-

---

[1] Arbeitsgemeinschaft Rechtsanwälte im Medizinrecht e. V. (Hrsg.), Gutachterkommissionen und Schlichtungsstellen; Deutsch, Rn. 417–437; Laufs/Uhlenbruck-Ulsenheimer, § 113; Rumler-Detzel, VersR 1988, 6; Bergmann/Kienzle, Rn. 706–731.

II. Verfahren vor den Gutachterkommissionen und Schlichtungsstellen

handlungsfehlers außergerichtlich zu regeln. Ziel des Verfahrens ist ein Vorschlag an den Haftpflichtversicherer des Arztes, ob und wie ein Schaden ersetzt werden soll. Das Ziel der Gutachterkommissionen, bei denen ein Jurist den Vorsitz hat, ist es dagegen, durch objektive Begutachtung ärztlichen Handelns des durch einen möglichen Behandlungsfehler in seiner Gesundheit Geschädigten die Durchsetzung begründeter Ansprüche und dem Arzt die Zurückweisung unbegründeter Vorwürfe zu erleichtern. Ob eine Gutachterkommission oder Schlichtungsstelle tätig wird, richtet sich nach der jeweiligen Ärztekammer.[2] Eine Gutachterstelle ist in Sachsen und Bayern eingerichtet, bei der Landesärztekammer Hessen ist eine sog. Gutachter- und Schlichtungsstelle angesiedelt. Gutachterkommissionen bestehen bei den Ärztekammern Baden-Württemberg, Nordrhein, Westfalen-Lippe und Saarland. Die Ärztekammern Berlin, Brandenburg, Bremen, Hamburg, Mecklenburg-Vorpommern, Niedersachsen, Sachen-Anhalt, Schleswig-Holstein und Thüringen haben sich in der Schlichtungsstelle für Arzthaftpflichtfragen der Norddeutschen Ärztekammern zu einer Arbeitsgemeinschaft zusammengeschlossen. In Rheinland-Pfalz besteht ein Schlichtungsausschuss zur Begutachtung ärztlicher Behandlungen, zu dem sogar zwei Patientenvertreter als Mitglieder gehören.

▶ Tätigkeitsschwerpunkt ärztliche Begutachtung

Der Gründung aller Gutachterkommissionen und Schlichtungsstellen lag die gemeinsame Zielsetzung zugrunde, überholtes Standesdenken der Ärzte zu überwinden und das Arzt-Patienten-Verhältnis zu entspannen. In der Praxis hat sich die unterschiedliche Grundkonzeption beider Einrichtungen kaum ausgewirkt. Der Schwerpunkt liegt bei beiden Arten von Stellen in der ärztlichen Begutachtung[3]. So heißt es in § 2 des Statutes der „Gutachterkommission für ärztliche Haftpflichtfragen" bei der Ärztekammer Westfalen-Lippe, es sei auch ein Ziel der Gutachterkommission, „in geeigneten Fällen einen Schlichtungsversuch zu unternehmen"[4].

▶ Besetzung mit Ärzten und Juristen

Kennzeichnend für alle Gutachterkommissionen und Schlichtungsstellen ist ihre Besetzung sowohl mit Juristen als auch Ärzten. Die Anzahl der Mitglieder der Gremien, ihre Zusammensetzung nach juristischer und (fach-) medizinischer Qualifikation, sowie die berufliche Qualifikation des Vorsitzenden variieren entsprechend der in Deutschland üblichen föderalen Struktur zwischen den Ärztekammern[5]. So gehören der Gutachterkommission bei der Ärztekammer Westfalen-Lippe drei Mitglieder an. Der Vorsitzende der Gutachterkommission dort ist Jurist mit der Befä-

---

[2] Siehe auch Wegweiser: www.bundesaerztekammer.de/downloads/Gutachter_und_Schlichtungsstellen.pdf.
[3] Rumler-Detzel, VersR 1988, 6.
[4] www.aekwl.de.
[5] Synoptische Gegenüberstellung der Statuten in: Arbeitsgemeinschaft Rechtsanwälte im Medizinrecht e. V. (Hrsg.), Gutachterkommissionen und Schlichtungsstellen, S. 13 ff.

higung zum Richteramt, die beiden weiteren Mitglieder sind Ärzte aus demselben Fachgebiet wie der betroffene Arzt (§ 5 Statut Westfalen-Lippe).

▶ Typischer Verfahrensablauf

Ebenso wie die Besetzung variieren auch die Verfahren vor den Gutachterkommissionen und Schlichtungsstellen in vielen Einzelpunkten, bei jedoch grundsätzlicher Übereinstimmung. Die Einleitung des Verfahrens setzt einen schriftlichen Antrag des Patienten oder des Arztes voraus (z. B. § 4 Abs. 1 Statut Westfalen-Lippe). In der Praxis stellen fast ausschließlich Patienten einen entsprechenden Antrag. Mögliche Beteiligte an dem Verfahren sind immer der Patient und der Arzt, dem ein Behandlungsfehler vorgeworfen wird (z. B. § 4 Abs. 1 Statut Ärztekammer Westfalen-Lippe). Bei manchen Ärztekammern ist auch eine Beteiligung des Krankenhausträgers möglich. Nie beteiligt ist das sonstige Personal in Pflege, Technik und Verwaltung. Die Teilnahme am Verfahren ist für den Arzt freiwillig (z. B. § 4 Abs. 1 Statut Westfalen-Lippe). In der Praxis ist die Versagung der Zustimmung aber die Ausnahme. Das Verfahren bei den Ärztekammern hat insbesondere für den Patienten den Vorteil der Kostenfreiheit. Teilweise trägt die Kosten der Gutachterkommission die Ärztekammer (z. B. § 9 Abs. 1 Statut Westfalen-Lippe), andere Kammern erheben bei dem Arzthaftpflichtversicherer Gebühren für die Einholung der Sachverständigengutachten.

▶ Bedeutung des schriftlichen Sachverständigengutachtens

Eine mündliche Verhandlung vor der Gutachterkommission oder Schlichtungsstelle ist bei den meisten Ärztekammern möglich, während z. B. in Westfalen-Lippe die Kommission nur ein schriftliches Gutachten erstattet (§ 3 Abs. 1 Statut Westfalen-Lippe). Eine Vorladung oder gar Vereidigung von Zeugen ist jedoch im Unterschied zum gerichtlichen Verfahren nicht möglich. Defizite beim Aufklärungsgespräch, die nur durch Anhörung der beteiligten Personen geklärt werden können, sind deshalb sinnvollerweise erst gar nicht Gegenstand des Schlichtungsverfahrens. Das schriftliche Sachverständigengutachten spielt bei den Verfahren vor den Ärztekammern ebenso die entscheidende Rolle wie beim Arzthaftungsprozess vor den Zivilgerichten. Die Gutachterkommissionen und Schlichtungsstellen geben zur Beurteilung des Behandlungsgeschehens ein oder auch mehrere Gutachten bei ärztlichen Sachverständigen aus den betroffenen Fachgebieten in Auftrag. Bei widersprüchlichen Bewertungen des Geschehens ist die Einholung eines weiteren Obergutachtens möglich. In der Regel werden die erstatteten Gutachten den Beteiligten überreicht und die Ergebnisse in einem Bescheid zusammengefasst.

▶ Anonymisierung der Gutachter ist unzulässig

Bei einigen Schlichtungsstellen blieben die Gutachter in der Vergangenheit anonym. Wie das OVG Nordrhein-Westfalen zutreffend in einer Entscheidung aus dem Jahr 1998 feststellte, verstößt die Anonymisierung der Gutachter gegen das Rechtsstaatsprinzip. Die Ärztekammer ist verpflichtet, den Beteiligten Auskunft über den

Namen des Vorsitzenden und der beauftragten ärztlichen Gutachter zu geben[6]. Seitdem gibt es eine bundeseinheitliche Praxis aller Gutachter- und Schlichtungsstellen, wonach die ärztlichen Gutachter verantwortlich mit ihrem Namen zeichnen.

▶ Auswirkungen auf das Zivilverfahren

Der Bescheid der Gutachterkommissionen und Schlichtungsstellen hat keine streitentscheidende Wirkung, sondern dient nur der Sachaufklärung und gegebenenfalls Streitschlichtung. Es handelt sich um kein Schiedsverfahren im Sinne der §§ 1025 ff. ZPO, dem sich die Beteiligten mit der Maßgabe unterwerfen, der Entscheidung des Schiedsrichters zu folgen. Dem Patienten bleibt es unbenommen, schon während des Schlichtungsverfahrens oder nach dessen Abschluss ein Verfahren vor den Zivilgerichten anzustrengen. Die Durchführung eines Schlichtungsverfahrens ist auch nach inzwischen gefestigter Rechtsprechung nicht Voraussetzung, um im Zivilprozess Prozesskostenhilfe zu erlangen[7].

Die Durchführung eines Verfahrens vor der Gutachterkommission oder Schlichtungsstelle hemmt nach § 204 Abs. 1 Nr. 4 BGB die Verjährung deliktischer und vertraglicher Ansprüche. Die Hemmung der Verjährung endet gem. § 204 Abs. 2 BGB sechs Monate nach Abschluss des Schlichtungsverfahrens. Danach setzt sich der Lauf der dreijährigen Verjährungsfrist des § 195 BGB fort.

▶ Subsidiarität gegenüber Zivil- und Strafverfahren

Die Einleitung eines (zivil- oder strafrechtlichen) Gerichtsverfahrens oder eines staatsanwaltschaftlichen Ermittlungsverfahren vor dem Antrag bei der Gutachterkommission schließt die Eröffnung eines Verfahrens der Gutachterkommission aus. Ein bereits laufendes Verfahren bei der Gutachterkommission wird bei Eröffnung eines Gerichts- oder Ermittlungsverfahrens nach dem Antrag entweder ausgesetzt (z. B. § 4 Abs. 2 b Statut Westfalen-Lippe) oder eingestellt (z. B. § 2 Abs. 3 b Statut Schlichtungsstelle Hannover).

Der Bescheid der Gutachterkommission oder Schlichtungsstelle kann bei einem anschließenden Zivilverfahren im Wege des Urkundenbeweises verwertet werden[8]. Das bedeutet aber nicht, dass das Zivilgericht an den Bescheid gebunden wäre. Es handelt sich vielmehr nur um ein Beweismittel, das vor dem erkennenden Zivilgericht dem Grundsatz der freien Beweiswürdigung (§ 286 ZPO) unterliegt. Nahezu immer wird im Zivilprozess ein neuer gerichtlicher Gutachter beauftragt.

▶ Verwertbarkeit des Gutachtens im Haftungsprozess

Der Beschluss des BGH vom 06.05.2008 – VI ZR 250/07 –[9] befasst sich mit den Anforderungen an die Überzeugungsbildung des Tatrichters und mit der Verpflich-

---

[6] OVG Nordrhein-Westfalen, MedR 1998, 575.
[7] Pelz, DRiZ 1998, 479 m. w. N.
[8] BGH, NJW 1987, 2300.
[9] MDR 2008, 915; ZMGR 2008, 222; GesR 2008, 222.

tung des Richters, zur Aufklärung des medizinischen Sachverhalts in der Regel ein gerichtliches Sachverständigengutachten einzuholen. Die Klägerin hatte unter Vorlage eines Privatgutachtens einen ärztlichen Behandlungsfehler behauptet und unter Sachverständigenbeweis gestellt. Landgericht und Berufungsgericht entsprachen dem Klagebegehren nicht und verwerteten ausschließlich ein im Schlichtungsverfahren eingeholtes Gutachten im Wege des Urkundenbeweises. Der VI. Zivilsenat akzeptierte dieses Vorgehen nicht und gab der Nichtzulassungsbeschwerde der Klägerin statt – ein seltener Fall des Erfolgs einer Nichtzulassungsbeschwerde. Der BGH stellt darauf ab, dass gemäß § 411 a ZPO grundsätzliche eine neue schriftliche Begutachtung durch die Verwertung eines bereits gerichtlich oder staatsanwaltschaftlich eingeholten Sachverständigengutachtens aus einem anderen Verfahren ersetzt werden könne und auch andere außerhalb des Rechtsstreits erstattete Gutachten im Arzthaftungsprozess im Wege des Urkundenbeweises verwertet werden könnten. Dies gelte im Grundsatz auch für medizinische Gutachten aus Verfahren ärztlicher Schlichtungsstellen (vgl. Senatsurteile vom 19.05.1987 – VI ZR 147/86 – VersR 1987, 1091 und vom 02.03.1993 – VI ZR 104/92 – VersR 1993, 749). Ausdrücklich betont das Gericht aber, dass der Tatrichter ein gerichtliches Gutachten jedenfalls dann einholen müsse, wenn ein im Wege des Urkundsbeweises verwertetes Gutachten nicht alle Fragen beantworte.

▶ Grenzen des Schlichtungsverfahrens

Nicht verkannt werden dürfen die Grenzen der Verfahren vor der Gutachterkommission und Schlichtungsstelle. Die Gremien der Ärztekammern bewerten keine Erklärungen, die im Verfahren abgegeben werden, wie zum Beispiel mögliche Anerkenntnisse. Zwar wird vom Gutachter oder der Kommission teilweise auch zur Frage der Patientenaufklärung Stellung genommen. Die Ausführungen zum Geschehen beim Aufklärungsgespräch erfolgen aber zwangsläufig auf einer unsicheren Entscheidungsgrundlage, weil entweder überhaupt keine mündliche Verhandlung stattgefunden hat oder die mündliche Verhandlung mangels der Möglichkeit zur Zeugenvernehmung und ohne Wahrheitspflicht der Parteien nicht einer Verhandlung vor dem Zivilgericht entspricht. Bei Unaufklärbarkeit des Behandlungsgeschehens muss nicht, wie im Zivilverfahren, unbedingt eine Beweislastentscheidung ergehen, sondern die Frage kann offengelassen bzw. nur mit einer Empfehlung für eine Einigung beantwortet werden. In der Praxis schließt sich dann ein Zivilverfahren nahezu unvermeidlich an.

▶ Erfolgsstatistik der Schlichtungsstellen

Trotz dieser Einschränkungen spricht die Statistik durchaus für einen Erfolg der Verfahren vor den Gutachterkommissionen und Schlichtungsstellen. Mit dem MERS (Medical Error Reporting Systems) werden die Daten der Schlichtungsstellen nach bundeseinheitlichen Parametern EDV-gestützt einheitlich erfasst und in einer Bundesstatistik zusammengefasst (vgl. http://www.bundesaerztekammer.de/page.asp?his=2.59.5301.10548). Der hierin enthaltene Überblick über die Fachgebiete und Behandlungsmaßnahmen gibt wichtige Hinweise zur Fehlerprävention. Die in der Statistik festgehaltene Anzahl der durchgeführten Verfahren bewegt sich im Jahr 2011 mit leicht steigender Tendenz bei 11.107 Anträgen. Behandlungsfehler wurden in etwa 30% der Fälle bejaht, wobei wiederum nur in ca. 25% der Fälle die Kausalität zwischen dem Fehler und dem Gesundheitsschaden festgestellt werden konnte. Verfahren vor den Gutachterkommissionen und Schlichtungsstellen liefern damit im Rahmen ihrer Möglichkeiten einen deutlichen Beitrag zur Entlastung der Justiz und zur angestrebten Versachlichung des Arzt-Patienten-Verhältnisses.

Checkliste
Wesentliche Merkmale des Schlichtungsverfahrens
1. Freiwilliges außergerichtliches Verfahren ✓
2. Einrichtung der Ärztekammer ✓
3. Besetzung mit Juristen und Ärzten ✓
4. Für den Patienten kostenfrei ✓
5. Frage der Patientenaufklärung grds. nicht klärungsfähig ✓
6. Entscheidung für keinen Beteiligten bindend ✓
7. In der Praxis erhebliche Befriedungsfunktion ✓

III. Zivilverfahren

1. Allgemeines

▶ Prozessziel Schadensersatz

Scheitert eine außergerichtliche Einigung zwischen Patient und Arzt bzw. dessen Haftpflichtversicherung wegen eines vermeintlichen ärztlichen Fehlverhaltens, so muss der Patient seine Schadensersatz- und Schmerzensgeldansprüche klageweise in einem Zivilverfahren geltend machen. Die Klageerhebung vor einem Zivilgericht steht dem Patienten vor, während und nach einem Verfahren vor der Gutachterkommission oder Schlichtungsstelle offen.

▶ Zuständiges Gericht

Die sachliche Zuständigkeit des anzurufenden Gerichtes richtet sich nach der Höhe der geltend gemachten Forderungen. Bei Streitwerten über 5.000 € – in Arzthaftungsprozessen überwiegend – ist das Landgericht erstinstanzlich zuständig (§ 23 Nr. 1 GVG), bei Streitwerten darunter das Amtsgericht. Die meisten Landgerichte haben mittlerweile auf Arzthaftungssachen spezialisierte Kammern eingerichtet. Die sonst obligatorische Übertragung auf den Einzelrichter ist hier die Ausnahme. Bei den Oberlandesgerichten und beim BGH sind spezielle Arzthaftungssenate seit langem Praxis. Die Klage kann sich, anders als im Verfahren vor der Gutachterkommission oder Schlichtungsstelle, immer gegen den behandelnden Arzt, den Krankenhausträger und das nichtärztliche Personal richten.

▶ Prozessführungsrecht des Haftpflichtversicherers

Das Prozessführungsrecht auf Beklagtenseite steht bedingungsgemäß dem oder den Versicherer(n) der Beklagten zu, § 3 Ziff. II 3, 5 Ziff. 4 AHB. Das heißt, der Versicherer wählt den spätestens im Verfahren vor dem Landgericht mit der Prozessvertretung zu betrauenden Rechtsanwalt (§ 78 Abs. 1 ZPO) aus und instruiert diesen für die Prozessführung. Haben die Beklagten zuvor – unter Verstoß gegen den Versicherungsvertrag – bereits selbständig einen Rechtsanwalt eingeschaltet, so wird dieser vom Versicherer entweder weiter beauftragt oder zur Mandatsniederlegung aufgefordert, eine Erstattung bereits angefallener Anwaltskosten findet regelmäßig nicht statt.

2. Selbständiges Beweisverfahren

▶ Alternative zur sofortigen Klage

Als Alternative zur sofortigen Klageerhebung ist auch an die Durchführung eines selbständigen Beweisverfahrens nach §§ 485 ff. ZPO zu denken. Einige Patientenanwälte bevorzugen dieses Verfahren gegenüber dem vor der Gutachterkommission/Schlichtungsstelle, weil sie den Gutachter dem Gericht selbst vorschlagen können und gegen die Objektivität des Verfahrens vor der Ärztekammer Bedenken haben. Das selbständige Beweisverfahren nach § 485 Abs. 2 ZPO dient der vorsorglichen Beweiserhebung vor Beginn eines möglichen Prozesses. Es kann unter anderem zum Inhalt haben, den Zustand einer Person, die Schadensursache und den Aufwand zur Beseitigung eines Schadens zu ermitteln und in dem von der ZPO vorgesehenen Beweisverfahren festzustellen. Diese Feststellung lässt in der Regel die Beurteilung zu, ob und in welcher Höhe ein Anspruch begründet ist. Nach § 492 Abs. 3 ZPO kann das Gericht die Parteien zur mündlichen Erörterung laden und einen Vergleich protokollieren. Auf diese Weise bietet das selbständige Beweisverfahren für die Parteien auf den ersten Blick eine zeit- und kostensparende Alternative.

▶ Zulässigkeit im Arzthaftungsprozess

Die Zulässigkeit des selbständigen Beweisverfahrens im Arzthaftungsrecht war lange umstritten, ist aber durch einen Beschluss des BGH aus dem Jahre 2003 bejaht worden[10]. Weder die Entstehungsgeschichte des § 485 Abs. 2 ZPO noch sein Sinn und Zweck oder der Gesamtzusammenhang mit der Regelung in § 485 Abs. 1 ZPO sprächen gegen eine generelle Zulässigkeit des selbständigen Beweisverfah-

---

[10] BGH, NJW 2003, 1741.

rens bei Arzthaftungsansprüchen. Dem ist zuzustimmen. In der Begründung des Entwurfes für das Rechtspflegevereinfachungsgesetz geht der Gesetzgeber davon aus, dass „die gesonderte Begutachtung durch einen Sachverständigen häufig zu einer die Parteien zufriedenstellenden Klärung und damit eher zum Vergleich als in einen Prozess führen würde". Auch Sinn und Zweck lassen ein selbständiges Beweisverfahren nicht schlechthin unzulässig erscheinen, da sich bei Feststellung des Gesundheitsschadens und der hierfür maßgeblichen Gründe nicht selten erkennen lässt, ob und in welcher Schwere ein Behandlungsfehler gegeben ist. Das Verfahren kann unter diesen Voraussetzungen durchaus prozessökonomisch sein.

▶ Häufig unzweckmäßig

Aus prozesstaktischer Sicht dürfte das selbständige Beweisverfahren dennoch in vielen Fällen unzweckmäßig sein, da nach § 485 Abs. 2 ZPO nur die schriftliche Begutachtung durch einen Sachverständigen beantragt werden kann. Eine Zeugenvernehmung in Anwesenheit des Sachverständigen sieht die ZPO nicht vor. Die Sachverhaltsaufklärung eines lang andauernden und komplexen Behandlungsgeschehens mit mehreren beteiligten Personen, insbesondere der genaue Ablauf von Aufklärungsgesprächen, muss somit zwangsläufig unvollständig bleiben. Ein Prozess mit mündlicher Verhandlung erscheint daher vielfach unausweichlich, zumal über die Höhe eines Schmerzensgeldes oder von Vermögensschäden erst im Haftungsprozess entschieden werden kann.

3. Verfahrensrechtliche Besonderheiten

▶ Starke Annäherung an Amtsermittlungsverfahren

Der Arzthaftungsprozess ist stark einem Amtsermittlungsverfahren angenähert[11]. Entgegen dem sonst im Zivilverfahren geltenden Beibringungsgrundsatz beschränkt sich das Gericht nicht darauf, den von den Parteien vorgetragenen Tatsachenstoff zu bewerten, sondern es bemüht sich zur Ausgleichung der strukturellen Unterlegenheit des Patienten gegenüber dem Arzt während der Behandlung von Amts wegen um eine umfassende Aufklärung des Behandlungsgeschehens. An die Pflicht des Klägers zu substantiiertem Vortrag werden nur maßvolle und verständige Anforderungen gestellt. Das Gericht berücksichtigt dabei, dass dem klagenden Patienten bzw. seinem Anwalt regelmäßig sowohl die genaue Einsicht in das Behandlungsgeschehen als auch das nötige Fachwissen zur Beurteilung des Streitfalles fehlen. Soweit es um das Behandlungsgeschehen und dessen Ursächlichkeit für den Gesundheitsschaden geht, wird eine Klage nur ganz ausnahmsweise, so bei gänzlich unsubstantiiertem oder unschlüssigem Vortrag des Klägers, ohne Beweisaufnahme abgewiesen.[12]

---

[11] Mit entsprechenden Nachweisen: Martis/Winkhart, S. 989 f.
[12] Vgl. OLG Düsseldorf, VersR 2005, 1737.

▶ Abweichung von der üblichen Beweislastverteilung

Im Arzthaftungsprozess gelten unter bestimmten Voraussetzungen gravierende Abweichungen von der sonst im Zivilprozess üblichen Beweislastverteilung. Als Grundregel für die Beweislastverteilung gilt: Jede Partei trägt die Behauptungs- und Beweislast dafür, dass der Tatbestand der ihr günstigen Rechtsnorm erfüllt ist. Wer eine Rechtsfolge für sich in Anspruch nimmt, hat die rechtsbegründenden und rechtserhaltenden Tatsachen zu behaupten und zu beweisen. Der Gegner trägt die Beweislast für die rechtsvernichtenden und rechtshemmenden Tatsachen[13]. Grundsätzlich hat also der Patient den Behandlungsfehler, seinen Schaden und den ursächlichen Zusammenhang zwischen Behandlungsfehler und eingetretenem Schaden zu beweisen. Die Behandlerseite trägt die Beweislast für die Durchführung der Risikoaufklärung als Voraussetzung für eine rechtfertigende Einwilligung des Patienten.

▶ Beweiserleichterung bei grobem Behandlungsfehler

Abweichend von dieser Grundregel gesteht die Rechtsprechung dem Patienten im Arzthaftungsprozess neben dem allgemein geltenden Anscheinsbeweis und dem bereits behandelten „vollbeherrschbaren Risiko" Beweiserleichterungen bis hin zur Beweislastumkehr zu. Eine wichtige Fallgruppe ist der des groben Behandlungsfehlers. Ein grober Behandlungsfehler ist dem Arzt oder Pflegepersonal vorzuwerfen, wenn ein Verhalten nach dem Ausbildungs- und Wissensmaßstab des Handelnden nicht mehr verständlich und verantwortbar erscheint, weil ein solcher Fehler schlechterdings nicht unterlaufen darf[14]. Ein grober Behandlungsfehler muss nicht in einer gravierenden einzelnen Fehlleistung liegen. Auch die Betrachtung des Gesamtgeschehens kann dazu führen, dass die Summe einzelner Fehler die Behandlungsbedingungen so erschwert hat, dass eine Beweislastumkehr gerechtfertigt ist[15]. Auch das Nichterheben von Kontrollbefunden, die dann zur objektiv falschen Diagnose führen, kann einen groben Behandlungsfehler darstellen[16].

▶ Unterlassene Befunderhebung

Auch bei einem nicht groben Versäumnis kann eine Beweislastumkehr stattfinden, wenn

- der Arzt medizinisch gebotene Befunde nicht erhebt, aber
- der Befund, wenn er erhoben worden wäre, mit hinreichender Wahrscheinlichkeit ein reaktionspflichtiges Ergebnis erbracht hätte und
- die Nichtreaktion hierauf als grober Behandlungsfehler zu bewerten wäre.[17]

---

[13] Thomas/Putzo, § 284 Vorbem. Rn. 23.
[14] BGH, NJW 1983, 333; NJW 1983, 2080; VersR 1995, 46.
[15] BGH, NJW 1988, 333; NJW 1988, 2049; MedR 1998, 554.
[16] BGH, NJW 1991, 2350; NJW 1994, 801.
[17] BGH, VersR 1996, 633; OLG München, MedR 2007, 361; OLG Dresden, VersR 2004, 684.

III. Zivilverfahren

▶ Beweiserleichterung bei Dokumentationsmangel

Darüber hinaus können – als dritte wichtige Fallgruppe – auch Dokumentationsmängel Konsequenzen für die Beweislastverteilung haben. Zwar bildet die unterlassene Dokumentation selbst keine eigenständige Anspruchsgrundlage und begründet ohne nähere Anhaltspunkte nicht automatisch einen Behandlungsfehler[18]. Das Fehlen einer medizinisch gebotenen Aufzeichnung kann aber indizieren, dass diese Maßnahme unterblieben ist[19]. Stellt das Unterbliebensein der nicht dokumentierten Maßnahme einen groben Behandlungsfehler dar, so kann das Dokumentationsversäumnis zur Beweislastumkehr führen und den Kausalitätsnachweis ersetzen. In der Praxis ist die Frage der Beweislastverteilung wegen der schwierigen Aufklärung der oft Jahre zurückliegenden Behandlungsgeschehen häufig von streitentscheidender Bedeutung. Der Arzt darf sich wegen der Amtsermittlung des Gerichtes auch nicht darauf verlassen, dass der Patient anspruchsbegründende Tatsachen nicht vorträgt, sondern muss von sich aus um eine vollständige Aufklärung des Behandlungsgeschehens bemüht sein.

▶ Überragende Stellung des medizinischen Sachverständigen

Der medizinische Sachverständige nimmt eine überragende Stellung im Arzthaftungsprozess ein. Zwar ist beispielsweise die Beurteilung des Behandlungsgeschehens als grob fehlerhaft eine rechtliche Bewertung, die vom Gericht und nicht vom Sachverständigen vorzunehmen ist[20]. Das Gericht ist für seine Beurteilung aber auf die Ermittlung des Behandlungsgeschehens und seine Einordnung in den ärztlichen Standard durch den medizinischen Sachverständigen angewiesen. Schon die Auswahl des medizinischen Sachverständigen kann dabei von entscheidender Bedeutung sein. Üblicherweise beauftragt das Gericht neue Sachverständige, auch wenn vorher bereits ein Verfahren vor der Gutachterkommission oder Schlichtungsstelle stattgefunden hat. Bedenken der Ärzte gegen die Fachkunde oder die Objektivität des Gutachters sind dem Prozessbevollmächtigten zur Einbringung in das Verfahren mitzuteilen.

▶ Prüfungspflicht des Tatrichters

In seinem Urteil vom 3.12.2008 – IV ZR 20/06 – [21]erneuert der BGH seine Anforderungen an die Prüfungspflicht des Tatrichters hinsichtlich der Äußerungen des medizinischen Sachverständigen. Danach hat der Tatrichter die Aussagen kritisch auf ihre Vollständigkeit und Widerspruchsfreiheit zu prüfen sowie insbesondere auf die Aufklärung von Widersprüchen hinzuwirken. Dies gilt für die Begutachtung des

---

[18] BGH, NJW 1993, 2376; NJW 1989, 2331.
[19] BGH, NJW 1987, 1483; OLG Düsseldorf, OLGR 2005, 707, 709; OLG Oldenburg, NJW-RR 2009, 32, 34.
[20] BGH, NJW 1993, 2377; NJW 1988, 1515.
[21] BGH, VersR 2009, 518.

Falles durch einen wie durch mehrere Sachverständige. Gerade in schwierigen wissenschaftlichen Fragen müssen weitere Aufklärungsmöglichkeiten genutzt werden, wenn diese Erfolg versprechen und verfügbar seien, betont der Senat. Erst wenn derartige Klärungsversuche erfolglos geblieben sind, dürfe der Tatrichter die Diskrepanzen frei würdigen. Allerdings müsse in diesem Fall in der Beweiswürdigung dargelegt werden, dass eine Abwägung zwischen den widerstreitenden Ansichten der Gutachter stattgefunden hat und keine weiteren Aufklärungsmöglichkeiten bestehen.

▶ Typischer Fragenkatalog an medizinischen Sachverständigen

Die überragende Rolle des ärztlichen Sachverständigen zeigt sich darin, dass der gerichtliche Gutachter umfassend den behaupteten ärztlichen Behandlungsfehler, den Gesundheitsschaden des Patienten und die Ursächlichkeit zwischen Behandlungsfehler und Patientenschaden gutachterlich zu bewerten hat. Die wichtigsten Fragen an den ärztlichen Sachverständigen können im Folgenden Fragenkatalog zusammengefasst werden:

1. Zum Behandlungsfehler:
   - Liegt ein Behandlungsfehler, also ein Abweichen vom Standard von guter ärztlicher Übung vor?
   - Wie war der ärztliche Standard zum Zeitpunkt des Eingriffs beschaffen? War der Facharztstandard gewahrt?
   - Falls der Gutachter einen Behandlungsfehler bejaht, ist dieser Behandlungsfehler als grob zu bewerten?
   - Sind medizinisch gebotene Befunde nicht erhoben worden, die ein reaktionspflichtiges Ergebnis erbracht hätten?
   - Stammt die Schädigung des Patienten aus einem Bereich, dessen Gefahren ärztlicherseits voll ausgeschlossen werden können und müssen (sog. vollbeherrschbarer Risikobereich)?
2. Zur Aufklärungspflicht:
   - Bestanden Behandlungsalternativen, die aufklärungspflichtig waren?
   - Tritt das verwirklichte Risiko zwar selten ein, ist es aber für den Eingriff typisch?
   - Entspricht es guter ärztlicher Übung, über dieses Risiko aufzuklären?
3. Zur Organisationspflicht:
   - Ist der Anfänger bei der Operation ordnungsgemäß überwacht worden?
   - War der aufklärende Arzt in der Lage, ordnungsgemäß aufzuklären?
   - Entspricht die Dokumentation guter ärztlicher Übung?
   - Ermöglicht die Dokumentation dem Sachverständigen die vollständige Bewertung des Behandlungsgeschehens?
   - Waren die vorgehaltenen Medikamente/Apparate ausreichend?
4. Zur Kausalität:
   - Beruht der eingetretene Gesundheitsschaden mit an Sicherheit grenzender Wahrscheinlichkeit auf der Behandlung?

– Mit welchem Wahrscheinlichkeitsgrad kommen andere Schadensursachen in Betracht?
– Ist der ärztliche Behandlungsfehler generell geeignet, den Schaden herbeizuführen?
– Beruht der Schaden schon nach dem Beweis des ersten Anscheins auf dem Behandlungsfehler?
– Sind Folgeschäden eingetreten und beruhen diese auf dem Behandlungsfehler?
5. Zum Schaden:
– Handelt es sich um einen echten Gesundheitsschaden oder um eine gesundheitliche Entwicklung im Rahmen der Norm?
– Wie ist die Zukunftsprognose des Gesundheitsschadens einzuschätzen?

▶ Beweislast häufig prozessentscheidend

Der vorstehende Fragenkatalog ist sicherlich nicht erschöpfend, zeigt aber auch die Bedeutung der sachgerechten Kommunikation zwischen Sachverständigen und Gericht. Der Sachverständige muss für die juristische Systematik von Beweislast und Beweiserleichterungen besonderes Verständnis entwickeln, da hier regelmäßig die prozessentscheidenden Fragen bestehen. Denn häufig kann der Sachverständige keine sichere Kausalität zwischen der ärztlichen Behandlung und dem Gesundheitsschaden des Patienten feststellen, so dass Beweislast und Beweiserleichterungen über den Ausgang des Rechtsstreits entscheiden.

▶ Spezifischer Verlauf der mündlichen Verhandlung

Aus der Bedeutung der Sachverständigengutachten ergibt sich im Arzthaftungsprozess auch ein spezifischer Verlauf der oft mehrstündigen mündlichen Verhandlung. Kommt in einem möglicherweise anberaumten ersten Termin zur mündlichen Verhandlung kein Vergleich zwischen den Parteien zustande, gibt das Gericht ein Gutachten bei einem oder mehreren Sachverständigen der betroffenen Fachgebiete in Auftrag. Üblich ist auch die Vorgehensweise, dass das Gericht einen Hauptsachverständigen zum Beispiel mit der Erstellung eines chirurgischen Gutachtens beauftragt und ihn ermächtigt, selbständig Zusatzgutachten bei Fachkollegen etwa aus den Gebieten der Neurologie oder Pädiatrie bei der Notwendigkeit ergänzender Beratung einzuholen. Dieses Verfahren ermöglicht eine Abkürzung der ohnehin meist mehrere Monate in Anspruch nehmenden Erstellung der Gutachten. Nach Vorliegen der schriftlichen Gutachten haben beide Parteien das Recht auf mündliche Erläuterung der Gutachten durch die Sachverständigen[22]. Beide Parteien haben auch das Recht, nach mündlicher Anhörung des Sachverständigen und Schluss der mündlichen Verhandlung schriftsätzlich zum Beweisergebnis Stellung zu nehmen[23]. Nach dem Grundsatz der freien Beweiswürdigung aus § 286 ZPO ist das Gericht nicht an die Vorgaben des Sachverständigen gebunden. Es darf aufgrund eigener Sachkunde durchaus von der Wertung des Sachverständigen abweichen. Allerdings muss das

---

[22] BGH, VersR 1986, 1079.
[23] BGH, VersR 1988, 914.

Gericht dem Sachverständigen die Widersprüche im Gutachten zunächst vorhalten und sich über seine ausreichende und zutreffende eigene Sachkunde vergewissern. Eine vom Gutachten abweichende Überzeugung muss das Gericht außerdem detailliert begründen[24].

▶ Prozesstaktik im Arzthaftungsprozess

Aus prozesstaktischen Gründen werden im Arzthaftungsprozess nicht selten alle irgendwie an der Behandlung beteiligten Ärzte und Pflegepersonen zusätzlich zum Krankenhausträger mitverklagt. Zum einen beruht dieses Vorgehen darauf, dass für den Patienten auch nach Einsichtnahme in die Behandlungsunterlagen häufig nicht klar ist, welche der beteiligten Personen in welchem Umfang zu seinem Gesundheitsschaden beigetragen hat. Zum anderen dient dieses Vorgehen dazu, der Behandlerseite die Möglichkeit zu nehmen, medizinisches Personal als Zeugen für ein ordnungsgemäßes Behandlungsgeschehen zu benennen, da eine Zeugenvernehmung von Parteien nicht möglich ist.

▶ Parteivernehmung zum Aufklärungsgespräch

In der Praxis wird dadurch die Beweissituation der Beklagtenseite aber nicht entscheidend geschwächt. So muss das Gericht für den Nachweis der Selbstbestimmungsaufklärung auch den Schwierigkeiten des Arztes Rechnung tragen, einen Vorgang zu belegen, der sich häufig nur unter vier Augen abgespielt hat und nach den Forderungen der Rechtsprechung trotz Aufklärungsbögen möglichst von Formalismen freigehalten werden soll. Sofern die Aufklärung als solche in den Krankenpapieren dokumentiert ist, kann der Arzt zum Inhalt des Aufklärungsgespräches als Partei vernommen werden[25].

> **Merksätze**
> Merkmale des Arzthaftungsprozesses:
> 1. Die Parteien bestimmen den Streitstoff, aber das Gericht kann auch von Amts wegen Sachverhaltsaufklärung betreiben.
> 2. Der Patient hat grundsätzlich die Beweislast für alle Anspruchsvoraussetzungen, aber das Gericht kann Beweiserleichterungen gewähren
>   – bei grobem Behandlungsfehler,
>   – bei unterlassener Befunderhebung und
>   – bei Dokumentationsmängeln.
> 3. Der Sachverständige hat sein Gutachten regelmäßig schriftlich und auf Antrag auch mündlich zu erstatten.
> 4. Neben dem Behandlungsfehler wird regelmäßig die Patientenaufklärung geprüft.

---

[24] Ausführlich zum Sachverständigenbeweis: Martis/Winkhart, S. 897 ff.
[25] BGH, VersR 1985, 361; VersR 1990, 1010.

Fall 35: Das verklagte Krankenhausteam
BGH, Urteil vom 26.02.1991– VI ZR 344/89– NJW 1991, 1539

Sachverhalt
Der Patient war im Jahre 1983 in einer HNO-Klinik verstorben. Seine Witwe klagte auf Zahlung einer Schadensrente gegen den Träger der Klinik als Beklagten zu 1), den dienstältesten Stationsarzt der HNO-Klinik als Beklagten zu 2), die beiden noch in der HNO-Facharztausbildung befindlichen Operateure als Beklagte zu 3) und 4), die bei der Operation anwesende Anästhesistin als Beklagte zu 5) sowie die Narkoseärztin, die den Patienten auf die Operation vorbereitet hat, als Beklagte zu 6).

Der Patient litt an einer Insuffizienz der Nebennierenrinde (Morbus Addison). Er nahm auf ärztliche Verordnung von 1982 an zur Substituierung der fehlenden NNR-Hormone u. a. morgens und abends das Cortisolpräparat Ultracorten ein. Wegen wiederholten Nasenblutens wurde er als Kassenpatient in der HNO-Klinik des Beklagten zu 1) stationär aufgenommen. Dort legte er seinen Notfallausweis vor, in dem sein Leiden verzeichnet und vermerkt war, dass im Falle einer Erkrankung oder bei einem Unfall der Corticoidmangel auszugleichen sei.

Nach vorübergehender Besserung trat am dritten Tage des stationären Aufenthaltes erneut stärkeres Nasenbluten auf. Der Beklagte zu 4) legte daraufhin abends eine sogenannte Bellocq-Tamponade. Bei diesem Eingriff wird unter Vollnarkose der Durchgang zwischen Nasen- und Rachenraum verschlossen. Der Beklagte zu 4) befand sich in der Facharztausbildung und hatte bis dahin noch keine derartige Operation vorgenommen. Beim Legen der Tamponade war auch der Beklagte zu 3) zugegen, der sich ebenfalls noch in der HNO-Facharztausbildung befand. Als Anästhesistin wurde die Beklagte zu 5) herangezogen, die im zweiten Jahr ihrer Facharztausbildung stand.

Die Narkose dauerte 75 min. Der Eingriff selbst, bei dem ein größerer Blutverlust (etwa 800 ml) auftrat, war nach 35 min beendet. Nach der Operation wurde der Patient auf die normale Krankenstation zurückgebracht und dort mit einem anderen Patienten zusammengelegt, der ständiger Überwachung bedurfte. Zum Ausgleich des eingetretenen Blutverlustes erhielt er Infusionen von insgesamt 1.000 ml. Cortisol-Präparate wurden ihm weder während noch nach der Operation verabreicht. In der folgenden Nacht ergaben die mehrmals gemessenen Blutdruck- und Pulswerte bis 2.00 Uhr stabile Kreislaufverhältnisse. Gegen 2.50 Uhr wurde der Patient vom Pfleger ohne Atmung und Pulsschlag aufgefunden; Reanimationsversuche blieben erfolglos. Die klagende Witwe behauptet, ihr Ehemann sei an einem durch Cortisolmangel verursachten Herz-Kreislauf-Versagen gestorben.

Lösung

▶ Prozessverlauf

Das Landgericht wies die Klage gegen die Beklagten zu 2) (Stationsarzt) und zu 6) (vorbereitende Narkoseärztin) ab und verurteilte die Beklagten zu 1) (Krankenhausträger), 3) und 4) (Operateure) und 5) (Anästhesistin) als Gesamtschuldner zum

Ersatz der materiellen Schäden. Das OLG Köln wies die Berufungen der vier verurteilten Beklagten zurück. Gegen dieses Urteil legten die Beklagten Revision ein. Der BGH nahm die Rechtsmittel der Beklagten zu 1) und 5) (Krankenhausträger und Anästhesistin) nicht an. Die Revisionen der Beklagten zu 3) und 4) (Operateure) hatten Erfolg und führten zur Zurückverweisung an das OLG Köln. Das Urteil wurde damit nur gegen die Anästhesistin und ihren Dienstherrn rechtskräftig.

▶ Grober Behandlungsfehler der Anästhesistin

BGH und OLG bejahten übereinstimmend einen groben Behandlungsfehler der Anästhesistin bei der ärztlichen Versorgung des verstorbenen Patienten. Grob fehlerhaft sei gewesen, dass dem an Morbus Addison leidenden Patienten weder vor noch während der Operation Cortisol verabreicht worden sei. Diese Bewertung des ärztlichen Verhaltens beruhte auf den Äußerungen der Sachverständigen im Ermittlungsverfahren. Die Gutachter hatten die als Standardmethode bezeichnete Medikation erhöhter Cortisolgaben vor Operationen von Morbus-Addison-Patienten aufgrund neuerer wissenschaftlicher Erkenntnisse bei Bagatelleingriffen als entbehrlich bezeichnet. Hierauf stützten sich die Beklagten. BGH und OLG hielten dies für die Bewertung des ärztlichen Verhaltens jedoch nicht von Belang, da selbst dann, wenn eine Bellocq-Tamponade regelmäßig nur als kleiner Eingriff zu werten sei, im vorliegenden Fall schon wegen der langen Dauer der Operation und des damit verbundenen erheblichen Blutverlustes es sich nicht mehr um eine Bagatelle gehandelt habe. Mit dieser Qualifizierung des Eingriffs widersprachen die Gerichte nicht den Sachverständigen, sondern erklärten deren Ausführungen zu neueren wissenschaftlichen Erkenntnissen als auf den vorliegenden Fall für nicht anwendbar.

▶ Beweislast streitentscheidend wegen unaufklärbarer Todesursache

Für die Gewichtung der unterlassenen Medikation als grober Fehler kam noch hinzu, dass der Patient letztmals am Morgen des Operationstages überhaupt Cortisol zu sich genommen habe, vor dem Eingriff selbst also nicht einmal seine normale Abend-Dosis erhalten hatte. Die Todesursache des Patienten blieb ungeklärt. Wegen des groben Behandlungsfehlers wirkte sich die ungeklärte Kausalität zwischen Behandlung und Schaden zu Lasten des Klinikträgers und der Anästhesistin aus.

▶ Horizontale Arbeitsteilung Chirurg/Anästhesist

Dagegen hob der BGH das Berufungsurteil bezüglich der beklagten Operateure auf und verwies die Sache zur weiteren Sachverhaltsaufklärung zurück an das OLG Köln. Die Feststellungen des Berufungsgerichtes trugen nach Überzeugung des BGH nicht die Auffassung, dass das Unterlassen der Cortisol-Medikation auch ein Versäumnis der beklagten Operateure darstelle. Der BGH stützt sich dabei auf den Grundsatz der horizontalen Arbeitsteilung zwischen Fachärzten. In der präoperativen Phase sei der Anästhesist für die Vorbereitung der Narkose zuständig. In der intraoperativen Phase seien sowohl die Operateure als auch die beklagte Anästhesistin mit der Behandlung befasst gewesen. In diesem Zeitraum seien die Chirurgen für den operativen Eingriff mit den sich daraus ergebenden Risiken, die Anästhesistin für die Narkose einschließlich der Überwachung und Aufrechterhaltung der vitalen Funktionen des Patienten zuständig gewesen. Nach dem Grundsatz der horizontalen Arbeitsteilung habe jeder Arzt denjenigen Gefahren zu begegnen, die in seinem Aufgabenbereich entstehen; er müsse sich aber, jedenfalls so lange keine offensichtlichen Qualifikationsmängel oder Fehlleistungen erkennbar werden, darauf verlassen dürfen, dass auch der Kollege des anderen Fachgebietes seine Aufgaben mit der gebotenen Sorgfalt erfüllt. Eine gegenseitige Überwachungspflicht bestehe insoweit nicht.

▶ Keine Haftung der Chirurgen

Die beklagten Operateure hätten mangels gegenteiliger konkreter Umstände vor Beginn des operativen Eingriffs von einer sorgfältigen Prämedikation des Patienten einschließlich der erforderlichen Substituierung der fehlenden NNR-Hormone durch ausreichend dosierte Cortisol-Gaben seitens der Anästhesisten ausgehen dürfen. Auch für die Weiterbehandlung nach der Operation bleibe es zwischen Anästhesisten und Chirurgen bei den Grundsätzen der Arbeitsteilung. Regelmäßig werde der Patient nach der Operation von dem Anästhesisten wieder in die Obhut der jeweiligen Stationsärzte entlassen. Im Streitfall war jedoch auch nicht festgestellt worden, dass die beklagten Operateure für die Betreuung des Patienten auf der Station zuständig waren. Da den Operateuren somit schon kein grober Behandlungsfehler zuzurechnen war, wirkte sich die Beweislastumkehr hinsichtlich der Kausalität von Fehler und Schaden nur zu Lasten der Anästhesistin und ihres Dienstherrn aus.

IV. Strafverfahren

1. Allgemeines

▶ Einleitung des Strafverfahrens

Nicht selten erstattet der Patient Strafanzeige gegen den behandelnden Arzt (nur selten gegen nicht ärztliches Personal) und macht die zivilrechtlichen Ansprüche zusätzlich geltend.[26] Meist handelt es sich um den Vorwurf der fahrlässigen Körperverletzung (§ 229 StGB). Im Falle der fahrlässigen Tötung (§ 222 StGB) kann es zu Strafanzeigen der Hinterbliebenen oder von Polizei- und Gemeindebehörden nach § 159 Abs. 1 StPO kommen. Im Falle der Anzeigenerstattung oder sonstigen Kenntniserlangung ist die Staatsanwaltschaft nach § 160 Abs. 1 StPO zur Sachverhaltserforschung verpflichtet.

---

[26] Ulsenheimer, Rn. 1 ff; Bergmann/Kienzle, Rn. 764 ff.

▶ Unabhängigkeit von Straf- und Zivilverfahren

Durchführung und Ausgang von Straf- und Zivilverfahren sind voneinander unabhängig. Die Entscheidung des Zivilgerichtes hängt nicht von dem Bestehen oder Nichtbestehen eines Rechtsverhältnisses ab, welches den Gegenstand eines Strafverfahrens bildet, so dass eine Aussetzung eines Zivilverfahrens bei Einleitung eines Ermittlungs- oder Strafverfahrens nach § 148 ZPO nicht erforderlich ist. Die Aussetzung eines Zivilverfahrens ist auch unter dem Gesichtspunkt der Prozessökonomie nach § 149 ZPO bei Verdacht einer strafbaren Handlung nur in Ausnahmefällen geboten.

▶ Subsidiarität des Schlichtungsverfahrens

Ein Verfahren vor der Gutachterkommission oder Schlichtungsstelle ist neben einem Strafverfahren nicht möglich. Das Verfahren bei den Ärztekammern wird erst gar nicht eröffnet, wenn bereits ein Ermittlungsverfahren bzw. Strafverfahren schwebt (z. B. § 4 Abs. 2 b Statut Westfalen-Lippe). Ein bereits bei der Ärztekammer anhängiges Verfahren wird entweder ausgesetzt (z. B. § 4 b Statut Westfalen-Lippe) bzw. eingestellt (z. B. § 2 Abs. 3 b Statut Schlichtungsstelle Hannover), sobald ein staatsanwaltschaftliches Ermittlungsverfahren oder ein Strafverfahren eröffnet wird.

2. Unterschiede zwischen Zivil- und Strafverfahren

▶ Unterschiedliche Haftungsvoraussetzungen

Die Haftungsvoraussetzungen des Zivil- und Strafrechts unterscheiden sich. Im Zivilrecht ist die Grundvoraussetzung der Fahrlässigkeitshaftung die Verletzung der objektiven Sorgfaltspflicht. Im Strafrecht muss dem Angeklagten darüber hinaus auch seine subjektive Schuld nachgewiesen werden, d. h. der Arzt muss nach seinen persönlichen Fähigkeiten und individuellen Kenntnissen in der Lage gewesen sein, den objektiven Sorgfaltsstandard eines gewissenhaften Facharztes in der konkreten Situation einzuhalten. Dabei kommt einem fachmedizinischen Gutachten eine weniger entscheidende Rolle als im Zivilverfahren zu. Das Strafgericht entscheidet über das Ergebnis der Beweisaufnahme nach seiner freien, aus dem Inbegriff der Verhandlung geschöpften Überzeugung (§ 261 StPO). Für die Urteilsfindung sind u. a. auch die Lebensumstände und Handlungsmotive des Angeklagten sowie sein Eindruck in der Hauptverhandlung entscheidend.

▶ Grundsatz in dubio pro reo

Im Strafprozess gilt der Grundsatz in dubio pro reo, d. h. im Zweifel für den Angeklagten. Auch wenn es sich hierbei dogmatisch um keine Beweisregel, sondern

IV. Strafverfahren

um eine Entscheidungsregel nach abgeschlossener Beweiswürdigung handelt[27], so begründet dieser Grundsatz im Ergebnis im Strafverfahren eine unterschiedliche Beweislastregelung[28]. Für den Fall, dass das Gericht nicht die volle Überzeugung von der Täterschaft des Angeklagten oder von dem Bestehen unmittelbar entscheidungserheblicher Tatsachen gewinnt, schreibt der Zweifelssatz vor, dass die dem Angeklagten jeweils günstigste Rechtsfolge eintreten muss. Im Zivilverfahren hat der Arzt dagegen immer die ordnungsgemäße Risikoaufklärung zu beweisen. Im Falle eines groben Behandlungsfehlers trägt er sogar das Risiko der Beweislastumkehr beim Nachweis der Kausalität zwischen einem Behandlungsfehler und eingetretenem Schaden. Im Strafverfahren muss ihm dagegen stets auch die Kausalität zwischen strafbarer Handlung und Erfolg nachgewiesen werden. Dies bedeutet beispielsweise für den Tatbestand der fahrlässigen Körperverletzung, dass dem Arzt nachgewiesen werden muss, dass durch seine objektiv *und* subjektiv vorwerfbare Verletzung der ärztlichen Sorgfaltspflicht der Deliktserfolg eingetreten ist und ein spezifischer Zurechnungszusammenhang zwischen Deliktserfolg und Fahrlässigkeitstat besteht, sog. Pflichtwidrigkeitszusammenhang. Kurz: Nur wenn der Sachverständige positiv feststellt, dass bei standardgerechter Behandlung der Verlauf mit *an Sicherheit grenzender Wahrscheinlichkeit* ein günstigerer gewesen wäre, hat sich der Arzt strafbar gemacht.

▶ Amtsermittlungs- und Beibringungsgrundsatz

Im Strafverfahren gilt der Amtsermittlungsgrundsatz, während im Zivilverfahren grundsätzlich die Parteien den entscheidungserheblichen Tatsachenstoff beibringen müssen. Das Zivilgericht ist nach § 308 Abs. 1 ZPO auch an die Parteianträge gebunden und darf nicht über diese hinausgehen. Dagegen besteht im Strafverfahren weder eine Bindung der Staatsanwaltschaft an den Strafantrag des Patienten noch ist das Gericht an die Schlussanträge der Staatsanwaltschaft gebunden. Staatsanwaltschaft und Gericht haben von sich aus alle be- und entlastenden Umstände zu ermitteln, die für die Entscheidung von Bedeutung sind (§§ 160 Abs. 2, 244 Abs. 2 StPO). Allerdings ist der Arzthaftungsprozess von der Rechtsprechung dem Amtsermittlungsverfahren angenähert worden[29].

▶ Möglichkeit zur Einstellung von Ermittlungs- und Strafverfahren

Im Ermittlungs- und Strafverfahren besteht die Möglichkeit zur Einstellung wegen Geringfügigkeit nach § 153 StPO bzw. nach Erfüllung von Auflagen (§ 153a StPO). Dies gilt jedoch nur für Vergehen, d. h. rechtswidrige Taten, die im Mindestmaß mit einer Freiheitsstrafe bis zu einem Jahr oder mit Geldstrafe bedroht sind (§ 12 Abs. 2 StGB). Vereinfacht gesprochen kann nach § 153 StPO von der Strafverfolgung abgesehen werden, wenn die Schuld des Täters als gering anzusehen wäre

---

[27] Meyer-Goßner, § 261 Rn. 26.
[28] Laufs/Uhlenbruck-Ulsenheimer, § 112 Rn. 11.
[29] Pelz, DRiZ 1998, 479.

und kein öffentliches Interesse an der Verfolgung besteht. § 153a StPO ermöglicht die Einstellung des Verfahrens bei Erfüllung von Auflagen durch den Beschuldigten, z. B. in Form der Wiedergutmachung des verursachten Schadens oder Zahlung eines Geldbetrages für gemeinnützige Zwecke. Die Vorschriften der §§ 153 und 153 a StPO unterscheiden sich also grundlegend dadurch, dass bei § 153 StPO das öffentliche Interesse von Anfang an fehlt, während das Strafverfolgungsinteresse bei § 153 a StPO zunächst gegeben ist, jedoch durch Auflage bzw. Weisung kompensiert wird.[30]

3. Prozesstaktische Erwägungen

▶ Versuch der Förderung von Schadenersatzansprüchen

Zu einer Strafanzeige des Patienten kommt es häufig nur aus prozesstaktischen Erwägungen. Durch die Strafanzeige soll das Behandlungsgeschehen für den Patienten kostenlos durch die Staatsanwaltschaft ermittelt werden. Auch ein Druck auf den Arzt zur Erhöhung der Vergleichsbereitschaft wird nicht selten bezweckt. In der Fachliteratur wird von einem solchen Vorgehen zu Recht abgeraten[31]. Gegen das Kostenargument spricht, dass mit dem Verfahren vor der Gutachterkommission bzw. Schlichtungsstelle für den Patienten ebenfalls ein kostenloses Verfahren zur Sachverhaltsermittlung und Beweissicherung zur Verfügung steht. Auch im Zivilverfahren kann der Patient Prozesskostenhilfe beantragen, die in der Praxis fast immer gewährt wird, da eine Bewertung der Erfolgsaussichten in der Regel erst nach Einholung eines gerichtlichen Sachverständigengutachtens möglich ist.

▶ Unerwünschte negative Effekte

Die versuchte Beschleunigung von Vergleichsverhandlungen durch eine Strafanzeige bewirkt häufig eher das Gegenteil. Beim Arzt bzw. seiner Versicherung besteht kaum Vergleichsbereitschaft, so lange noch die Gefahr einer Strafe mit allen berufsrechtlichen und öffentlichkeitswirksamen Konsequenzen droht. Schließlich bedarf es auch für die Einsicht in die Patientenunterlagen nicht der Beschlagnahme derselben durch die Staatsanwaltschaft. Dem Patienten steht nach ständiger Rechtsprechung ein Anspruch auf Einsicht in seine Behandlungsunterlagen zu[32].

▶ Rechtzeitige Kopie aller Behandlungsunterlagen

Wegen der im Strafverfahren drohenden Beschlagnahme aller Behandlungsunterlagen durch die Staatsanwaltschaft nach §§ 94 ff. StPO sollten der Arzt bzw. der Krankenhausträger bereits bei der Androhung einer Strafanzeige durch den Patien-

---

[30] Wever, Fahrlässigkeit und Vertrauen im Rahmen der arbeitsteiligen Medizin, S. 237.
[31] Laufs/Uhlenbruck-Ulsenheimer, § 112 Rn. 17.
[32] BGH, NJW 1983, 328; NJW 1985, 674.

IV. Strafverfahren

ten alle Behandlungsunterlagen kopieren, auf ihre Vollständigkeit hin überprüfen und gegebenenfalls – deutlich gekennzeichnet – vervollständigen. Ohne vollständige Behandlungsunterlagen besteht für den Prozessbevollmächtigten im Ermittlungsverfahren und im evtl. parallel laufenden Zivilverfahren keine Möglichkeit zu einer angemessenen Verteidigung. Auch die Vergabe eines Privatgutachtens muss so scheitern. Das Recht auf Akteneinsicht in die beschlagnahmten Unterlagen stellt keinen vollwertigen Ersatz dar. Nach § 147 Abs. 2 StPO kann das Recht zur Akteneinsicht und Besichtigung der Beweisstücke von der Staatsanwaltschaft bis zum Abschluss des Ermittlungsverfahrens verwehrt werden, wenn eine Gefährdung des Untersuchungszwecks angenommen wird.

Die freiwillige Herausgabe der Beweismittel vermeidet eine Durchsuchung. Eine Stellungnahme sollte im Strafverfahren nur nach Rücksprache mit einem Anwalt abgegeben werden.

Die strafrechtliche Bewertung ärztlichen Handelns soll im Folgenden an je einer

> **Merksätze**
> Merkmale des Arztstrafverfahrens:
> 1. Der Strafrichter entscheidet im Zweifel für den Angeklagten.
> 2. Der Strafrichter prüft neben der objektiven Pflichtverletzung eingehend die persönliche Schuld.
> 3. Staatsanwaltschaft und Gericht haben alle be- und entlastenden Umstände zu ermitteln, sie sind an die Anträge und das Vorbringen der Parteien nicht gebunden.
> 4. Staatsanwaltschaft und Gericht machen extensiv von der Möglichkeit der Einstellung des Verfahrens Gebrauch.

Entscheidung aus dem Bereich der Strahlentherapie und der Zusammenarbeit zwischen Chirurg und Anästhesisten verdeutlicht werden:

Fall 36: Körperverletzung durch Strahlentherapie
BGH, Urteil vom 19.11.1997–3 StR 271/97– NJW 1998, 1802

Sachverhalt
Die beiden Angeklagten Dr. R. und Dr. K. waren Fachärzte für Radiologie und Strahlentherapie und gleichberechtigte Partner in einer Gemeinschaftspraxis. Intern hatten sie eine Arbeitsteilung dahingehend vorgenommen, dass Dr. K. die Strahlentherapie oblag, während Dr. R. in diesem Bereich lediglich Urlaubsvertretungen wahrnahm. Ihre Kenntnisse auf diesem Gebiet hatten die beiden Ärzte bei ihrer Facharztausbildung im Krankenhaus erworben, die über 10 bzw. 15 Jahre zurücklag. Die Fortbildung der beiden Ärzte im Bereich der Strahlentherapie war allenfalls rudimentär. Dr. K. sah keinen Fortbildungsbedarf, da er die Strahlentherapie für unproblematisch hielt. Entsprechendes galt für den Angeklagten Dr. R., der auf diesem Gebiet nur Urlaubsvertretungen wahrnahm.

Die Durchführung der Strahlentherapie in der Praxis entsprach in vielerlei Hinsicht nicht mehr dem Stand der Wissenschaft und den einschlägigen Vorschriften. Die zur größtmöglichen Schonung des gesunden Gewebes entwickelten Methoden wurden unzureichend angewandt:

- Bei der *Mehrfeldertechnik*, bei der der Tumor von mehreren Feldern aus abwechselnd bestrahlt wird, wurde meist der tägliche Wechsel nicht eingehalten, in zahlreichen Fällen sogar die gesamte Bestrahlung nur über eines der Felder vorgenommen.
- Die mit dem vorhandenen Gerät mögliche *Rotationstechnik*, bei der sich der Strahlenkopf bewegt, kam nicht zum Einsatz, weil der für die Strahlentherapie zuständige Dr. K. nicht in der Lage war, die dafür notwendigen Berechnungen anzustellen.
- Die erforderlichen röntgenologischen *Kontrollaufnahmen*, mit denen geprüft wird, ob einerseits der Tumorherd getroffen wird und andererseits wichtige Organe geschont werden, unterblieben bei Bestrahlungen im Brust- und Beckenbereich, weil sie Dr. K. für entbehrlich hielt.
- Die Bestrahlungen erfolgten in zwei Serien mit einer Zwischenpause von 6 bis 8 Wochen; dies war jedoch nach dem Stand der Medizin nicht mehr vertretbar, da die Unterbrechung dem Tumor Zeit gibt, erneut zu wachsen und den Erfolg der Therapie in Frage stellt.
- Die *Dokumentation* der Bestrahlungsbehandlung in den Karteikarten erfolgte unzureichend, was der Urlaubsvertreter Dr. R. mehrfach beanstandet hatte, allerdings ohne eine Änderung zu erreichen. Die Patientenakten wurden sehr unordentlich geführt. Entgegen der Richtlinie Strahlenschutz wurde das Bestrahlungstagebuch von keinem der beiden Ärzte abgezeichnet. Das für das Telekobaltgerät vorgeschriebene Betriebstagebuch fehlte ebenso wie ein Wartungsvertrag. Die nach der Strahlenschutzverordnung und der dafür ergangenen Richtlinie erforderlichen betriebsinternen Prüfungen unterblieben.
- Dr. K. errechnete ursprünglich die erforderlichen Bestrahlungszeiten für das von ihm eingesetzte Telekobaltgerät selbst. Nachdem er erfahren hatte, dass bei Überprüfungen des Gewerbeaufsichtsamtes *Bestrahlungszeittabellen* benötigt würden, ließ er sich solche von einem später ebenfalls angeklagten Medizinphysiker mit Hilfe eines Computerprogramms erstellen, um sie vorweisen zu können, beabsichtigte jedoch ihre Anwendung vorerst nicht. Bei der Erstellung kam es zu einem nicht mehr aufklärbaren Fehler, der die Erhöhung der Werte um den Faktor 2,2 bewirkte. Dies bemerkten weder der Medizinphysiker noch Dr. K., der die Tabellen ungeprüft übernommen und keine Plausibilitätskontrolle vorgenommen hatte. In der Folge kam es in einer Reihe von Fällen zu einer Bestrahlung von Patienten mit mehr als der doppelten der medizinisch indizierten Dosis. Dr. R. führte als Urlaubsvertreter bei fünf Patienten die Behandlung nach den fehlerhaften Plänen von Dr. K. weiter. Die angegebenen Bestrahlungszeiten überprüfte er nicht.
- Dr. K. fertigte über die Bestrahlungskontrollen nachträglich *Protokolle* an. Dabei übernahm er in den meisten Fällen die Bestrahlungszeiten unverändert, vermin-

IV. Strafverfahren

derte in etlichen jedoch die Zeiten um 10 bis 20%, um die angewandte Dosis geringer erscheinen zu lassen.
- Im Jahre 1987 bat Dr. R. bei einer Überprüfung der Röntgenanlage durch das Gewerbeaufsichtsamt während seiner Urlaubsvertretung die Prüfingenieurin um eine *Dosismessung* an der Telekobaltanlage, weil ihm in letzter Zeit außergewöhnliche Hautreaktionen Anlass zu Zweifeln gegeben hatten. Die grobe Messung der Prüfingenieurin ergab, dass die Bestrahlungszeiten in der Tabelle mehr als doppelt so lang waren, als es der Dosisleistung entsprochen hätte. Die Ingenieurin wies Dr. R. darauf hin, dass er die Anlage bis zu einer genauen Messung nicht mehr benutzen dürfe. Dennoch führte Dr. R. an den Folgetagen noch weitere Bestrahlungen mit der bisherigen Überdosis durch.

Wie haben sich Dr. K, Dr. R. und der Medizinphysiker strafbar gemacht?

Lösung

▶ Ergebnisse der Strafverfahren

Dr. K. wurde rechtskräftig wegen fahrlässiger Tötung in vier Fällen und wegen fahrlässiger Körperverletzung in 16 Fällen zu einer Gesamtfreiheitsstrafe von 2 Jahren auf Bewährung verurteilt. Der Medizinphysiker, der die Bestrahlungszeittabellen erstellt hatte, wurde wegen fahrlässiger Tötung in Tateinheit mit fahrlässiger Körperverletzung zu einer Freiheitsstrafe von 8 Monaten, ebenfalls ausgesetzt zur Bewährung, verurteilt. Dr. R. wurde vom Landgericht wegen fahrlässiger Körperverletzung in 5 Fällen zu einer Gesamtgeldstrafe von 200 Tagessätzen verurteilt. Hiergegen legte der Angeklagte Dr. R. Revision ein. Das Rechtsmittel hatte keinen Erfolg. Die folgenden Ausführungen des BGH beziehen sich ausschließlich auf das strafrechtliche Verhalten des Urlaubsvertreters Dr. R:

▶ Tatbestand der Körperverletzung

Die Strahlentherapie verwirklichte den objektiven Tatbestand der Körperverletzung nach §§ 223 Abs. 1, 229 StGB selbst in den Fällen, in denen keine manifesten Schäden als Folge der zu hohen Strahlendosis festgestellt werden konnten. Nach ständiger Rechtsprechung des BGH ist ein Eingriff in die körperliche Unversehrtheit auch dann als Körperverletzung zu bewerten, wenn er durch einen Arzt in heilender Absicht erfolgt. Die Heilmaßnahme kann im Regelfall nur durch eine wirksame Einwilligung des Patienten gerechtfertigt werden[33]. Die Behandlung mit Gammastrahlen in einer zur Tumorvernichtung ausreichenden Dosis, auch wenn sie medizinisch indiziert und lege artis ausgeführt wird, bewirkt einen Eingriff in die körperliche Unversehrtheit des Patienten. Selbst wenn zur größtmöglichen Schonung des gesunden Gewebes entwickelte Techniken (z. B. Mehrfeldertechnik) eingesetzt

---
[33] BGHSt 11, 112; BGH, NJW 1972, 336.

werden, ist die Strahlentherapie regelmäßig mit Nebenwirkungen verbunden, wie z. B. Rötungen der Haut, Übelkeit und Erbrechen. Bei ordnungsgemäßer Dosierung klingen diese allerdings in der Regel alsbald wieder ab.

▶ Fahrlässigkeitsvorwurf

Das Verhalten von Dr. R. war auch fahrlässig i. S. d. §§ 229, 15 StGB. Soweit der Angeklagte in einigen Fällen die Bestrahlungen mit Überdosen auch dann noch fortsetzte, nachdem er von der Prüfingenieurin auf das alarmierende Messergebnis und die Notwendigkeit einer endgültigen Messung hingewiesen worden war, liegt Fahrlässigkeit auf der Hand. Hinsichtlich der vorangegangenen Bestrahlungen ist Dr. R. ein Fahrlässigkeitsvorwurf deshalb zu machen, weil er die Bestrahlungszeiten aus dem von seinem Kollegen Dr. K aufgestellten Behandlungsplan ungeprüft übernommen und nicht einmal eine stichprobenartige Plausibilitätsprüfung vorgenommen hatte, obgleich ausreichende Anhaltspunkte für ernste Zweifel an der Richtigkeit des Plans für ihn erkennbar gegeben waren.

▶ Keine Berufung auf Vertrauensgrundsatz

Bei den ihm bekannten Verhältnissen in der Praxis konnte sich der Angeklagte nicht auf den Vertrauensgrundsatz berufen. Dieser ist zwar in der Rechtsprechung auch für den Fall der Zusammenarbeit von Ärzten der gleichen Fachrichtung bei der sogenannten horizontalen Arbeitsteilung grundsätzlich anerkannt. Jedoch gilt dieser Grundsatz nur, so lange keine ernsthaften Zweifel an der Ordnungsgemäßheit der Vorarbeiten des Kollegen erkennbar sind. Hier war jedoch die Tätigkeit des Kollegen für den Angeklagten erkennbar von zahlreichen Nachlässigkeiten gekennzeichnet. Bei der Fülle und Schwere der Anhaltspunkte hätte der Angeklagte nicht auf die Richtigkeit der von dem Kollegen angegebenen Bestrahlungszeiten vertrauen dürfen. Die Anforderungen an die Geltung des Vertrauensschutzes sind umso höher, je größer das Risiko eines Behandlungsfehlers und die daraus resultierende Gefährdung des Patienten sind[34].

▶ Keine Rechtfertigung mangels wirksamer Einwilligung

Unter diesen Umständen lag auch keine wirksame, rechtfertigende Einwilligung der Patienten für die Eingriffe vor. Die Einwilligung bezog sich schon wegen Fehlens einer weitergehenden Aufklärung nur auf eine lege artis, d. h. nach dem Stand der medizinischen Wissenschaft durchgeführten Heilbehandlung. Dass dies bei einer Bestrahlung mit fehlerhaft ermittelten Überdosen von mehr als dem Doppelten nicht der Fall ist, bedarf nach Auffassung des BGH keiner näheren Darlegung.

---

[34] Ulsenheimer, Rn. 160.

▶ Schuldvorwurf

Schließlich handelte der Urlaubsvertreter Dr. R. auch schuldhaft. Dabei berücksichtigte der BGH auch den Umstand, dass Dr. R. seiner Pflicht, sich in dem Umfang fortzubilden, wie es zur Erhaltung und Entwicklung der zu seiner Berufsausübung erforderlichen Fachkenntnisse notwendig gewesen wäre[35], nicht nachgekommen war. Auch derjenige handelt schuldhaft, der eine Tätigkeit vornimmt, obwohl er weiß, oder erkennen kann, dass ihm die dafür erforderlichen Kenntnisse fehlen. Das Verschulden kann dabei sowohl in der Übernahme einer die Fähigkeit des Handelnden übersteigenden Tätigkeit als auch in ihrer Fortführung liegen.

Fall 37: Ungeklärte Zuständigkeitsverteilung von Chirurg und Anästhesist
BGH, Urteil vom 16.10.1979 – 1 StR 360/79 – NJW 1980, 650

Sachverhalt
Im Jahre 1976 wurde der 38-jährigen Patientin in einer fast 7 h dauernden Operation eine Fettmenge von etwa 10 kg im Bereich von Hüften, Oberschenkeln, Gesäß und Bauch entfernt. Angeklagt wurden der operierende Chirurg und die beteiligte Anästhesistin. Nach der Operation wurde die ansprechbare Patientin auf die Intensivstation der Privatklinik verbracht, auf welcher ein Assistenzarzt und eine Krankenschwester den Nachtdienst versahen. Anordnungen für die postoperative Nachversorgung der Patientin gab der Chirurg nicht. Die Anästhesistin hatte auf dem Anästhesiejournal folgendes vermerkt: „Bitte sofort Dauerkatheter, Ausfuhr kontrollieren, Kreislauf! Für extreme Notfälle ist unbefundetes Blut da (ohne Luestest und Transaminasen) nur bei vitaler Indikation geben! Morgen Hb + HK + Elektrolyte. Evtl. Blutgabe. Bitte genau aufschreiben, wie viel Blut aus den Drainagen gekommen ist!"

Im Laufe der Nacht setzten bei der frisch operierten Patientin Nachblutungen ein, die einen Blutverlust von mindestens 1.710 ccm bewirkten, der vom Nachtdienstpersonal nicht ausgeglichen wurde. Am nächsten Tag verstarb die Patientin mittags nach einem erfolglos durchgeführten Rettungsversuch infolge Herz-Kreislauf-Versagens.

Das Landgericht stellte nicht fest, wie im Allgemeinen und im hier vorliegenden Fall die Verantwortlichkeit zwischen Chirurg und Anästhesistin in der postoperativen Phase verteilt war und ob die angeklagte Anästhesistin hiernach verpflichtet war, weitergehende Aufklärungen und Anordnungen für die postoperative Versorgung zu geben. Es wurde lediglich festgestellt, dass die Anästhesistin ihre schriftlichen Anweisungen auf dem Anästhesiejournal unabhängig von dem Chirurgen und aus eigenem Antrieb gegeben hatte. Ob dem konkreten Fall allgemein getroffene Vereinbarungen zwischen den beiden Angeklagten oder Anordnungen des Krankenhauses über die Zuständigkeitsverteilung vorangegangen waren, wurde nicht festgestellt.

---
[35] Vgl. § 4 Abs. 1 MBO-Ärzte.

Lösung

▶ Verurteilung vom BGH aufgehoben

In erster Instanz war die Strafkammer des Landgerichts zuständig. Das LG verurteilte beide Angeklagten wegen fahrlässiger Tötung zu Geldstrafen. Es lastete ihnen an, dass sie das Personal der Intensivstation nicht über die Operationsumstände und die akute Gefahr von Nachblutungen aufgeklärt hätten. Anordnungen für die Versorgung der Patientin seien entweder überhaupt nicht oder unzureichend gegeben worden. Nach Auffassung des Landgerichts lag die Pflichtverletzung der angeklagten Anästhesistin darin, dass sie ihrer Nachsorgepflicht nicht ausreichend nachgekommen war: Sie hätte den diensthabenden Arzt der Intensivstation aufklären und anweisen müssen, insbesondere hätte sie ihn über die besonderen Operationsumstände und die akute Gefahrenlage durch Nachblutungen unterrichten müssen. Spezielle Anordnungen seien in besonderen Fällen üblich gewesen, die Angeklagte habe durch ihre – allerdings unzureichenden – Hinweise im Anästhesiejournal gezeigt, dass sie sich verantwortlich gefühlt habe. Der BGH hat die Entscheidung des Landgerichtes aufgehoben, da die unzureichenden Feststellungen zu Absprachen über die Zuständigkeitsverteilung den Schuldspruch nicht tragen würden.

▶ Anordnungen zur horizontalen Arbeitsteilung zwischen Chirurg und Anästhesist

Der BGH vermisste Feststellungen dazu, wie im allgemeinen und im vorliegenden Fall die Verantwortlichkeit zwischen Chirurg und Anästhesist in der postoperativen Phase verteilt war und ob die angeklagte Anästhesistin hiernach verpflichtet war, die vom Landgericht geforderten Aufklärungen und Anordnungen für die postoperative Versorgung zu geben. Unter Berufung auf juristische und medizinische Fachliteratur stellte der BGH fest, dass es zweifelhaft sein könne, ob in der postoperativen Phase der Anästhesist den Patienten lediglich bis zum Erwachen aus der Narkose oder darüber hinaus bis zur vollen Aufhebung der Betäubungswirkungen betreuen müsse. Es bedürfe für einen Grenzbereich einer konkreten Verteilung von Zuständigkeiten, um Überschneidungen und Lücken in der ärztlichen Betreuung zu vermeiden.

▶ Verteilung von Zuständigkeiten auf verschiedenen Ebenen

Diese Verteilung von Zuständigkeiten könne auf verschiedenen Ebenen erfolgen: In Ausnahmefällen könne aufgrund besonderer Vereinbarungen zwischen Chirurg und Anästhesist auf die Bedürfnisse des Einzelfalles zur konkreten Zuständigkeitsverteilung eingegangen werden. Ansonsten gelte in jedem Krankenhaus eine Zuständigkeitsverteilung, die sich aus der täglichen Zusammenarbeit zwischen Chirurg und Anästhesist bilde. Eine allgemeine Vereinbarung der Zuständigkeit von Operateur und Anästhesist werde auch in der Fachliteratur für Fälle der Kompetenzüberschneidung empfohlen. Als Auffangregel solle im Falle eines positiven Kompetenzkonfliktes dem Operateur der Vortritt gelassen werden.

▶ Strafrechtliche Verantwortung abhängig von Kompetenzregelungen

Im streitentscheidenden Fall war die Patientin nach Beendigung der Operation auf die Intensivstation gebracht worden. Dort war sie ansprechbar und befand sich in einem der Dauer der Operation entsprechenden Zustand. Nach Auffassung des BGH legte das die Annahme nahe, dass die Wirkungen der Betäubung aufgehört hatten und damit die Verantwortlichkeit der Anästhesistin ihr Ende gefunden hatte. Komplikationen, die sich aus der Operation selbst ergaben (wie Nachblutungen), mochten also in die Verantwortung des Chirurgen fallen. Der BGH, der als Rechtsmittelgericht selbst keine Sachverhaltsaufklärung vornehmen kann, sah sich aufgrund der lückenhaften Feststellungen des Landgerichts nicht dazu in der Lage, auf eine strafrechtliche Verantwortung beider Angeklagten zu erkennen. Es sei möglich, dass nicht beide Angeklagten für die postoperative Sorge verantwortlich waren, sondern entweder allein nur der Operateur (wegen der Gefahr negativer – hier eingetretener – Operationsfolgen) oder allein die Anästhesistin (aufgrund von Vereinbarungen oder Anordnungen).

> **Checkliste**
> Hierarchie der Regelungen zur Kompetenzverteilung zwischen Chirurg und Anästhesist
> 1. Vereinbarung zwischen Chirurg und Anästhesist im Einzelfall ✓
> 2. Allgemeine Zuständigkeitsverteilung im jeweiligen Krankenhaus ✓
> 3. Vermutung der Kompetenz des Anästhesisten für Nachuntersuchungen und -Behandlungen im Zusammenhang mit dem Betäubungsverfahren ✓
> 4. Verantwortung des Chirurgen bei positiven Kompetenzkonflikten als Auffangregel ✓

V. Sonstige berufsspezifische Verfahren

1. Allgemeines

▶ Verbot der Doppelbestrafung

Neben der zivilrechtlichen Haftung und strafrechtlichen Sanktion kann ärztliches Fehlverhalten auch dazu führen, dass sich der Arzt gegenüber der Ärztekammer, der Kassenärztlichen Vereinigung, der Zulassungsbehörde oder seinem Dienstvorgesetzten verantworten muss. Grundsätzlich stellt sich dabei immer das Problem, ob berufsrechtliche Sanktionen zusätzlich zu einer strafrechtlichen Verurteilung überhaupt zulässig sind. Das Verbot der Doppelbestrafung („ne bis in idem") ist in Art. 103 Abs. 3 GG verfassungsrechtlich abgesichert. Danach darf niemand wegen derselben Tat aufgrund der allgemeinen Strafgesetze mehrmals bestraft werden.

▶ Unterschiedlicher Strafzweck von StGB und Berufsrecht

Schon aus dem Wortlaut ergibt sich, dass das Verbot der Doppelbestrafung unmittelbar nur für Straftaten nach dem Kriminalstrafrecht gilt. Der Grundsatz „ne bis in idem" kann für das Disziplinar- und Berufsstrafrecht nur aus dem Rechtsstaatgebot und Verhältnismäßigkeitsgrundsatz abgeleitet werden. Art. 103 Abs. 3 GG gilt auch nicht im Verhältnis von Kriminalstrafrecht einerseits und Disziplinar- und Berufsstrafrecht andererseits[36]. Eine mehrfache Bestrafung ist wegen der unterschiedlichen Zweckbestimmung der Sanktionsvorschriften gerechtfertigt. Das allgemeine Strafrecht hat repressiven Charakter, während Sanktionen nach dem Berufsrecht für die Zukunft eine Schädigung der Gesundheitsversorgung und des Ansehens der Berufsgruppe verhindern sollen. Außerdem richtet sich das strafrechtliche Delikt gegen ein für alle gewährleistetes Rechtsgut und stört damit den allgemeinen Rechtsfrieden. Demgegenüber bezieht sich die Disziplinarmaßnahme auf den besonderen Rechts- und Pflichtenstatus der Angehörigen eines bestimmten Berufsstandes[37].

▶ Berufsrechtlicher Überhang

Gleichwohl ist es nach dem Verhältnismäßigkeitsgrundsatz geboten, dass die Berufs- und Disziplinargerichte zusätzlich zu einem Strafurteil nur dann eine Sanktion verhängen dürfen, wenn ein besonderer sog. berufsrechtlicher Überhang besteht. Wenn eine Handlung sowohl ein Strafgesetz als auch die Berufspflichten verletzt, so kann es notwendig sein, über die in der Strafe liegende allgemeine Missbilligung der Verletzung des Rechtsgutes hinaus die besondere Missbilligung wegen der Verletzung der Berufspflicht zum Ausdruck zu bringen und mit dieser Reaktion einer Minderung des Ansehens der Ärzteschaft entgegenzuwirken. Ob der besondere Grund und Zweck der Berufsgerichtsbarkeit durch eine strafrechtliche Verurteilung etwa schon erfüllt wurde, ist Frage des Einzelfalles. Es obliegt den berufsständischen Organen, bei vorangegangenem Strafverfahren zu prüfen, ob eine Disziplinarmaßnahme zusätzlich notwendig ist[38].

▶ Verhältnismäßigkeitsprinzip als Grenze möglicher Sanktionen

Aus dem Verhältnismäßigkeitsgrundsatz folgen Grenzen für das Nebeneinander von Kriminalstrafrecht und Disziplinar- bzw. Berufsstrafrecht auch bei der Höhe der Strafzumessung. Ist nach dem Disziplinarrecht bereits eine Freiheitsstrafe (militärischer Arrest) verhängt worden und wird auch vom Strafgericht auf eine Freiheitsstrafe erkannt, so muss auf die jeweils spätere Freiheitsstrafe die frühere angerechnet werden[39]. Bei weniger einschneidenden Sanktionen ist eine Addition der

---

[36] BVerfGE 66, 356 f.
[37] BVerfGE 32, 48.
[38] BVerfGE 27, 180.
[39] BVerfGE 21, 388.

Strafen möglich. So schließt die Verhängung einer Geldstrafe im Strafverfahren nicht eine zusätzliche berufsrechtliche Geldbuße aus, wenn diese unter einem anderen Aspekt gerechtfertigt ist[40].

2. Berufsrechtliches Verfahren

▶ Grundlagen der Berufspflichten

Die Kammergesetze bzw. Heilberufsgesetze der Bundesländer sehen berufsgerichtliche Verfahren für Kammerangehörige vor, die ihre Berufspflichten verletzen (z. B. §§ 59 ff. HeilBerG NW). Die Berufspflichten sind in den Landesgesetzen nur rudimentär geregelt. So heißt es in § 29 Abs. 1 HeilBerG NW, dass die Kammerangehörigen verpflichtet sind, ihren Beruf gewissenhaft auszuüben und den ihnen im Zusammenhang mit dem Beruf entgegengebrachten Vertrauen zu entsprechen. Zur näheren Ausgestaltung der Berufspflichten wird auf die zu erlassenden Berufsordnungen verwiesen (z. B. § 32 HeilBerG NW). Die Musterberufsordnung für Ärzte (MBO-Ä 1997)[41] und die von den Ärztekammern erlassenen Berufsordnungen enthalten Regelungen u. a. zu Aufklärungs-, Schweige-, Dokumentations- und Weiterbildungspflichten der Ärzte. § 11 Abs. 1 MBO-Ä verpflichtet den Arzt bei Übernahme der Behandlung gegenüber dem Patienten zur gewissenhaften Versorgung mit geeigneten Untersuchungs- und Behandlungsmethoden. Der gesamte Teil B der MBO-Ä führt die wichtigsten Grundsätze ärztlicher Berufsausübung auf.

▶ Aufbau der Berufsgerichte

Über die Verletzung von Berufspflichten befinden die Berufsgerichte in erster und die Landesberufsgerichte in zweiter Instanz. In Nordrhein-Westfalen z. B. sind für die Landesteile Nordrhein und Westfalen-Lippe je ein Berufsgericht bei den Verwaltungsgerichten Köln und Münster eingerichtet, das Landesberufsgericht als Rechtsmittelinstanz befindet sich beim Oberverwaltungsgericht in Münster (§ 61 Abs. 2 HeilBerG NW). Die Berufsgerichte sind mit einem Berufsrichter als Vorsitzenden und zwei Berufsangehörigen aus dem Beruf des Beschuldigten als Beisitzer zusammengesetzt (§ 62 Abs.1 HeilBerG NW), im Landesberufsgericht in Nordrhein-Westfalen sitzen drei Berufsrichter einschließlich des Vorsitzenden und zwei Ärzte als Beisitzer (z. B. § 62 Abs. 2 HeilBerG NW). In den meisten anderen Bundesländern bestehen ähnliche Strukturen. Unterschiede bestehen in manchen Bundesländern bei der personellen Zusammensetzung der Berufsgerichte sowie bei ihrer Zuordnung zu einer bestimmten Gerichtsbarkeit. So gibt es Berufsgerichte bei der ordentlichen Gerichtsbarkeit, so in Bayern und Sachsen, bei den Dienststrafkammern für Beamte, so in Schleswig-Holstein, oder als selbständige Einheit bei den Ärztekammern in Baden-Württemberg, Niedersachsen und Saarland[42].

---

[40] BVerfGE 27, 192 ff.

[41] im Internet abrufbar unter: http://www.bundesaerztekammer.de

[42] Laufs/Uhlenbruck-Laufs, § 14 Rn. 15 ff.

▶ Sanktionenkatalog

Berufsgerichtliche Maßnahmen können sich von der Warnung, dem Verweis über die Geldbuße (in Nordrhein-Westfalen bis zu 50.000,00 €) bis hin zu der Feststellung der Berufsunwürdigkeit des Beschuldigten erstrecken (vgl. § 60 Abs. 1 HeilBerG NW).

In diesem Zusammenhang ist allerdings auch das Verhältnis zum strafgerichtlichen Verfahren zu beachten: Bereits das Strafgericht kann nach § 70 Abs. 1 S. 1 StGB ein Berufsverbot für die Dauer eines Jahres bis zu fünf Jahren verhängen. Voraussetzung ist, dass der Arzt unter Missbrauch seines Berufes oder grober Pflichtverletzung die Tat begangen hat und die Gefahr besteht, dass er bei weiterer Ausübung seines Berufes erhebliche rechtswidrige Taten der bezeichneten Art begehen wird.[43] Auch ein darüber hinausgehendes Berufsverbot ist zulässig, wenn zu erwarten ist, dass die Höchstfrist von fünf Jahren zur Abwehr der drohenden Gefahr nicht ausreicht.[44]

▶ Subsidiarität des berufsrechtlichen Verfahrens

Der Vorrang des Strafverfahrens und auch des Disziplinarverfahrens ist in manchen Heilberufegesetzen ausdrücklich vorgesehen. Nach § 76 Abs. 1 HeilBerG NW ist ein berufsgerichtliches Verfahren auszusetzen, wenn vor oder nach seiner Eröffnung die öffentliche Klage im strafrechtlichen Verfahren wegen desselben Sachverhaltes gegen den Beschuldigten erhoben wird. Wird der Beschuldigte im strafgerichtlichen Verfahren freigesprochen, so kommt eine berufsgerichtliche Verurteilung nur in Betracht, wenn ein Berufsvergehen über den Tatbestand eines Strafgesetzes hinaus verwirklicht wurde (z. B. § 76 Abs. 2 HeilBerG NW). Diese Regelung des Vorranges des Strafverfahrens stellt damit eine spezialgesetzliche Konkretisierung der verfassungsrechtlichen Forderung nach einem berufsrechtlichen Überhang des ärztlichen Fehlverhaltens dar.

▶ Beispielfall zum berufsrechtlichen Überhang

Ein solcher berufsrechtlicher Überhang dürfte bei den im Arzthaftungsprozess typischerweise zur Diskussion stehenden Strafrechtsdelikten wie fahrlässiger Körperverletzung und fahrlässiger Tötung seltener anzunehmen sein als zum Beispiel bei einem Betrug zum Nachteil des Patienten[45]. Der Behandlungsfehler stellt für sich noch keine berufsrechtliche Pflichtverletzung dar[46], erforderlich ist ein hochgradiges Fehlverhalten des Arztes.[47] Wenn aber – wie im Fall 37 der Körperverletzung

---

[43] So z. B. Entwendung von Opiaten durch einen Anästhesisten und Konsum während des Dienstes, LG Frankfurt, NStZ-RR 2001, 16.
[44] LG Essen, Urteil vom 30.7.2003–23 KLs 8/02 –.
[45] VGH Kassel, NJW 1986, 2390 (2391).
[46] OVG Nordrhein-Westfalen, MedR 1991, 156.
[47] Zu Einzelfällen vgl. Luyken, Pottschmidt u. a., Sammlung von Entscheidungen der Berufsgerichte für die Heilberufe.

durch Strahlentherapie – die Straftat durch kontinuierliche Verletzung der Fortbildungspflicht, nahezu unverständliche schlampige Praxisführung und jahrelange Verletzung von Sicherheitsvorschriften ermöglicht wird, ist im Anschluss an das Strafverfahren ein berufsgerichtliches Verfahren geboten.

So ist beispielsweise auch eine Anästhesistin, die bei einer Schönheitsoperation ohne vorherige Aufklärung die Anästhesie durchführte, nach dem hypoxischen Hirnschaden und Tod der Patientin einerseits vom Strafgericht zu einer Freiheitsstrafe von 12 Monaten auf Bewährung verurteilt worden. Andererseits verhängte das Berufsgericht zusätzlich eine Geldbuße in Höhe von 4.000 € mit der Begründung, die strafbare Handlung der Beschuldigten treffe den Kernbereich ihrer Berufstätigkeit.[48]

▶ Kritik am möglichen Urteilstenor

Bemerkenswert ist der mögliche Urteilstenor für den Fall eines berufsrechtlichen Freispruchs. Nach § 92 Abs. 2 HeilBerG NW kann das Berufsgericht entscheiden, dass eine Verletzung der Berufspflichten entweder nicht vorliegt oder „nicht erwiesen ist". Letztere Formulierung erinnert an den „Freispruch mangels an Beweisen", der im Volksmund auch „Freispruch zweiter Klasse" genannt wurde. Im Strafprozess gibt es diese Urteilsformel nicht mehr. Nach § 267 Abs. 1 und 5 StPO wird der Angeklagte entweder verurteilt oder freigesprochen. Ein Zusatz zum Freispruch würde gegen die Unschuldsvermutung nach Art. 6 Abs. 2 MRK verstoßen und wäre daher unzulässig[49]. Da die Vorschriften der Strafprozessordnung im berufsgerichtlichen Verfahren zumindest sinngemäß Anwendung finden (z. B. § 112 Satz 1 HeilBerG NW), ist der in § 92 Abs. 2 b HeilBerG NW vorgesehene Urteilsausspruch verfassungsrechtlich durchaus bedenklich.

▶ Rechtsmittel

Gegen die zweitinstanzliche Entscheidung der Landesberufsgerichte stehen keine Rechtsmittel mehr zur Verfügung. Der Rechtsweg zu den Verwaltungsgerichten ist nicht eröffnet[50].

3. Widerruf der Approbation

▶ Rechtliche Grundlagen des Widerrufs der Approbation

Die schwerwiegendste berufsrechtliche Maßnahme ist der Widerruf der Approbation durch die Approbationsbehörde. Nach § 5 Abs. 2 Satz 1 i. V. m. § 3 Abs. 1 Satz 1 Nr. 2 Bundesärzteordnung ist die Approbation zu widerrufen, wenn sich der Arzt

---

[48] Berufsgericht für die Heilberufe beim OLG München, Urt. v. 23.12.2003– BG-Ä 29/03 -, Deutsches Ärzteblatt 2004, B 1590.
[49] Meyer-Goßner, § 260 Rn. 17.
[50] Laufs/Uhlenbruck-Laufs, § 14 Rn. 21.

nach Erteilung der Approbation eines Verhaltens schuldig gemacht hat, aus dem sich seine Unwürdigkeit und Unzuverlässigkeit zur Ausübung des ärztlichen Berufes ergibt. Nach § 3 Abs. 5 Bundesärzteordnung kann die Erteilung der Approbation ausgesetzt werden, wenn gegen den antragstellenden Arzt ein Strafverfahren wegen des Verdachtes einer Straftat eingeleitet worden ist, aus der sich eine Unwürdigkeit oder Unzuverlässigkeit zur Ausübung des ärztlichen Berufes ergeben kann. Indirekt ergibt sich aus dieser Vorschrift, dass eine Verurteilung wegen einer entsprechenden Straftat auch zum Widerruf der Approbation berechtigen kann.

▶ Generalklauseln „Unwürdigkeit" und „Unzuverlässigkeit"

Unwürdigkeit und Unzuverlässigkeit des Arztes sind ein zwingender Widerrufsgrund. Die Tatbestandsmerkmale „Unwürdigkeit" und „Unzuverlässigkeit" stellen unbestimmte Rechtsbegriffe dar. Von der Rechtsprechung ist jedoch anerkannt, dass Berufspflichten nicht in einzelnen Tatbeständen erschöpfend umschrieben werden können, sondern in Generalklauseln zusammengefasst sind. Solche Generalklauseln sind auch gegenüber dem Verfassungsgebot des Art. 103 Abs. 2 GG, wonach die Strafbarkeit einer Tat im Zeitpunkt ihrer Begehung gesetzlich bestimmt sein muss („nulla poena sine lege"), als Grundlage für eine berufsgerichtliche Bestrafung ausreichend[51]. Unwürdigkeit zur Ausübung des ärztlichen Berufes ist dann anzunehmen, wenn der Arzt durch sein Verhalten nicht mehr das zur Ausübung des ärztlichen Berufes erforderliche Ansehen und Vertrauen besitzt[52]. Unzuverlässigkeit ist dann anzunehmen, wenn nach einer Prognoseentscheidung der Betroffene in Zukunft seine beruflichen Pflichten nicht erfüllen wird[53].

▶ Verhältnis zum strafrechtlichen Verfahren

An die Entscheidung eines Strafgerichtes ist die Approbationsbehörde nur unter bestimmten Umständen gebunden. Der Entzug einer Approbation auf administrativem Wege aufgrund von Rechtsvorschriften, die disziplinarrechtliche Züge tragen, ist wegen des verfassungsrechtlichen Grundsatzes der Doppelbestrafung dann verboten, wenn das Strafgericht die Verfehlungen bei der Frage des Verbots der Berufsausübung bereits umfassend auch von der berufsrechtlichen Seite gewürdigt hat, so dass kein disziplinar- bzw. berufsrechtlicher Überhang mehr besteht[54]. Dies gilt aber nur für solche Fälle, in denen das Strafgericht überhaupt die Möglichkeit hatte, ein Berufsverbot in Betracht zu ziehen. Hierzu müssen die tatbestandsmäßigen Voraussetzungen für die strafgerichtliche Anordnung eines Berufsverbots gegeben sein, § 70 Abs. 1 S. 1 StGB. Andernfalls fehlt es an der Identität der Prüfungsgegenstände des Strafgerichts und der zuständigen Verwaltungsbehörde. Hat das Strafgericht also die berufsrechtliche Relevanz der strafrechtlich zu ahndenden Ver-

---

[51] BVerfGE 33, 164.
[52] BVerfGE 31, 314.
[53] Laufs/Uhlenbruck-Ulsenheimer, § 151 Rn. 59 ff.
[54] Quaas/Zuck, § 12, Rn. 97.

fehlungen nicht auch unter dem Gesichtspunkt der Unwürdigkeit zur Ausübung des ärztlichen Berufes geprüft, so ist der Widerruf der ärztlichen Approbation unabhängig vom Strafurteil[55]. Ansonsten verbleibt es bei dem Grundsatz, dass ein richterliches Berufsverbot unabhängig vom Berufsverbot durch die Verwaltungsbehörden nach anderen Vorschriften ist[56].

▶ Verhältnis zwischen berufsgerichtlich festgestellter Berufsunwürdigkeit und Widerruf durch Approbationsbehörde

Sofern ein Berufsgericht die Berufsunwürdigkeit des Arztes festgestellt hat (z. B. § 60 Abs. 1 e HeilBerG NW), so ist eine gesetzliche Bindung der Approbationsbehörde an diese Entscheidung nicht ausdrücklich vorgesehen. Andererseits käme der Feststellung der Berufsunwürdigkeit durch das Berufsgericht kein eigener Regelungsgehalt zu, wenn diese nicht den Widerruf der Approbation nach sich ziehen würde. Für eine Verknüpfung beider Entscheidungen spricht schon die Verwendung der gleichen Terminologie. Außerdem überprüft das Berufsgericht das Verhalten des Arztes gerade im Hinblick auf die Verletzung von Berufspflichten, so dass eine Identität des Prüfungsgegenstandes mit dem Verfahren zum Widerruf der Approbation stets zu bejahen sein wird und voneinander abweichende Entscheidungen allenfalls theoretisch denkbar sind.

▶ Rechtsmittel

Der Widerruf der Approbation stellt einen Verwaltungsakt dar, gegen den der Verwaltungsrechtsweg eröffnet ist.

4. Beamtenrechtliches Disziplinarverfahren

▶ Grundlagen der beamtenrechtlichen Dienstpflichten

Die beamteten Ärzte sind ebenfalls Pflichtmitglieder der Ärztekammern. Als solche unterliegen sie grundsätzlich denselben Berufspflichten und derselben Berufsgerichtsbarkeit wie ihre nicht beamteten Kollegen. Im Einzelnen ist das Verhältnis zwischen berufsgerichtlichem Prozess und beamtenrechtlichem Disziplinarverfahren landesrechtlich geregelt. In Nordrhein-Westfalen unterliegen beamtete Kammerangehörige nicht der Berufsgerichtsbarkeit, soweit sie ihre Beamtenpflichten verletzt haben (§ 59 Abs. 2 HeilBerG NW). Die Entscheidung in einem Disziplinarverfahren hat vor der berufsgerichtlichen Entscheidung Vorrang und ist für diese bindend, sofern kein berufsrechtlicher Überhang besteht (§ 76 Abs. 4 HeilBerG NW). Die Dienstpflichten für Beamte ergeben sich aus den jeweiligen Bundes- und Landesgesetzen zum Beamtenrecht.

---

[55] VGH Kassel, NJW 1986, 2391.
[56] BGH, NJW 1975, 1712.

5. Entziehung der Vertragsarztzulassung

▶ Voraussetzungen der Entziehung der Vertragsarztzulassung

Nach § 95 Abs. 6 SGB V i. V. m. der Zulassungsverordnung für Vertragsärzte (§ 27 Ärzte-ZV) ist die Zulassung zur Teilnahme an der vertragsärztlichen Versorgung u. a. dann zu entziehen, wenn der Vertragsarzt seine vertragsärztlichen Pflichten gröblich verletzt hat. Zuständig ist der Zulassungsausschuss der jeweiligen Kassenärztlichen Vereinigung, der von Amts wegen über die Entziehung der Zulassung zu beschließen hat. Nach § 95 Abs. 6 SGB V ist die Zulassung zu entziehen, wenn die entsprechenden Voraussetzungen vorliegen; dem Zulassungsausschuss steht dann kein Ermessen mehr zur Verfügung. Wie § 95 Abs. 6 SGB V ebenfalls klarstellt, muss der Vertragsarzt gegen seine vertragsärztlichen Pflichten verstoßen haben. Zusätzlich zu einem berufsgerichtlichen Verfahren findet ein kassenärztliches Disziplinarverfahren daher nur dann statt, wenn ein kassenarztrechtlicher Überhang besteht[57].

Unabhängig von der Zulassungsentziehung können die Kassenärztlichen Vereinigungen aber auch satzungsgemäß Disziplinarmaßnahmen wie Verwarnung, Verweis, Geldbuße bis zu 10.000 € und Ruhen der Zulassung bis zu 2 Jahren verhängen, § 81 Abs. 5 SGB V.

---

[57] Laufs/Uhlenbruck-Laufs, § 14 Rn. 28.

Risk-Management und Qualitätssicherung 9

I. Qualitätsmanagement

1. Ausgangslage

▶ „Haftungsexplosion" im Heilwesen?

Die dem Leser dieses Studienbuches in allen bisherigen Kapiteln deutlich gewordene Vielfalt der Haftungsgefahren und die exponierte Stellung nicht nur des jeweils behandelnden Arztes, sondern auch des Krankenhausträgers ist ein viel beklagtes Problem, dem man nicht genügend Aufmerksamkeit schenken kann. Die „Haftungsexplosion" im Heilwesenbereich hat in der Ärzteschaft tiefe Sorge und Beunruhigung ausgelöst und die Versicherbarkeit ärztlicher Tätigkeit in Frage gestellt[1]. Trotz aller Ansätze, die Qualität in den Kliniken zu stabilisieren und zu steigern, werden immer mehr Ärzte und Krankenhäuser wegen Behandlungsfehlern in Anspruch genommen, die sich bei genauer Betrachtung als vermeidbar herausstellen. Auch wenn keineswegs jede Anspruchsanmeldung tatsächlich einen Behandlungsfehler (im weiteren Sinne) bestätigt, zeichnet die Betrachtung der Entwicklung der Anspruchsanmeldungen ein für die Leistungserbringer alarmierendes Bild. So hat sich die Zahl von Anfragen bei den ärztlichen Schlichtungsstellen und Gutachterkommissionen in Deutschland in 20 Jahren von 2.258 im Jahr 1981 auf 10.887 im Jahr 2002 erhöht[2]. Das Aktionsbündnis Patientensicherheit versucht, sich statistisch dem Thema der Häufigkeit von unerwünschten Ereignissen und vermeidbaren unerwünschten Ereignissen, also Schäden, zu nähern. Hierbei werden verschiedene Studien in der Form einer Makrountersuchung analysiert. In der Agenda Patientensicherheit 2006 wurde als Ergebnis festgehalten, dass 5–10 % der Krankenhauspatienten ein sogenanntes unerwünschtes Ereignis erleiden würden, 2–4 % ein vermeidbares unerwünschtes Ereignis und 1 % durch einen Behandlungsfehler

---

[1] Ulsenheimer, in: Madea/Dettmeyer, S. 183.

[2] Protokoll Arbeitskreis Ärzte und Juristen, Tagung 28.–29.11.2003.

geschädigt würden. Bei jährlich etwa 17 Mio. Krankenhauspatienten bedeute dies eine behandlungsfehlerhafte Schädigung von 170.000 Patienten.

▶ Bettenzahlen sinken

Bei den Schäden, die Eingang in die Statistiken gefunden haben, handelt es sich nicht nur um Schäden, die ihre Ursachen allein im ärztlichen und medizintechnischen Bereich haben. Eingang in die Schadensstatistik haben auch Schäden gefunden, die der Krankenhausträger, die Verwaltungsseite, die Pflege oder aber auch die übrigen im Krankenhaus tätigen Berufsgruppen zu verantworten haben. Dieser stetige Anstieg der Schadensaufwendungen verwundert, wenn man berücksichtigt, dass sich die Zahl der in deutschen Krankenhäusern verfügbaren Betten deutlich reduziert hat[3].

2. Perspektive

▶ Anstieg von Schadensaufwand und Prämien

Parallel zur Explosion der Anzahl an Schadensfällen, die in den letzten Jahren zu beobachten waren, erhöhte sich auch der Schadenaufwand in den letzten 20 Jahren exorbitant. Gründe hierfür sind zum einen die deutliche Erhöhung der ausgeurteilten Schmerzengeldbeträge, darüber hinaus auch die drastische Steigerung der Pflegekosten für die stationäre Pflege und ein noch stärkerer Anstieg des Aufwandes bei der häuslichen Pflege, zuletzt aber auch die deutlich längere Lebenserwartung auch bei schwerstgeschädigten Patienten aufgrund der Fortschritte in der Medizin. Das Risikomanagement als Schadenprophylaxe ist daher schon deshalb geboten, damit Krankenhäusern und Ärzten auch in Zukunft Versicherungsschutz zu akzeptablen Versicherungsprämien zur Verfügung gestellt werden kann[4]. Der erhöhte Schadenaufwand – gerade auch im Hinblick auf Spätschäden – wird von den Versicherern auf die Kliniken und deren Prämien umgelegt. Teilweise ziehen sich Versicherer komplett aus dem Arzthaftungsbereich zurück[5], da die zu erwartenden Aufwendungen nicht kalkulierbar erscheinen.

▶ Verlust des Versicherungsschutzes

Dies lässt für die Krankenhausversicherung allerdings befürchten, dass ähnlich wie schon zum heutigen Zeitpunkt in den USA[6] das Krankenhausrisiko, zumin-

---

[3] Bergmann/Kienzle, Rn. 855 ff.
[4] Petry, in: Madea/Dettmeyer, S. 197.
[5] Zuletzt ist die Zurich Versicherungs-AG vollständig aus dem Krankenhaussegment ausgestiegen, http://www.aerztezeitung.de/praxis_wirtschaft/klinikmanagement/article/827987/zurich-zieht-zurueck-kliniken-droht-versicherungsluecke.html, 4.12.2012.
[6] Sabella, VersR 1990, S. 1186.

dest aber das Risiko einzelner besonders haftungsanfälliger Bereiche nicht oder nur noch unter exponentiell steigenden Beiträgen versicherbar sein wird. Das Bedürfnis nach Sicherheit für den Krankenhaus- und Praxisbetrieb kann daher schon aus wirtschaftlichen Gründen nicht allein durch den Abschluss von Versicherungen befriedigt werden. Selbst Versicherungsmakler werben inzwischen damit, dass Versicherungsschutz immer nur die allenfalls „zweitbeste Lösung" sein kann.

▶ Gegenstrategie Qualitäts- und Risikomanagement

Die Schlussfolgerung kann daher nur dahin gehen, dass jedes zeitgemäß geführte Krankenhaus und die heutige Arztpraxis ein solides und effektives Qualitäts- und Risk-Management praktizieren müssen[7], um den Versicherungsschutz prämienfest zu gestalten. Ein Risikomanagement ist insofern für die Kliniken existenziell erforderlich.

3. Grundlagen des Qualitätsmanagements

▶ Grundbegriffe der Qualitätsmanagementlehre

Risk-Management hat seine Basis im Qualitätsmanagement. Wir sollten uns daher vorab einige Grundbegriffe aus der Qualitätsmanagementlehre vergegenwärtigen. Dies erleichtert den Einstieg in die Grundsätze des Umfassenden-Qualitäts-Managements, des Total-Quality-Managements, des Integrativen Qualitäts-Managements, der Zertifizierung nach der DIN-Reihe des DIN EN ISO 9000'er Regelungswerkes und der neuen europäischen Akkreditierungsmodelle und ist zugleich Basis für das Verständnis der Methoden eines funktionierenden Risk-Managements. Synonym werden folgende Begriffe für diese Strategie verwandt:

- Umfassendes Qualitätsmanagement (UQM),
- Total Quality Management (TQM),
- integratives Qualitätsmanagement.

▶ Ursprung in Fehlersuche

Die Ursprünge der Qualitätslehre liegen in der Industrie und sind erst im Laufe der Zeit auf den Dienstleistungssektor übertragen worden. In der Zeit nach dem zweiten Weltkrieg bezog sich der Begriff Qualität allein auf die technische Beschaffenheit und die Leistungsdaten eines Produktes. Die Einhaltung der Produktspezifikationen bildete den Qualitätsmaßstab. Eine Qualitätskontrolle im Sinne einer Maßnahme

---

[7] Bergmann/Kienzle, Rn. 854; Cremer, BADK-Information 1997, 75 (76) formuliert plakativ: „Risk-Management ist angesagt"; anläßlich der Umbenennung der Zeitschrift für ärztliche Fortbildung (ZaeF) in Zeitschrift für ärztliche Fortbildung und Qualitätssicherung (ZaeFQ) ist im Vorwort der Herausgeber vom „Zeitalter" der Qualitätssicherung die Rede.

nur zur Qualitätssicherung fand lediglich durch Endprüfungen nach Herstellung durch einen großen Stab von Beschäftigten im Qualitätswesen statt. Fertigung und Prüfung waren streng organisatorisch geteilt. Hauptaugenmerk der Auswertung statistischer Prüfungen war die Fehlerentdeckung nach Abschluss des Fertigungsprozesses. Das Auffinden von Fehlern bedeutete negative Rückkoppelung. Im Sinne einer gegenseitigen Schuldzuweisung zwischen den verschiedenen Abteilungen ging es nur darum, wer für welche Fehler verantwortlich war, gemeinsame Verbesserungen ließen sich dadurch nicht erreichen.

▶ Entwicklung zu Prozessorientierung und Fehlerverhütung

In den Jahren zwischen 1970 und 1980 prägte das Stichwort „Fehlerverhütung" die Entwicklung. Aufgrund immer komplexer werdender arbeitsteiliger Produktherstellung unter Verwendung von in immer kürzeren Zeiten entwickelten neuen Rohstoffprodukten wuchs das Fehlerrisiko, das sich trotz eines erhöhten Prüfaufwandes im Ergebnis nicht verringern ließ. Hier liegt der Beginn der Prozessorientierung. Ziel des Qualitätsmanagements wurde anstelle der Endkontrolle der Produktqualität die Überwachung der verschiedenen Einflüsse der Entstehung des mit dem Merkmal „Qualität" versehenen Endproduktes[8].

▶ Kontinuierliche Qualitätsverbesserung

Während sich Qualitätssicherung und Kontrolle im herkömmlichen Sinne auf Standards und Richtlinien stützten und unerwünschte Ergebnisse retrospektiv ausarbeiteten, nutzten die neuen Methoden der kontinuierlichen Qualitätsverbesserung statistische Profile und Ergebnisse aus Struktur- und Prozessanalysen[9]. Aus dem Alltag des Krankenhauses verdeutlicht folgendes Beispiel die Prozessorientierung des Qualitätsmanagements: Statt im Hygienebereich die (unmögliche) Aufgabe der Kontrolle der Sterilität des zu sterilisierendes Gutes zu bewältigen, sichert man den Prozess der Sterilisierung selbst ab, um die Sterilität zu gewährleisten.

▶ Systembezogene Dimension des Qualitätsmanagements

Die neue Dimension des Qualitätsmanagements ist systembezogen. Zum einen steht nicht mehr allein das Produkt oder die Dienstleistung im Mittelpunkt. Im Mittelpunkt des weiterentwickelten Qualitätsmanagements steht der Kunde bzw. der Patient mit seinen Anforderungen. Maßgabe allen Handelns sind sog. „Null-Fehler-Strategien". Es geht dabei um strategische präventive Fehlervermeidung durch ständige Verbesserungen, durch Überwachung der Prozesse und vor allem durch Einbeziehung aller Mitarbeiter in die Qualitätsverantwortung, und zwar in wirtschaftlicher Art und Weise. Qualität muss zu einem strategischen Unternehmensziel werden, dies setzt die Entwicklung einer persönlichen Qualitätspolitik für das eige-

---

[8] Kampa, Entwicklung der Qualitätslehre, S. 9 f.
[9] Stegers, MedR 1997, 395.

I. Qualitätsmanagement

ne Krankenhaus voraus, diese Qualitätspolitik muss Teil der Führungs- und Unternehmenskultur werden[10].

▶ Zertifizierungsverfahren

Für das Qualitätsmanagement existieren derzeit verschiedene Darlegungsmodelle und Zertifizierungsverfahren, die um die Gunst unterschiedlichster Interessenten im Bereich des Gesundheitswesens konkurrieren. Hierbei seien vor allem das Qualitätsmanagement-System in Dienstleistungsbetrieben nach DIN EN ISO 9001:2000 ff., die Qualitätsdarlegung nach dem EFQM-Excellence-Modell 2000 und die KTQ-Qualitätsberichte genannt. Bei der Zertifizierung nach DIN EN ISO 9001 sollte ursprünglich der Aufbau eines Qualitätsmanagementsystems entsprechend der DIN EN ISO 9004 im Zentrum des Interesses stehen. Tatsächlich zeigen jedoch bereits erste Erfahrungen, dass es vielen Adressaten primär um die Zertifizierungsurkunde selbst geht, weniger um das Leben eines Qualitätsmanagementsystems[11]. Inwieweit das Zertifikat der European Foundation for Quality Management (EFQM) in Brüssel sich als flächendeckender Qualitätsmaßstab für die Deutschen Krankenhäuser durchsetzen wird, ist fraglich. Im Jahr 2005 stand erstmals in der Geschichte der EFQM überhaupt ein Krankenhaus unter den Finalisten des European Quality Award (Zumarraga Hospital, Spanien)[12].

In Deutschland wurden Mitte 2002 die ersten beiden Kliniken für ein Qualitätsmanagement nach dem Kriterienkatalog der „Kooperation für Transparenz und Qualität im Krankenhaus" (KTQ) zertifiziert und ihre KTQ-Qualitätsberichte im Internet veröffentlicht. Die KTQ-Zertifizierung steht allen Krankenhäusern einschließlich Universitäts- und Fachkliniken offen. Trotz Freiwilligkeit hat sich das Verfahren zunehmend durchgesetzt, Anfang 2008 veröffentlichte die KTQ über 400 Qualitätsberichte auf ihrer Internetseite[13].

Die weiteren Darlegungsmodelle und Zertifizierungsverfahren seien an dieser Stelle nur kurz angerissen. Es gibt hier noch das Praxen-Qualitätsmanagement der KV Westfalen-Lippe (KPQM), das Qualitätssiegel QEP der KBV und der Kassenärztlichen Vereinigungen für Qualität und Entwicklung in Praxen sowie verschiedene Qualitätsmanagementdarlegungsverfahren in der Rehabilitation. Ob und inwieweit sich die einzelnen Darlegungsmodelle und Zertifizierungsverfahren durchsetzen werden, muss die Zeit zeigen, eine vermehrte Transparenz, wie sie durch die Darlegungsmodelle und Zertifizierungsverfahren angestrebt wird, ist jedoch im allseitigen Interesse sowohl der Patienten als auch der einweisenden Ärzte und nicht zuletzt auch der Leistungserbringer[14].

---

[10] Kampa, aaO, S. 10 f.; vgl. auch Bernsmann u. a., S. 167 ff.
[11] Weidinger, in: Berg/Ulsenheimer, S. 28.
[12] Weidinger, aaO.
[13] www.ktq.de.
[14] Weidinger, in: Berg/Ulsenheimer S. 34 f.

Checkliste
Qualitätsmanagement heute ist:
1. Präventive Fehlervermeidung ✓
2. Erfüllung kundenorientierter Produktanforderungen ✓
3. Null-Fehler-Strategie ✓
4. Kontinuierliche Verbesserungsprozesse ✓
5. Eigenüberwachung und Einbeziehung aller Mitarbeiter in die Qualitätsverantwortung ✓
6. Negative und positive Rückkoppelung ✓

4. Qualitätsdefinitionen

▶ Gesetzliche Regelungen

§ 107 Abs. 1 Nr. 3 SGB V verlangt von den Krankenhäusern, jederzeit ärztliches Personal, Pflege-, Funktions- und medizinisch-technisches Personal vorzuhalten, um vorwiegend durch ärztliche und pflegerische Hilfeleistung Krankheiten zu erkennen, zu heilen, ihre Verschlimmerung zu verhüten, Krankheitsbeschwerden zu lindern oder Geburtshilfe zu leisten. Die organisatorischen Notwendigkeiten ergeben sich aus den medizinischen Notwendigkeiten der behandelten Erkrankungen[15].
§ 137 SGB V verpflichtet die Krankenhäuser zur Teilnahme an Maßnahmen der Qualitätssicherung. Qualität im Sinne der gesetzlichen Anforderungen bedeutet das zu erfüllen, was von einem Krankenhaus der aufgrund öffentlich-rechtlicher Bedarfsplanung festgesetzten eigenen Versorgungsstufe erwartet wird.

Die Erfahrung lehrt, dass dabei neben den eigentlichen kurativen Pflichten vor allem institutionelle Pflichten und damit Fragen der Organisation, Arbeitsteilung und der Kommunikation eines hochgradig arbeitsteilig funktionierenden Systems in den Vordergrund rücken. Wegen der unterschiedlichen bedarfsplanerisch festgelegten Versorgungsstufen ergibt sich haftungsrechtlich für die Qualität als Reflex auf die Versorgungsstufe immer auch die Frage nach einem Übernahmeverschulden bzw. nach einer notwendigen Verlegung von Patienten oder Bereithaltung technischer Leistungen; z. B. im Rahmen der Differentialdiagnostik oder bei akuten Komplikationen[16]. Qualität der Behandlung bedeutet auch das Erkennen der eigenen Grenzen im Rahmen der Behandlung.

▶ Ganzheitlicher Qualitätsbegriff

Die gesetzlichen Bestimmungen reduzieren den Begriff der Qualität auf die Erbringung der medizinisch notwendigen und wirtschaftlichen Behandlungsleistungen. Die moderne Managementlehre hat andere, ganzheitliche Ansätze für den Begriff

---
[15] Stegers, MedR 1997, 390, Fn. 2.
[16] Stegers, MedR 1997, 390.

I. Qualitätsmanagement

der Qualität gefunden. Qualität im Krankenhaus ist die Summe von Eigenschaften und Merkmalen jener Teilleistungen in der Behandlungskette, die die Erfüllung der Patientenerwartungen sicherstellt und dem heutigen medizinischen Standard entspricht. Qualität ist nicht länger nur die Behandlung durch den an exponierter Stelle stehenden hochqualifizierten Chefarzt, sondern die Gesamtheit der von allen Mitarbeitern des Krankenhauses erbrachten Dienstleistungen.

► Erfolg im Team

Für den Erfolg und damit auch die Qualität eines Unternehmens ist nicht das Können einzelner Mitarbeiter ausschlaggebend, sondern die gute Zusammenarbeit aller im Team. Es ist die Summe der sich zielkonform verhaltenden Mitarbeiter, die die Gesamtqualität der Behandlung ausmacht. Um den ganzheitlichen Qualitätsbegriff fassbar zu machen, ergeben sich drei Kategorien für die Bestimmung der Qualität.

► Struktur-/Potenzialqualität (= structure)

Mit der Struktur- oder Potenzialqualität bezeichnet man die Strukturen und Potenziale des Dienstleistungsbetriebes, d. h. sachlichen und personellen Ressourcen des Krankenhauses. Hierunter fallen die Zahl des zur Verfügung stehenden ärztlichen und nichtärztlichen Personals, die apparative Ausstattung, die baulichen Gegebenheiten im Krankenhaus.

► Prozessqualität (= process)

Prozessqualität ist die Einschätzung der Prozesse der Dienstleistungserstellung. Hierunter fallen alle stattfindenden Arbeitsabläufe und ihre organisatorische Abwicklung, z. B. die Überprüfung des Ablaufes der OP-Vorbereitung, die Zusammenarbeit zwischen Station und OP-Mannschaft, Wartezeiten bei der OP-Vorbereitung oder der Diagnostik, die Vermeidung unnötiger und doppelter diagnostischer Untersuchungen oder die Beurteilung der Zusammenarbeit verschiedener Fachrichtungen nach Kommunikation oder ungeordnetem Nebeneinander oder auch die Erstellung von Arztbriefen.

► Ergebnisqualität (= outcome)

Mit der Beurteilung der Ergebnisqualität erfasst man den Erfolg der Behandlung, d. h. die Qualität der medizinischen Behandlung mit Blick auf den Erfolg der medizinischen Behandlung bzw. dessen Übereinstimmung mit den zu fordernden Standards sowie den Erfolg der sonstigen Leistungen, z. B. Hotelleistungen oder Schnelligkeit der Erstellung und notwendigen informativen Gehalt von Arztbriefen an Nachbehandler.

▶ Qualitätssicherung im SGB V

Die gesetzlichen Regelungen werden bezüglich der Qualitätssicherungsmaßnahmen in Krankenhäusern immer konkreter. Nach § 135a SGB V sind die Leistungserbringer zur Sicherung und Weiterentwicklung der Qualität der von ihnen erbrachten Leistungen verpflichtet. Gemäß § 137 SGB V sind die Krankenhäuser zudem verpflichtet, ein internes Qualitätsmanagement nachzuweisen. Die Qualitätssicherung entwickelt sich zunehmend weiter und ist bereits zu einem Teil des Qualitätsmangements geworden. Im Patientenrechtegesetz ist beispielsweise in dem § 135a Abs. 2 die Verpflichtung der Krankenhäuser zur Durchführung eines patientenorientierten Beschwerdemanagements eingefügt. Wegweisend ist auch die Regelung in § 137 Abs. 1 d, dass nun durch Richtlinien des gemeinsamen Bundesausschusses die grundsätzlichen Anforderungen an ein einrichtungsinternes Qualitätsmanagement einheitlich bestimmt und Mindeststandards für Risikomanagement und Fehlermeldesystem festgelegt werden. Durch die Verabschiedung des Patientenrechtegesetzes vom 26.02.2013 hat der gemeinsame Bundesausschuss mit dem § 137 Abs. 1 d eine neue Aufgabe erhalten. Der gemeinsame Bundesausschuss bestimmt in seinen Richtlinien über die grundsätzlichen Anforderungen an ein einrichtungsinternes Qualitätsmanagement erstmalig bis zum 26.02.2014 und legt wesentliche Maßnahmen zur Verbesserung der Patientensicherheit und insbesondere Mindeststandards für Risikomanagement- und Fehlermeldesysteme fest. Über die Umsetzung von Risikomanagement- und Fehlmeldesysteme in Krankenhäusern haben die Krankenhäuser dann in ihren Qualitätsberichten zu informieren. Der gemeinsame Bundesausschuss hat die Anforderungen für einrichtungsübergreifende Fehlermeldesysteme festzulegen, die in besonderem Maße geeignet erscheinen, Risiken und Fehlerquellen in der stationären Versorgung zu erkennen auszuwerten und zur Vermeidung unerwünschter Ereignisse beizutragen.

Bereits jetzt kann prognostiziert werden, dass der gemeinsame Bundesausschuss das bereits bestehende Krankenhaus-CIRS-Netz Deutschland der ÄZQ und der DKG sowie andere Träger einbeziehen wird. Unter www.kh-cirs.de ist ein Fehlmeldesystem für Krankenhäuser eingerichtet worden. Berichtet werden soll von kritischen Ereignissen und sogenannten Beinaheschäden von überregionaler Bedeutung. Das Krankenhaus-CIRS-Netz Deutschland richtet sich vor allem an Kliniken, die bereits ein hausinternes Fehlberichtssystem betreiben. Regelmäßig wird auch ein „Fall des Monats" veröffentlicht und bei Bedarf auf besonders relevante Gefahrensituationen hingewiesen. Das Krankenhaus-CIRS-Netz Deutschland analysiert und kommentiert überregional bedeutsame CIRS-Fälle im Auftrag des ärztlichen Zentrums für Qualität in der Medizin. So hat sich das Krankenhaus-CIRS-Netz Deutschland beispielsweise der Problematik ähnlich klingender Arzneimittelmaßnahmen oder ähnlich aussehender Arzneimittel (z. B. Kalzium forte oder Cotrim forte) angenommen. Nach Angaben des Bundesverbandes deutscher Krankenhausapotheken stehen etwa 20 % der mitgeteilten Medikationsfehler in Zusammenhang mit dieser Problematik. Auch in den USA beziehen sich ca. 15 % der Meldungen im Medikationsfehlerberichtssystem auf die Verwechslung von Arzneimitteln aufgrund ähnlich klingender Namen oder ähnlich aussehender Verpackungen.

Deshalb hat auf europäischer Ebene die europäische Arzneimittelbehörde bereits eine Einrichtung geschaffen, die Namen neu zugelassener Arzneimittel zu kontrollieren, um so bereits vor Zulassung die Verwechselproblematik zu minimieren. In der Intensiv- und Notfallmedizin wird empfohlen, das jedes vom Anwender in einer Spritze aufgezogene Medikament mit einem Spritzenaufkleber gemäß DIVI-Standard gekennzeichnet werden sollte (Literatur im Internet: www.ärzteblatt.de/Lit3611).

Als weiteres Beispiel soll genannt werden, das das AQUA-Institut im Auftrage des G-BA ein sektorenübergreifendes Qualitätssicherungsverfahren zur perkutanen Koronarintervention und zur Koronarangiographie entwickelt. Das Qualitätssicherungsverfahren will die Abläufe optimieren. Bereits jetzt ist also erkennbar, dass die Implementierung des Qualitätssicherungssystems in § 137 SGB V in Zukunft erhebliche Bedeutung gewinnen wird.

II. Risk-Management

1. Bestandteile eines funktionierenden Risk-Managements

▶ Risk-Management zwischen Qualitätssicherung und Haftung

Risk-Management in Klinik und Praxis steht zwischen Qualitätssicherung und Haftung. Alle drei haben Prävention zur Aufgabe[17]. Das hierarchisch und organisatorisch kompliziert gegliederte und arbeitsteilig organisierte Krankenhaus besitzt im Behandlungsprozess eine Vielzahl von Risikofaktoren und Schnittstellen, die das Endprodukt gefährden und möglicherweise einen Haftpflichtfall provozieren, wenn der Patient nicht bereit ist, ein nicht optimales Behandlungsergebnis als schicksalhaft hinzunehmen[18]. Das Risk-Management ist nicht nur integraler Bestandteil einer kontinuierlichen Qualitätsverbesserung durch Einführung des TQM. Es kann auch schon bestehende Qualitätssicherungsprogramme eines Krankenhauses ergänzen und, da es wesentliche Elemente übernimmt, der Einstieg in ein Managementsystem nach den Prinzipien des UQM/TQM sein.

▶ Messbarkeit der Ergebnisse

Qualitäts- und Risk-Management hat die Verbesserung der medizinischen Behandlung zum Ziel. Es hat gegenüber den anderen Bereichen des Qualitätsmanagements den Vorteil, dass Ergebnisse, zum Beispiel in Form von Schadensquoten oder Schadensaufwendungen messbar sind.[19]

---

[17] Stegers, MedR 1997, 395.
[18] Zum „komplexen System Krankenhaus": Nagorny/Plocek, S. 13 f.
[19] Zur Messbarkeit des Erfolges eines Risikomanagements instruktiv: Haucke/Raible, Das Krankenhaus 2009, 432.

▶ Ziele des Risk-Managements

Ziel der Einführung des Risk-Managements soll es sein, Haftungsrisiken im ärztlichen und nichtärztlichen Bereich zu vermeiden. Durch Einführung eines Managementsystems soll die haftungsminimierte Behandlungsleistung nicht dem Zufall überlassen bleiben, sondern erklärbar und reproduzierbar gemacht werden. Risk-Management heißt Risiken zu erkennen, zu beurteilen und zu minimieren. Risk-Management betrifft alle Entscheidungen und Handlungen, die geeignet sind, qualitätsgefährdende Risiken frühzeitig wahrzunehmen und zu beherrschen, um risikoindizierte Beeinträchtigungen der Krankenhausqualität zu verhindern oder zu begrenzen.

▶ Ansatzpunkte der Qualitätsverbesserung

Ansatzpunkte lassen sich durch die Kontrolle der Struktur- und der Prozessqualität[20] finden. Bei einer hohen Struktur- und Prozessqualität kommt es automatisch zu einer hohen Ergebnisqualität. Gegenstand der hierbei beabsichtigten Qualitätssicherung sind die Erfassung, die Darstellung, die Beurteilung und die Sicherung der Produktqualität einer Klinik oder Praxis.

▶ Personalbeteiligung als Grundvoraussetzung

Risk-Management kann als System nur dann funktionieren, wenn es alle vertretenen Berufsgruppen (z. B. Ärzte, Pflege, Verwaltung etc.) einbezieht. Sein Zweck ist nicht die Kontrolle der einzelnen Mitarbeiter, sondern die Ausschaltung von Risikofaktoren[21], um eine wirtschaftliche und qualitativ hochwertige Krankenhausbehandlung zu ermöglichen. Versäumnisse und Fehler der Vergangenheit müssen ohne Schuldzuweisungen für einzelne Berufsgruppen durch eine saubere Recherche und Ursachenforschung erfasst werden. Risk-Management kann nur funktionieren, wenn es von sämtlichen Beteiligten gelebt, d. h. verinnerlicht und akzeptiert wird, es kann nicht angeordnet werden[22].

2. Kosten-Nutzen-Bilanz

▶ Kostensenkung durch Risk-Management

Der für die Einführung eines Risk-Managements notwendige Investitionsbedarf amortisiert sich dadurch, dass die Kundenzufriedenheit[23] bei weniger Schäden hö-

---

[20] Darstellungen zum Begriff der Krankenhausqualität bei: Bergmann/Kienzle, Rn. 553–559; Eichhorn, S. 14 ff.; Möller/Bach/Sonntag, Zentralbl. Chir. 121 (1996), 828; Nagorny/Plocek, S. 6 ff.
[21] Zur Definition des Risikobegriffs und den Risikoursachen: Eichhorn, S. 286 ff.; zum Ganzen eingehend Bernsmann u. a., S. 154 ff.
[22] Zu den Voraussetzungen für Effektivität und Effizienz: Eichhorn, 30 ff.; zum Motivationsansatz: Möller/Bach/Sonntag, S. 833.
[23] Nagorny/Plocek, 22 f. („Der Patient im Mittelpunkt...").

her und im Regelfall die Haftpflichtversicherungsprämie aus den gleichen Gründen niedriger ist. Auch durch ein Risk-Managementssystem lassen sich nicht alle Schäden vermeiden. Schwerpunktmäßig sollte es in Bereichen beginnen, die auf das sogenannte „Organisationsverschulden" (z. B. Fehler in der Aufklärung, Dokumentation, Organisation etc.) zurückzuführen sind. Begrifflich bedeutet Risk-Management zwar zunächst nur die Vermeidung von unnötigen Haftungsfällen, gleichzeitig bedeutet ein im Sinne einer kontinuierlichen Qualitätsverbesserung verstandenes Risk-Management aber auch eine immense Effektivitätssteigerung und Kostensenkung[24]. Regresse von Patienten, Sozialversicherungsträgern und privaten Krankenversicherungen beeinflussen die Kosten. Die Kosten einer angemessenen Haftpflichtversicherung sind pflegesatzrelevant[25]. Für Schadensaufwendungen von Krankenhäusern ohne ausreichenden Deckungsschutz des Haftpflichtversicherers gilt dies jedoch nicht[26].

▶ Bildung von Risk-Management-Teams

Regelmäßig erfordert die Integration von Qualitätssicherung und Risikomanagement im Sinne eines kontinuierlichen Verbesserungsprozesses die Bildung von Risk-Management-Teams aus dem eigenen Mitarbeiterstab mit externem Moderator, um Betriebsabläufe zu optimieren[27]. Das Risk-Managementprogramm soll Klinik und Praxis befähigen, struktur- und traditionsbedingte Schwachstellen sowie Risikoschnittstellen zu verringern. Gerade weil die Häuser in die Lage versetzt werden sollen, autonom Risiken zu reduzieren, kommt der erste Anstoß zweckmäßigerweise von außen[28].

▶ Zusammensetzung und Aufgaben der Beraterteams

Ein Beraterteam setzt sich nach bisherigen Erfahrungen aus drei Risk-Managern zusammen, einem Mediziner, einem Juristen, einem Pflegeverantwortlichen oder dem Verwaltungsleiter. Die Risk-Manager helfen bei der Erstellung der Ist-Analysen und entwickeln die Soll-Konzeption mit dem Krankenhaus vor allem in der Rolle als Moderator und versetzen dieses in die Lage, die Evaluation selbständig und ohne Hilfe von außen kontinuierlich durchzufahren. Wenn es nach Durchführung eines Risk-Managementprogramms in dem Krankenhaus vor Ort gelingt, die Soll-Konzeption durch die Ausbildung zu Risk-Managern oder Schadensverhütungsbeauftragten zu ergänzen, kann dies für die Zukunft ein effektives Risk-Management ohne die Hilfe von außen gewährleisten[29].

---

[24] Stegers, MedR 1997, 395.
[25] BVerwG, NJW 1993, 2394 ff.
[26] Stegers, MedR 1997, 395 Fn. 30.
[27] Stegers, MedR 1997, 396.
[28] Bergmann, Das Krankenhaus 1997, 625.
[29] Zur Gegenüberstellung von externer Qualitätssicherung und internem Qualitätsmanagement: Bergmann/Kienzle, Rn. 560 ff.; Nagorny/Plocek, S. 4.

III. Stufen des Projektes

▶ Phasen des Risk-Managements

Ein effektives Risk-Management setzt sich aus mehreren Phasen zusammen. Die verschiedenen Phasen bilden den Inhalt der Implementierung eines Managementsystems, das die Umsetzung des Risk-Management-Modells bildet[30]:

▶ Offene Analyse als Grundlage

Grundlage aller anfallenden Maßnahmen ist eine offene Analyse des bestehenden Zustandes in dem teilnehmenden Krankenhaus oder Arztpraxis. Informationsbasis dafür ist eine exemplarisch ausgelegte retrospektive Analyse des Leistungsgeschehens[31]. Die vorhandenen Strukturen sind festzustellen. Ebenso müssen Prozesse beobachtet und festgehalten werden, damit die Ergebnisse der Krankenhausbehandlung nicht zufällig bleiben, sondern mit bestimmten Prozessen in Verbindung gebracht und damit erklärbar und reproduzierbar werden. Zurückliegende Schadensfälle müssen ausgewertet werden. Dabei sollten die Grenzen für das Datenmaterial nicht zu eng gezogen werden. Die systematische Auswertung aller angemeldeten (nicht nur die der regulierten) Schadensfälle ermöglicht es, grobe Raster für qualitätsverbessernde Maßnahmen zu erstellen[32].

▶ Datenquellen

Die erforderliche Datenerhebung kann durch einen Fragebogen zur Patientenzufriedenheit ergänzt werden. Stellenpläne, Organigramme, Qualitätshandbücher und Dienstpläne müssen herangezogen werden. Die Arbeitsabläufe sind zu beobachten, das Krankenhauspersonal ist mündlich oder schriftlich zu interviewen.

▶ Datenauswertung

An die Datenerhebung schließt sich die Ist-Analyse des gegenwärtigen Zustandes an. Neben der Auswertung der Schadensdatei, einer Fehlermöglichkeiten- und Einflussanalyse können Flussdiagramme, Matrixdarstellungen, Kommunikationsdiagramme sowie Ursache-Wirkung-Diagramme die Ist-Analyse unterstützen.

▶ Organisationsmängel als Hauptfehlerquellen

Nach bisherigen Erfahrungen aus Schadensanalysen ist ableitbar, dass sich Haftpflichtschäden oft nicht eindeutig einer Berufsgruppe zuordnen lassen. Des Weiteren steht – entgegen weit verbreiteter Meinung – nicht der Behandlungsfehler eines Arztes, sondern die falsche Organisation von Arbeitsabläufen im Vordergrund[33]. Die falsche Organisation von Arbeitsabläufen verursacht nicht nur die meisten, sondern

---

[30] Vgl. z. B. das 5-Phasen-Modell bei Bergmann/Kienzle, Rn. 737–739.
[31] Eichhorn, S. 286 ff.
[32] Stegers, MedR 1997, 395.
[33] Zur Schnittstellenoptimierung: Nagorny/Plocek, S. 59 ff.

auch die teuersten Schäden. Der Vorwurf von Organisationsfehlern betrifft häufig den Bereich der sogenannten Schnittstellen im klinischen Alltag, also z. B. Chirurgen und Anästhesisten, Geburtshelfer, Pädiater und Neonatologen oder Geburtshelfer und Hebammen[34]. Ein aktives Schnittstellenmanagement, das die Kommunikation der einzelnen Beteiligten in klare Regeln fasst, kann diesen Risikobereich erheblich einschränken. Neben den genannten Bereichen, die haftungsrechtlich wesentlich sind und durch ein Risikomanagement angegangen werden können, sind noch Geräte-, Medikamentierungs-, Hygiene- oder Pflegefehler zu nennen, denen mit einem wirksamen Risikomanagement entgegengetreten werden kann.

▶ Entwicklung einer Soll-Konzeption

Zielvorstellung des Verbesserungsprogrammes ist es, die beste klinische Übung herauszufinden und durchzusetzen. Dabei kann auf die erhobenen Daten der retrospektiven betrachtenden Analyse nicht verzichtet werden, auch die von der Rechtsprechung entwickelten Haftungsgrundsätze müssen Beachtung finden[35]. Bei der Vorstellung der Soll-Entwicklung und des Idealbildes werden die Risk-Manager versuchen, die sich aus den konkreten Betriebsabläufen ergebenden vorhandenen Standards sowie bestehende Erfahrungen zu nutzen und umzusetzen, neue Standards zu entwickeln und Arbeitsabläufe zu koordinieren. Erforderlich ist eine Zusammenarbeit mit bestehenden Qualitätsmanagementarbeitsgruppen, erwünscht sind die Bildung neuer Risk-Managementarbeitsgruppen vor Ort unter Einschluss des Pflegepersonals, der Verwaltung und der Ärzteschaft unter Hinziehung eines externen Beraters und die Einrichtung von Qualitätszirkeln.

> **Checkliste**
> Schwerpunkte des Risk-Managements
> 1. Dokumentationsprobleme (Führung des Krankenblattes, Dokumentation der Aufklärung, Verwahrung der Röntgenaufnahmen, CT etc.) ✓
> 2. Aufklärungsprobleme (Zeitpunkt und Umfang der Aufklärung, Aufklärungsadressat, therapeutische Aufklärung etc.) ✓
> 3. Organisationsprobleme (Einhaltung des Arbeitszeitgesetzes, Einsatz des Assistenzarztes und PJ-lers, Delegation an nichtärztliche Mitarbeiter, Geburtsmanagement, Facharztstandard etc.) ✓
> 4. Gerätesicherheitsprobleme (Schulung, Einweisung, Kontrolle, Gerätesicherheitsbeauftragte etc.)[36] ✓
> 5. Einführung neuer Arbeitsabläufe und Schulung der Mitarbeiter (Ausbildung von Risk-Managern, Aufbau einer Schadenstatistik, Patienten- und Personalbefragung)[37] ✓

---

[34] Ulsenheimer, in: Madea/Dettmeyer, S. 187.
[35] Stegers, MedR 1997, 395.
[36] Weitere praktische Beispiele bei: Bergmann/Kienzle, Rn. 538.
[37] Bernsmann u. a., S. 124 ff.

Fall 38: Das befriedigende Aufklärungsmanagement

LG Rostock, Urteil vom 01.08.1997 – 3 O 286/96 – nicht veröffentlicht

Sachverhalt

Die Klägerin litt seit mehreren Jahren an Gallensteinen und wurde in das Kreiskrankenhaus X zum Zwecke der operativen Entfernung der Gallenblase überwiesen. Am 22.02.1994 wurde die Gallenblase der Klägerin mittels der Operationsmethode Laparoskopie (endoskopische Operationsmethode) operiert. Einen Tag vor der Operation unterzeichnete die Klägerin zwei Merkblätter zum Aufklärungsgespräch (Perimed-Bögen, und zwar den Bogen über die Laparoskopie und denjenigen der herkömmlichen Methode des Bauchschnitts Laparotomie).

Postoperativ erkrankte die Klägerin an Gelbsucht. Nach Verlegung in die Universitätsklinik und Durchführung einer endoskopischen Cholangiografie wurde ein Clipverschluss des Ductus choledochus festgestellt, der am nächsten Tage mittels konservativen Bauchschnitts revidiert wurde. Der weitere Verlauf war regelgerecht. Die Klägerin klagt nunmehr verstärkt über Koliken, sie muss ständig Medikamente einnehmen und behauptet, der jetzige Zustand beruhe auf der eingetretenen Komplikation (Clipverschluss des Ductus choledochus). Sie begehrt ein Schmerzensgeld.

Nach Sachverständigenfeststellungen kann der Ikterus durch ungünstige Setzung der Clips auftreten, ohne dass dies mit an Sicherheit grenzender Wahrscheinlichkeit zu vermeiden ist. Nach der Literatur kommen solche Fälle in 0,6 % vor, aber auch bei der herkömmlichen Operationsmethode sind in 0,25 % aller Fälle derartige Verletzungen als Komplikationen bekannt. Die Klägerin behauptet mangelhafte Aufklärung. Bei sachgerechter Aufklärung hätte sie sich für die herkömmliche Operationsmethode der Laparotomie entschieden. Sie trägt vor:

1. Die Ärzte hätten ihr lediglich erklärt, sie sei der klassische Patient für eine Laparoskopie, eine Alternativmethode sei ihr weder genannt noch angeboten worden.
2. Eine Krankenschwester habe ihr den Aufklärungsbogen ohne Kommentar und ohne Erläuterung mit dem Bemerken überreicht, sie möge ihn unterschreiben. Am Vorabend der Operation sei wiederum eine Krankenschwester an ihrem Krankenbett erschienen und habe ihr einen Zettel mit dem Bemerken überreicht, falls etwas schiefgehe, werde ein Schnitt gemacht.

Lösung

▶ Zeugenbeweis zur Patientenaufklärung

Das Landgericht hat nach eingehender Vernehmung des aufklärenden Arztes die Klage abgewiesen. Der Arzt hat glaubhaft bekundet, er habe die Klägerin am Vortage der Operation über beide Operationsmethoden aufgeklärt, die unterschiedlichen Operationsmethoden einschließlich der unterschiedlichen Risiken erläutert und insbesondere darauf hingewiesen, dass Begleitverletzungen bei der Laparoskopie leichter eintreten könnten, so dass bei Verletzung von anderen Organen auf die konventionelle Operationsmethode übergegangen werden müsse. Er habe auch auf die großen Vorteile der endoskopischen Operationsmethode gegenüber der herkömmlichen Laparotomie, dem geringeren Wundinfektionsrisiko und der kosmetisch vorteilhafteren Narben hingewiesen. Weiter habe er die Standardrisiken wie Thromboserisiko, Infektionsrisiko und Blutungen erläutert. Er habe selbst die Kreuze auf die beiden Aufklärungsmerkblätter gemacht und abschließend mit seinem Namen unterzeichnet, nachdem die Klägerin erklärt habe, sie brauche keine weitere Überlegungsfrist.

▶ Unsicherheiten bei der Beweisführung

Der Arzt erklärte, die Krankenschwestern hätten der Patientin die Aufklärungsformulare vorher gegeben, um ihr eine Überlegungsfrist einzuräumen. Er wisse nicht mehr, ob die Klägerin die Formulare auch in seiner Anwesenheit unterzeichnet habe, die Klägerin könne die Formulare auch nachträglich unterzeichnet haben, die Krankenschwestern könnten sie dann abgeholt haben. Das Landgericht hat dem Zeugen die eingehende Schilderung des Aufklärungsmanagements geglaubt. Nach freier Beweiswürdigung hat das Gericht zwar die Klage zutreffend abgewiesen. Die Aufklärung kann aber nur als befriedigend bezeichnet werden, sie hätte verbessert werden können und ist verbesserungswürdig.

Merksätze
Empfehlungen zur Verbesserung der Beweisführung bei der Aufklärung:
1. Die potenzielle Notwendigkeit des Umstiegs von Laparoskopie auf Laparotomie ist eindeutig zu dokumentieren, z. B. durch einen handschriftlichen Vermerk im Aufklärungsbogen der Laparoskopie: „evtl. Laparotomie nötig, im Einzelnen erläutert".
2. Der Arzt sollte immer die Unterschrift des Patienten selbst einholen. Dann entstehen bei der Vernehmung keine Unklarheiten, ob der Patient die Unterschrift in Gegenwart des Arztes geleistet hat oder nicht, der Arzt kann sich bei der Vernehmung festlegen.
3. Bei standardisiertem Ablauf können zusätzlich die Krankenschwestern dafür benannt werden, dass die Aufklärung vom aufklärenden Arzt immer so und nicht anders durchgeführt wird.

▶ Behandlungsfehler unabhängig von Aufklärungsfrage

Abschließend ist zu diesem Fall zu bemerken, dass unabhängig von der Frage der durchgeführten Aufklärung die Frage des Behandlungsfehlers abgeklärt werden muss. Die Komplikation, der eingetretene Ikterus, kann auch auf einem fehlerhaften Setzen des Clips beruhen. Einen solchen Behandlungsfehler muss der Patient darlegen und beweisen.

Checkliste
Merkmale eines ordnungsgemäßen Aufklärungsmanagements
1. Verwendung handelsüblicher Aufklärungsbögen, in denen die aufklärungspflichtigen Risiken genannt sind; alternativ Anwendung computergestützter Aufklärung ✓
2. Unterzeichnung der Aufklärungsbögen durch Patient und Arzt ✓
3. Aufklärung sowohl über mögliche Abweichungen im Operationsverlauf als auch über Behandlungsalternativen ✓
4. Aufklärung am Vortage und nicht erst am Vorabend ✓
5. Verwahrung der Aufklärungsbögen in den Krankenunterlagen ✓
6. Individualisierung der Aufklärungsbögen durch handschriftliche Zusätze, Zeichnungen, Unterstreichungen etc. ✓

Fall 39: Die mangelhafte Aufklärung bei Strumektomie

OLG Hamm, Urteil vom 06.05.1996 – 3 U 153/95 – nicht veröffentlicht

Sachverhalt

Die Klägerin nimmt die Krankenhausträgerin und deren Chefarzt der Chirurgie für die Folgen einer subtotalen Schilddrüsenoperation (Strumektomie beidseits) in Anspruch. Vor der Operation wurde die Klägerin nach dem Aufklärungsbogen über allgemeine Komplikationen wie Wundheilungsstörungen, Blutungen, Entzündungen und Nahtbrüche unterrichtet sowie über die mögliche Verletzung des Stimmbandnerven und der Nebenschilddrüsen. Der Arzt sprach auch mit der Klägerin über die Verletzung des Stimmbandnerven in dem Sinne, dass die Stimme weggehen könne. Über Atemstörungen als Folge einer Stimmbandnervverletzung ist nach Darstellung der Klägerin nicht gesprochen worden. Bei der Operation wurde der Nervus recurrens verletzt. Bei der Klägerin verblieben nach der Operation Atemstörungen als Folge einer Stimmbandnervverletzung.

Lösung

▶ Operation ohne Behandlungsfehler

Das Oberlandesgericht Hamm hat in Übereinstimmung mit dem Sachverständigen einen Behandlungsfehler verneint. Eine Darstellung des Nervs durch Freilegung sei nicht erforderlich, dies werde in der medizinischen Wissenschaft kontrovers diskutiert. Der Sachverständige empfahl im Regelfall nicht die Freilegung, sondern allenfalls bei Rezidiveingriffen oder Schilddrüsentotalentfernung.

▶ Aufklärung nicht hinreichend individualisiert

Das Oberlandesgericht bejahte jedoch eine Haftung der Beklagten wegen mangelnder Aufklärung der Patientin. Nach Auffassung des Gerichts musste die Patientin nicht nur über die Verletzung des Stimmbandnerven, sondern auch über das – seltene – Risiko von Atemstörungen als *Folge* einer Stimmbandnervverletzung aufgeklärt werden. Dass eine Aufklärung über dieses Risiko allgemein üblich sei, hatte auch der Sachverständige in der mündlichen Verhandlung bestätigt. Der aufklärende Arzt hatte zwar bekundet, er habe üblicherweise auf eine Beeinträchtigung der Atmung bei einer kompletten Läsion der Nerven hingewiesen. Nach Überzeugung des Gerichts habe er jedoch als damaliger Berufsanfänger in einer fachfremden Ausbildung nicht über das konkrete Risiko verbleibender Atembeschwerden aufgeklärt. Nach Auffassung des Gerichts hatte die Klägerin auch plausibel dargelegt, dass sie angesichts der zum damaligen Zeitpunkt subjektiv geringen Beschwerden sich den Eingriff noch überlegt und jedenfalls nicht so schnell entschieden hätte, wenn ihr das Risiko von Atembeschwerden bei ihrem ausgeübten Beruf einer Raumpflegerin erklärt worden wäre.

▸ Schmerzensgeld wegen psychischer Belastungen

Das Oberlandesgericht hat demnach die Beklagten verurteilt, der Klägerin allen materiellen und immateriellen Schaden aus der Operation zu ersetzen. Für das Leiden der Klägerin hat das Gericht ein Schmerzensgeld in Höhe von rund 12.500 € als billigen Ausgleich für angemessen gehalten. Die verbleibenden Beschwerden und insbesondere die psychischen Belastungen und erheblichen Ängste insbesondere bei Anstrengungen rechtfertigen nach Überzeugung des Gerichts dieses Schmerzensgeld.

▸ Aufklärungspraxis verbesserungswürdig

Die Aufklärungspraxis dieser Klinik ist dringend verbesserungswürdig. Abteilungsarzt und Verwaltung haben für die Zukunft sicherzustellen, dass schon bei der Dokumentation der Aufklärung nicht nur die konkrete Verletzung (hier: Nervverletzung), sondern vor allem die möglichen typischen Folgen für die Lebensführung (hier: Atemstörung) erfasst werden. Um dies sicherzustellen, sind im Sinne eines optimierten Risk-Managements entweder die vorhandenen Aufklärungsbögen systematisch zu verbessern oder umfassende handelsübliche Aufklärungsbögen oder eine computergestützte Aufklärung einzuführen. Darüber hinaus sind die mit der Aufklärung befassten Mitarbeiter entsprechend durch den Abteilungsarzt oder einen Risk-Manager zu schulen.

IV. Bedeutung von Leitlinien für die Qualitätssicherung

▸ Entwicklung von Leitlinien

Zurzeit gibt es in Deutschland etwa 1000 Leitlinien für die ärztliche Tätigkeit.[38] Leitlinien werden in vielfältigen Erscheinungsformen entwickelt. Nach ihren In-

---

[38] Siehe beispielsweise www.leitlinien.de; www.awmf-online.de.

halten ist zu differenzieren zwischen reinen Diagnoseleitlinien, Behandlungsleitlinien und Organisationsleitlinien. Der überwiegende Teil kodifizierter Leitlinien fällt unter die Kategorie der Behandlungsleitlinien und hat die eigentliche ärztliche Diagnose- und Therapieentscheidung zum Gegenstand. Es gibt eine Vielzahl von Leitlinienentwicklern. Zu nennen sind in erster Linie die medizinischen Fachgesellschaften und ihre Arbeitsgemeinschaft, die AWMF. Daneben bestehen weitere Leitlinien von Berufsgenossenschaften, Berufsverbänden, der Bundesärztekammer sowie ihrem Wissenschaftlichen Beirat, der Arzneimittelkommission der Ärzteschaft, von Kliniken und Klinikverbünden, Praxen und Praxisverbünden, Wissenschaftlichen Instituten, Experten und Qualitätszirkeln. Die Koordinierung der Leitlinienentwicklung liegt bei dem Ärztlichen Zentrum für Qualität in der Medizin (ÄZQ), das kontinuierlich die Anforderungen an die methodische Qualität von Leitlinien anhand nationaler und internationaler Vorgaben überarbeitet. Hierbei hat sich ein 3-Stufen-Prozess durchgesetzt, der den Grad der Entwicklung der Leitlinie markiert. Die höchste Stufe der Leitlinienentwicklung ist die S3-Leitlinie, die sog. evidenzbasierte Konsensus-Leitlinie. Derartige hochstufige Leitlinien haben eine hohe Bedeutung bei der Festlegung des medizinischen Standards und sollten daher stets beachtet werden und bekannt sein.

Die Verknüpfung von Leitlinien mit ärztlichem Qualitätsmanagement setzt voraus, dass Leitlinien von der Ärzteschaft als ein Instrument der Qualitätsverbesserung der Versorgung akzeptiert werden. Das Vertrauen in die für die Erstellung verantwortlichen Organisationen, also die Fachgesellschaften, gehört neben der Eignung der Leitlinien für die Beratung zu den wichtigen Einflussfaktoren einer erfolgreichen Implementierungsstrategie. Leitlinien können also weder die praktische Arbeit noch das theoretische Studium ersetzen, sondern nur Hilfestellung für therapiekonformes und risikobewusstes ärztliches Verhalten geben[39].

Zusätzlich zu den Leitlinien der Fachgesellschaften haben Bundesärztekammer, Kassenärztliche Bundesvereinigung und die Arbeitsgemeinschaft der wissenschaftlich medizinischen Fachgesellschaften ein Programm für nationale Versorgungsleitlinien entwickelt, das Leitlinien für besonders bedeutsame und verbreitete Erkrankungen aufstellt. Das ärztliche Zentrum für Qualität in der Medizin (ÄZQ) führt die Arbeiten durch. Nationale Versorgungsleitlinien haben die Aufgaben, wissenschaftlich begründete Empfehlungen und Entscheidungen zur medizinischen Versorgung chronisch kranker Patienten auf eine rationale Basis zu stellen. Alle nationalen Versorgungsleitlinien und Patientenleitlinien sind unter www.versorgungsleitlinien.de für jeden Nutzer frei zugänglich.

Bisher gibt es nationale Versorgungsleitlinien zu den Krankheiten Asthma, chronisch obstruktive Lungenerkrankung, chronisch koronare Herzkrankheit, Fuß- und Netzhautkomplikationen bei Typ II Diabetes, Herzinsuffizienz, Polyneuropatie. Weitere Versorgungsleitlinien werden bearbeitet. Die wissenschaftlich begründeten nationalen Versorgungsleitlinien bilden die Grundlage für strukturierte Behandlungs-Programme (Disease-Management).

---

[39] Eingehend zur Umsetzung in der Praxis Ollenschläger/Kirchner/Kirchner, Standards und Richtlinien in Behandlungspfaden, in: Oberender (Hrsg), Clinical Pathways, S. 118 ff.

Fall 40: Die folgenschwere Zugfahrt

OLG Hamm, Urteil vom 11.01.1999 – 3 U 131/98 – VersR 2000, 1373

Sachverhalt

Der Kläger erlitt auf einer Zugfahrt entweder einen Herz-Kreislauf-Stillstand infolge Kammerflimmerns oder einen Vorderwandinfarkt. Mitreisende versuchten eine Reanimation durch Herzmassage und Atemspende. Im nächsten Bahnhof wurde der beklagte niedergelassene Internist verständigt, der den Kläger untersuchte und für tot erklärte. Die Reanimation wurde nicht wieder aufgenommen. Wenige Minuten später erreichte die ebenfalls verständigte Notärztin den Bahnhof und stellte im EKG des Klägers Kammerflimmern fest. Sie begann mit einer Herzdruckmassage und einer Maskenbeatmung. Seit dem Ereignis liegt der Kläger im Dauerkoma. Dem beklagten Internisten wird mit der Klage vorgeworfen, dass es fehlerhaft gewesen sei, den Kläger für tot zu erklären und nicht für die Fortsetzung der Reanimation zu sorgen, wodurch die schwere Hirnschädigung des Klägers hätte vermieden oder entscheidend vermindert werden können. Die Klage wurde in zwei Instanzen abgewiesen.

Lösung

► Keine Haftung trotz Verstoß gegen Leitlinien

Das OLG Hamm hat in der unterlassenen Reanimation durch den niedergelassenen Internisten im Rahmen der erforderlichen Notfallversorgung einen Behandlungsfehler gesehen. Es verstoße gegen die für diesen Fall maßgeblichen „Leitlinien für Wiederbelebung und Notfallversorgung", die Reanimation nicht fortzuführen oder fortführen zu lassen. Das OLG Hamm lässt offen, ob die Leitlinien für den nicht am organisierten Notfalldienst beteiligten Beklagten nicht unmittelbar verbindlich sind, betont aber, dass diese „dennoch die überwiegende Überzeugung maßgeblicher ärztlicher Kreise" von der Richtigkeit einer Fortsetzung der Reanimation in einem solchen Fall zeigen. Der Arzt hätte sich ausnahmsweise entgegen der Handlungsanweisung in den Leitlinien verhalten dürfen, wenn er mit den ihm verfügbaren Mitteln die sichere Überzeugung gewinnen konnte, dass eine Schwerstschädigung des Gehirn schon eingetreten oder auch bei Fortsetzung der Reanimation mit Gewissheit unvermeidbar wäre.

Im vorliegenden Fall fehlte es allerdings an dem Nachweis der Kausalität des Behandlungsfehlers für den Schaden des Klägers. Das Gericht bewertete den Behandlungsfehler nicht als groben Behandlungsfehler. Es begründete seine Auffassung mit der in Fachkreisen herrschenden Diskussion über die Reanimationgrundsätze, die nach den Ausführungen des Sachverständigen in der Herabstufung der ursprünglichen Richtlinien zu Leitlinien zum Ausdruck komme. Ein Verstoß gegen eine Leitlinie könne nicht per se als grober Behandlungsfehler bewertet werden.

Aus Anlass einer – im Ergebnis zurückgewiesenen – Anhörungsrüge hat der BGH in seinem Beschluss vom 28.03.2008 – VI ZR 57/07 –[40] klargestellt, dass Leitlinien von ärztlichen Fachgremien oder Verbänden (im Gegensatz zu den Richtlinien der Bundesausschüsse der Ärzte und Krankenkassen) nicht unbesehen mit den zur Beurteilung eines Behandlungsfehlers gebotenen medizinischen Standards gleichgesetzt werden können. Insbesondere könnten solche Leitlinien kein Sachverständigengutachten ersetzen. Deshalb obliege die Feststellung des Standards der Würdigung des sachverständig beratenen Tatrichters, dessen Ergebnis revisionsrechtlich nur auf Rechts- und Verfahrensfehler geprüft werden könne, also insbesondere darauf, ob ein Verstoß gegen Denkgesetze und allgemeine Erfahrungssätze vorliege, das Gericht den Begriff des medizinischen Standards verkannt oder den ihm unterbreiteten Sachverhalt nicht erschöpfend gewürdigt habe. Im konkreten Fall war das Berufungsgericht dem Sachverständigen gefolgt, der bei einer Schilddrüsenoperation die herkömmliche „chirurgische Schule" im Gegensatz zum Vorgehen unter Darstellung des Nervus recurrens nicht als standardwidrig bezeichnet hatte. Diese tatrichterliche Würdigung hat der 6. Zivilsenat hingenommen und die Anhörungsrüge zurückgewiesen.

Bislang ist keine Systematik der Gerichte im Umgang mit den ärztlichen Leitlinien zu erkennen.[41] Deutlich wird jedoch: Die seitens der Ärzteschaft geäußerten Befürchtungen, dass sich die Gerichte „auf die Leitlinien stürzen" und diese eins zu eins auf den beurteilenden Fall übertragen werden, haben sich nicht bestätigt. Die Gerichte legen auch weiterhin den medizinischen Standard als den entscheidenden Maßstab für die rechtliche Bewertung ärztlichen Handelns zugrunde. Sie erkennen jedoch an, dass Leitlinien, Richtlinien und Empfehlungen durchaus in der Lage sein können, diesen medizinischen Standard zutreffend wiederzugeben. Hierbei ist jedoch die Qualität der einschlägigen Leitlinie zu beachten. Entsprechen Leitlinien dem Idealtyp, also der evidenzbasierten Konsensusleitlinie, S3-Leitlinie, geben sie den medizinischen Standard wieder und können insoweit auch den Haftungsmaßstab bestimmen. Weichen Leitlinien allerdings vom Standard ab, darf ihnen kein Einfluss auf den Haftungsmaßstab eingeräumt werden. Die Gerichte haben sich in der Vergangenheit und werden sich wohl auch zukünftig nicht anmaßen, selbst zu bestimmen, ob eine Leitlinie den im Zeitpunkt der Behandlung geltenden Standard zutreffend wiedergegeben hat. Dies wird vornehmlich ebenso wie die Frage der Feststellung des medizinischen Standards durch einen ärztlichen Gutachter erfolgen.

Leitlinien stellen also für typische medizinische Sachverhalte Regeln guten ärztlichen Handelns auf, die auf die qualitative Sicherung oder auf die Verbesserung des maßgeblichen Standards diagnostischen oder therapeutischen Handelns abzielen. Es handelt sich – idealerweise – um systematisch entwickelte, wissenschaftlich begründete und praxisorientierte Entscheidungshilfen über die angemessene ärztliche Vorgehensweise bei typischen gesundheitlichen Problemen. Häufig werden Leit-

---

[40] BGH, PflegeR 2008, 443; GesR 2008, 361.
[41] Vgl. auch z. B. LG Freiburg, NJW 2007, 1682; OLG Hamm, GesR 2006, 495; OLG Hamm, VersR 2002, 857.

V. Europarecht und WHO

linien daher bildlich als Orientierungshilfe im Sinne von „Handlungs- oder Entscheidungskorridoren" umschrieben, von denen in begründeten Fällen abgewichen werden kann oder sogar muss.

V. Europarecht und WHO

▶ Europarat

Qualitätsmanagement, Qualitätssicherung und Risikomanagement sind kein rein deutsches Anliegen. Im internationalen Vergleich zeigt sich, dass zumindest europaweit dieselben Anstrengungen bestehen, ein Risikomanagement in den Kliniken zu etablieren, wie in Deutschland. Aus diesem Grund hat sich der Europarat mit diesem Thema beschäftigt und eine Empfehlung des Ministerkomitees im Umgang mit der Patientensicherheit und die Verhinderung von unerwünschten Ereignissen im Gesundheitswesen geäußert[42]. Auf politischer Ebene wird die Notwendigkeit des Risikomanagement und auch die Notwendigkeit von Foren, in denen ein Austausch über kritische Ereignisse erfolgen kann, gesehen. Der Europarat hält fest:

„Es wird hingenommen, dass Fehler eine Folge der normalen menschlichen Fehlbarkeit und/oder Mängel im System sind; ihnen könnte durch Verbesserung der Arbeitsbedingungen für die Menschen vorgebeugt werden. Ziel ist ein System mit eingebauten Schutzmechanismen."

Der Europarat hält es dabei für erforderlich, die Entwicklung einer so genannten „Sicherheitskultur" zu fördern, wobei hierunter eine Kultur zu verstehen ist, „in der jeder Einzelne sich konstant und aktiv der eigenen Rolle und des eigenen Beitrages zu der Organisation ebenso wie eines potenziellen Scheiterns bewusst ist. Es ist eine offene und faire Kultur, in der Menschen in der Lage sind, zu erfahren, was schief läuft, und die Dinge dann korrigieren können."

▶ WHO

Ebenso wie der Europarat beschäftigt sich auch die Weltgesundheitsorganisation WHO mit dem Thema Patientensicherheit und Organisation. Aktuell haben Patientenidentifikationen und Seitenverwechslung sowie „Clean-Hands" WHO-Aktivitätsprioritäten. Die Standardisierung der Operationsprotokolle ist eine jüngste Aktivität. Standardisierung bedeutet, dass sogenannte SOP's (Standard Operating Procedures) bzw. Empfehlungen entwickelt werden sollen[43]. Daneben gibt es weltweit noch eine Reihe von Aktivitäten, die unter den Kurzformeln „Safe health care" oder „First do no harm" mit der Zielsetzung Patientensicherheit zusammengefasst werden können[44].

---

[42] Empfehlung Rec. (2006) 7 des Europarates als download über das Bundesministerium für Gesundheit, www.bmg.bund.de.
[43] Hart, MedR 2007, S. 383 ff.
[44] Hart, aaO.

VI. Ausblick

Auch wenn das Ob des Qualitätsmanagements und insofern auch das Risikomanagements im SGV V gesetzlich geregelt sein mag, so bleibt das Wie dem einzelnen Leistungserbringer überlassen, der aus einer steigenden Flut von Angeboten dasjenige Konzept heraussuchen muss, das sich in den konkreten Arbeitsalltag am Besten integrieren lässt.

1. Externes Risikomanagement

▶ Risikomanagement-Anbieter

Es gibt diverse externe Risikomanagement-Anbieter, die vor allem aus dem Bereich der Versicherungsunternehmen und der Makler stammen, z. B. die Gesellschaft für Risikoberatung (GRB) der Ecclesia-Gruppe, die Medi-Risk der Bayerischen Versicherungskammer und das Funk Health Care Consulting der Funk-Gruppe. Hierneben gibt es jedoch noch andere Anbieter aus der freien Wirtschaft. Die Kosten für die Tätigkeit des Beraterteams, das aus Riskmanagern, Medizinern, Juristen und einem Pflegeverantwortlichen oder Verwaltungsleiter besteht, sind zunächst erheblich. Viele Krankenhäuser schrecken daher vor dieser Form des Risikomanagements zurück, auch wenn das spezielle Beratungsteam auf die jeweilige Klinik abgestimmt ist, Analysen erstellen kann und Soll-Konzeptionen entwickelt. Die Beratungsteams leisten hierbei „Hilfe zur Selbsthilfe", indem sie quasi als Moderatoren die Mitarbeiter des Krankenhauses dazu anregen, aus den Erkenntnissen des Beratungsteams eine Lösung für dieses spezielle Krankenhaus bzw. die spezielle Praxis zu finden. Ziel ist ein Risikomanagement ohne kontinuierliche Hilfe von außen, das sich in der Klinik oder der Praxis weiter entwickelt.

2. Risikomanagement auf der Makroebene

▶ Risikomanagement durch Krankenhaus selbst

Ein gelebtes „Risikomanagement" mit Risk-Managern im Krankenhaus ist sehr arbeits- und daher auch kostenintensiv, es bindet finanzielle Mittel und kann teils auch nur abteilungsweise durchgeführt werden. Deshalb kann der Krankenhausträger Risikomanagement auch – kostengünstiger – auf die Makroebene verlagern. Zwar werden dann nicht „Schwachstellen" des jeweiligen Krankenhauses von externen Fachleuten überprüft, aber externe Arbeitsergebnisse werden in das eigene Klinikleben implantiert.

3. Neue Entwicklungen

▶ Aktionsbündnis Patientensicherheit

Nachdem der 108. Deutsche Ärztetag in Berlin im Jahre 2005 Entschließungen zum Hauptthema „Ärztliches Fehlermanagement/Patientensicherheit (Tagungsordnungspunkt VII)" gefasst hat[45], hat die Bundesärztekammer im Curriculum ein „Ärztliches Qualitätsmanagement" eingerichtet. Die ÄZQ (Ärztliche Zentralstelle für Qualitätssicherung) hat unter www.forum-patientensicherheit.de Informationen zum Thema Patientensicherheit ins Internet gestellt. Als Netzwerk für bestehende Initiativen und Projekte agiert das „Aktionsbündnis Patientensicherheit".

Auch das Aktionsbündnis Patientensicherheit widmet sich dem Risikomanagement, wobei in verschiedenen Arbeitsgruppen schwerpunktmäßig einzelne Themen behandelt werden, z. B. die Eingriffsverwechslung, die Patientenidentifikation oder der Medikationsfehler. Es gibt auch eine Arbeitsgruppe zu CIRS im Krankenhaus und eine weitere Arbeitsgruppe zu dem Thema Behandlungsfehlerregister. Das Aktionsbündnis Patientensicherheit hat außerdem einen „Kerndatensatz" entwickelt, also einen EDV-Dokumentationsstandard für Fälle von Medizinschäden und (vermuteten) Behandlungsfehlern. Dieser Kerndatensatz wird den Nutzern, z. B. Versicherungswirtschaft, GKV, MDK, oder Rechtsmedizin zur Verfügung gestellt, damit die Register, die bestehen, strukturiert, aufgearbeitet und weitergeführt werden können. Man verspricht sich hiervon einen kontinuierlichen registerübergreifenden Dialog und eine koordinierte Zusammenarbeit in Sachen Risiko-Management und Behandlungsfehlerprävention[46].

Das Aktionsbündnis Patientensicherheit beschäftigt sich jährlich schwerpunktmäßig mit einigen Themen aus dem Risikomanagement, z. B. der Hygiene der Hände oder Arzneimitteltherapiesicherheit.

▶ CIRS

Eine besondere Bedeutung erlangen die Fehlermeldesysteme. So hat die Kassenärztliche Vereinigung mit dem Critical Incident Reporting System (CIRS) ein computerbasiertes Fehlersystem eingeführt. Jeder Arzt kann unter www.cirsmedical.de Fehler und Beinahefehler über das Internet anonym dokumentieren. Ziel ist es, durch eine positive Fehlerkultur die Prävention von Fehlern zum Allgemeingut werden zu lassen. Bei dem CIRS wird der berichtende Arzt aufgefordert, das Ereignis und die Einschätzung des Zwischenfalles detailliert zu schildern, insbesondere auch die Arbeitsbelastung und die Zeitfaktoren anzugeben. Der Arzt selbst bleibt anonym und braucht lediglich mitzuteilen, welcher Fachgruppe er angehört und welchen Ausbildungsgrad er erreicht hat. Die Daten werden dann anonymisiert hinterlegt. Parallel dazu prüft die KBV die Daten auf Plausibilität und ordnet sie nach Fehler-

---

[45] Abgedruckt in: Deutsches Ärzteblatt 2005, Bl. 54 ff.
[46] Agenda Patientensicherheit 2007 als download, www.aktionsbuendnis-patientensicherheit.de.

gruppen. Nutzer der Internetplattform erhalten Gelegenheit, die Fehlermeldung zu kommentieren[47].

▶ CIRS intern

Neben dem bundesweiten System zur Qualitätssicherung bestehen auch interne CIRS-Varianten, die ausschließlich innerhalb einer Klinik oder eines Klinikverbandes genutzt werden. So gibt es z. B. CIRS-Charité, das für den Verbund der zur Charité zählenden Kliniken als Projektmodell eingeführt wurde. CIRS-Charité soll als ein Instrument des modernen Risikomanagements, insbesondere in den Hochrisikobereichen wie Intensivmedizin, Geburtshilfe und den chirurgischen Fächern verstanden werden[48]. In diesem System sollen tatsächlich eingetretene Schäden nicht gemeldet werden, nur solche Ereignisse, die kritisch waren, dabei jedoch keine ungünstigen Folgen für die Patienten hatten. Klinikintern sind Meldekreise eingerichtet, die die Meldungen überprüfen, vor allem hinsichtlich der Anonymität der Beteiligten, erst dann werden die Meldungen zum Lesen freigegeben.

▶ CIRS spezial

4. Umsetzung im Klinikalltag

Auch wenn im allgemeinen CIRS-System eine Sortierung nach den jeweiligen Fachbereichen möglich ist, bestehen daneben auch spezielle CIRS für besondere Bereiche, wie etwa der Notfallmedizin, der Chirurgie oder der Schmerzmedizin[49].

Die politische Aktivität auf nationaler Ebene und Europaebene hat ebenso wie die Einführung verschiedener Fehlerberichtsysteme dazu beigetragen, für das Thema Risikomanagement zu sensibilisieren. Eine wirkliche Umsetzung des Risikomanagements findet jedoch bislang nur vereinzelt statt.

Die anstehenden Aufgaben werden vor allem darin liegen, für die jeweiligen Kliniken ein eigenes funktionierendes Risikomanagementprogramm aufzubauen, wobei man von den Erkenntnissen der bisherigen erfolgreichen Risikomanagementprojekte profitieren kann.

Bei der Umsetzung der einzelnen Risikomanagementmaßnahmen muss Risikomanagement in den Zusammenhang mit allen sonstigen Anforderungen an den Klinikalltag gesetzt werden. Insbesondere kann nur die Implementierung von Behandlungspfaden hilfreich sein. Es erscheint beim Zusammenwirken beider Aspekte möglich, innerhalb eines Behandlungspfades sogenannte „Risikokontrollpunkte" festzusetzen, so dass das Risikomanagement nicht losgelöst von der Behandlung des Patienten erfolgt, sondern tatsächlich im Klinikalltag gelebt wird.

---

[47] Vgl. auch das Bundesärzteblatt 2005, 920.
[48] BDI Aktuell, Nr. 5, Mai 2007, S. 6–7.
[49] www.cirs-Notfallmedizin.de; www.dgch.de; www.dgss.de; www.basos-ains.de.

10

Die Arzthaftpflichtversicherung: Schadensstatistiken, Prämien und Markt, Probleme im Versicherungsverhältnis, Empfehlungen im Schadensfall

I. Die Arzthaftpflichtversicherung

► Standesrechtliche Versicherungspflicht für Ärzte

§ 21 der Musterberufsordnung (MBO-Ärzte)[1] und die entsprechenden Vorschriften in den auf Länderebene umgesetzten Kammer-Berufsordnungen, so z. B. § 21 BO Ärztekammer Westfalen-Lippe[2], verpflichten Ärztinnen und Ärzte, sich hinreichend gegen Arzthaftpflichtansprüche im Rahmen ihrer beruflichen Tätigkeit zu versichern[3]. Der Abschluss einer solchen Versicherung ist damit lediglich standesrechtlich verpflichtend, jedoch weder Voraussetzung für die Approbation noch für die Zulassung als Vertragsarzt. Im Rahmen des Patientenrechtegesetzes ist allerdings § 6 BÄO dahin erweitert worden, dass das Ruhen der Approbation angeordnet werden kann, wenn der Arzt nicht über eine hinreichende Haftpflichtversicherung verfügt.

► Keine Versicherungspflicht für Krankenhausträger

Für die Krankenhausträger besteht keine Verpflichtung zum Abschluss einer Betriebshaftpflichtversicherung im Sinne des § 102 VVG. Krankenhausärzte und -patienten können sich also nicht darauf verlassen, automatisch über eine Haftpflichtversicherung des Krankenhausträgers abgesichert zu sein. Insbesondere große staatliche Institutionen, wie beispielsweise Universitätskliniken, waren früher in der Regel und sind zum Teil noch heute sogenannte Selbstversicherer. Die Bezeichnung verschleiert, dass diese Krankenhäuser im Ergebnis überhaupt nicht versichert sind. Sie regulieren etwaige Schäden aus eigenem Vermögen, z. B. nicht versicherte Universitätskliniken der Länder aus dem Länderhaushalt.

---

[1] NJW 1997, 3078.
[2] MBl.NW 2007, 365.
[3] Zum Gesamtthema: Bergmann, in: van Bühren, Handbuch Versicherungsrecht, § 11.; Bergmann/Kienzle.

▶ Abkehr von der Selbstversicherung der Universitätskliniken

Dieses System entstammt einer Tradition der öffentlichen Haushalte, nach der sich die großen Gebietskörperschaften wie der Bund, die Länder und zahlreiche Großstädte nicht versichern müssen. In NRW hatte jedoch der Landesrechnungshof festgestellt, dass Haftpflichtversicherungen aufgrund der gestiegenen Rückstellungen für Prozessrisiken die medizinischen Einrichtungen der Hochschulen günstiger kämen, da die Versicherungsprämien in die Bemessung der Pflegesätze einbezogen werden könnten. Daraufhin schlossen die landeseigenen Universitätskliniken in NRW mit Wirkung vom 01.01.1990 Betriebshaftpflichtversicherungen ab[4].

▶ Umfang des Versicherungsschutzes

Damit ist die Betriebshaftpflichtversicherung auch nach der Reform des VVG keine Pflichtversicherung. Der Umfang der Versicherungspflicht ergibt sich aus dem Zusammenspiel der grundlegenden Bestimmungen des Versicherungsvertragsgesetzes (VVG) und der Allgemeinen Haftpflichtversicherungsbedingungen (AHB) mit den besonderen Haftpflichtversicherungsbedingungen für Ärzte (BHB/Ärzte), speziellen Risikobeschreibungen für die Arzthaftpflichtversicherung sowie den einzelvertraglichen Regelungen. Der Haftpflichtversicherer hat die doppelte Aufgabe, zum einen dem Versicherungsnehmer Versicherungsschutz für berechtigte Ansprüche des Patienten zu gewähren (§ 1 AHB) und zum anderen unberechtigte Ansprüche von dem Versicherungsnehmer abzuwehren (§ 5 Ziffer I AHB). Werden durch die ärztliche Tätigkeit der Tod des Patienten, eine Gesundheitsschädigung oder Sachschäden verursacht, so sind diese nach § 1 Ziffer 1 AHB stets vom Versicherungsschutz umfasst. Hierzu gehört auch der sogenannte „unechte" Vermögensschaden, d. h. Einbußen im Vermögen des Geschädigten, die auf einen Personen- oder Sachschaden zurückzuführen sind.

▶ Grenzen des Versicherungsschutzes

Hiervon zu unterscheiden ist der „reine" Vermögensschaden, also eine Vermögenseinbuße, die weder die durch Personen- noch Sachschäden verursacht wurde[5]. Zum reinen Vermögensschaden gehört insbesondere der Unterhaltsschaden für ein ungewolltes oder behindert geborenes Kind, wie das BVerfG in einer jüngeren und nicht unumstrittenen Entscheidung bestätigte[6]. Diese Schäden waren im Versicherungsumfang nach § 2 Ziffer I AHB nur bei einer besonderen Vereinbarung enthalten.

---

[4] Hanau, MedR 1992, 18.
[5] Prölss/Martin-Voit, § 1 AHB Rn. 37.
[6] BVerfG, NJW 1998, 519 (1. Senat); BGHZ 124, 136; Palandt-Heinrichs, Vorbem. vor § 249 BGB, Rn. 72 ff. m.w.N.; a. A.: BVerfG, NJW 1998, 523 (2. Senat).

I. Die Arzthaftpflichtversicherung

▶ Versicherungsschutz für reine Vermögensschäden

Die übliche Deckungssumme für Vermögensschäden beträgt heute 100.000,00 €. Auch wenn sich die Versicherungssumme in den letzten Jahren nahezu vervierfacht hat, reicht sie zur Deckung von Unterhaltsschäden in den wenigsten Fällen aus. Für Haftpflichtansprüche, bei denen es sich um Unterhaltsansprüche gegen den Versicherungsnehmer in seiner Eigenschaft als Arzt wegen ungewollter Schwangerschaft bzw. wegen unterbliebenen Schwangerschaftsabbruches handelt, besteht laut BBR (Besondere Bedingungen und Risikobeschreibungen für die Haftpflichtversicherung), als Reaktion auf die Rechtsprechung, Versicherungsschutz nach Maßgabe der vereinbarten Versicherungssumme für Personenschäden. Diese liegt üblicherweise zwischen 2–5 Mio. €, bei Krankenhäusern sogar bis zu 20 Mio. €, sodass durch Aufnahme der „Unterhaltsklausel" ein ausreichender Deckungsschutz für dieses erhebliche Haftungsrisiko gewährleistet ist[7].

▶ Wiedereinschluss individueller Risiken im Versicherungsschutz

Die besonderen Bedingungen für die Arzthaftpflichtversicherung sind vor allem deshalb wichtig, weil sie zahlreiche Risiken, die an und für sich nach den AHB aus der Haftpflichtversicherung ausgeschlossen sind, wieder dem Versicherungsschutz unterstellen (sogenannte Wiedereinschlüsse). Hierzu gehören u. a. die relevanten Risiken wie Schäden durch Strahlenbehandlungen (Röntgen, Laser) durch ärztliche Vertreter und angestelltes Personal, Apparaterisiko, Tätigkeit im Ausland und erweiterter Strafrechtsschutz[8]. Auch hier empfiehlt es sich, die besonderen Bedingungen daraufhin durchzusehen, ob alle Risiken der jeweiligen individuellen ärztlichen Tätigkeit in den Versicherungsschutz wieder eingeschlossen sind (vgl.: A I und D I der ARB (Allgemeine Risikobedingungen Ärzte des GDV (Gesamtverbandes der Deutschen Versicherungswirtschaft e. V.)).

▶ Versicherung des Krankenhauspersonals

Sofern der Krankenhausträger eine Betriebshaftpflichtversicherung abschließt, sollte aus Wirtschaftlichkeitsüberlegungen und zur sicheren Gestaltung der Haftpflichtbeziehungen zwischen Patient-Arzt-Krankenhausträger-Versicherung das ärztliche und nichtärztliche Krankenhauspersonal in die Versicherung mit einbezogen werden. Eine Verpflichtung hierfür bzw. eine Regelung, inwieweit das Personal in den Vertrag mit einzubeziehen ist, besteht jedoch nicht. Für den einzelnen Arzt ist deshalb entscheidend, dass die Beschreibung des mitversicherten Risikos auch sein gesamtes Tätigkeitsspektrum im Krankenhaus abdeckt.

---

[7] Vgl. Bergmann, in: van Bühren, Handuch Versicherungsrecht, § 11 Rn. 90 f.
[8] Übersicht bei: Prölss/Martin-Voit, Zusatzbedingungen und besondere Bedingungen für die Betriebs- und Berufshaftpflichtversicherung, Rn. 4 (S. 1243).

▶ Belegarzt

Besonderheiten gelten für den Belegarzt und den Durchgangsarzt. Der Belegarzt erbringt seine ärztliche Leistung nach § 2 Abs. 1 Satz 2, § 18 KHEntgG als Vertragspartner der Patienten, während das Belegkrankenhaus zum sogenannten kleinen Pflegesatz die pflegerische und medizinische Betreuung durch nachgeordnetes Personal des Fachgebietes des Belegarztes erbringt (gespaltener Krankenhausvertrag)[9]. Der Belegarzt hat folglich eine eigene Haftpflichtversicherung für seine ärztliche Leistung abzuschließen.

▶ Durchgangsarzt

Der Durchgangsarzt wird im Rahmen seiner öffentlich-rechtlichen Funktion gemäß § 28 Abs. 1 SGB VII für die Berufsgenossenschaft tätig und ist Beauftragter des gesetzlichen Unfallversicherungsträgers. Im Rahmen seiner Entscheidung über das Ob und Wie der berufsgenossenschaftlichen Heilbehandlung haftet deshalb die Berufsgenossenschaft für etwaige Amtspflichtverletzungen des Durchgangsarztes. In einem Prozesskostenhilfebeschluss für eine Nichtzulassungsbeschwerde vom 04.03.2008 – VI ZR 101/07 – hat der BGH zur durchgangsärztlichen Behandlung ausdrücklich festgehalten, dass die Entscheidung des III. Zivilsenats vom 09.12.1974 – III ZR 131/72 –[10], nach der ein von der Berufsgenossenschaft bestellter Durchgangsarzt bei der ärztlichen Erstversorgung eines Unfallverletzten nicht nur in Ausführung eines öffentlichen Amtes handelt, nicht überholt ist. Der Senat stellt klar, dass, soweit von einer Zäsur durch die Entscheidung über das „ob" und „wie" der zu gewährenden Heilbehandlung gesprochen werde, durch die die ärztliche Behandlung dem Privatrecht unterfalle, dies sich lediglich als inhaltliches Abgrenzungskriterium versteht, nicht aber als zeitliches, welches ein Nebeneinander der Pflichtenkreise bei einer Erstbehandlung ausschließe. Der Durchgangarzt hat daher seine Behandlungstätigkeit, soweit nicht stationär erfolgt und damit in den Versicherungsschutz des Krankenhausträgers einbezogen ist, selbst zu versichern.

▶ Chefarzt

Der Chefarzt ist in seiner Funktion als vertretungsberechtigtes Organ des Krankenhausträgers und als Bediensteter des Krankenhausträgers über die Betriebshaftpflichtversicherung des Krankenhausträgers versichert, sofern eine solche besteht. Soweit der Chefarzt im Rahmen der Nebentätigkeitsgenehmigung in seiner Privatpraxis oder in der von ihm betriebenen Krankenhausambulanz tätig wird, hat er eine Zusatzhaftpflichtversicherung abzuschließen. Der Krankenhausträger kann formularmäßig für sich im Aufnahmevertrag mit dem Patienten einen Haftungsausschluss für privatärztliche Wahlleistungen vereinbaren. Voraussetzung hierfür ist,

---

[9] Bergmann/Kienzle, Rn. 10 ff.
[10] BGHZ 62, 265.

I. Die Arzthaftpflichtversicherung

dass dieser Haftungsausschluss im Aufnahmevertrag inhaltlich und drucktechnisch eindeutig zum Ausdruck kommt[11].

▶ Versicherungsschutz im Strafverfahren

Aus der Betriebshaftpflichtversicherung des Krankenhauses oder der individuellen Berufshaftpflichtversicherung kann auch der Versicherungsschutz bei strafrechtlicher Verfolgung ausgenommen sein. Teilweise haben die ärztlichen Berufsverbände für ihre Mitglieder Versicherungen zum Strafrechtsschutz abgeschlossen. Der Arzt sollte sich über den entsprechenden Inhalt der Verträge orientieren, die er, der Krankenhausträger oder sein Berufsverband abgeschlossen haben. Andernfalls besteht die Möglichkeit einer unnötigen Doppelversicherung bzw. eines partiell fehlenden Versicherungsschutzes.

▶ Versicherungsschutz für grobe Fahrlässigkeit

Besonderes Augenmerk gilt schließlich dem Versicherungsschutz auch für grob fahrlässiges Handeln. Grobe Fahrlässigkeit liegt vor, wenn die im Verkehr erforderliche Sorgfalt in besonders schwerem Maße verletzt worden ist[12]. Wie aufgezeigt, spielt im Arzthaftungsrecht die Frage eines groben ärztlichen Behandlungsfehlers wegen der damit verbundenen Beweiserleichterungen zugunsten des Patienten eine große Rolle. Ein grober Behandlungsfehler wird bejaht, wenn bei objektiver Betrachtung des Gesamtgeschehens und Anlegung des für einen Arzt geltenden Ausbildungs- und Wissensstands das ärztliche Verhalten als nicht mehr verständlich und verantwortbar erscheint, weil es gegen elementare Erkenntnisse der Medizin verstößt[13].

▶ Deckungslücke für den Krankenhausarzt

Grundsätzlich gewährt in der Haftpflichtversicherung der Versicherer nach § 103 VVG auch bei grob fahrlässiger Herbeiführung des Versicherungsfalles Deckung, während in anderen Versicherungssparten der Versicherer nach § 81 VVG der Versicherer bei grober Fahrlässigkeit des Versicherungsnehmers die Versicherungsleistung je nach Schwere des Verschuldens kürzen kann. Die Haftung auch für vorsätzliches Handeln nach § 103 VVG kann jedoch vertraglich zulasten des Versicherungsnehmers abbedungen werden (Umkehrschluss aus § 112 VVG). So kann es – in der Praxis selten – vorkommen, dass der Krankenhausträger in seiner Betriebshaftpflichtversicherung solche Schäden von der Betriebshaftpflichtversicherung ausschließt, bei denen er als Dienstherr im Wege des Rückgriffs nach dem Beamtenrecht (z. B. § 84 Abs. 1 S. 1 LBG NW) bzw. nach den arbeits- und tarifrechtlichen Vorschriften Ersatz verlangen und durchsetzen

---

[11] OLG Koblenz, VersR 1998, 1283; kritisch zum Haftungsausschluss: Spickhoff, VersR 1998, 1189 ff.
[12] BGHZ 89, 161.
[13] OLG Düsseldorf, VersR 1995, 785.

kann. Für den angestellten Krankenhausarzt bleibt somit beim Ausschluss der Haftung für grob fahrlässiges Verhalten eine nicht unbeträchtliche Deckungslücke.

▶ Nachteile für den Patienten

Auch für den Patienten können hieraus beträchtliche Nachteile erwachsen, wenn der entstandene Schaden mangels Versicherungsschutzes die finanziellen Möglichkeiten des haftenden Arztes übersteigt. Es erscheint daher geboten, dass der Krankenhausträger die grobe Fahrlässigkeit der mitversicherten Bediensteten in die Deckung bei dem Haftpflichtversicherer einbezieht und notfalls zum Ausgleich den Bediensteten an den Kosten der Betriebshaftpflichtversicherung beteiligt[14]. Solange dies nicht der Fall ist, muss der Krankenhausarzt dieses Risiko ebenso wie der niedergelassene Arzt durch einen privaten Haftpflichtversicherungsvertrag abdecken.

▶ Kündigung und Prämienerhöhung

Nach einem Versicherungsfall steht sowohl dem Versicherer als auch dem Versicherungsnehmer ein Kündigungsrecht nach § 111 Abs. 1 Satz 1 VVG zu. In der Praxis wird die Kündigung des Versicherungsträgers oft mit dem Angebot verbunden, zu einem neuen, teureren Tarif wieder einen Vertrag abzuschließen[15]. Unabhängig von einem konkreten Versicherungsfall hat der Versicherer nach § 13 Ziffer I und II AHB die Möglichkeit zur sogenannten Richtigstellung der Prämie bei Erhöhung und Erweiterung des versicherten Risikos (Beitragsregulierung).

Checkliste
Wichtige Punkte beim Abschluss einer Arzthaftpflichtversicherung
1. Übereinstimmung von Versicherungsschutz lt. Leistungsbeschreibung im Versicherungsvertrag mit dem gesamten individuellen ärztlichen Tätigkeitsspektrum ✓
2. Vermeidung von Deckungslücken und Doppelversicherungen durch Vergleich der individuellen (Zusatz-) Versicherung mit den Versicherungen des Krankenhausträgers und der Berufsverbände ✓
3. Ausreichende Deckungssumme für den größten anzunehmenden Schadensfall im persönlichen Tätigkeitsbereich ✓
4. Versicherungsschutz auch im Ermittlungs- bzw. Strafverfahren und bei grob fahrlässigem Verhalten ✓
5. Zeitlich lückenloser Versicherungsschutz für die gesamte Berufsdauer ✓

---

[14] Hanau, MedR 1992, 21.
[15] Flatten, VersR 1994, 1022.

II. Empfehlungen für das Verhalten im Schadensfall

1. Bekanntwerden des Haftungsfalles

▶ Indizien für Haftungsfall

Einige Grundregeln bei Bekanntwerden eines Schadensfalles erleichtern allen Beteiligten die sachgerechte Bearbeitung erhobener Ansprüche[16]. In der Regel wendet sich der Patient zunächst direkt oder unter Einschaltung eines Rechtsanwaltes an den behandelnden Arzt oder an das Krankenhaus. In einigen Fällen werden sofort konkrete Ansprüche und Behandlungsfehlervorwürfe erhoben. In anderen Fällen wird pauschal der Verdacht eines Behandlungsfehlers erhoben, gleichzeitig werden die Krankenunterlagen angefordert. In wieder anderen Fällen erfolgt zunächst nur eine Bitte um Einsichtnahme in die Krankenunterlagen. In jedem Fall sollten, auch wenn nur die Krankenunterlagen ohne einen konkreten Anlass angefordert werden, „die Alarmglocken schrillen". In die Prüfung eines potenziellen Haftungsfalles ist dann sofort einzutreten.

▶ Hinweisen von Mitarbeitern nachgehen

Nicht vergessen werden dürfen auch die Fälle, in denen der Arzt oder ein Krankenhausmitarbeiter selbst den Verdacht haben, es könne ein Haftungsfall entstehen. Grund für die Annahme oder Befürchtung eines Haftungsfalles kann sein, dass eine Behandlung unglücklich verlaufen ist, ohne dass der Verantwortliche sich selbst eines Behandlungsfehlers bewusst ist. Schon die Persönlichkeitsstruktur eines unzufriedenen Patienten kann den Verdacht eines drohenden Haftpflichtfalles begründen.

2. Abstimmung mit dem Versicherer

▶ Unverzügliche Information des Versicherers

Tritt ein Patient direkt oder über seinen Anwalt wegen angeblicher Behandlungsfehler an den Arzt oder an Krankenhausmitarbeiter heran, ist zunächst der Versicherer unverzüglich, spätestens innerhalb einer Woche, schriftlich zu informieren. Das gilt auch für die Einleitung eines strafrechtlichen Ermittlungsverfahrens (§ 104 Abs. 1 VVG, § 3 Ziffer 1 und 3 AHB).

▶ Regulierungs- und Prozessführungsrecht des Versicherers

Das Regulierungs- und Prozessführungsrecht liegt allein bei dem Versicherer (§ 5 Ziffer 2 und 3 AHB). Das Prozessführungsrecht schließt das Recht des Versicherers ein, einen Rechtsanwalt zu bestimmen, der sich der Angelegenheit annimmt. Die meisten Versicherer arbeiten ständig mit spezialisierten Rechtsanwälten zusammen.

---

[16] Bergmann, Das Krankenhaus 1998, 96; Jahn/Kümper, MedR 1993, 413.

Beauftragen der Arzt oder der Krankenhausträger für das Zivilverfahren persönlich einen eigenen Rechtsanwalt, so kann der Versicherer, wenn keine vorherige Absprache erfolgt ist, die Erstattung der Kosten dieses Rechtsanwaltes verweigern (§ 85 Abs. 2 VVG). Erstattet der Patient allerdings gleichzeitig Strafanzeige gegen den Arzt oder einen Krankenhausmitarbeiter, so ist es diesem unbenommen, für das Ermittlungsverfahren einen eigenen Anwalt seines Vertrauens zu beauftragen. Das Prozessführungsrecht des Versicherers erstreckt sich nicht auf ein Ermittlungs- oder Strafverfahren[17]. Das strafrechtliche Verfahren nimmt unabhängig vom Zivilverfahren seinen eigenen rechtlichen und tatsächlichen Verlauf.

3. Kontakt zum Patienten

▶ Direkten Kontakt mit Patienten nach Anspruchsanmeldung grds. vermeiden

Nach Eintritt einer Komplikation sollte zunächst das klärende Gespräch zwischen Patient und Arzt – im Beisein von Zeugen – gesucht werden. Aber: Der direkte Kontakt zwischen Arzt/Krankenhaus und Patient/Patientenanwalt beschränkt sich *nach* Anspruchsanmeldung auf ein Minimum. Nach Bekanntwerden des Schadensfalles sollte die weitere Korrespondenz allein zwischen dem Anspruchsteller und der Versicherung bzw. dem von ihr beauftragten Rechtsanwalt erfolgen. Auch bei äußerst tragischen Geschehensabläufen sollte die direkte Kontaktaufnahme des Arztes mit dem Patienten unterbleiben. Der Patient ist häufig geneigt, eine direkte Kontaktaufnahme als Schuldeingeständnis zu werten, auch wenn ihm lediglich erklärt wird, dass es sich um einen schicksalhaften Behandlungsverlauf gehandelt habe. Oft gelingt es nicht oder nur scheinbar, den Patienten oder seine Angehörigen von einem schicksalhaften Krankheitsverlauf zu überzeugen. Wird ein persönliches Gespräch mit dem Arzt gesucht, sollte sich dieser dem Gesuch nicht verschließen, jedoch einen Dritten, zum Beispiel den Chefarzt oder einen anderen Fachkollegen hinzuziehen und mit dessen Hilfe und Zeugenschaft das Gespräch sorgfältig vorbereitet führen.

▶ Einsichtsrecht des Patienten in Krankenunterlagen

Der Patient hat grundsätzlich ein Recht auf Einsichtnahme in seine Krankenunterlagen[18]. Nur unter engen Voraussetzungen ist das Einsichtsrecht aus entgegenstehenden therapeutischen Gründen vom Arzt einzuschränken[19]. In der Praxis wird der Auskunftsanspruch regelmäßig so ausgeübt, dass der Patient eine Kopie der gesamten Original-Krankenunterlagen anfordert und hierfür die anfallenden Kopierkosten erstattet. Der Anspruch darauf ist nunmehr in § 630 g BGB gesetzlich normiert. Die Einsichtnahme in die Krankenunterlagen durch Anfertigung von Kopien darf dem Patienten nicht verweigert werden. Wird die Einsichtnahme verweigert oder verzögert, kommt bei dem Patienten der Eindruck auf, man habe etwas zu verbergen.

---

[17] BGH, VersR 1962, 127.
[18] BGH, NJW 1983, 328; LG Düsseldorf, GesR 2007, 318.
[19] Zu den Einschränkungen: Martis/Winkhart, S. 601 ff.

Ist zu befürchten, dass ein Patient anfallende Kopierkosten nicht erstatten wird, so kann von der Übersendung der Krankenunterlagen in Kopie so lange abgesehen werden, bis der Patient die Kopierkosten vorschießt (§ 630 g Abs. 1 S. 2 in Verbindung mit § 811 Abs. 2 Satz 2 BGB).

4. Schlichtungsverfahren und Prozess

▶ Möglicher Verfahrensgang

Der weitere Geschehensablauf liegt meist in der Hand des Patienten und des Versicherers. Der Versicherer setzt sich mit dem Patienten/Patientenanwalt in Verbindung. Er wird nach eingehender Rücksprache mit dem Versicherungsnehmer und seinen Mitarbeitern eine Stellungnahme abgeben. Sofern ein Anspruch des Patienten zurückgewiesen wird, bestehen drei Möglichkeiten:

1. Der Patient gibt sich mit der Auskunft zufrieden, die Sache ist erledigt.
2. Der Patient gibt sich mit der Ablehnung nicht zufrieden, es kommt zu einem Verfahren vor der Schlichtungsstelle bzw. der Gutachterkommission der zuständigen Ärztekammer.
3. Der Patient erhebt sofort Klage ohne Durchführung eines Schlichtungsverfahrens oder stellt bei Gericht ein Prozesskostenhilfegesuch für eine beabsichtigte Klage.

▶ Zusammenarbeit mit Rechtsanwalt

Wird Klage oder ein Prozesskostenhilfegesuch erhoben, so ist auch dies dem Versicherer unverzüglich mitzuteilen. Dieser wird spätestens dann geeignete Anwälte mit der Vertretung des Arztes/Krankenhauses im Prozess beauftragen. Jeder Rechtsanwalt ist im weiteren Verfahren auf eine enge Zusammenarbeit mit den behandelnden Ärzten angewiesen. Auch ein noch so erfahrener Rechtsanwalt in Arzthaftungssachen kommt nicht ohne ergänzende fachmedizinische Stellungnahme aus. Die Mitwirkung des Arztes bei der Aufklärung des Sachverhaltes ist im eigenen Interesse geboten und nach § 25 Ziffer 2 AHB auch vertragliche Pflicht. Den Aufforderungen zu Stellungnahmen des Versicherers bzw. der beauftragten Rechtsanwälte ist innerhalb der gesetzten Fristen nachzukommen, damit im gerichtlichen Verfahren fristgerecht vorgetragen werden kann und keine Verteidigungsmittel verloren gehen.

5. Krankenunterlagen

▶ Sichtung und Ergänzung der Krankenunterlagen

Zentrale Bedeutung in einem Haftungsprozess haben die Krankenunterlagen. Diese sind spätestens bei Klageerhebung, idealerweise aber schon beim ersten Anhaltspunkt für einen Haftungsfall, zu sichten und auf ihre Vollständigkeit zu prüfen. Aus den Unterlagen muss sich der gesamte Behandlungsverlauf für einen Fachmann nachvollziehbar ergeben. Alle relevanten Verlaufsdaten wie Anamnese, Diagnose, Therapie und Aufklärung müssen dokumentiert sein. Eventuelle Dokumentationslücken können durch deutlich gekennzeichnete nachträgliche Einträge, z. B. in Form von Gedächtnisprotokollen, geschlossen werden. Bei einem Todesfall sollte im Zweifel Todesursache „ungeklärt" auf der Todesbescheinigung angegeben werden. Eine allgemeine Anzeigepflicht des Arztes bei einem Gesundheitsschaden oder Tod des Patienten gibt es nicht.

▶ Kopie der Krankenunterlagen

Dem Versicherer und dem eigenen Rechtsanwalt sollte – nach Einholung einer Schweigepflichtentbindungserklärung des Patienten – möglichst frühzeitig eine Kopie der Krankenunterlagen zur vollständigen Information vorgelegt werden. Der Anwalt kann dann vorab entscheiden, ob Auszüge aus den Krankenunterlagen zu den Gerichtsakten eingereicht werden sollen. Im weiteren Prozessverlauf wird vonseiten des Gerichts oder vonseiten eines beauftragten Sachverständigen in der Regel um Einreichung der Original-Krankenunterlagen gebeten. Eine Kopie der Krankenunterlagen sollte immer im Krankenhaus verbleiben, sodass eine Sicherungskopie der Unterlagen anzufertigen ist. Die Kosten hierfür sind notwendige Kosten des Rechtsstreites im Sinne des § 91 ZPO und im Falle des Obsiegens erstattungsfähig.

6. Mitwirkung des Arztes im Prozess

▶ Stellungnahme für eigenen Anwalt

Hat der Patient einmal konkrete Vorwürfe erhoben, ist der Rechtsanwalt im Allgemeinen auf ergänzende Stellungnahmen der behandelnden Ärzte angewiesen. Zur zutreffenden Abschätzung eines etwaigen Prozessrisikos ist eine offene und unvoreingenommene Stellungnahme unerlässlich. Schwachstellen der eigenen Position müssen auch dem Rechtsanwalt mitgeteilt werden.

▶ Auswahl des gerichtlichen Sachverständigen

Eine zentrale Rolle im Arzthaftungsprozess spielt die Erstattung gerichtlicher Sachverständigengutachten. Der Rechtsanwalt ist bei der Auswahl eines bestimmten Gutachters auf die Mithilfe der Ärzte angewiesen. Nur der Arzt kann entscheiden, ob ein Gutachter der einen oder anderen Fachrichtung zu beauftragen oder der benannte Gutachter aus den unterschiedlichsten Gründen abzulehnen ist. Erforderlichenfalls ist auch die Mitwirkung bei der Auswahl eines Privatgutachters zur Unterstützung der eigenen Position geboten. Ob ein gerichtlich beauftragter Sachverständiger von der richtigen Tatsachengrundlage ausgegangen ist und ob sein Gutachten Widersprüche aufweist, kann in der Regel nur der Arzt beurteilen. Die an der Behandlung des Patienten Beteiligten müssen daher den Anwalt in jeder Phase des Rechtsstreites durch ergänzende Informationen unterstützen.

Checkliste
Die wichtigsten Verhaltensmaßnahmen im Schadensfall
1. Unverzügliche Anzeige des Schadensfalles gegenüber dem ✓
   Versicherer
2. Absprache aller weiteren Maßnahmen mit dem Versicherer bzw. ✓
   dem vom Versicherer beauftragten Rechtsanwalt
3. Kein direkter Dialog mehr mit dem Patient, insbesondere keine ✓
   Abgabe von Anerkenntniserklärungen
4. Sichtung und gegebenenfalls deutlich gekennzeichnete Vervoll- ✓
   ständigung der Krankenunterlagen und Anfertigung einer kompletten Sicherungskopie
5. Fortlaufende Information des Versicherers und des eigenen Anwal- ✓
   tes auch im Verfahren sowie schnelle und umfassende Beantwortung von Bitten um ärztliche Stellungnahmen

III. Schlusswort

Die Autoren hoffen, dass der Leitfaden Ärzten und Juristen einen Überblick über das Arzthaftungsrecht und seine Stellung innerhalb des gesamten Medizinrechts vermittelt, zum wechselseitigen Austausch von Erfahrungen und Wissen anregt und das Bemühen aller im Gesundheitswesen Tätigen unterstützt, ärztliche Haftung zu vermeiden.

Für den Erfolg und damit auch die Qualität eines Unternehmens ist nicht das Können einzelner Mitarbeiter ausschlaggebend, sondern die gute Zusammenarbeit aller im Team.
   Es ist die Summe der sich zielkonform verhaltenden Mitarbeiter, die die Gesamt-Qualität der Behandlung ausmacht.(nach Taiichi Ohno)

Zusammenfassungen

Das Patientenrechtegesetz, §§ 630a-h BGB (2013)

Behandlungsvertrag

§ 630a Vertragstypische Pflichten beim Behandlungsvertrag

(1) Durch den Behandlungsvertrag wird derjenige, welcher die medizinische Behandlung eines Patienten zusagt (Behandelnder), zur Leistung der versprochenen Behandlung, der andere Teil (Patient) zur Gewährung der vereinbarten Vergütung verpflichtet, soweit nicht ein Dritter zur Zahlung verpflichtet ist.
(2) Die Behandlung hat nach den zum Zeitpunkt der Behandlung bestehenden, allgemein anerkannten fachlichen Standards zu erfolgen, soweit nicht etwas anderes vereinbart ist.

§ 630b Anwendbare Vorschriften
Auf das Behandlungsverhältnis sind die Vorschriften über das Dienstverhältnis, das kein Arbeitsverhältnis im Sinne des § 622 ist, anzuwenden, soweit nicht in diesem Untertitel etwas anderes bestimmt ist.

§ 630c Mitwirkung der Vertragsparteien; Informationspflichten

(1) Behandelnder und Patient sollen zur Durchführung der Behandlung zusammenwirken.
(2) Der Behandelnde ist verpflichtet, dem Patienten in verständlicher Weise zu Beginn der Behandlung und, soweit erforderlich, in deren Verlauf sämtliche für die Behandlung wesentlichen Umstände zu erläutern, insbesondere die Diagnose, die voraussichtliche gesundheitliche Entwicklung, die Therapie und die zu und nach der Therapie zu ergreifenden Maßnahmen. Sind für den Behandelnden Umstände erkennbar, die die Annahme eines Behandlungsfehlers begründen, hat er den Patienten über diese auf Nachfrage oder zur Abwendung gesundheitlicher Gefahren zu informieren. Ist dem Behandelnden oder einem seiner in § 52 Absatz 1 der Strafprozessordnung bezeichneten Angehörigen ein Behandlungsfehler unterlaufen, darf die Information nach Satz 2 zu Beweiszwecken in einem gegen den Behandelnden oder gegen seinen Angehörigen

geführten Straf- oder Bußgeldverfahren nur mit Zustimmung des Behandelnden verwendet werden.

(3) Weiß der Behandelnde, dass eine vollständige Übernahme der Behandlungskosten durch einen Dritten nicht gesichert ist oder ergeben sich nach den Umständen hierfür hinreichende Anhaltspunkte, muss er den Patienten vor Beginn der Behandlung über die voraussichtlichen Kosten der Behandlung in Textform informieren. Weitergehende Formanforderungen aus anderen Vorschriften bleiben unberührt.

(4) Der Information des Patienten bedarf es nicht, soweit diese ausnahmsweise aufgrund besonderer Umstände entbehrlich ist, insbesondere wenn die Behandlung unaufschiebbar ist oder der Patient auf die Information ausdrücklich verzichtet hat.

§ 630d Einwilligung

(1) Vor Durchführung einer medizinischen Maßnahme, insbesondere eines Eingriffs in den Körper oder die Gesundheit, ist der Behandelnde verpflichtet, die Einwilligung des Patienten einzuholen. Ist der Patient einwilligungsunfähig, ist die Einwilligung eines hierzu Berechtigten einzuholen, soweit nicht eine Patientenverfügung nach § 1901a Absatz 1 Satz 1 die Maßnahme gestattet oder untersagt. Weitergehende Anforderungen an die Einwilligung aus anderen Vorschriften bleiben unberührt. Kann eine Einwilligung für eine unaufschiebbare Maßnahme nicht rechtzeitig eingeholt werden, darf sie ohne Einwilligung durchgeführt werden, wenn sie dem mutmaßlichen Willen des Patienten entspricht.

(2) Die Wirksamkeit der Einwilligung setzt voraus, dass der Patient oder im Falle des Absatzes 1 Satz 2 der zur Einwilligung Berechtigte vor der Einwilligung nach Maßgabe von § 630e Absatz 1 bis 4 aufgeklärt worden ist.

(3) Die Einwilligung kann jederzeit und ohne Angabe von Gründen formlos widerrufen werden.

§ 630e Aufklärungspflichten

(1) Der Behandelnde ist verpflichtet, den Patienten über sämtliche für die Einwilligung wesentlichen Umstände aufzuklären. Dazu gehören insbesondere Art, Umfang, Durchführung, zu erwartende Folgen und Risiken der Maßnahme sowie ihre Notwendigkeit, Dringlichkeit, Eignung und Erfolgsaussichten im Hinblick auf die Diagnose oder die Therapie. Bei der Aufklärung ist auch auf Alternativen zur Maßnahme hinzuweisen, wenn mehrere medizinisch gleichermaßen indizierte und übliche Methoden zu wesentlich unterschiedlichen Belastungen, Risiken oder Heilungschancen führen können.

(2) Die Aufklärung muss
1. mündlich durch den Behandelnden oder durch eine Person erfolgen, die über die zur Durchführung der Maßnahme notwendige Ausbildung verfügt; ergänzend kann auch auf Unterlagen Bezug genommen werden, die der Patient in Textform erhält,

2. so rechtzeitig erfolgen, dass der Patient seine Entscheidung über die Einwilligung wohlüberlegt treffen kann,
3. für den Patienten verständlich sein.

Dem Patienten sind Abschriften von Unterlagen, die er im Zusammenhang mit der Aufklärung oder Einwilligung unterzeichnet hat, auszuhändigen.

(3) Der Aufklärung des Patienten bedarf es nicht, soweit diese ausnahmsweise aufgrund besonderer Umstände entbehrlich ist, insbesondere wenn die Maßnahme unaufschiebbar ist oder der Patient auf die Aufklärung ausdrücklich verzichtet hat.

(4) Ist nach § 630d Absatz 1 Satz 2 die Einwilligung eines hierzu Berechtigten einzuholen, ist dieser nach Maßgabe der Absätze 1 bis 3 aufzuklären.

(5) Im Fall des § 630d Absatz 1 Satz 2 sind die wesentlichen Umstände nach Absatz 1 auch dem Patienten entsprechend seinem Verständnis zu erläutern, soweit dieser aufgrund seines Entwicklungsstandes und seiner

Verständnismöglichkeiten in der Lage ist, die Erläuterung aufzunehmen, und soweit dies seinem Wohl nicht zuwider läuft. Absatz 3 gilt entsprechend.

§ 630f Dokumentation der Behandlung

(1) Der Behandelnde ist verpflichtet, zum Zweck der Dokumentation in unmittelbarem zeitlichen Zusammenhang mit der Behandlung eine Patientenakte in Papierform oder elektronisch zu führen. Berichtigungen und Änderungen von Eintragungen in der Patientenakte sind nur zulässig, wenn neben dem ursprünglichen Inhalt erkennbar bleibt, wann sie vorgenommen worden sind. Dies ist auch für elektronisch geführte Patientenakten sicherzustellen.

(2) Der Behandelnde ist verpflichtet, in der Patientenakte sämtliche aus fachlicher Sicht für die derzeitige und künftige Behandlung wesentlichen Maßnahmen und deren Ergebnisse aufzuzeichnen, insbesondere die Anamnese, Diagnosen, Untersuchungen, Untersuchungsergebnisse, Befunde, Therapien und ihre Wirkungen, Eingriffe und ihre Wirkungen, Einwilligungen und Aufklärungen. Arztbriefe sind in die Patientenakte aufzunehmen.

(3) Der Behandelnde hat die Patientenakte für die Dauer von zehn Jahren nach Abschluss der Behandlung aufzubewahren, soweit nicht nach anderen Vorschriften andere Aufbewahrungsfristen bestehen.

§ 630g Einsichtnahme in die Patientenakte

(1) Dem Patienten ist auf Verlangen unverzüglich Einsicht in die vollständige, ihn betreffende Patientenakte zu gewähren, soweit der Einsichtnahme nicht erhebliche therapeutische Gründe oder sonstige erhebliche Rechte Dritter entgegenstehen. Die Ablehnung der Einsichtnahme ist zu begründen. § 811 ist entsprechend anzuwenden.

(2) Der Patient kann auch elektronische Abschriften von der Patientenakte verlangen. Er hat dem Behandelnden die entstandenen Kosten zu erstatten.

(3) Im Fall des Todes des Patienten stehen die Rechte aus den Absätzen 1 und 2 zur Wahrnehmung der vermögensrechtlichen Interessen seinen Erben zu. Gleiches gilt für die nächsten Angehörigen des Patienten, soweit sie immaterielle Interessen geltend machen. Die Rechte sind ausgeschlossen, soweit der Einsichtnahme der ausdrückliche oder mutmaßliche Wille des Patienten entgegensteht.

§ 630h Beweislast bei Haftung für Behandlungs- und Aufklärungsfehler

(1) Ein Fehler des Behandelnden wird vermutet, wenn sich ein allgemeines Behandlungsrisiko verwirklicht hat, das für den Behandelnden voll beherrschbar war und das zur Verletzung des Lebens, des Körpers oder der Gesundheit des Patienten geführt hat.
(2) Der Behandelnde hat zu beweisen, dass er eine Einwilligung gemäß § 630d eingeholt und entsprechend den Anforderungen des § 630e aufgeklärt hat. Genügt die Aufklärung nicht den Anforderungen des § 630e, kann der Behandelnde sich darauf berufen, dass der Patient auch im Fall einer ordnungsgemäßen Aufklärung in die Maßnahme eingewilligt hätte.
(3) Hat der Behandelnde eine medizinisch gebotene wesentliche Maßnahme und ihr Ergebnis entgegen § 630f Absatz 1 oder Absatz 2 nicht in der Patientenakte aufgezeichnet oder hat er die Patientenakte entgegen § 630f Absatz 3 nicht aufbewahrt, wird vermutet, dass er diese Maßnahme nicht getroffen hat.
(4) War ein Behandelnder für die von ihm vorgenommene Behandlung nicht befähigt, wird vermutet, dass die mangelnde Befähigung für den Eintritt der Verletzung des Lebens, des Körpers oder der Gesundheit ursächlich war.
(5) Liegt ein grober Behandlungsfehler vor und ist dieser grundsätzlich geeignet, eine Verletzung des Lebens, des Körpers oder der Gesundheit der tatsächlich eingetretenen Art herbeizuführen, wird vermutet, dass der Behandlungsfehler für diese Verletzung ursächlich war.

Dies gilt auch dann, wenn es der Behandelnde unterlassen hat, einen medizinisch gebotenen Befund rechtzeitig zu erheben oder zu sichern, soweit der Befund mit hinreichender Wahrscheinlichkeit ein Ergebnis erbracht hätte, das Anlass zu weiteren Maßnahmen gegeben hätte, und wenn das Unterlassen solcher Maßnahmen grob fehlerhaft gewesen wäre."

Glossar

Abdominal	Zum Unterbauch/Bauch gehörig
Aciclovir	Herpesmedikament
Adenokarzinom	Maligner Tumor, der aus Drüsengewebe hervorgegangen ist
Adnexe	Anhänge, weibliche Tuben und Ovarien (Eierstöcke)
ALS	Degenerativer Muskelschwund
Analgeticum	Schmerzstillendes Arzneimittel
Anamnese	(gr. Anamnesis: Erinnerung); Vorgeschichte von Patienten
Anaphylaxie, anaphylaktisch	durch Antikörper vermittelte Überempfindlichkeitsreaktion
Angiografie	röntgenologische Darstellung der (Blut-) Gefäße nach Injektion eines Röntgenkontrastmittels
Anterograde Amnesie	Gedächtnisstörung für eine bestimmte Zeit nach einem schädigendem Ereignis
Antibiotikum	Bestimmte Stoffwechselprodukte von Schimmelpilzen zur Behandlung von bakteriellen Infektionskrankheiten
Antikoagulanzien	Hemmstoffe der Blutgerinnung, z. B. Heparin
Antiphlogistikum	Mittel mit entzündungshemmender Wirkung
Antirheumatikum	Medikament zur Behandlung rheumatischer Erkrankungen
Arthrose	degenerative Gelenkerkrankung, die vorwiegend bei einem Missverhältnis zwischen Beanspruchung und Beschaffenheit entsteht
Asphyxiezeichen	Zeichen von Atemstillstand
AV-Kanal	Zwischen Herzvorhof und Herzkammer gelegener Kanal

Biopsie	Entnahme einer Gewebeprobe durch Punktion
Blutgasanalyse	Messung der Partialdrücke des Atemgases und der Sauerstoffsättigung im Blut
Bradykardie	Absenkung der fetalen Herzfrequenz < 110/min über mehr als 3 Min, nachweisbar durch Kardiotokografie
BSG-Wert	Abk. für Blutkörperchensenkungsgeschwindigkeit; beschleunigte Blutkörperchensenkungsgeschwindigkeit tritt v. a. bei Entzündungen, Tumoren, Dys- und Paraproteinämie und Amyloidose ein; verlangsamt v. a. bei Lebererkrankungen
Cardiotokografie (CTG)	Gleichzeitige Registrierung der Herztöne des Feten und der Wehentätigkeit zur Beurteilung des Kreislaufs der Leibesfrucht
Caudalähmung	Nach Läsion der cauda equina auftretende schlaffe Lähmung mit Schmerzen und Sensibilitätsstörungen an den unteren Extremitäten, oft Blasen- und Mastdarmstörungen
Chemonukleolyse	Verfahren zur Auflösung des degenerierten Bandscheibenkerns
Chymopapain	Proteolytisches Enzym aus Papayasaft
Colidyspepsie	Durch Coli-Bakterien verursachte akute Ernährungsstörung
Computertomografie (CT)	Röntgendiagnostisches, computergestütztes bildgebendes Verfahren, welches im Vergleich mit üblichen Röntgenbildern eine höhere Kontrast- und geringere Struktur- und Formauflösung aufweist
Corticoid	In der Nebennierenrinde gebildete Steroidhormone
Coxarthrose	Degenerative Veränderungen der Hüftgelenke
Dekubitus	Druckgeschwür; tritt v. a. auf bei Bettlägerigkeit auf, insbesondere an Körperstellen, an denen die Haut dem Knochen unmittelbar anliegt (z. B. Kreuzbein, Ferse, Knöchel etc.)
Dezeleration	Absinken der fetalen Herzfrequenz
Diacepam	Tranquilizer, Medikament zur Behandlung von Angst- und Erregungszuständen
Differenzialdiagnostik	Unterscheidung ähnlicher Krankheitsbilder

Digitalis	Bezeichnung von herzwirksamen Wirkstoffen zur Verbesserung der Pumpleistung am insuffizienten Herzen und Senkung der Herzfrequenz
Discusprolaps	Bandscheibenvorfall
Diskografie	Röntgenologisches Verfahren bei Verdacht auf Bandscheibenvorfall; heute ersetzt durch Kernspintomografie
Distorsion	Verstauchung; Zerrung der Gelenkkapselbänder infolge Überdehnung des Bandapparates infolge gewaltsamer, übermäßiger Bewegungen; besonders am Fuß durch Umknicken
Drainage	Therapeutische Ableitung einer pathologischen Ansammlung von Flüssigkeit
Ductal	Im kleinen Gang befindlich
Ductus choledochus	Gallenableitender Kanal
Dystokie	Gestörter Geburtsverlauf infolge mechanischer, organischer oder funktioneller Ursachen
Eklamptisch	Krämpfe aufgrund von Gefäßverengungen in der Schwangerschaft
Embolie	Verlegung eines Gefäßlumens durch einen Pfropf
Endoprothese	Ersatzstück aus Fremdmaterial, das einem erkrankten oder zerstörten Gewebs- bzw. Organteil (z. B. Hüft-, Knie-, Ellenbogengelenk) nachgebildet ist und in das Innere des Körpers eingebracht wird
EPH-Gestose	Überbegriff für u. a. mit Blutdruckerhöhung verbundene Schwangerschaftserkrankungen
Epikondylus	Knochenfortsatz des Gelenkkopfes oder Knochenendes
Exzision	Ausschneidung von Gewebeteilen ohne Rücksicht auf Organgrenzen oder Gewebestrukturen
Fistel	Verbindung zwischen Körperhöhlen oder -Organen
Flavektomie	Interlaminäre Fensterung an der Bandscheibe
Fortum	Antibiotikum
Ganglion	Nervenknoten
Gastroskopie	Magenspiegelung
Gestose	Auch Präklampsie genannt: Schwangerschaftserkrankung mit Folgen in Leber, Niere, Gehirn und Plazenta

Hämatom	Bluterguss, Blutansammlung im Weichteilgewebe oder Körperhöhle
Hautdehiszenz	Hautspaltung
Hemiparese	Lähmung einer Körperhälfte
Herpesencephalitis	Meningoencephalitis herpetica: hämorragische Meningoencephalitis als Primärmanifestation eines Herpes simplex
Histologie	Lehre von den Geweben des Körpers
Hyperthermie	Komplikation bei Narkose durch wärmeproduzierende Stoffwechselvorgänge
Hypertonie	dauernde Erhöhung des Blutdrucks auf Werte von systolisch > 140 mm/Hg und diastolisch > 90 mm/Hg
Hypertroph	Zu stark wachsend; Vergrößerung von Geweben
Hypoxisch	Sauerstoffpartialdruck erniedrigt
Hysterektomie	Entfernung der Gebärmutter
Hämatom	Bluterguss, Blutansammlung im Weichteilgewebe oder Körperhöhle
Hautdehiszenz	Hautspaltung
Insuffizienz	Schwäche, ungenügende Leistung eines Organs oder Organsystems
Ischämisch	Durchblutung eines Organes unterbrochen
Karpaltunnel-Syndrom	Sensibilitätsstörung an Hohlhand und Fingern durch chronische Kompression des Medianusnervs
Kompartment – Syndrom	Funktionsstörung in einem zu anderen Organen abgegrenztem anatomischen Raum
Konservative Behandlung	Nichtoperative Behandlung
Kristeller-Handgriff	Handgriff zum Ersatz ungenügender Kraft der Bauchpresse bei Geburt des Kopfes
Laparaskopie	sog. Bauchspiegelung
Laparatomie	operative Eröffnung der Bauchhöhle
Lasègue'sches Zeichen	Durch Dehnung des Ischiasnerves ausgelöster Schmerz im Gesäß
Läsion	lat. laedere, laesus verletzen: Schädigung, Verletzung, Störung
Leistenbruch	lat. hernia inguinalis: häufigste, v. a. bei Männern auftretende Form der Hernie; Eingeweidebruch mit sackartiger Ausstülpung des Bauchfells

Letalitätsquote	Sterberate
Ligamentum rotundum	Verstärkungsband
Liquor	Gehirn-Rückenmark-Flüssigkeit
Lokalanästhetikum	Medikament zur örtlichen Betäubung
Lues-Test	Syphilis-Test
Lumbalgie	Akuter oder chronischer Kreuzschmerz bis hin zu Lähmungsgefühl
Lumbago-Ischialgie	Lumbago: Kreuzschmerz ohne Irritation der Ischiaswurzeln
	Ischialgie: Schmerzausstrahlung im Versorgungsgebiet des Ischiasnervs
Lungenabszess	vereinzelte oder vielfache, umschriebene Lungengewebseinschmelzungen und Bildung von Erweichungshöhlen mit eitrigem Inhalt
Makrosomie	Hochwuchs; insb. Übergröße/-gewicht bei Geburt
Malignom	Bösartiger Tumor; Einteilung in TNM-Klassifikation
Mammakarzinom	Brustkrebs; häufigster maligner Tumor der Frau
Mammografie	röntgenologische Aufnahme der weiblichen Brust mit einer bestimmten Technik (meist Rastertechnik), insbesondere zur Objektivierung und Lokalisation eines pathologischen Tastbefundes
Meningitis	Entzündung der harten oder weichen Hirnhaut bzw. der Rückenmarkhäute
Motoneuronenerkrankung/ ALS	Progressive degenerative Erkrankung von motorischen Nervenzellen
Muskelloge	Eine durch Fasern und elastische Netze umhüllte und dadurch abgegrenzte Muskelgruppe
Myambutol	Tuberkulosemedikament
Myelografie	röntgendiagnostisches Verfahren zur Darstellung des spinalen Subarachnoidalraums
Nekrose	Veränderungen der Zelle nach Zelltod
Neoteben	Tuberkulosemedikament zur Langzeittherapie
Nervus femoralis	Oberschenkelnerv
Nervus fibularis	Wadenbeinnerv

Nervus radialis	Reizleitung für Streckmuskulatur des Ober- und Unterarms, Schulter-, Ellenbogen-, Hand-, Mittelhandfingergelenke, Haut der Streckseite des Ober- und Unterarms, und des Handrückens
Nervus recurrens	Stimmbandnerv
Nervus ulnaris	Nerv zur Versorgung des Ellenbogens, Teilen des Unterarmes, des 5. Fingers u. a.
Notsectio	Kurzfristige Entbindung durch Kaiserschnitt
Off Label Use	Anwendung eines bereits zugelassenen Fertigarzneimittels außerhalb des behördlich genehmigten Gebrauchs
Orofaziales Schmerz-Dysfunktionssyndrom	HNO-Fachbegriff; gekennzeichnet durch Schmerzen im Bereich der Kau- und Gesichtsmuskulatur
Paracetamol	Schmerzmittel
Pathogenetisch	In der Lage, Krankheiten herbeizuführen
Parallelnarkose	Die parallele Überwachung mehrerer Narkosen durch einen Narkosearzt
Penicillin	Antibiotikum
Perforation	Durchbohrung, Durchbruch
Peritonaeum	Bauchfell
Ph-Wert	Maß für Wasserstoffionenkonzentration zur Übermittlung der Übersäuerung im Blut
Portio	in die Vagina hineinragender Teil der Gebärmutter
Probeexcision	Ausschneidung einer Gewebeprobe
Prostataresektion	Entfernung der Vorsteherdrüse
Resektion	Entfernung eines (kranken) Organteils
Respiration, respiratorisch	Atmung, die Atmung betreffend
Retinopathie	Nicht entzündlich bedingte Netzhauterkrankung
Rezidiveingriff	Eingriff wegen Wiederauftretens einer Krankheit nach klinisch vermuteter Heilung
Rifampicin	Tuberkulosemedikament
Schlaffe Lähmung	Periphere Lämung mit abgeschwächten oder erloschenen Muskeleigenreflexen und keinen Mitbewegungszeichen des Muskels
Schulterdystokie	Gestörter Geburtsverlauf, bei dem nach Geburt des kindlichen Kopfes die vordere Schulter über der Schambeinfuge hängen bleibt
Septisch	Keimbesiedelt

Sonografie	Ultraschalldiagnostik
Subtraktionsangiografie	Röntgenkontrastdarstellung von Gefäßen
Sulcus ulnaris	Rinne für den Ulnarisnerv am Ellenbogen
Suprapubisch	oberhalb der Schamhaare
Thalamus	größte Kernmasse des Zwischenhirns
Vaginal	die Scheide betreffend
Vescio-ureteral	Blase-Harnleiter
Spinalanästhesie	Form der Lokalanästhesie mit Injektion eines Lokalanästhetikums an den Rückenmarkskanal („Rückenmarksnarkose")
Steroide	bestimmte Gruppe von Hormonen
Strumektomie	Entfernung von Schilddrüsengewebe bei vergrößerter Schilddrüse
Sudecksches Syndrom	schmerzhafte Dystrophie an den Extremitäten mit lokalen Durchblutungs- und Stoffwechselstörungen aller Gewebsschichten der Weichteile sowie der Knochen der betroffenen Extremitätenregion
Supertendin	Kombination von Glucocorticoid und Lidocain zur Behandlung von entzündlichen oder degenerativen Gelenkerkrankungen, Neuralgien u. ä.
TEP-Operation	Spezielles Operationsverfahren zur Stabilisierung der Leistenhinterwand
Thrombektomie	Operative Entfernung eines venösen Thrombus
Thrombose	Blutpfropfbildung, meist in Venen, aber auch in Arterien
Tonisch-klonischer-Krampfanfall	Unwillkürliche Muskelkontraktionen bei Epilepsie, Eklampsie, Urämie, Entzugssyndrom und als psychogene Krämpfe bei Neurosen
Transaminasen	bestimmte Art von Enzymen
Visus (optisch)	das Sehen, Sehschärfe
Zerebralparese	allgemeine Bezeichnung für Folgen eines frühkindlichen Hirnschaden

Literatur

Arbeitsgemeinschaft Rechtsanwälte im Medizinrecht e. V. (Hrsg.): Krankenhaus im Brennpunkt, Berlin u. a. 1997
Arbeitsgemeinschaft Rechtsanwälte im Medizinrecht e. V. (Hrsg.): Gutachterkommissionen und Schlichtungsstellen, Berlin u. a. 1990
Arbeitsgemeinschaft Rechtsanwälte im Medizinrecht e. V. (Hrsg.): Qualitätsmängel im Arzthaftungsprozess – Brauchen wir ein Patientenrechtegesetz? Berlin u. a. 2012
Baden, Eberhard: „Wirtschaftliche Aufklärungspflichten" in der Medizin, NJW 1988, 746–749
Bausch, Jürgen: „Die Abseitsfalle", Konsequenzen für die tägliche Praxis aus dem BSG-Urteil vom 19. März 2002 zum Off-Label-Use, Hessisches Ärzteblatt 6/2002, 328
Berg, Dietrich; Ulsenheimer, Klaus: Patientensicherheit, Arzthaftung, Praxis- und Krankenhausorganisation, Berlin u. a., 2006
Bergmann, Karl Otto: Empfehlungen für das Verhalten der Krankenhausmitarbeiter im Schadensfall, Das Krankenhaus 1998, 96 ff
Bergmann, Karl Otto: Risk-Management im Krankenhaus, Das Krankenhaus 1997, 622 ff
Bergmann, Karl Otto: Schmerzensgeld aktuell – Versicherbarkeit des Krankenhausrisikos?, Das Krankenhaus 2005, 683 ff
Bergmann, Karl Otto: Praktische Hinweise zur Patientenaufklärung bei Arzneimitteltherapie im Krankenhaus, Das Krankenhaus 2007, 141 ff
Bergmann, Karl Otto: Besteht ein Anspruch der Krankenkasse auf Einsichtnahme oder Herausgabe der Behandlungsunterlagen?, Das Krankenhaus 2008, 825 ff
Bergmann, Karl Otto: Rechtliche Implikationen der Komplementär- und Alternativmedizin (CAM), ZEFQ 2008, 574 ff
Bergmann, Karl Otto: Delegation und Substitution ärztlicher Leistungen auf/durch nichtärztliches Personal, MedR 2009, 1 ff
Bergmann, Karl Otto; Kienzle, Hans Friedrich: Krankenhaushaftung, Düsseldorf, 2. Auflage 2003
Bergmann, Karl Otto, Pauge, Burkhard, Steinmeyer, Heinz-Dietrich: Gesamtes Medizinrecht, Baden-Baden, 1. Auflage 2012
Bernsmann, Kai; Neumann, Matthias; Schleberger, Roland; Sedlaczek, Alfred: Riskmanagement in der Krankenhauspraxis, Stuttgart, Berlin, Köln 2002
Bollweg, Hans-Georg; Brahms, Katrin: „Patientenrechte in Deutschland" – Neue Patientencharta, NJW 2003, 1505
Bundesärztekammer (Hrsg.): Leitfaden: Qualitätsmanagement im deutschen Krankenhaus, München u. a. 1997
Bürger, Raimund: Sachverständigenbeweis im Arzthaftungsprozeß, MedR 1999, 100 ff
Cremer, Ludwig: Krankenhausorganisation unter Berücksichtigung haftungsrechtlicher Aspekte, BADK-Information 1997, 75 ff
Deutsch, Erwin: Medizinrecht – Arztrecht, Arzneimittelrecht und Medizinprodukterecht, Berlin u. a., 5. Aufl. 2003
Deutsch, Erwin: Deutsche Sonderwege zur Arzthaftung, NJW 2012, 2009
Eichhorn, Siegfried: Integratives Qualitätsmanagement im Krankenhaus, Stuttgart u. a. 1997

Fenger, Hermann; Holznagel, Ina; Neuroth, Bettina; Gesenhues, Stefan: Schadensmanagement für Ärzte, Heidelberg 2009
Flatten, Jörg: Die Arzthaftpflichtversicherung, VersR 1994, 1019 ff
Francke, Robert; Hart, Dieter: Bewertungskriterien und -methoden nach dem SGB V, MedR 2008, S. 16
Fröhlich, Günter: Dokumentationspflichten, BADK-Information, Sonderheft Krankenhaushaftung, November 1995, 40 ff
Geiß, Karlmann; Greiner, Hans-Peter: Arzthaftpflichtrecht, München, 6. Aufl. 2009
Gesamtverband der Deutschen Versicherungswirtschaft e. V. (GDV): Äskulaps Risiken, „positionen" Ausgabe Nr. 64, 2009
Geschäftsführender Ausschuss der Arbeitsgemeinschaft Medizinrecht im DAV (Hrsg.): Fehlerquellen im Arzthaftungsprozeß, Köln 2001
Giesen, Dieter: Arzthaftungsrecht, Tübingen, 4. Aufl. 1995
Hanau, Peter: Haftungssystem und Haftpflichtversicherung der Medizinischen Einrichtungen der Universitäten und ihrer Mitarbeiter im stationären Bereich, MedR 1992, 18 ff
Hart, Dieter: Patientensicherheit, Risikomanagement, Arzneimittelbehandlung und Arzthaftungsrecht, MedR 2007, 383 ff
Hauck, Florian; Raible, Christian: Risikomanagement im Krankenhaus, Das Krankenhaus 2009, 432
Hoppe, Jürgen: Der Zeitpunkt der Aufklärung des Patienten – Konsequenzen der neuen Rechtsprechung, NJW 1998, 782 ff
Jaeger, Lothar: Anmerkung zu OLG Zweibrücken, Urteil vom 22.4.2008 – 5 U 6/07 –, MedR 2009, 90 ff
Jahn, Wolfgang; Kümper, Hans Jürgen: Aus der Praxis eines Haftpflichtversicherers: Der Medizinschaden aus rechtlicher und medizinischer Sicht, MedR 1993, 413 ff
Kampa, H.: Die Entwicklung der Qualitätslehre und die Bedeutung der DIN EN ISO-Normen im Krankenhaus, in: Behörde für Arbeit, Gesundheit und Soziales (Hrsg.), 1. Hamburger Workshop „Qualität im Gesundheitswesen" 1996, S. 9
Katzenmeier, Christian: Arzthaftung, Tübingen 2002
Katzenmeier, Christian: Arbeitsteilung, Teamarbeit und Haftung, MedR 2004, 34
Katzenmeier, Christian: Die Rahmenbedingungen der Patientenautonomie – Eine kritische Betrachtung des Patientenrechtegesetz-Regierungsentwurfs, MedR 2012, 576
Kullmann, Hans Josef; Pauge, Burkhard; Stöhr, Karlheinz; Zoll, Karl-Hermann (Hrsg.): Arzthaftpflichtrechtsprechung (AHRS) – Ergänzbare Rechtsprechungssammlung zur gesamten Arzthaftpflicht einschließlich der Haftung von Krankenhausträgern, Berlin (laufend fortgeführt)
Laufs, Adolf: Entwicklungslinien des Medizinrechts, NJW 1997, 1609 ff
Laufs, Adolf; Uhlenbruck, Wilhelm (Hrsg.): Handbuch des Arztrechts, München, 4. Aufl. 2010
Luyken, R.; Pottschmidt, G.; Thoelke, H.G.; Weil, H.; Wandtke, F.; Zitzmann, J.: Sammlung von Entscheidungen der Berufsgerichte für die Heilberufe, Köln, 1996
Madea, Burkhard; Dettmeyer, Reinhard (Hrsg.): Medizinschadensfälle und Patientensicherheit: Häufigkeit – Begutachtung – Prophylaxe, Köln 2007
Madea, Burkhard; Staak, Michael: Haftungsprobleme der Arzneimitteltherapie aus rechtsmedizinischer Sicht, in: Festschrift für Erich Steffen, hrsg. von Erwin Deutsch, Berlin u. a. 1995, S. 303 ff
Martis, Rüdiger; Winkhart-Martis, Martina: Arzthaftungsrecht Fallgruppenkommentar, Köln, 3. Aufl. 2010
Meyer-Goßner, Lutz: Strafprozessordnung, Kommentar, München, 55. Aufl. 2012
Michalski, Lutz: (Zahn-)ärztliche Aufklärungspflicht über die Ersatzfähigkeit von Heilbehandlungskosten, VersR 1997, 137 ff
Mohr, Friedrich: Das selbständige Beweisverfahren in Arzthaftpflichtfällen, MedR 1996, 454 ff
Möller, J.; Bach, A.; Sonntag, H.G.: Modulares Konzept für Qualität im Krankenhaus, „Heidelberger Modell", Zentralbl. Chir. 121(1996),828
Müller, Gerda: Beweislast und Beweisführung im Arzthaftungsprozeß, NJW 1997, 3049 ff

Nagorny, Heinz-Otto (Hrsg.): Praxishandbuch Qualitätsmanagement Krankenhaus, Kulmbach 1997
Nebendahl, Mathias: Selbstbestimmungsrecht und rechtfertigende Einwilligung des Minderjährigen bei medizinischen Eingriffen, MedR 2009, 197 ff
Neiheiser, Ralf; Offermanns, Matthias: Neuordnung von Aufgaben des Ärztlichen Dienstes, Das Krankenhaus 2008, 463
Neumann, Gerhard: Gutachterkommissionen und Schlichtungsstellen – Eine Evaluation der Ergebnisse, MedR 1998, 309 ff
Oberender, Peter O. (Hrsg.): Clinical Pathways – Facetten eines neuen Versorgungsmodells, Stuttgart 2005
Palandt, Otto: Bürgerliches Gesetzbuch, Kommentar, München, 72. Aufl. 2013
Pelz, Franz Joseph: Entwicklungstendenzen des Arzthaftungsrechts, DRiZ 1998, 473–481
Pollandt, Andreas: Off-Label-Use, ArztR 2005, 315
Prölss, Erich R.; Martin, Anton (Hrsg.): Versicherungsvertragsgesetz, Kommentar, München, 28. Aufl. 2010
Quaas, Michael; Zuck, Rüdiger: Medizinrecht, München, 2. Auflage 2008
Rehborn, Martin: Selbständiges Beweisverfahren im Arzthaftungsrecht?, MDR 1998, 16 ff
Rohde, Ernst-R.: Der Zeitpunkt der Aufklärung vor ambulanten Operationen, VersR 1995, 391 ff
Rumler-Detzel, Pia: Budgetierung – Rationalisierung – Rationierung, VersR 1998, 546 ff
Rumler-Detzel, Pia: Die Gutachterkommissionen und Schlichtungsstellen für Haftpflichtstreitigkeiten zwischen Ärzten und Patienten, VersR 1988, 6 ff
Sabella, Joseph D.: Stand der Arzthaftpflichtversicherung in den USA, VersR 1990, 1186 ff
Schelling, Philip; Erlinger, Rainer: Die Aufklärung über Behandlungsalternativen, MedR 2003, 331
Schimmelpfennig-Schütte, Ruth: Der Vertragsarzt zwischen ärztlichem Eid und seinen Pflichten als Leistungserbringer – unter Berücksichtigung der Beschlüsse des Bundesverfassungsgerichts zum Off-Label-Use und zum Ausschluss neuer Behandlungsmethoden –; GesR 2004, 361 ff
Schmid, Hugo: Über den notwendigen Inhalt ärztlicher Dokumentation, NJW 1987, 681–687
Sethe, Rolf; Krumpazky, Hans Georg: Arzthaftung und Qualitätsmanagement in der Medizin – Pilotauswertung von Behandlungsfehlervorwürfen, VersR 1998, 420 ff
Spickhoff, Andreas: Ausschluß der Haftung des Krankenhausträgers für ärztliche Leistungen durch AGB? VersR 1998, 1189 ff
Spickhoff, Andreas: Patientenrechte und Gesetzgebung, ZRP 2012, 65 ff
Spickhoff, Andreas; Seibl, Maximilian: Haftungsrechtliche Aspekte der Delegation ärztlicher Leistungen an nichtärztliches Medizinpersonal, MedR 2008, 463 ff
Steffen, Erich; Pauge, Burkhard: Arzthaftungsrecht – Neue Entwicklungslinien der BGH-Rechtsprechung, Köln, 11. Aufl. 2010
Stegers, Christoph-M.: Vom Organisationsmangel zum Risikomanagement, MedR 1997, 390–396
Stöhr, Karlheinz: Aufklärungspflichten in der Zahnheilkunde, MedR 2004, 156 ff
Thomas, Heinz; Putzo, Hans: Zivilprozeßordnung, Kommentar, München, 33. Aufl. 2012
Ulsenheimer, Klaus: Arztstrafrecht in der Praxis, Heidelberg, 4. Aufl. 2007
Ulsenheimer, Klaus: Zur Diskrepanz zwischen dem optimalen medizinischen Standard, dem ökonomisch Möglichen und dem rechtlich Geforderten der Anästhesiologe im Widerstreit gegensätzlicher Pflichten, Anästhesiologie und Intensivmedizin 2009, 242 ff
Ulsenheimer, Klaus: Qualitätssicherung und Risk-Management im Spannungsfeld zwischen Kostendruck und medizinischem Standard, MedR 1995, 438–442
Van Bühren, Hubert W.: Handbuch Versicherungsrecht, Köln, 5. Auflage 2012
Wagner, Gerhard: Kodifikation des Arzthaftungsrechts? – Zum Entwurf eines Patientenrechtegesetzes, VersR 2012, 789
Wever, Carolin: Fahrlässigkeit und Vertrauen im Rahmen der arbeitsteiligen Medizin, Hamburg, 2005

Stichwortverzeichnis

A

Akteneinsicht im Strafverfahren, 189
Ambulantes Operieren, 125, 126
Amtsermittlungsverfahren, 177, 187
Anästhesist, 39, 47, 52, 54, 127, 184, 189, 194
Anerkenntnis, 174, 237
Anfängeroperation, 48, 49, 150, 151, 166
Angehörige
 Aufklärung, 81, 109
 Einsichtsrecht, 154
Anspruchsgrundlage, 156, 179
Approbation, 169, 199
Arbeitsteilung, 55, 56, 208
 Chirurg/Anästhesist, 54, 184, 194
 Gynäkologe/Radiologe, 63
 horizontale, 59, 61, 65, 192
 vertikale, 56, 59
Archivierungspflicht, 158
Arzneimittel, 210
 Nebenwirkungen, 119
 Therapie, 30, 119, 145
 Wechselwirkungen, 116
Arzneimittelgesetz, 31
Ärztekammer, 26, 170, 171, 172, 186
Arzthaftungsprozess, 34, 59, 70, 112, 174, 177, 178, 179, 182, 198, 236
Arztzusatzvertrag, 22, 26, 27
Assistenzarzt, 48, 49
Aufklärung
 Adressat, 71
 Alternativen, 98, 116, 126
 Arzt-Patienten-Kommunikation, 93
 Behandlungskosten, 131
 bei ambulanten Eingriffen, 76, 124
 Beweis der ständigen Übung, 82
 Beweislast, 68, 78
 Checkliste, 69
 Delegation, 69
 Diagnose, 69
 diagnostische Eingriffe, 105
 Dokumentation, 81, 83, 87
 Eingriff, 76
 Entscheidungskonflikt, 101, 110, 120
 Folgeschäden, 87
 Formen, 68
 Formularblätter, 80, 90
 fremdsprachige Patienten, 72
 Gespräch, 81
 Grundaufklärung, 101
 Grundlagen, 67
 Heilversuch, 120
 Infektionsrisiko, 82
 Injektionsrisiken, 95
 Minderjähriger, 71
 Mitwirkungspflichten des Patienten, 115
 Neulandverfahren, 99
 Rechtsfolgen, 133
 Risiko, 64, 78, 90, 92, 110
 telefonische, 81
 Umfang, 105
 Verlauf, 98
 verspätete, 75
 Verzicht, 80, 107
 wirtschaftliche Fragen, 138
 Zeitpunkt, 74, 80
 Zeugenbeweis, 89
Außenseitermethode, 107, 140, 143

B

Bandscheibenoperation, 89, 100, 158
Befunderhebung, unterlassene, 5, 45, 178
Behandlungsfehler, 2, 6, 7, 34, 129, 157, 172, 180, 217, 221
Beweislast, 24
Beweislastumkehr, 157
 durch unterlassene Kontrollen, 44
 einfacher, 35, 37
 grober, 5, 23, 24, 29, 31, 35, 36, 37, 38, 41, 44, 48, 108, 109, 158, 166, 178, 179, 184, 187, 231

Nachweis, 161
schuldhafter, 24
Behandlungsvertrag, 6, 26, 27, 57, 67, 68, 92, 126, 132, 138, 139, 147
Beipackzettel, 118
Belegarzt, 22, 23, 58, 59, 229
Beschlagnahme, 188
Beweis
   der ständigen Übung, 82
   Parteivernehmung, 165
   Urkunde, 85, 156, 173
   Zeuge, 89, 94, 165
Beweislast, 21, 24, 37, 49, 68, 78, 154, 162, 178, 181, 184
Beweislastumkehr, 5, 24, 31, 39, 42, 58, 100, 109, 157, 159, 164, 178, 187
Beweisverfahren, selbständiges, 176

C
Chefarzt, 22, 28, 53, 163, 209, 230
Chirurg, 54, 55, 70, 147, 166, 185, 189, 193, 194, 195, 215
Critical Incident Reporting System (CIRS), 210, 225

D
Delegation ärztlicher Tätigkeit, 51, 53
Diagnosefehler, 46, 47, 60
Disziplinarverfahren, 170, 198, 201
Dokumentation, 5, 152, 215
   Bedeutung, 150, 156, 158
   Checkliste, 148
   Gedächtnisprotokoll, 165
   Lücken, 147, 156, 160, 235
   medizinische Grundlagen, 147
   rechtliche Grundlagen, 147
   Umfang, 87, 150, 151
   Unterlassung, 160
Dokumentationspflicht, 129, 147, 166, 167
Durchgangsarzt, 230

E
Einsichtsrecht in die Krankenunterlagen, 153, 234
Einstellung des Strafverfahrens, 187
Einwilligung, 67, 71, 78, 81, 85, 86, 92, 104, 106, 155
   fehlende, 86, 102
   hypothetische, 106, 107, 110, 112, 121
   mutmaßliche, 79
   Rechtfertigung, 87, 178, 192
   zurückgezogene, 83
Endoprothese, 97

Erfüllungsgehilfe, 59
Ermittlungsverfahren, 173, 184, 186, 189, 233
Europarecht, 223

F
Facharztstandard, 34, 180, 215
Fahrlässigkeit, 8, 34, 130, 186, 192, 231, 232

G
Gerichtszuständigkeit, 175
Gutachterkommission, 170, 171, 172, 173, 175, 176, 179, 186, 188, 203
Gynäkologe, 33, 36, 62

H
Haftpflichtversicherung, 7, 175, 213, 227, 228, 229, 230, 231
Haftungsgrundlage, 6, 22
   vertragliche, 8
Hausarzt, 54, 64, 78, 123, 125, 126
Hebamme, 22, 23, 38, 41, 57, 58, 59, 215
Hygiene, 28, 206, 215

I
In dubio pro reo, 186
Infiltrationstherapie, 91
Informationspflicht, 68, 132, 139
   Behandlungsfehler, 129
   therapeutische, 68, 116
   wirtschaftliche, 133, 143
Injektion, 51, 53, 92, 94, 95, 96

K
Kassenpatient, 22, 143
Kausalität, 24, 34, 41, 45, 62, 109, 156, 161, 175, 180, 181, 184, 185, 187
   des Behandlungsfehlers, 221
   haftungsausfüllende, 24
   haftungsbegründende, 24, 48
Kinderarzt, 26, 27, 40, 41
Körperverletzung, fahrlässige, 95, 185, 187, 191, 198
Krankenhausaufnahmevertrag, 133
   totaler, 22
Krankenschwester, 22, 41, 51, 155, 217
Krankenunterlagen, 143, 148, 152, 235
   Archivierung, 162
   Einsichtsrecht, 153, 233, 234
   Manipulation, 165
   Vorlagepflicht, 155
Krankenversicherung, 131, 137, 138, 139
   gesetzliche, 30, 133, 143
   private, 133, 134, 137, 139, 213

L
Leitlinien, 39, 219, 220, 221

M
Methodenwahl, 103
Minderjährige, 38, 71, 73

N
Neulandmethode, 99, 100, 144

O
Off Label Use, 29
Organisationsverschulden, 6, 49, 70, 163, 213
Orthopäde, 83, 91, 97

P
Pflegepersonal, 5, 23, 24, 51, 157, 178, 215
Privatgutachten, 174, 189
Privatpatient, 136, 143, 144
Prozessführungsrecht des Haftpflichtversicherers, 176, 234

Q
Qualitätsbegriff, ganzheitlicher, 208, 209
Qualitätsmanagement, 6, 203, 206, 207, 211, 220, 223, 224
    Checkliste, 208
    einrichtungsinternes, 210
Qualitätssicherung, 55, 124, 151, 206, 208, 209, 210, 211, 213, 219, 220, 226,

R
Radiologe, 54, 55, 60, 62, 63
Rechtsanwalt, 1, 176, 233, 235, 236
Risiko, vollbeherrschbares, 178
Risk-Management, 5, 203, 205, 211, 213
    Checkliste, 215
    Grundlagen, 205
    Kosten-Nutzen-Bilanz, 212
    Phasen, 214
    Qualitätssicherung, 203
    Ziele, 211
Röntgenbilder, 63, 162

S
Sachverständiger, 35, 236
Schadensaufwand, 2, 3, 204
Schlichtungsstelle \t Siehe Gutachterkommission, 170
Schlichtungsverfahren, 235
    Checkliste, 175

Subsidiarität, 186
Schlichtungsverfahren \t Siehe, 172, 173
Staatsanwaltschaft, 163, 185, 187, 188, 189
Strafverfahren, 173, 185, 188, 196, 198
    Akteneinsicht, 188
    Einstellung wegen Geringfügigkeit, 187
    Versicherungsschutz, 231
Strumektomie, 218
Sudecksches Syndrom, 164

T
Therapiefreiheit, 31, 34, 91, 144, 145
Thromboseprophylaxe, 125, 127
Tötung, fahrlässige, 191, 194, 198

U
Überhang, berufsrechtlicher, 196, 198, 201
Übernahmeverschulden, 40, 42, 49, 208
Universitätsklinik, 44, 227, 228
Unterhaltsschaden, 95, 228
Urologe, 112

V
Verfahren, berufsrechtliches, 197
Verhandlung, mündliche, 94, 172, 174, 177, 181, 219
Verjährung, 129, 153, 173
Vermögensschaden, 1, 24, 37
    reiner, 228
    unechter, 228
Verrichtungsgehilfe, 57, 58
Versicherungsschutz, 204, 228, 229, 230, 232
    bei grober Fahrlässigkeit, 231
    Grenzen, 228
    im Strafverfahren, 231
    Umfang, 228
    Verlust, 204
Vertragsarzt, 1, 202, 227
Vertrauensgrundsatz, 39, 53, 54, 55, 60, 63, 192
Verwaltung, 5, 23, 163, 172, 215, 219

W
Widerruf der Approbation, 169, 170, 199

Z
Zertifizierung, 205, 207
Zivilverfahren, 173, 174, 175, 177, 186, 187, 188, 189, 233
Zwillingsgeburt, 21